令 和 3 年 版

公正取引委員会年次報告

（独占禁止白書）

公正取引委員会編

この報告書は，私的独占の禁止及び公正取引の確保に関する法律第44条第1項の規定に基づき，公正取引委員会の令和2年度におけるこの法律の施行状況を国会に報告するものである。

● 凡 例 ●

独占禁止法	私的独占の禁止及び公正取引の確保に関する法律（昭和22年法律第54号）
下請法	下請代金支払遅延等防止法（昭和31年法律第120号）
景品表示法	不当景品類及び不当表示防止法（昭和37年法律第134号）
独占禁止法施行令	私的独占の禁止及び公正取引の確保に関する法律施行令（昭和52年政令第317号）
入札談合等関与行為防止法	入札談合等関与行為の排除及び防止並びに職員による入札等の公正を害すべき行為の処罰に関する法律（平成14年法律第101号）
消費税転嫁対策特別措置法	消費税の円滑かつ適正な転嫁の確保のための消費税の転嫁を阻害する行為の是正等に関する特別措置法（平成25年法律第41号）

目　次

第 1 部

総　　論

　公正取引委員会は，令和２年度において，次のような施策に重点を置いて競争政策の運営に積極的に取り組んだ。

1　独占禁止法制等の動き

(1)　独占禁止法改正法の施行に伴う関係政令等の整備

　令和元年６月19日，第198回通常国会において可決・成立し，同月26日に公布された「私的独占の禁止及び公正取引の確保に関する法律の一部を改正する法律」（令和元年法律第45号。以下「令和元年独占禁止法改正法」という。）は，令和元年７月26日及び令和２年１月１日に施行された一部の規定を除き，令和２年12月25日に施行された。

　令和元年独占禁止法改正法の施行に伴い，独占禁止法施行令について，所要の改正を行った（令和２年政令第260号）。

　また，令和元年独占禁止法改正法による課徴金制度の見直しに伴い，「公正取引委員会の審査に関する規則」について所要の改正を行った（令和２年公正取引委員会規則第４号）。さらに，令和元年独占禁止法改正法による課徴金減免制度の見直しに伴い，「課徴金の減免に係る報告及び資料の提出に関する規則」の全部改正により，「課徴金の減免に係る事実の報告及び資料の提出に関する規則」（令和２年公正取引委員会規則第３号）を制定するとともに，「調査協力減算制度の運用方針」（令和２年９月２日公正取引委員会）を策定した。

　このほか，新たな課徴金減免制度をより機能させる等の観点から，「公正取引委員会の審査に関する規則」の一部改正により，事業者と弁護士との間で秘密に行われた通信の内容が記録されている物件に係る判別手続を導入する（令和２年公正取引委員会規則第２号）とともに，「事業者と弁護士との間で秘密に行われた通信の内容が記録されている物件の取扱指針」（令和２年７月７日公正取引委員会）を策定した。

(2)　押印を求める手続等の見直しのための公正取引委員会規則の改正

　「規制改革実施計画」（令和２年７月17日閣議決定）において，「原則として全ての見直し対象手続（注）について、恒久的な制度的対応として、年内に、規制改革推進会議が提示する基準に照らして順次、必要な検討を行い、法令、告示、通達等の改正やオンライン化を行う」こととされたことを受け，公正取引委員会は，公正取引委員会規則において，国民や事業者等に対して，押印を求めている手続等について，国民や事業者等の押印を不要とする等の改正を行った（令和２年公正取引委員会規則第７号。令和２年12月25日公布，同日施行）。

（注）「法令等又は慣行により、国民や事業者等に対して紙の書面の作成・提出等を求めているもの、押印を求めているもの、又は対面での手続を求めているもの」が「見直し対象手続」と定義されている。

2　厳正・的確な法運用

(1)　独占禁止法違反行為の積極的排除

　ア　公正取引委員会は，迅速かつ実効性のある事件審査を行うとの基本方針の下，国民生活に影響の大きい価格カルテル・入札談合・受注調整，中小事業者等に不当に不利益をもたらす優越的地位の濫用や不当廉売など，社会的ニーズに的確に対応した多様

な事件に厳正かつ積極的に対処することとしている。

イ　独占禁止法違反被疑事件として令和2年度に審査を行った事件は101件である。そのうち同年度内に審査を完了したものは91件であった。

ウ　令和2年度においては，15件の法的措置（排除措置命令及び確約計画の認定）を行った（詳細は第2部第2章第2を参照）。これを行為類型別にみると，私的独占が1件，価格カルテルが6件，入札談合が1件，受注調整が1件，不公正な取引方法が6件となっている（第1図参照）。また，延べ4名に対し総額43億2923万円の課徴金納付命令を行った（第3図参照）。

　　なお，令和2年度においては，課徴金減免制度に基づき事業者が自らの違反行為に係る事実の報告等を行った件数は33件であった。

＜令和2年度における排除措置命令事件＞	
私的独占	○　マイナミ空港サービス㈱に対する件
価格カルテル	○　愛知県立高等学校の制服の販売業者に対する件
入札談合	○　山形県が発注する警察官用制服類の入札等の参加業者に対する件
受注調整	○　東海旅客鉄道㈱が発注するリニア中央新幹線に係る品川駅及び名古屋駅新設工事の指名競争見積の参加業者に対する件

エ　また，令和2年度において，事業者の行為が独占禁止法に違反する疑いがあるものとして確約手続通知を行ったところ，事業者から確約計画の認定申請があり，当該計画が独占禁止法に規定する認定要件のいずれにも適合すると認められたことから当該計画を認定した事案が6件あった。

　　なお，認定した確約計画に金銭的価値の回復が盛り込まれた事案が2件あったところ，これにより20億円超の原状回復が行われた。

＜令和2年度における確約計画の認定事案＞	
拘束条件付取引	○　クーパービジョン・ジャパン㈱に対する件 ○　㈱シードに対する件 ○　日本アルコン㈱に対する件
優越的地位の濫用	○　ゲンキー㈱に対する件 ○　アマゾンジャパン（同）に対する件 ○　ビー・エム・ダブリュー㈱に対する件

オ　加えて，令和2年度においては，注意・公表を行った事案が1件，審査の過程において，事業者の自発的な措置を踏まえて調査を終了した事案が2件あった。

<＜令和２年度における注意・公表事案＞>

＜令和２年度における注意・公表事案＞
○　㈱電通に対する件

＜令和２年度における自発的な措置に関する公表事案＞
○　大阪瓦斯㈱に対する件
○　日本プロフェッショナル野球組織に対する件

（前記ウからオまでの事案の処理の類型別件数について第２図参照）

第1図　法的措置（注1）件数等の推移

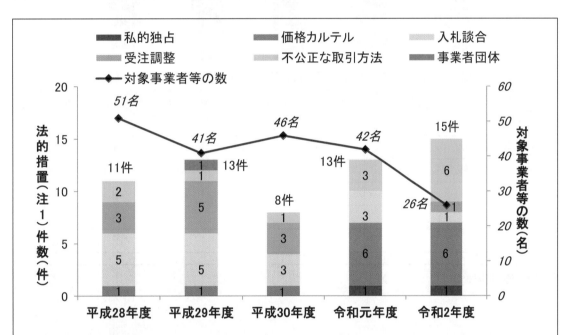

年度 内容（注2）	28年度	29年度	30年度	元年度	2年度
私的独占	0	0	0	1	1
価格カルテル	1	1	1	6	6
入札談合	5	5	3	3	1
受注調整	3	5	3	0	1
不公正な取引方法	2	1	1	3	6
その他（注3）	0	1	0	0	0
合計	11	13	8	13	15

（注1）法的措置とは，排除措置命令，課徴金納付命令及び確約計画の認定のことである。一つの事件について，
　　　排除措置命令と課徴金納付命令が共に行われている場合には，法的措置件数を1件としている。
（注2）私的独占と不公正な取引方法のいずれも関係法条となっている事件は，私的独占に分類している。
（注3）「その他」とは，事業者団体による一定の事業分野における事業者の数の制限である。

第2図　排除措置命令・確約計画の認定・警告等の件数の推移

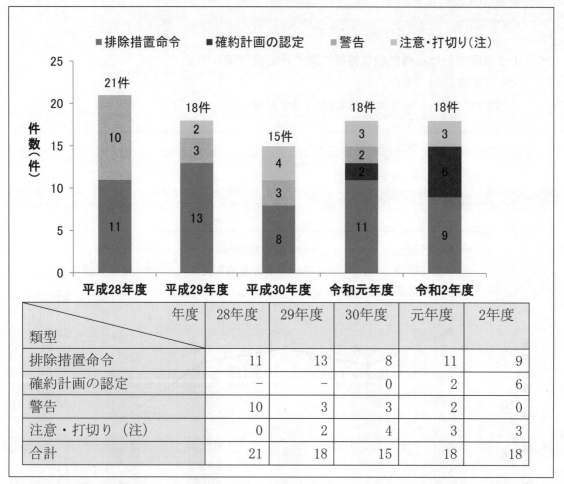

年度\n類型	28年度	29年度	30年度	元年度	2年度
排除措置命令	11	13	8	11	9
確約計画の認定	－	－	0	2	6
警告	10	3	3	2	0
注意・打切り（注）	0	2	4	3	3
合計	21	18	15	18	18

（注）事案の概要を公表したものに限る。

第3図　課徴金額等の推移

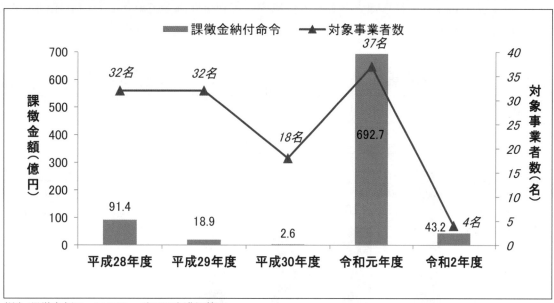

（注）課徴金額については，千万円未満切捨て。

カ　このほか，違反につながるおそれのある行為に対する注意208件（不当廉売事案について迅速処理による注意を行った136件を含む。）を行うなど，適切かつ迅速な法運用に努めた。

キ　公正取引委員会は，独占禁止法違反行為についての審査の過程において競争政策上必要な措置を講じるべきと判断した事項について，発注機関等に発注制度の運用の見直しの求め等を行っている。

　　令和２年度においては，山形県に対し，警察官用制服等の発注制度の運用について，その見直しを求めた。また，愛知県教育委員会に対し，愛知県立高等学校の生徒が着用する制服の販売に関して留意すべき事項を通知した。

ク　公正取引委員会は，国民生活に広範な影響を及ぼすと考えられる悪質かつ重大な事案等については，刑事処分を求めて積極的に告発を行うこととしている。令和２年度においては，独立行政法人地域医療機能推進機構が発注する医薬品の入札談合事件について，令和２年12月９日，入札参加業者３社並びに当該３社で独立行政法人地域医療機能推進機構が実施する医薬品購入契約に係る入札及び価格交渉等に関する業務に従事していた者７名を，検事総長に告発した。

ケ　令和２年度当初における審判件数は，前年度から繰り越されたもの152件（排除措置命令に係るものが76件，課徴金納付命令に係るものが76件）であった（第４図参照）。令和２年度においては，審判開始を行った事件はなく，平成25年独占禁止法改正法（私的独占の禁止及び公正取引の確保に関する法律の一部を改正する法律〔平成25年法律第100号〕をいう。）による改正前の独占禁止法に基づく審決を154件（排除

措置命令に係る審決77件，課徴金納付命令に係る審決77件）行った。この結果，令和
2年度におけるこれら審決をもって係属中の審判事件は全て終了した（詳細は第2部
第3章を参照）。

第4図　審判件数の推移

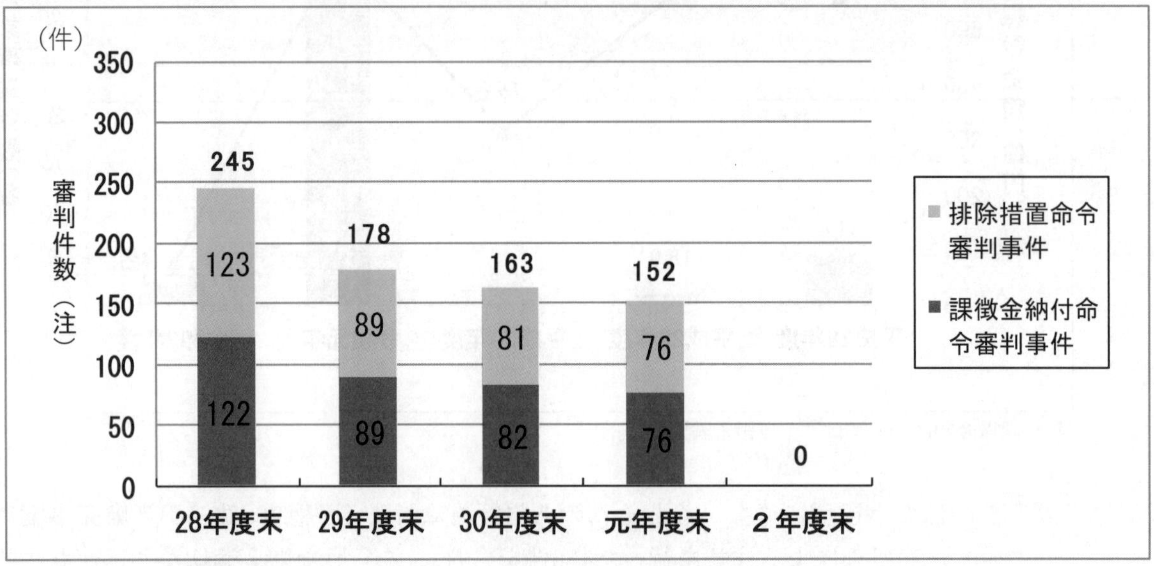

(注) 審判件数は，行政処分に対する審判請求ごとに付される事件番号の数である。

⑵　公正な取引慣行の推進
ア　優越的地位の濫用に対する取組
⑺　公正取引委員会は，以前から，独占禁止法上の不公正な取引方法に該当する優越
的地位の濫用行為が行われないよう監視を行うとともに，独占禁止法に違反する行
為に対しては厳正に対処している。また，優越的地位の濫用行為に係る審査を効率
的かつ効果的に行い，必要な是正措置を講じていくことを目的とした「優越的地位
濫用事件タスクフォース」を設置し，審査を行っている。

令和2年度においては，優越的地位の濫用事件について，優越的地位の濫用につ
ながるおそれがあるとして47件の注意を行った。

⑴　公正取引委員会は，中小事業者の取引の公正化を図る必要が高い分野について，
実態調査等を実施し，優越的地位の濫用規制の普及・啓発等に活用している。

令和2年度においては，大手コンビニエンスストア8社の全加盟店を対象に，本
部と加盟店の取引等に関する実態調査を実施し，調査結果を取りまとめて公表する
（令和2年9月）とともに，「フランチャイズ・システムに関する独占禁止法上の
考え方について」を改正し（令和3年4月），調査の結果明らかになった問題点に
ついて，独占禁止法上の考え方を示した（後記　3　⑷及び⑸を参照）。

また，物流特殊指定の遵守状況及び荷主と物流事業者との取引状況を把握するた
め，荷主3万名及び物流事業者4万名を対象とする書面調査を実施した。当該調査
の結果，物流特殊指定に照らして問題となるおそれがあると認められた644名の荷
主に対して，物流事業者との取引内容の検証・改善を求める文書を発送した（令和

3年3月）。

(ｳ) 公正取引委員会は，過去に優越的地位の濫用規制に対する違反がみられた業種，各種の実態調査で問題がみられた業種等の事業者に対して一層の法令遵守を促すことを目的として，業種ごとの実態に即した分かりやすい具体例を用いて説明を行う業種別講習会を実施している。

令和2年度においては，荷主・物流事業者向けに9回の講習会を実施した。

(ｴ) 公正取引委員会は，下請事業者を始めとする中小事業者からの求めに応じ，当委員会事務総局の職員が出向いて，下請法等の内容を分かりやすく説明するとともに相談受付等を行う「中小事業者のための移動相談会」を実施している。

令和2年度においては，「中小事業者のための移動相談会」を全国3か所で実施した。このほか，事業者団体が開催する優越的地位の濫用規制に係る研修会等に職員を講師として4回派遣した。

イ 不当廉売に対する取組

公正取引委員会は，小売業における不当廉売について，迅速に処理を行うとともに，大規模な事業者による不当廉売事案又は繰り返し行われている不当廉売事案であって，周辺の販売業者に対する影響が大きいと考えられるものについて，周辺の販売業者の事業活動への影響等について個別に調査を行い，問題がみられた事案については，法的措置を採るなど厳正に対処している。

令和2年度においては，酒類，石油製品，家庭用電気製品等の小売業において，不当廉売につながるおそれがあるとして136件（酒類9件，石油製品115件，その他12件）の注意を行った。

ウ 下請法違反行為の積極的排除等

(ｱ) 公正取引委員会は，下請事業者からの自発的な情報提供が期待しにくいという下請取引の実態に鑑み，中小企業庁と協力し，親事業者及びこれらと取引している下請事業者を対象として定期的に書面調査を実施するなど違反行為の発見に努めている。また，中小事業者を取り巻く環境は依然として厳しい状況において，中小事業者の自主的な事業活動が阻害されることのないよう，下請法の迅速かつ効果的な運用により，下請取引の公正化及び下請事業者の利益の保護に努めている。

令和2年度においては，親事業者6万名及びこれらと取引している下請事業者30万名を対象に書面調査を行い，書面調査等の結果，下請法に基づき4件の勧告を行い，8,107件の指導を行った（第5図参照。詳細は第2部第9章第2 6 を参照）。

＜令和2年度における勧告事件＞
- 紳士靴，婦人靴等の製造販売業における返品事件
- 食料品，日用雑貨品等の販売業における下請代金の減額事件
- 家電製品の配送及び設置業における下請代金の減額事件
- 自動車等の製造販売業における不当な経済上の利益の提供要請事件

第5図　下請法の事件処理件数の推移

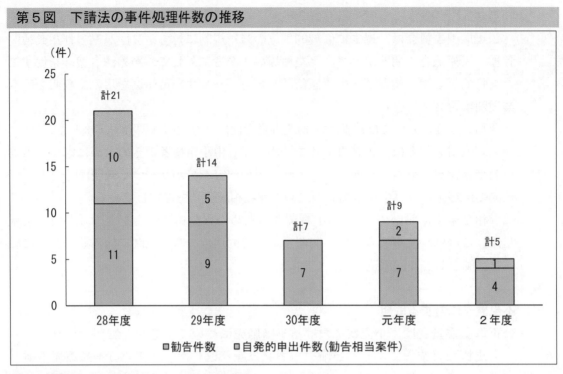

（注）自発的な申出事案については後記（ウ）参照。

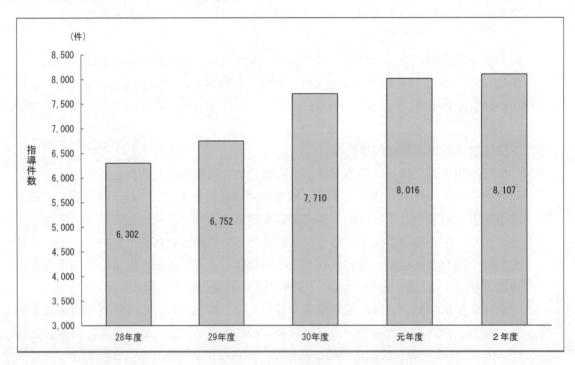

(イ)　令和２年度においては，下請事業者が被った不利益について，親事業者216名から，下請事業者6,354名に対し，下請代金の減額分の返還等，総額５億3992万円相当の原状回復が行われた（第６図参照）。このうち，主なものとしては，①下請代金の減額事件において，親事業者は総額３億7155万円を下請事業者に返還し，②下請代金の支払遅延事件において，親事業者は遅延利息等として総額9364万円を下請事業者に支払い，③不当な経済上の利益の提供要請事件において，親事業者は総額

5923万円の利益提供分を下請事業者に返還し，④返品事件において，親事業者は下請事業者から総額1168万円相当の商品を引き取った。

第6図　原状回復の状況

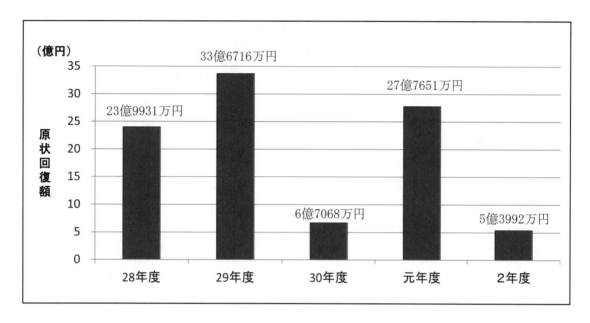

(ウ)　公正取引委員会は，親事業者の自発的な改善措置が下請事業者の受けた不利益の早期回復に資することに鑑み，当委員会が調査に着手する前に，違反行為を自発的に申し出，かつ，自発的な改善措置を採っているなどの事由が認められる事案については，親事業者の法令遵守を促す観点から，下請事業者の利益を保護するために必要な措置を採ることを勧告するまでの必要はないものとして取り扱うこととし，この旨を公表している（平成20年12月17日公表）。

　　令和2年度においては，前記のような親事業者からの違反行為の自発的な申出は24件であった。また，同年度に処理した自発的な申出は58件であり，そのうちの1件については，違反行為の内容が下請事業者に与える不利益が大きいなど勧告に相当するような事案であった。

(エ)　公正取引委員会は，中小事業者の取引条件の改善を図る観点から，下請法等の一層の運用強化に向けた取組を進めており，その取組の一環として，中小企業庁との連名で，関係事業者団体約1,400団体に対して，おおむね3年以内を目途として可能な限り速やかに手形等のサイトを60日以内とすることなど，下請代金の支払の適正化に関する要請を令和3年3月31日に行った。

エ　消費税転嫁対策に関する取組

　　消費税率の引上げに係る転嫁拒否行為については，当該行為を受けた事業者にとって自らその事実を申し出にくいこともあると考えられることから，公正取引委員会は当該行為に関する情報を積極的に収集するため，令和2年度において，売手側の中小企業・小規模事業者等に対する悉皆的な書面調査の実施（中小企業庁と合同で約630

万名が対象）や，事業者・事業者団体へのヒアリング調査（2,322件）の実施等の取組を講じるとともに，立入検査等の調査を積極的に行い，消費税転嫁対策特別措置法に基づき5件の勧告と280件の指導を行い，総額7億3257万円の原状回復が行われた。

なお，消費税転嫁対策特別措置法は，令和3年3月31日をもって失効したが，同法附則第2条第2項の規定に基づき，失効前に行われた違反行為に対する調査，指導，勧告等の規定については，失効後もなお効力を有するとされていることから，失効前に行われた転嫁拒否行為に対しては，引き続き，同法に基づいて，迅速かつ厳正に対処していく。

(3) 企業結合審査の充実

独占禁止法は，一定の取引分野における競争を実質的に制限することとなる会社の株式取得・所有，合併等を禁止している。公正取引委員会は，我が国における競争的な市場構造が確保されるよう，迅速かつ的確な企業結合審査に努めている。個別事案の審査に当たっては，経済分析を積極的に活用している。

令和2年度においては，独占禁止法第9条から第16条までの規定に基づく企業結合審査に関する業務として，銀行又は保険会社の議決権取得・保有について14件の認可を行い，持株会社等について114件の報告，会社の株式取得・合併・分割・共同株式移転・事業譲受け等について266件の届出をそれぞれ受理し，必要な審査を行った。また，「企業結合審査の手続に関する対応方針」（平成23年6月14日公正取引委員会。令和元年12月17日改定）において届出基準を満たさない（届出を要しない）企業結合計画であっても，買収に係る対価の総額が大きく，かつ，国内の需要者に影響を与えると見込まれる場合には，企業結合審査を行う旨を公表しているところ，これを踏まえ必要な審査を行っている。

＜令和2年度における主な企業結合事案＞
○　Zホールディングス㈱及びLINE㈱の経営統合
○　DIC㈱によるBASFカラー＆エフェクトジャパン㈱の株式取得
○　グーグル・エルエルシー及びフィットビット・インクの統合

3　競争環境の整備

(1) デジタル市場競争会議

内閣に設置されたデジタル市場競争本部の下，デジタル市場に関する重要事項の調査審議等を実施するため，デジタル市場競争会議が開催されている。当該会議は，内閣官房長官が議長を務め，公正取引委員会に関する事務を担当する内閣府特命担当大臣，公正取引委員会委員長も構成員となっている。

令和2年6月16日に開催された第4回デジタル市場競争会議では，同年4月28日に公正取引委員会が公表した「デジタル広告の取引実態に関する中間報告書」の内容を踏まえ，「デジタル広告市場の競争評価中間報告」が取りまとめられた。また，令和3年4

月27日に開催された第5回デジタル市場競争会議では，同年2月17日に当委員会が公表した「デジタル広告分野の取引実態に関する最終報告書」の内容を踏まえ，「デジタル広告市場の競争評価最終報告」が取りまとめられた。

(2) デジタル・プラットフォーム事業者の取引慣行等に関する実態調査（デジタル広告分野）

消費者から提供される個人情報等の様々なデータを集積・利用したデジタル広告事業は，デジタル・プラットフォーム事業者の収益源として大きな存在となっている。また，デジタル・プラットフォーム事業者は，デジタル広告について，掲載メディア（媒体社）と広告出稿者（広告主・広告代理店）を結びつけるプラットフォームとして重要な役割を担っている。一方で，従来から広告事業により収益を得ていた媒体社にとっては，収益構造の変化を余儀なくされており，デジタル広告に関するデジタル・プラットフォーム事業者の事業の在り方がメディアの事業に大きな影響を及ぼすようになっている。

こうした状況を踏まえ，デジタル広告分野におけるデジタル・プラットフォーム事業者を取り巻く取引実態や競争の状況を明らかにし，指摘される問題及びそれに対する独占禁止法上又は競争政策上の考え方を示すことで，当該分野における独占禁止法違反行為の未然防止や関係者による公正かつ自由な競争環境の確保に向けた取組を促進するため，公正取引委員会はデジタル広告の取引実態に関する調査を実施し，令和3年2月17日に報告書を公表した（詳細は第2部第5章第3 4 を参照）。

(3) デジタル市場における競争政策に関する研究会報告書「アルゴリズム/AIと競争政策」

近年の急速な技術の進展により変化の激しいデジタル市場においては，公正かつ自由な競争を確保し，事業者の創意工夫を促すため，デジタル市場の取引実態や競争環境に即して，競争政策を有効かつ適切に推進していくことが重要となっている。

アルゴリズムやAI（人工知能）は，デジタル市場におけるイノベーションのプロセスの鍵となる技術であり，多くの事業者がアルゴリズムやAIを利用して事業活動を行っている。そのため，デジタル市場における競争政策の推進のためには，アルゴリズムやAIがもたらす事業活動や競争環境の変容を理解することが重要である。

また，アルゴリズムやAIは，事業活動を効率化させ，消費者の利便性を向上させるなど社会に大きな便益をもたらす一方で，アルゴリズムやAIを利用した反競争的行為について海外当局が措置を講じた事例が出てきているなど，我が国においても，アルゴリズム/AIと競争政策を巡る課題・論点について検討する必要性が高まっている。

公正取引委員会は，このような認識の下，デジタル市場における独占禁止法・競争政策上の諸論点や課題について研究を行うことを目的として，経済取引局長主催の「デジタル市場における競争政策に関する研究会」を開催し，アルゴリズム/AIと競争政策について，令和2年7月から8回にわたって検討を行ったところ，同研究会の報告書「アルゴリズム/AIと競争政策」が取りまとめられたので，令和3年3月31日に公表した（詳細は第2部第5章第3 5 を参照）。

⑷　コンビニエンスストア本部と加盟店との取引等に関する実態調査

昨今，24時間営業をはじめとして，これまでのコンビニエンスストア本部（以下⑷において「本部」という。）と加盟店との在り方を見直すような動きが生じている上，前回の調査（平成23年）からも一定の期間が経過していることから，取引の実態を把握すべく，我が国に所在する大手コンビニエンスストアチェーンの全ての加盟店（5万7524店）を対象とした初めての大規模な実態調査を実施し，令和2年9月2日に報告書を公表した（詳細は第2部第5章第3　3　を参照）。

今回の調査の結果を踏まえ，本部に対しては，本部ごとのアンケート結果を伝えるとともに，本報告書に基づき，直ちに自主的に点検及び改善を行い，点検結果と改善内容を公正取引委員会に報告することを要請した。また，多くのフランチャイズ本部が加盟する一般社団法人日本フランチャイズチェーン協会に対して，会員各社に本報告書の内容を周知するよう要請した。このほか，独占禁止法上の考え方の明確化と問題行為の未然防止を図る観点から，フランチャイズ・ガイドラインの改正を行った（後記⑸を参照）。

⑸　「フランチャイズ・システムに関する独占禁止法上の考え方について」の改正

公正取引委員会は，フランチャイザー（以下⑸において「本部」という。）とフランチャイジー（以下「加盟者」という。）の取引において，どのような行為が独占禁止法上問題となるかについて具体的に明らかにすることにより，本部の独占禁止法違反行為の未然防止とその適切な事業活動の展開に役立てるために，「フランチャイズ・システムに関する独占禁止法上の考え方について」（平成14年4月24日公正取引委員会）を策定している。

公正取引委員会は，フランチャイズ・システムを用いて事業活動を行うコンビニエンスストアの本部と加盟者との取引等について，前記⑷のとおり大規模な実態調査を実施した。当該調査の結果，今なお多くの取り組むべき課題が明らかとなったため，「フランチャイズ・システムに関する独占禁止法上の考え方について」を改正し，令和3年4月28日に公表した（詳細は第2部第5章第2　5　を参照）。

⑹　スタートアップの取引慣行に関する実態調査

スタートアップは，イノベーション推進による我が国経済の生産性向上に大きく貢献する可能性を持っており，近年，スタートアップが大企業等と事業連携を行うオープンイノベーションによる生産性の向上が重要視されてきているところ，スタートアップが公正かつ自由に競争できる環境を確保することは我が国経済の今後の発展に向けて極めて重要である。

また，スタートアップが新規に起業されることは，同時に新規雇用の創出を通じた我が国経済の発展につながるという点からも，スタートアップが市場に新規参入しやすくなるよう，公正かつ自由な競争環境を確保することが重要である。

これらを踏まえ，公正取引委員会は，スタートアップの事業活動における公正かつ自由な競争を促進する観点から，製造業に限らず，幅広い業種を含めたスタートアップの

取引慣行の実態を明らかにするための調査を実施し，令和２年11月27日に報告書を公表した（詳細は第２部第５章第３ 2 を参照）。

(7) 「スタートアップとの事業連携に関する指針」の策定

大企業とスタートアップの連携により，チャレンジ精神のある人材の育成や活用を図り，我が国の競争力を更に向上させることが重要である。他方，大企業とスタートアップが連携するに当たり，スタートアップからは，大企業と共同研究すると，特許権が大企業に独占されたり，周辺の特許を大企業に囲い込まれたりする，といった偏った契約実態を指摘する声がある。

また，公正取引委員会は，前記(6)のとおり，「スタートアップの取引慣行に関する実態調査報告書」（令和２年11月27日）において，スタートアップと事業連携を目的とする事業者（以下「連携事業者」という。）との間の秘密保持契約，技術検証契約，共同研究契約及びライセンス契約に係る問題事例等を公表した。

これらを踏まえ，公正取引委員会は，経済産業省と共同で，スタートアップと連携事業者との間であるべき契約の姿・考え方を示すことを目的として，スタートアップとの事業連携に関する指針を策定し，令和３年３月29日に公表した（詳細は第２部第５章第２ 4 を参照）。

(8) 「フリーランスとして安心して働ける環境を整備するためのガイドライン」の策定等

競争政策研究センターによる「人材と競争政策に関する検討会」報告書の公表（平成30年２月15日）以降，令和２年度においても引き続き，公正取引委員会は，人材の獲得を巡る競争が独占禁止法の適用対象となり得ること等について関係団体に対する周知活動を行うとともに，独占禁止法上問題となり得る具体的行為や慣行が存在するかどうかについて実態把握を行った（詳細は第２部第５章第３ 6 を参照）。

公正取引委員会は，こうした実態把握の結果や，令和２年７月17日に閣議決定された「成長戦略実行計画」において，フリーランスとして安心して働ける環境を整備するため，政府として一体的に，保護ルールの整備を行うこととされたことを踏まえ，事業者とフリーランスとの取引について，独占禁止法，下請法及び労働関係法令の適用関係を明らかにするとともに，これら法令に基づく問題行為を明確化するため，「フリーランスとして安心して働ける環境を整備するためのガイドライン」を内閣官房，中小企業庁及び厚生労働省と連名で策定し，令和３年３月26日に公表した（詳細は第２部第５章第２ 3 を参照）。

(9) 「適正なガス取引についての指針」の改定

公正取引委員会は，経済産業省と共同して，ガス市場における公正かつ有効な競争の観点から，独占禁止法上又はガス事業法上問題となる行為等を明らかにした「適正なガス取引についての指針」を平成12年３月に作成・公表し，随時改定している。

令和元年６月公表の「小売全面自由化後の都市ガス事業分野における実態調査報告書について」や令和２年６月公表の「大阪瓦斯株式会社に対する独占禁止法違反被疑事件の処理について」等の内容を踏まえ，令和３年２月25日に本指針を改定した（詳細は第

2部第5章第2 2 を参照）。

⑽　**共通ポイントサービスに関する取引実態調査**

　　共通ポイントサービスは，我が国において，消費生活に密着した様々な業種業態で普及している。消費者は，共通ポイントの付与を受けることによって利便性が向上するとともに，ポイントを付与する小売等事業者は，集客力が向上し，販売力を強化することになる。また，これと同時に，消費者の個人情報等及び小売等事業者の商品・サービスの取引情報が利活用されている。その中で，共通ポイントサービスは，消費者と加盟店とをつなぐデジタル・プラットフォームとして機能しており，消費者の商品及びサービスの選択や，ポイントサービスを通じた小売等事業者の経済活動といった国民生活に影響を与えている。

　　一方，公正取引委員会では，これまで，経済のデジタル化の進展に対する対応として，デジタル・プラットフォームに関する分野における競争環境の整備に力を注いできている。

　　公正取引委員会は，このようなデジタル分野への取組の中で，共通ポイントサービスに関する取引実態調査を実施し，令和2年6月12日に報告書を公表した（詳細は第2部第5章第3 1 を参照）。

⑾　**携帯電話市場における競争政策上の課題について（令和3年度調査）**

　　携帯電話は，国民生活に必要不可欠なものであり，家計に占める携帯電話通信料の割合はこれまで増加傾向にあったことから，料金の低廉化・サービスの向上を図るために競争環境を整備することは，政府の重要な課題となっている。

　　公正取引委員会は，平成28年8月と平成30年6月に「携帯電話市場における競争政策上の課題について」実態調査報告書（以下，平成30年度公表の「携帯電話市場における競争政策上の課題について」を「平成30年度報告書」という。）を公表したが，平成30年度報告書の公表以降，携帯電話市場においては，通信料金と端末代金の完全分離等を内容とする電気通信事業法の一部を改正する法律が令和元年10月1日に施行され，また，新たに楽天モバイル㈱がMNO（Mobile Network Operator）として参入するなど，競争環境に様々な変化が生じている。このため，携帯電話市場の競争状況を把握し，競争政策上の問題を検討するため，平成30年度報告書のフォローアップを含めた調査を行い，令和3年6月10日に報告書を公表した。

　　本調査では，平成30年度報告書で取り上げた事項についてのフォローアップに加え，消費者が最適な料金プランを選びやすい環境の整備に向けた課題，携帯電話端末に関する課題，MVNO（Mobile Virtual Network Operator）の競争環境の確保に向けた課題，MNOと販売代理店との取引に関する課題等についての調査・検討を行った。

　　公正取引委員会は，総務省及び消費者庁と連携し，引き続き，料金の低廉化，サービスの向上を図るために携帯電話市場における競争環境の整備に取り組んでいく（詳細は第2部第5章第3 7 を参照）。

　　なお，こうした環境整備の一環として，総務省，公正取引委員会及び消費者庁が連携・協力し，モバイル市場の健全な発展に向けた取組を強力に推進することを目的に，

総務大臣及び内閣府特命担当大臣（消費者行政及び公正取引委員会に関する事務担当）による「携帯電話料金の低廉化に向けた二大臣会合」の第1回会合が令和2年12月に開催され，以降順次会合を開催している。

⑿ 競争評価に関する取組

平成19年10月以降，各府省が規制の新設又は改廃を行おうとする場合，原則として，規制の事前評価の実施が義務付けられ，規制の事前評価において，競争状況への影響の把握・分析（以下「競争評価」という。）についても行うこととされ，平成22年4月から試行的に実施されてきた。平成29年7月28日，「規制の政策評価の実施に関するガイドライン」が改正され，同年10月1日に施行されたことに伴い，競争評価が同日から本格的に実施されることとなった。規制の事前評価における競争評価において，各府省は，競争評価チェックリストを作成し，規制の事前評価書の提出と併せて総務省に提出し，総務省は，受領した競争評価チェックリストを公正取引委員会へ送付することとされている。

公正取引委員会は，令和2年度においては，総務省から競争評価チェックリストを125件受領し，その内容を精査した。また，各府省における競争評価のより適切な実施の促進を目的として，競争評価の手法の改善等を検討するため，経済学や規制の政策評価の知見を有する有識者による競争評価検討会議を令和2年度において3回開催した（詳細は第2部第5章第5を参照）。

⒀ 入札談合の防止への取組

公正取引委員会は，入札談合の防止を徹底するためには，発注者側の取組が極めて重要であるとの観点から，地方公共団体等の調達担当者等に対する独占禁止法や入札談合等関与行為防止法の研修会を開催するとともに，国，地方公共団体等が実施する調達担当者等に対する同様の研修会への講師の派遣及び資料の提供等の協力を行っている。

令和2年度においては，研修会を全国で35回開催するとともに，国，地方公共団体等に対して123件の講師の派遣を行った（詳細は第2部第5章第6を参照）。

⒁ 独占禁止法コンプライアンスの向上に向けた取組

公正取引委員会では，これまで，企業における独占禁止法に関するコンプライアンス活動の状況を調査し，改善のための方策等と併せて，報告書の取りまとめ・公表を行うとともに，その周知に努めている。

令和2年度においては，多種多様な協同組合や商工組合（以下「組合」という。）における独占禁止法コンプライアンスに関する取組状況及び独占禁止法や適用除外制度に関する認識の実態を把握・分析してその実態や課題を明らかにするとともに，改善に向けた方策を提示することにより，組合における独占禁止法コンプライアンスの促進を図ることを目的として，1,781組合を対象に調査を行い，独占禁止法コンプライアンスの取組を推進するために有効と考えられる方策や留意点を取りまとめた報告書「協同組合等における独占禁止法コンプライアンスに関する取組状況について」を令和2年6月25日に公表した（詳細は第2部第5章第7を参照）。

4　競争政策の運営基盤の強化

⑴　競争政策に関する理論的・実証的な基盤の整備

　　競争政策研究センターは，平成15年6月の発足以降，独占禁止法等の執行や競争政策の企画・立案・評価を行う上での理論的・実証的な基礎を強化するための活動を展開している。令和2年度においては，シンポジウムを2回開催したほか，データ市場に関して，我が国における実情等を踏まえた上で，競争政策上の諸論点や課題について研究を行うことを目的として，「データ市場に係る競争政策に関する検討会」を開催した。同検討会では，令和2年11月以降，8回にわたって検討が行われ，令和3年6月25日に報告書を公表した（詳細は第2部第6章 3 を参照）。

⑵　経済のグローバル化への対応

　　近年，複数の国・地域の競争法に抵触する事案，複数の国・地域の競争当局が同時に審査を行う必要のある事案等が増加するなど，競争当局間の協力・連携の強化の必要性が高まっている。このような状況を踏まえ，公正取引委員会は，二国間独占禁止協力協定，経済連携協定等に基づき，関係国の競争当局と連携して執行活動を行うなど，外国の競争当局との間で緊密な協力を行っている。

　　また，公正取引委員会は，国際競争ネットワーク（ＩＣＮ），経済協力開発機構（ＯＥＣＤ），アジア太平洋経済協力（ＡＰＥＣ），国連貿易開発会議（ＵＮＣＴＡＤ），東アジア競争政策トップ会合（ＥＡＴＯＰ）等といった多国間会議にも積極的に参加している。

　　さらに，開発途上国において，既存の競争法制を強化する動きや，新たに競争法制を導入する動きが活発になっていることを受け，公正取引委員会は，これら諸国の競争当局等に対し，当委員会事務総局の職員の派遣や研修の実施等による競争法・政策分野における技術支援活動を行っている。

　　このほか，我が国の競争政策の状況を広く海外に発信することにより公正取引委員会の国際的なプレゼンスを向上させるため，英文ウェブサイトに掲載する報道発表資料の一層の充実，海外の弁護士会等が主催するセミナー等へのスピーカーの派遣等を行っている。

　　令和2年度においては，主に以下の事項に取り組んだ。

ア　競争当局間における連携強化

　　公正取引委員会は，二国間独占禁止協力協定等に基づき，関係国の競争当局に対し執行活動等に関する通報を行うなど，外国の競争当局との間で緊密な協力を行っている（詳細は第2部第11章第1参照）。

イ　競争当局間協議

　　公正取引委員会は，我が国と経済的交流が特に活発な国・地域の競争当局等との間で競争政策に関する協議を定期的に行っている（詳細は第2部第11章第2参照）。

ウ　経済連携協定への取組

　我が国は，英国との間で日英包括的経済連携協定を令和２年10月23日に署名し，同協定は，令和３年１月１日に発効した。また，令和２年11月15日に地域的な包括的経済連携（ＲＣＥＰ：Regional Comprehensive Economic Partnership）協定が我が国を含む15か国により署名された。このほか，我が国は，中国・韓国，トルコ等との間で経済連携協定等の締結交渉を行っている。

　公正取引委員会は，経済連携協定等において競争政策を重要な要素と位置付け，競争分野における協力枠組みに係る条項等を盛り込む方向で交渉に参加している（詳細は第２部第11章第３を参照）。

エ　多国間会議への参加

　国際競争ネットワーク（ＩＣＮ）においては，その設立以来，ＩＣＮの活動全体を管理する運営委員会のメンバーを公正取引委員会委員長が務めている。また，当委員会は，平成23年５月から平成26年４月までカルテル作業部会の共同議長を，平成26年４月から平成29年５月まで同作業部会サブグループ（ＳＧ１）の共同議長を，平成29年５月から令和２年５月まで企業結合作業部会の共同議長を務め，令和２年５月からは単独行為作業部会の共同議長を務めている。そのほか，当委員会主導の下で設立された「（カルテル執行に係る）非秘密情報の交換を促進するためのフレームワーク」及び「企業結合審査に係る国際協力のためのフレームワーク」を運用するなど各作業部会の取組に積極的に参画している。

　また，公正取引委員会は，経済協力開発機構（ＯＥＣＤ）に設けられている競争委員会の各会合に参加し，ラウンドテーブルにおいて我が国の経験を紹介するなどして，議論への貢献を行っている。

オ　技術支援

　公正取引委員会は，東アジア地域等の開発途上国の競争当局等に対し，当委員会事務総局の職員の派遣や研修の実施等の競争法・政策分野における技術支援活動を行っている。令和２年度においては，独立行政法人国際協力機構（ＪＩＣＡ）の枠組みを通じて，ベトナム，モンゴル及びマレーシアに対して技術支援を行ったほか，競争法制を導入しようとする国や既存の競争法制の強化を図ろうとする国の競争当局等の職員に対して，競争法・政策に関する研修を実施した。

　また，日・ＡＳＥＡＮ統合基金（ＪＡＩＦ）を活用した技術支援として，公正取引委員会は，東南アジア諸国連合（ＡＳＥＡＮ）加盟国等と競争法に係る共同研究を実施した（詳細は第２部第11章第５を参照）。

⑶　競争政策の普及啓発に関する広報・広聴活動

　競争政策に関する意見・要望等を聴取して施策の実施の参考とし，併せて競争政策への理解の促進に資するため，独占禁止政策協力委員から意見聴取を行った。

　また，経済社会の変化に即応して競争政策を有効かつ適切に推進するため，公正取引委員会が広く有識者と意見を交換し，併せて競争政策の一層の理解を求めることを目的として，独占禁止懇話会を開催しており，令和２年度においては，３回開催した。

　　さらに，公正取引委員会委員等と各地の有識者との懇談会（全国８都市），地方事務所長等の当委員会事務総局の職員と各地区の有識者との懇談会（全国各地区）及び弁護士会との懇談会（全国各地区）をそれぞれ開催した。

　　前記以外の活動として，本局及び地方事務所等の所在地以外の都市における独占禁止法等の普及啓発活動や相談対応の一層の充実を図るため，「一日公正取引委員会」を開催するとともに，一般消費者に独占禁止法の内容や公正取引委員会の活動を紹介する「消費者セミナー」を開催した。

　　加えて，中学校，高等学校及び大学（短期大学等を含む。）に職員を講師として派遣し，経済活動における競争の役割等について授業を行う独占禁止法教室（出前授業）の開催など，学校教育等を通じた競争政策の普及啓発に努めた（詳細は第２部第12章第1を参照）。

```
＜令和２年度における主な取組＞（注）
○　独占禁止政策協力委員に対する意見聴取の実施（143件）
○　独占禁止懇話会の開催（３回）
○　地方有識者との懇談会の開催（札幌市，秋田市，宇都宮市，岐阜市，奈良市，松
　　江市，高知市及び長崎市の各地区に所在する有識者）
○　その他の地方有識者との懇談会の開催（50回）
○　弁護士会との懇談会の開催（19回）
○　一日公正取引委員会の開催（山口県下関市及び佐賀市）
○　消費者セミナーの開催（49回）
○　独占禁止法教室の開催（中学生向け29回，高校生向け９回，大学生等向け96回）
```

（注）主にウェブ会議等の非対面形式を活用してそれぞれ開催した。

5　その他の業務（新型コロナウイルス感染症に係る対応）

　　新型コロナウイルス感染症の世界的な拡大に伴って，企業等の活動に様々な影響が出ており，また，関連物資の供給に関しても影響が出ている。

　　公正取引委員会は，独占禁止法等を運用する立場から，こうした事態を踏まえ次の取組を行った。

⑴　新型コロナウイルス感染症への対応のための取組に係る独占禁止法に関するＱ＆Ａの公表等

　　事業者等による新型コロナウイルス感染症への対応のための取組について独占禁止法上の考え方を紹介するため，「新型コロナウイルス感染症への対応のための取組に係る独占禁止法に関するＱ＆Ａ」を公表した（令和２年４月23日公表）。

　　また，公正取引委員会は，事業者等から寄せられた相談のうち，他の事業者等の参考になると思われるものを相談事例集として取りまとめ，毎年公表しているところ，令和３年６月９日に公表した令和２年度相談事例集において，「新型コロナウイルス感染症関連の取組に関する相談」という項目を設け，医療用物資の卸売業者の団体による医療機関に対する供給可能会員の紹介に関する相談等３件の事例を掲載した。

⑵　新型コロナウイルス感染症拡大に関連する下請取引Q＆Aの公表等

　　新型コロナウイルス感染症の拡大により影響を受ける下請等中小企業との取引に関して，公正取引委員会及び中小企業庁の連名で，下請法等に係るQ＆Aを公表した（令和2年5月13日公表）。

　　また，公正取引委員会は，令和2年4月28日以降，下請法違反行為について改善指導を行った親事業者7,834名に対し，当該指導に加えて，新型コロナウイルス感染症による取引への影響について，下請事業者に対して適切な配慮をするとともに，適正な費用負担なしに一方的に契約を変更・解除するなどの下請法違反行為を行わないよう注意喚起を行ったほか，同年6月，親事業者6万名に対し，定期調査を行う際に，同様の注意喚起を行った。

⑶　新型コロナウイルス感染症に関連する事業者等の取組に対する公正取引委員会の対応についての公表

　　新型コロナウイルス感染症の世界的な感染拡大に伴って，企業等の活動に様々な影響が出ており，また，関連物資の供給に関しても影響が出ていることを踏まえ，公正取引委員会は，独占禁止法等を運用する立場からの対応について取りまとめ公表した（令和2年4月28日公表）。

　　また，新型コロナウイルス感染症の感染拡大に伴う需要減少等を理由として，中小・下請事業者に不当に不利益をもたらす行為や，需給のひっ迫に便乗した価格カルテル等の消費者の利益を損なう行為に対しては厳正に対処していく旨も併せて明らかにしている。

第2部

各　　論

解答

第1章　独占禁止法制等の動き

第1　独占禁止法改正法の施行に伴う関係政令等の整備

　公正取引委員会の機能を強化し，不当な取引制限等の一層の抑止を図るため，新たに事業者が当委員会との合意により事件の真相の解明に資する資料の提出等をした場合に課徴金の額を減額することができる制度（以下「調査協力減算制度」という。また，課徴金減免制度と調査協力減算制度を併せて「新たな課徴金減免制度」という。）を設けるとともに，課徴金の算定方法について算定基礎額の追加，算定期間の延長等を行うほか，検査妨害等の罪に対する罰金の上限額の引上げ等を行うことを内容とする「私的独占の禁止及び公正取引の確保に関する法律の一部を改正する法律」（令和元年法律第45号。以下「令和元年独占禁止法改正法」という。）は，令和元年6月19日，第198回通常国会において可決・成立し，同月26日に公布された。

　令和元年独占禁止法改正法は，令和元年7月26日及び令和2年1月1日に施行された一部の規定を除き，令和2年12月25日に施行された。

1　独占禁止法施行令の改正

　令和元年独占禁止法改正法の施行に伴い，独占禁止法施行令について，「私的独占の禁止及び公正取引の確保に関する法律施行令の一部を改正する政令」（令和2年政令第260号。令和2年9月2日公布，同年12月25日施行。以下「令和2年改正施行令」という。）により所要の改正を行った。概要は以下のとおりである。

(1)　不当な取引制限及び私的独占に係る課徴金算定の基礎となる売上額等の算定方法

ア　趣旨

　　令和元年独占禁止法改正法により，不当な取引制限について，違反事業者の課徴金の算定基礎として，違反事業者から指示や情報を受けた完全子会社等が供給又は購入した商品若しくは役務の売上額又は購入額，違反行為に係る商品又は役務に密接に関連する業務（以下「密接関連業務」という。）の対価に相当する額及び違反行為に係る商品又は役務を供給しないこと等に関して得た金銭その他の財産上の利益に相当する額（以下「談合金等相当額」という。）が追加された。また，不当な取引制限の改正内容に応じて，私的独占及び事業者団体による不当な取引制限に相当する行為についても，課徴金の算定基礎が追加された。

　　これに伴い，令和元年独占禁止法改正法により政令に委任されている課徴金の算定基礎となる売上額又は購入額，密接関連業務の対価に相当する額及び談合金等相当額の算定方法等の具体的な内容について，令和2年改正施行令により規定した。

イ　内容

(ｱ)　違反事業者から指示や情報を受けた完全子会社等の売上額又は購入額

　　不当な取引制限に係る違反事業者及び違反事業者から指示や情報を受けた完全子会社等の売上額又は購入額並びに事業者団体による不当な取引制限に相当する行為

に係る違反事業者団体の特定事業者及び違反事業者団体の特定事業者から指示や情報を受けた完全子会社等の売上額又は購入額の算定方法については，実行期間における売上額又は購入額を対象に，原則として引渡基準を，例外として契約基準を適用することとした。

　　また，支配型私的独占及び排除型私的独占に係る違反事業者及び違反事業者から指示や情報を受けた完全子会社等の売上額の算定方法についても，実行期間及び違反行為期間における売上額を対象に，不当な取引制限の場合と同様の基準を適用することとした。

(イ)　**密接関連業務**

　a　**不当な取引制限**

　　不当な取引制限に係る密接関連業務の具体的な内容については，「違反行為……に係る商品又は役務の供給の全部又は一部を行わないことを条件として行う製造，販売，加工その他の商品又は役務……を供給する業務……であつて，当該違反行為をした他の事業者……又はその完全子会社等のうち当該違反行為……をしていないものが当該違反行為に係る商品又は役務を供給するために必要とされるもの」と規定した。

　　また，対価に相当する額の算定方法については，前記(ア)の違反事業者から指示や情報を受けた完全子会社等の売上額又は購入額の場合と同様に，原則として引渡基準を，例外として契約基準を適用することとした。

　b　**支配型私的独占**

　　支配型私的独占に係る密接関連業務の具体的な内容については，「違反行為に係る商品又は役務の供給を受ける者に対し，当該商品又は役務の供給を受けるために必要な情報の提供，事務の管理その他の役務を提供する業務」と規定した。

　　また，対価に相当する額の算定方法については，前記aの不当な取引制限の場合と同様の基準を適用することとした。

　c　**事業者団体による不当な取引制限に相当する行為**

　　事業者団体による不当な取引制限に相当する行為に係る密接関連業務の具体的な内容については，前記aの不当な取引制限の場合と同様に規定した。

　　また，対価に相当する額の算定方法についても，前記aの不当な取引制限の場合と同様の基準を適用することとした。

(ウ)　**談合金等相当額**

　　不当な取引制限，支配型私的独占及び事業者団体による不当な取引制限に相当する行為に係る談合金等相当額の算定方法については，「実行期間において得た金銭その他の財産上の利益の価額を合計する方法」と規定した。

(2)　**合併等があった場合の新たな課徴金減免制度の適用に係る規定の整備**

　　令和元年独占禁止法改正法により，政令に委任されている，違反事業者が合併により消滅した場合及び違反事業者が違反行為に係る事業を譲渡等した後に消滅した場合における，新たな課徴金減免制度の規定の適用関係について，令和2年改正施行令により規定した。

2 公正取引委員会規則等の改正等

(1) 課徴金制度の見直しに伴う公正取引委員会規則の改正

令和元年独占禁止法改正法により，事業者が公正取引委員会の求めに応じず課徴金の計算の基礎となるべき事実の報告等を行わない場合，公正取引委員会規則で定める方法により，課徴金の算定基礎となる売上額等を推計して，課徴金の納付を命じることができることとされた。

これに伴い，令和元年独占禁止法改正法により規則に委任されている課徴金の算定基礎となる売上額等の算定方法について，「公正取引委員会の審査に関する規則」（平成17年公正取引委員会規則第5号）において規定した（令和2年公正取引委員会規則第4号。令和2年9月2日公布，同年12月25日施行）。

具体的には，課徴金の計算の基礎となるべき事実を把握した期間における売上額等の日割平均額に推計対象期間を乗じる方法とすることとした。

(2) 課徴金減免制度の見直しに伴う公正取引委員会規則等の改正等

ア 課徴金の減免に係る報告及び資料の提出に関する規則の全部改正

(ｱ) 趣旨

令和元年独占禁止法改正法の施行に伴い，「課徴金の減免に係る報告及び資料の提出に関する規則」（平成17年公正取引委員会規則第7号。以下「旧減免規則」という。）の全部改正により，「課徴金の減免に係る事実の報告及び資料の提出に関する規則」（令和2年公正取引委員会規則第3号。令和2年9月2日公布，同年12月25日施行）を制定した。概要は以下のとおりである。

(ｲ) 内容

a 調査協力減算制度に係る手続等

令和元年独占禁止法改正法により，調査協力減算制度が導入されたことに伴い，その手続について規定した。

(a) 協議の申出期限（課徴金減免申請を受けた旨の通知を受け取った日から起算して10開庁日を経過する日まで）

(b) 事件の真相の解明に資する事項（違反行為の対象となった商品又は役務等）

b 課徴金減免申請の方法

令和元年独占禁止法改正法施行に伴う旧減免規則の全部改正を契機として，課徴金減免申請の様式第1号及び様式第3号の提出方法をファクシミリから電子メールに変更した。

c 二以上の子会社等の共同による行為

合併以外の事由により消滅した事業者の違反行為に係る事業の全部を承継した二以上の子会社等は，連帯して課徴金を納付することになることから，当該子会社等がしたとみなされる違反行為に係る新たな課徴金減免制度の手続は，令和2年改正施行令により，当該子会社等が共同で行うこととされたため，その手続について規定した。

イ 調査協力減算制度の運用方針の策定

⑺ 趣旨

調査協力減算制度が新たに導入されたことを踏まえ，事業者にとっての予見可能性及び法運用の透明性を高め，事件調査への事業者による協力を促すため，公正取引委員会は，「調査協力減算制度の運用方針」（令和2年9月2日公正取引委員会）を策定した。概要は以下のとおりである。

⑷ 内容

a 報告等事業者（注1）が説明する協力の内容として盛り込まなければならない事項を示した。

（注1）課徴金減免申請をした事業者（調査開始日より前に最初に課徴金減免申請をした者を除く。）

b 公正取引委員会が新たな事実等の把握と評価し得る事実等について示した。

c 公正取引委員会は，通常，上限及び下限についての合意（注2）の求めを行うことを示した。

（注2）公正取引委員会が，報告等事業者が合意後に新たに把握し，調査協力減算制度における報告等を行った事実等を評価して，合意において定めた上限及び下限の範囲内で減算率を決定するもの。

d 事件の真相の解明に資する程度を評価するに当たっては，事件の真相の解明の状況を踏まえつつ，報告等事業者が行った報告等の内容について，以下の要素を考慮することを示した。

⒜ 具体的かつ詳細であるか否か

⒝ 「事件の真相の解明に資する」事項について網羅的であるか否か

⒞ 当該報告等事業者が提出した資料により裏付けられるか否か

e 前記d⒜から⒞までの考慮要素を満たす数に応じて，下表のとおり減算率を決定することを示した。

（表）

調査開始日前	調査開始日以後	事件の真相の解明に資する程度
40%	20%	高い（全ての要素を満たす）
20%	10%	中程度である（二つの要素を満たす）
10%	5%	低い（一つの要素を満たす）

⑶ 新たな課徴金減免制度の導入に伴う判別手続の導入

ア 公正取引委員会の審査に関する規則の一部改正

⑺ 趣旨

新たな課徴金減免制度の導入に伴い，事業者が調査協力を効果的に行うために外部の弁護士に相談するニーズがより高まると考えられたため，新たな課徴金減免制度をより機能させるとともに，当該相談に係る法的意見についての秘密を実質的に保護し，適正手続を確保する観点から，公正取引委員会は，独占禁止法第76条第1項の規定に基づく「公正取引委員会の審査に関する規則」（平成17年公正取引委員会規則第5号）の一部改正により，当委員会の行政調査手続において，所定の手続により

一定の条件を満たすことが確認された事業者と弁護士との間で秘密に行われた通信の内容を記録した物件を，審査官その他の当該事件調査に従事する職員がその内容に接することなく，事件の終結を待つことなく当該事業者に還付する手続（以下「判別手続」という。）を導入した（令和２年公正取引委員会規則第２号。令和２年７月７日公布，同年12月25日施行）。

  (ｲ) **内容**

    a **判別手続の対象等**

      (a) **判別手続の対象**

        課徴金の減免の対象とされている違反行為の疑いのある行為（以下「課徴金減免対象被疑行為」という。）に関する法的意見について事業者と弁護士との間で秘密に行われた通信（以下「特定通信」という。）の内容を記録した文書等の物件としている。

      (b) **申出書の提出**

        課徴金減免対象被疑行為に係る事件において，審査官が物件の所持者に対して提出命令を行うに際し，当該物件の所持者から，文書で，特定通信の内容を記録したものである旨の申出及び判別手続の利用の求めを行うことが必要である。

      (c) **適切な保管**

        物件に特定通信の内容を記録したものである旨が表示され，当該物件が特定の保管場所に当該物件以外の物件と区別して保管されているなどにより物件が適切に保管されていなければならない。

      (d) **概要文書の提出**

        物件について，標題その他必要な事項を特定通信ごとに記載した文書（概要文書）を公正取引委員会に提出しなければならない。

      (e) **その他**

        前記(a)から(d)までのほか，物件に特定通信の内容に当たらない内容を記録したものが含まれていないこと（当該特定通信の内容に当たらない内容を記録したものが含まれている場合に事業者が当該内容と同一の内容のものを公正取引委員会に提出又は報告したこと），検査を妨害すること等に関する内容を記録したものでないこと等の要件がある。

    b **判別官の指定等**

      前記aの要件の確認は，公正取引委員会の官房の職員のうち，当委員会が事件ごとに指定する職員（以下「判別官」という。）が行うこと，課徴金減免対象被疑行為に係る事件について当該事件の調査に関する事務に従事したことのある職員を判別官として指定しないこと，当該事件において判別官の指定を受けたことのある職員を当該事件の調査に従事させないこと等を規定している。

イ 事業者と弁護士との間で秘密に行われた通信の内容が記録されている物件の取扱指針の策定

  (ｱ) **趣旨**

    判別手続の内容を明確にし，判別手続の透明性及び事業者の予見可能性を確保す

る観点から，公正取引委員会は，「事業者と弁護士との間で秘密に行われた通信の内容が記録されている物件の取扱指針」（令和2年7月7日公正取引委員会）を策定した。

イ　内容

特定通信の内容を記録した物件及び適切な保管の具体例，電子データは原則として物件と同様に取り扱うこと，判別手続の各段階における手続の詳細等を示した。

(4)　独占禁止法審査手続に関する指針の改定

課徴金減免申請をした事業者の従業員等が聴取対象者である場合に，当該聴取対象者からの求めがあれば，供述聴取終了後その場で，当該聴取対象者が自ら供述した内容に係るメモを作成することを認めることとし，「独占禁止法審査手続に関する指針」（平成27年12月25日公正取引委員会決定）を一部改定した（令和2年7月7日）。

第2　その他所管法令の改正

1　公正取引委員会事務総局組織令及び私的独占の禁止及び公正取引の確保に関する法律第四十七条第二項の審査官の指定に関する政令の改正

事務総局の官房に置かれる審議官を一人増員するとともに，事務総局の局及び課の所掌事務の範囲につき所要の改正を行うこと等を内容とする「公正取引委員会事務総局組織令」（昭和27年政令第373号）の改正及び審査官の指定の対象に事務総局の官房に置かれる審議官等を加える「私的独占の禁止及び公正取引の確保に関する法律第四十七条第二項の審査官の指定に関する政令」（昭和28年政令第264号）の改正を行った（公正取引委員会事務総局組織令及び私的独占の禁止及び公正取引の確保に関する法律第四十七条第二項の審査官の指定に関する政令の一部を改正する政令〔令和3年政令第76号。令和3年3月31日公布，同年4月1日施行〕）。

2　押印を求める手続等の見直しのための公正取引委員会規則の改正

「規制改革実施計画」（令和2年7月17日閣議決定）において，「原則として全ての見直し対象手続（注）について、恒久的な制度的対応として、年内に、規制改革推進会議が提示する基準に照らして順次、必要な検討を行い、法令、告示、通達等の改正やオンライン化を行う」こととされたことを受け，公正取引委員会は，公正取引委員会規則において，国民や事業者等に対して，押印を求めている手続等について，国民や事業者等の押印を不要とする等の改正を行った（令和2年公正取引委員会規則第7号。令和2年12月25日公布，同日施行）。

(注)「法令等又は慣行により、国民や事業者等に対して紙の書面の作成・提出等を求めているもの、押印を求めているもの、又は対面での手続を求めているもの」が「見直し対象手続」と定義されている。

第3　独占禁止法と他の経済法令等の調整

1　法令協議

公正取引委員会は，関係行政機関が特定の政策的必要性から経済法令の制定又は改正を

行おうとする際に，これら法令に独占禁止法の適用除外や競争制限的効果をもたらすおそれのある行政庁の処分に係る規定を設けるなどの場合には，その企画・立案の段階で，当該行政機関からの協議を受け，独占禁止法及び競争政策との調整を図っている。

2　行政調整

　公正取引委員会は，関係行政機関が特定の政策的必要性から行う行政措置等について，独占禁止法及び競争政策上の問題が生じないよう，当該行政機関と調整を行っている。

第２章　違反被疑事件の審査及び処理

第１　違反被疑事件の審査及び処理の状況

1　排除措置命令等

　独占禁止法は，事業者が私的独占又は不当な取引制限をすること，不公正な取引方法を用いること等を禁止している。公正取引委員会は，一般から提供された情報，自ら探知した事実，違反行為をした事業者からの課徴金減免申請等を検討し，これらの禁止規定に違反する事実があると思料するときは，独占禁止法違反被疑事件として必要な審査を行っている。

　審査事件のうち，必要なものについては独占禁止法の規定に基づく権限を行使して審査を行い（法第47条），違反する事実があると認められ，排除措置命令等をしようとするときは，意見聴取を行い（法第49条等），意見聴取官が作成した意見聴取調書及び意見聴取報告書の内容を参酌し（法第60条）ている。

　また，排除措置命令を行うに足る証拠が得られなかった場合であっても，違反の疑いがあるときは，関係事業者等に対して警告を行い，是正措置を採るよう指導している（注）。

　さらに，違反行為の存在を疑うに足る証拠は得られなかったが，違反につながるおそれのある行為がみられた場合には，未然防止を図る観点から注意を行っている。

　なお，法的措置又は警告をしたときは，その旨公表している。また，注意及び打切りについては，競争政策上公表することが望ましいと考えられる事案であり，かつ，関係事業者から公表する旨の了解を得た場合又は違反被疑対象となった事業者が公表を望む場合は，公表している（これら公表された事件の処理の類型別の件数について第１図参照）。

　令和２年度における審査件数（不当廉売事案で迅速処理したもの〔第１－２表〕を除く。）は，前年度からの繰越しとなっていたもの18件及び年度内に新規に着手したもの83件の合計101件であり，このうち年度内に処理した件数は91件であった。91件の内訳は，排除措置命令が９件，確約計画の認定が６件，注意が73件，違反事実が認められなかったなどを理由に審査を打ち切ったものが３件となっている（第１－１表参照）。

（注）公正取引委員会は，警告を行う場合にも，公正取引委員会の審査に関する規則（平成17年公正取引委員会規則第５号）に基づき，事前手続を経ることとしている。

第1図　排除措置命令・確約計画の認定・警告等の件数の推移

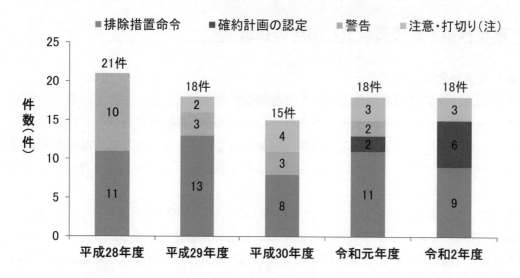

類型 \ 年度	28年度	29年度	30年度	元年度	2年度
排除措置命令	11	13	8	11	9
確約計画の認定	－	－	0	2	6
警告	10	3	3	2	0
注意・打切り（注）	0	2	4	3	3
合計	21	18	15	18	18

（注）事案の概要を公表したものに限る。

第1－1表　審査事件処理状況の推移（不当廉売事案で迅速処理（注1）を行ったものを除く。）

年　　度			28	29	30	元	2
審査件数		前年度からの繰越し	15	21	25	23	18
		年度内新規着手	134	122	118	76	83
		合　　計	149	143	143	99	101
処理件数	法的措置	排除措置命令	11	13	8	11	9
		対象事業者等の数	51	41	46	40	20
		確約計画の認定	－	－	0	2	6
		対象事業者の数	－	－	0	2	6
	その他	終　了（違反認定）	1	1	0	0	0
		警　　告	10	3	3	2	0
		注　　意	84	88	95	57	73
		打切り	22	13	14	9	3
		小　　計	117	105	112	68	76
		合　　計	128	118	120	81	91
次年度への繰越し			21	25	23	18	10
課徴金納付命令		対象事業者数	32（注2）	32	18	37	4
		課徴金額（円）	91億4301万（注2）	18億9210万	2億6111万	692億7560万	43億2923万
告　　　発			0	1	0	0	1

（注1）申告のあった不当廉売事案に対し可能な限り迅速に処理する（原則２か月以内）という方針に基づいて行う処理をいう。

（注2）課徴金納付命令後に刑事事件裁判が確定した９名の事業者に対して，独占禁止法第63条第１項の規定に基づき，課徴金納付命令に係る課徴金の一部を控除する決定を，また，１名の事業者に対して，同条第２項に基づき，課徴金納付命令を取り消す決定を行った結果，課徴金納付命令の対象となった事業者数及び課徴金額である。

第1－2表　不当廉売事案における注意件数（迅速処理によるもの）の推移

年　　度	28	29	30	元	2
不当廉売事案における注意件数（迅速処理によるもの）	1,155	457	227	235	136

第2図　法的措置（注1）件数等の推移

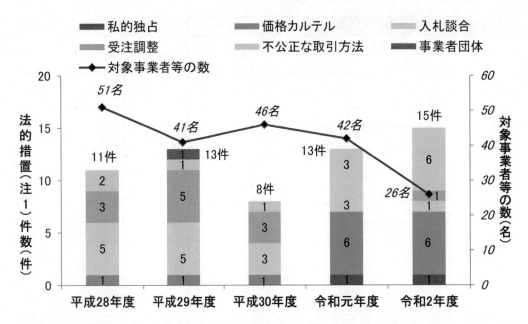

年度　内容（注2）	28年度	29年度	30年度	元年度	2年度
私的独占	0	0	0	1	1
価格カルテル	1	1	1	6	6
入札談合	5	5	3	3	1
受注調整	3	5	3	0	1
不公正な取引方法	2	1	1	3	6
その他（注3）	0	1	0	0	0
合計	11	13	8	13	15

（注1）法的措置とは，排除措置命令，課徴金納付命令及び確約計画の認定のことである。一つの事件について，排除措置命令と課徴金納付命令が共に行われている場合には，法的措置件数を1件としている。
（注2）私的独占と不公正な取引方法のいずれも関係法条となっている事件は，私的独占に分類している。
（注3）「その他」とは，事業者団体による一定の事業分野における事業者の数の制限である。

　令和2年度における処理件数を行為類型別にみると，私的独占3件，価格カルテル7件，入札談合1件，受注調整1件，その他のカルテル2件，不公正な取引方法73件，その他4件となっている（第2表参照）。法的措置は15件であり，この内訳は，私的独占1件，価格カルテル6件，入札談合1件，受注調整1件，不公正な取引方法6件となっている（第2表及び第3表参照）。

第2表　令和2年度審査事件（行為類型別）一覧表

行為類型（注1） ＼ 処理		排除措置命令	確約計画の認定	終了（違反認定）	警告	注意	打切り	合計
私的独占		1	0	0	0	1	1	3
不当な取引制限	価格カルテル	6	0	0	0	1	0	7
	入札談合	1	0	0	0	0	0	1
	受注調整	1	0	0	0	0	0	1
	その他のカルテル（注2）	0	0	0	0	2	0	2
	小　計	8	0	0	0	3	0	11
不公正な取引方法（注3）	再販売価格の拘束	0	0	0	0	5	0	5
	その他の拘束・排他条件付取引	0	3	0	0	2	1	6
	取引妨害	0	0	0	0	4	0	4
	優越的地位の濫用	0	3	0	0	47	0	50
	不当廉売	0	0	0	0	5	0	5
	その他	0	0	0	0	2	1	3
	小　計	0	6	0	0	65	2	73
その他（注4）		0	0	0	0	4	0	4
合　　　計		9	6	0	0	73	3	91

（注1）複数の行為類型に係る事件は，主たる行為に即して分類している。
（注2）「その他のカルテル」とは数量，販路，顧客移動禁止，設備制限等のカルテルである。
（注3）事業者団体が事業者に不公正な取引方法に該当する行為をさせるようにする行為（独占禁止法第8条第5号）は，不公正な取引方法に分類している。
（注4）「その他」とは，事業者団体による構成事業者の機能又は活動の不当な制限等である。

第3表　法的措置（注1）件数（行為類型別）の推移

行為類型（注2） ＼ 年度		28	29	30	元	2	合計
私的独占		0	0	0	1	1	2
不当な取引制限	価格カルテル	1	1	1	6	6	15
	入札談合	5	5	3	3	1	17
	受注調整	3	5	3	0	1	12
	小　計	9	11	7	9	8	44
不公正な取引方法	再販売価格の拘束	1	0	0	2	0	3
	その他の拘束・排他条件付取引	1	0	0	1	3	5
	取引妨害	0	0	1	0	0	1
	優越的地位の濫用	0	0	0	0	3	3
	その他	0	1	0	0	0	1
	小　計	2	1	1	3	6	13
その他（注3）		0	1	0	0	0	1
合　　　計		11	13	8	13	15	60

（注1）法的措置とは，排除措置命令，課徴金納付命令及び確約計画の認定のことである。一つの事件について，排除措置命令と課徴金納付命令が共に行われている場合には，法的措置件数を1件としている。
（注2）私的独占と不公正な取引方法のいずれも関係法条となっている事件は，私的独占に分類している。
（注3）「その他」とは，事業者団体による一定の事業分野における事業者の数の制限である。

2 　課徴金納付命令等

⑴　課徴金納付命令の概要

　　独占禁止法は，カルテル・入札談合等の未然防止という行政目的を達成するために，行政庁たる公正取引委員会が違反事業者等に対して金銭的不利益である課徴金の納付を命ずることを規定している（同法第7条の2第1項，第7条の9第1項及び第2項，第8条の3，第20条の2，第20条の3，第20条の4，第20条の5並びに第20条の6）。

　　課徴金の対象となる行為は，①事業者又は事業者団体の行うカルテルのうち，商品若しくは役務の対価に係るもの又は商品若しくは役務について供給量若しくは購入量，市場占有率若しくは取引の相手方を実質的に制限することによりその対価に影響することとなるもの，②いわゆる支配型私的独占で被支配事業者が供給する商品若しくは役務について，その対価に係るもの又は供給量，市場占有率若しくは取引の相手方を実質的に制限することによりその対価に影響することとなるもの，③いわゆる排除型私的独占のうち供給に係るもの，④独占禁止法で定められた不公正な取引方法である，共同の取引拒絶，差別対価，不当廉売及び再販売価格の拘束のうち，一定の要件を満たしたもの並びに優越的地位の濫用のうち継続して行われたものである。

　　令和2年度においては，延べ4名に対し総額43億2923万円の課徴金納付命令を行った。

⑵　課徴金減免制度の運用状況

　　令和2年度における課徴金減免制度に基づく事業者からの報告等の件数は，33件であった（課徴金減免制度導入〔平成18年1月〕以降の件数は1,343件）。

　　また，令和2年度においては，8事件延べ17名の課徴金減免制度の適用事業者について，これらの事業者の名称，免除の事実又は減額の率等を公表した（注）。

　（注）公正取引委員会は，法運用の透明性等確保の観点から，課徴金減免制度が適用された事業者について，課徴金納付命令を行った際に，当委員会のウェブサイト（https://www.jftc.go.jp/dk/seido/genmen/kouhyou/index.html）に，当該事業者の名称，所在地，代表者名及び免除の事実又は減額の率等を公表することとしている（ただし，平成28年5月31日以前に課徴金減免申請を行った事業者については，当該事業者から公表の申出があった場合に，公表している。）。

　　なお，公表された事業者数には，課徴金減免の申請を行った者であるものの，①独占禁止法第7条の2第1項に規定する売上額（課徴金の算定の基礎となる売上額）が存在しなかったため課徴金納付命令の対象になっていない者及び②算出された課徴金の額が100万円未満であったため独占禁止法第7条の2第1項ただし書により課徴金納付命令の対象になっていない者のうち，公表することを申し出た事業者の数を含めている。

第3図　課徴金額等の推移

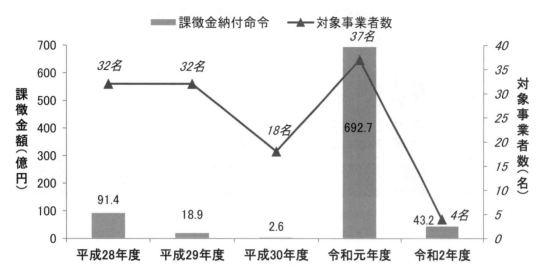

（注）課徴金額については，千万円未満切捨て。

3　申告等

　令和2年度においては，独占禁止法の規定に違反する事実があると思われ，公正取引委員会に報告（申告）された件数は2,713件であった（第4図参照）。この報告が，公正取引委員会規則で定めるところにより，書面で具体的な事実を摘示して行われた場合には，当該報告をした者に措置結果を通知することとされており（法第45条第3項），令和2年度においては，2,341件の通知を行った。

　また，公正取引委員会は，独占禁止法違反被疑行為の端緒情報をより広く収集するため，平成14年4月からインターネットを利用した申告が可能となる電子申告システムを当委員会のウェブサイト上に設置しているところ，令和2年度においては，同システムを利用した申告が1,097件あった。

　さらに，平成29年度までに電力分野，農業分野，IT・デジタル関連分野及びガス分野に係る情報提供窓口を設置（平成28年3月，4月，10月及び平成29年6月）し，令和2年度においてもこれらの分野における独占禁止法違反被疑行為に係る情報収集に積極的に取り組んだ。

第4図　申告件数の推移

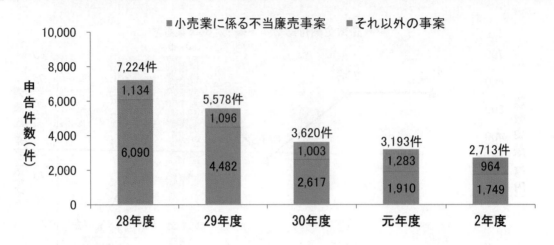

4　発注機関等への発注制度の運用の見直しの求め等

　公正取引委員会は，独占禁止法違反行為についての審査の過程において競争政策上必要な措置を講じるべきと判断した事項について，発注機関等に発注制度の運用の見直しの求め等を行っている。令和2年度においては，以下のとおり発注制度の運用の見直しの求め等を行った。

⑴　山形県による警察官用制服等の発注制度の運用の見直しの求め（令和2年6月11日）（事件詳細については後記第2　1　⑵ア参照）

> 　山形県は，特定警察官用制服類の入札等を実施する前に，特定警察官用制服類に係る予定価格の設定のため，原則として前年度に特定警察官用制服類を山形県に納入した3事業者から参考見積価格を徴し，最も低く提示された価格を予定価格として設定していた（本件違反事業者である5社は，予定価格が前年度の落札金額より高くなるよう，受注予定者が提示する参考見積価格を受注予定者が定めていた。）ところ，これら3事業者は，常に5社のうちのいずれかの事業者であった。本件では，このような状況の下で，5社が，違反行為により，特定警察官用制服類について，予定価格と同額又はそれに近い金額で受注していたという事実が認められた。
>
> 　このため，公正取引委員会は，山形県に対し，警察官用制服等の発注制度の運用について，その見直しを求めた。

⑵　愛知県教育委員会に対する通知（令和2年7月1日）（事件詳細については後記第2　1　⑵イ参照）

> 　愛知県立高等学校が制服について指定販売店各社の制服の販売価格等を掲載した共通チラシを作成するよう指定販売店に依頼等をする場合，指定販売店が，当該依頼等に応じるためのやり取りを行う際に，これを契機として制服の販売価格についての情報交換を行うおそれがあるため，公正取引委員会は，愛知県教育委員会に対し，所管の愛知県立高等学校にこれらの内容を周知するとともに，今後，同教育委員会所管の愛知県立高等学校が，指定販売

> 店に対し，制服に関する依頼等をする場合には，その依頼等が指定販売店による制服の販売価格についての情報交換の契機とならないよう留意すべきである旨通知した。

5　審査官の処分に対する異議申立て及び任意の供述聴取に係る苦情申立て

独占禁止法第47条の規定に基づいて審査官がした立入検査，審尋等の処分を受けた者が，当該処分に不服があるときは，公正取引委員会の審査に関する規則（平成17年公正取引委員会規則第5号）第22条第1項の規定により，当該処分を受けた日から1週間以内に，その理由を記載した文書をもって，当委員会に異議の申立てをすることができる。令和2年度においては，異議の申立てはなかった。

また，任意の供述聴取については，聴取対象者等が，聴取において「独占禁止法審査手続に関する指針」（平成27年12月25日公正取引委員会決定。以下「審査手続指針」という。）第2の「2　供述聴取」に反する審査官等による言動があったとする場合には，原則として当該聴取を受けた日から1週間以内に，公正取引委員会に苦情を申し立てることができる（審査手続指針第2の4）。令和2年度においては，苦情の申立てはなかった。

6　判別手続の運用状況

公正取引委員会は，公正取引委員会の審査に関する規則（平成17年公正取引委員会規則第5号）の一部改正により，当委員会の行政調査手続において，所定の手続により一定の条件を満たすことが確認された事業者と弁護士との間で秘密に行われた通信の内容を記録した物件を，審査官その他の当該事件調査に従事する職員がその内容に接することなく，事件の終結を待つことなく当該事業者に還付する手続（以下「判別手続」という。）を導入した（令和2年公正取引委員会規則第2号）。当該物件の還付を希望する事業者は，公正取引委員会の審査に関する規則第23条の2第1項の規定により，文書で判別手続の求めを行うこととなっている。

判別手続については，令和2年12月25日から運用を開始したところ，令和2年度においては，判別手続の求めはなかった。

第４－１表　令和２年度法的措置（排除措置命令）一覧表

一連番号	事件番号	件　名	内　容	課徴金の総額（最高額～最低額）	法的措置（注1）対象事業者の数	違反法条	排除措置命令年月日
1	2（措）2	山形県が発注する警察官用制服類の入札等の参加業者に対する件	山形県発注の警察官用制服類の入札等の参加業者が，受注予定者を決定し，受注予定者が受注できるようにしていた。	141万円	4	第3条後段	2.6.11
2	2（措）3	愛知県立高等学校の制服の販売業者に対する件	愛知県立豊田北高等学校の制服の販売業者が，販売価格を引き上げる旨を合意していた。	－	3	第3条後段	2.7.1
3	2（措）4	愛知県立高等学校の制服の販売業者に対する件	愛知県立豊田南高等学校の制服の販売業者が，販売価格を引き上げる旨を合意していた。	－	2	第3条後段	2.7.1
4	2（措）5	愛知県立高等学校の制服の販売業者に対する件	愛知県立豊田西高等学校の制服の販売業者が，販売価格を引き上げる旨を合意していた。	－	1	第3条後段	2.7.1
5	2（措）6	愛知県立高等学校の制服の販売業者に対する件	愛知県立豊田高等学校の制服の販売業者が，販売価格を引き上げる旨を合意していた。	－	2	第3条後段	2.7.1
6	2（措）7	愛知県立高等学校の制服の販売業者に対する件	愛知県立豊野高等学校の制服の販売業者が，販売価格を引き上げる旨を合意していた。	－	2	第3条後段	2.7.1
7	2（措）8	愛知県立高等学校の制服の販売業者に対する件	愛知県立豊田工業高等学校の制服の販売業者が，販売価格を引き上げる旨を合意していた。	－	2	第3条後段	2.7.1
8	2（措）9	マイナミ空港サービス㈱に対する件	八尾空港における機上渡し給油による航空燃料の販売に関して，自社の取引先需要者にエス・ジー・シー佐賀航空㈱から機上渡し給油を受けないようにさせていることにより，エス・ジー・シー佐賀航空㈱の事業活動を排除している。	612万円	1	第3条前段	2.7.7（注2）
9	2（措）10	東海旅客鉄道㈱が発注するリニア中央新幹線に係る品川駅及び名古屋駅新設工事の指名競争見積の参加業者に対する件	東海旅客鉄道㈱発注のリニア中央新幹線に係る地下開削工法による品川駅及び名古屋駅新設工事の指名競争見積の参加業者が，受注予定者を決定し，受注予定者が受注できるようにしていた。	43億2170万円（31億1839万円～12億331万円）	4	第3条後段	2.12.22
		合　計		43億2923万円	21		

（注1）排除措置命令を行っていない課徴金納付命令対象事業者を含む。
（注2）令和3年2月19日に本件に係る課徴金納付命令を行った。

第４－２表　令和２年度法的措置（確約計画の認定）一覧表

一連番号	事件番号	件　名	内　容	法的措置対象事業者の数	関係法条	確約計画の認定年月日
1	2(認)2	クーパービジョン・ジャパン㈱に対する件	公正取引委員会は，クーパービジョン・ジャパン㈱に対し，同社の次の行為が独占禁止法の規定に違反する疑いがあるものとして，確約手続通知を行ったところ，同社から確約計画の認定申請があり，当該計画が独占禁止法に規定する認定要件に適合すると認め，当該計画を認定した。 ア　クーパービジョン・ジャパン㈱は，自社の一日使い捨てコンタクトレンズ及び二週間頻回交換コンタクトレンズの販売に関し，小売業者に対して，広告への販売価格の表示を行わないように要請していた。 イ　クーパービジョン・ジャパン㈱は，自社の一日使い捨てコンタクトレンズ及び二週間頻回交換コンタクトレンズの販売に関し，小売業者に対して，医師の処方を受けた者にインターネットによる販売を行わないように要請していた。	1	第19条（一般指定第12項）	2.6.4
2	2(認)3	ゲンキー㈱に対する件	公正取引委員会は，ゲンキー㈱に対し，同社の次の行為が独占禁止法の規定に違反する疑いがあるものとして，確約手続通知を行ったところ，同社から確約計画の認定申請があり，当該計画が独占禁止法に規定する認定要件に適合すると認め，当該計画を認定した。 　ゲンキー㈱は，同社が自ら販売する商品を同社に直接販売して納入する事業者のうち，ゲンキー㈱と継続的な取引関係にあるもの（以下第４－２表において「納入業者」という。）に対し，次の行為を行っていた。 ⑴　新規開店等に際し，納入業者に対し，これらを実施する店舗において，当該納入業者が納入する商品以外の商品を含む当該店舗の商品の移動，自社の従業員が定めた棚割りに基づく商品の陳列等の作業を行わせるため，あらかじめ当該納入業者との間でその従業員等の派遣の条件について合意することなく，かつ，派遣のために通常必要な費用を自社が負担することなく，当該納入業者の従業員等を派遣させていた。 ⑵　ゲンキー㈱が一般消費者向けに販売するクリスマスケーキ等について，納入業者に対し，ゲンキー㈱と当該納入業者との取引に関係がないにもかかわらず，購入を要請していた。 ⑶ア　自社が主催した「わくわくキャンペーン」と称する催事について，その実施に要する費用を確保するため，納入業者に対し，「わくわくキャンペーン協賛」等の名目で，あらかじめ算出根拠について明確に説明することなく，金銭の提供を要請していた。 　イ　自社の物流センターについて，その運営に要する費用を確保するため，当該物流センターを通じて納品する納入業者に「センターフィー」等の名目で提供させている料金の料率の引上げの実施に際し，納入業者に対し，あらかじめ算出根拠について明確に説明することなく，引上げ後の料率を適用して算出した額の金銭の提供を要請していた。 　ウ　ゲンキー㈱の物流センターへの商品の搬入を行う際にゲンキー㈱が納入業者に使用させているケースについて，その購入に要する費用を確保するため，納入業者に対し，あらかじめ算出根拠について明確に説明することなく，金銭の提供を要請していた。 　エ　バーコードラベルについて，その発行等に要する費用を確保するため，納入業者に対し，あらかじめ算出根拠について明確に説明することなく，金銭の提供を要請していた。	1	第19条（第2条第9項第5号）	2.8.5

一連番号	事件番号	件　名	内　容	法的措置対象事業者の数	関係法条	確約計画の認定年月日
			⑷　売行きが悪く在庫となった商品及び販売期間中に売れ残ったことにより在庫となった季節品（以下第4-2表において「売上不振商品」という。）について，納入業者に対し，売上不振商品を納入した当該納入業者の責めに帰すべき事由がなく，売上不振商品の購入に当たって当該納入業者との合意により返品の条件を定めておらず，かつ，当該納入業者から売上不振商品の返品を受けたい旨の申出がないにもかかわらず，その返品に応じるよう要請していた。			
3	2 （認） 4	アマゾンジャパン（同）に対する件	公正取引委員会は，アマゾンジャパン（同）に対し，同社の次の行為が独占禁止法の規定に違反する疑いがあるものとして，確約手続通知を行ったところ，同社から確約計画の認定申請があり，当該計画が独占禁止法に規定する認定要件に適合すると認め，当該計画を認定した。 　アマゾンジャパン（同）は本件対象事業部において，取引上の地位が自社に対して劣っている納入業者（以下第4-2表において「本件納入業者」という。）に対して，次の行為を行っている。 ⑴　本件納入業者に対して，自社の収益性の向上を図るため，当該本件納入業者の責めに帰すべき事由がなく，かつ，対価を減額するための要請を対価に係る交渉の一環として行うことなく，かつ，当該本件納入業者から値引き販売の原資とするための減額の申出がない又は当該申出に基づき値引き販売を実施して当該商品が処分されることが当該本件納入業者の直接の利益とならないにもかかわらず，在庫補償契約を締結することにより，当該契約で定めた額を，当該本件納入業者に支払うべき代金の額から減じている。 ⑵　本件納入業者に対して，当該本件納入業者から仕入れた商品の販売において自社の目標とする利益を得られないことを理由に，自社の収益性の向上を図るため，あらかじめ負担額の算出根拠等を明らかにせず，又は，当該金銭の提供が，その提供を通じて当該本件納入業者が得ることとなる直接の利益等を勘案して合理的な範囲を超えた負担となるにもかかわらず，金銭を提供させている。 ⑶　本件納入業者に対して，自社の収益性の向上を図るため，本件共同マーケティングプログラム契約に基づき支払を受けた金銭の全部又は一部について，当該契約に基づくサービスの提供を行うことなく，金銭を提供させている。 ⑷　本件納入業者に対して，自社の収益性の向上を図るため，あらかじめ負担額の算出根拠等を明らかにせず，又は，当該金銭の提供が，その提供を通じて当該本件納入業者が得ることとなる直接の利益等を勘案して合理的な範囲を超えた負担となるにもかかわらず，当該本件納入業者からの毎月の仕入金額にあらかじめ定めた一定の料率を乗じるなどして算出した額の金銭を提供させている。 ⑸　本件納入業者に対して，過剰な在庫であると自社が判断した商品について，当該本件納入業者の責めに帰すべき事由がなく，かつ，以下のいずれにも該当しないにもかかわらず，返品している。 　ア　当該商品の購入に当たり当該本件納入業者との合意により返品の条件を明確に定め，当該条件に従って返品する場合（当該返品が当該本件納入業者の得ることとなる直接の利益等を勘案して合理的な範囲を超えた負担とならない場合に限る。） 　イ　あらかじめ当該本件納入業者の同意を得て，かつ，当該商品の返品によって当該本件納入業者に通常生ずべき損失を自社が負担する場合 　ウ　当該本件納入業者から当該商品の返品を受けたい旨の申出があり，かつ，当該本件納入業者が当該商品を処分することが当該本件納入業者の直接の利益となる場合	1	第19条（第2条第9項第5号）	2.9.10

一連 番号	事件 番号	件 名	内 容	法的措置対象 事業者の数	関係法条	確約計画の 認定年月日
4	2 (認) 5	㈱シードに対する件	公正取引委員会は，㈱シードに対し，同社の次の行為が独占禁止法の規定に違反する疑いがあるものとして，確約手続通知を行ったところ，同社から確約計画の認定申請があり，当該計画が独占禁止法に規定する認定要件に適合すると認め，当該計画を認定した。 ア ㈱シードは，自社の「Ｐｕｒｅシリーズ」と称する一日使い捨てコンタクトレンズ及び二週間頻回交換コンタクトレンズの販売に関し，小売業者に対して，広告への販売価格の表示を行わないように要請していた。 イ ㈱シードは，自社の「Ｐｕｒｅシリーズ」と称する一日使い捨てコンタクトレンズ及び二週間頻回交換コンタクトレンズの販売に関し，小売業者に対して，医師の処方を受けた者にインターネットによる販売を行わないように要請していた。	1	第19条（一般指定第12項）	2.11.12
5	3 (認) 1	ビー・エム・ダブリュー㈱に対する件	公正取引委員会は，ビー・エム・ダブリュー㈱に対し，同社の次の行為が独占禁止法の規定に違反する疑いがあるものとして，確約手続通知を行ったところ，同社から確約計画の認定申請があり，当該計画が独占禁止法に規定する認定要件に適合すると認め，当該計画を認定した。 ○ ビー・エム・ダブリュー㈱は，継続的に取引しているディーラーのうちの大部分のディーラーに対し，ＢＭＷ新車について，当該ディーラーのこれまでの販売実績等からみて当該ディーラーが到底達成することができない販売計画台数案を策定し，当該ディーラーとの間で十分に協議することなく販売計画台数を合意させるとともに，当該販売計画台数を達成させるために，当該ディーラーがＢＭＷ新車を販売する上で必要となる事業用車両の台数を超えてＢＭＷ新車を当該ディーラーの名義で新規登録することを要請していた。	1	第19条（第2条第9項第5号）	3.3.12
6	3 (認) 2	日本アルコン㈱に対する件	公正取引委員会は，日本アルコン㈱に対し，同社の次の行為が独占禁止法の規定に違反する疑いがあるものとして，確約手続通知を行ったところ，同社から確約計画の認定申請があり，当該計画が独占禁止法に規定する認定要件に適合すると認め，当該計画を認定した。 ア 日本アルコン㈱は，自社の一日使い捨てコンタクトレンズ，二週間頻回交換コンタクトレンズ及び一か月定期交換コンタクトレンズの販売に関し，小売業者に対して，広告への販売価格の表示を行わないように要請していた。 イ 日本アルコン㈱は，自社の一日使い捨てコンタクトレンズ，二週間頻回交換コンタクトレンズ及び一か月定期交換コンタクトレンズの販売に関し，小売業者に対して，医師の処方を受けた者にインターネットによる販売を行わないように要請していた。	1	第19条（一般指定第12項）	3.3.26
合 計				6		

（注）一般指定とは，不公正な取引方法（昭和57年公正取引委員会告示第15号）を指す。

第5表 課徴金制度の運用状況（注1）

年度	課徴金納付命令対象事業者数	課徴金額
昭和52年度	0	0円
53年度	4	507万円
54年度	134	15億7174万円
55年度	203	13億3111万円
56年度	148	37億3020万円
57年度	166	4億8354万円
58年度	93	14億9257万円
59年度	5	3億5310万円
60年度	38	4億747万円
61年度	32	2億7554万円
62年度	54	1億4758万円
63年度	84	4億1899万円
平成元年度	54	8億349万円
2年度	175	125億6214万円
3年度	101	19億7169万円
4年度	135	26億8157万円
5年度	406	35億5321万円
6年度	512	56億6829万円
7年度	741	64億4640万円
8年度	368	74億8616万円
9年度	369	（注2）28億2322万円
10年度	576	31億4915万円
11年度	335	54億5891万円
12年度	719	85億1668万円
13年度	248	21億9905万円
14年度	561	43億3400万円
15年度	468	（注3）38億6712万円
16年度	219	111億5029万円
17年度	399	188億7014万円
18年度	158	92億6367万円
19年度	162	112億9686万円
20年度	87	（注4）270億2546万円
21年度	106	（注5）360億7471万円
22年度	156	（注6）719億4162万円
23年度	277	（注7，8，9，10）399億6181万円
24年度	113	（注11）248億7549万円
25年度	（注12）180	（注12）302億167万円
26年度	128	（注13，14，15）170億4607万円
27年度	31	（注16）85億725万円
28年度	32	91億4301万円
29年度	32	18億9210万円
30年度	18	2億6111万円
令和元年度	37	692億7560万円
2年度	4	43億2923万円
合計	8,868	4728億5408万円

（注1）平成17年独占禁止法改正法による改正前の独占禁止法に基づく課徴金の納付を命ずる審決を含み，同法
に基づく審判手続の開始により失効した課徴金納付命令を除く。

（注2）平成15年9月12日，協業組合カンセイに係る審決取消請求事件について，審決認定（平成10年3月11日，

課徴金額1934万円）の課徴金額のうち，967万円を超えて納付を命じた部分を取り消す判決が言い渡された（同判決は確定した。）。

（注3）平成16年2月20日，土屋企業㈱に係る審決取消請求事件について，審決認定（平成15年6月13日，課徴金額586万円）の課徴金額のうち，302万円を超えて納付を命じた部分を取り消す判決が言い渡された（同判決は確定した。）。

（注4）三菱樹脂㈱に対する審判事件について，平成28年2月24日，課徴金納付命令（平成21年2月18日，課徴金額37億2137万円）のうち，37億1041万円を超えて納付を命じた部分を取り消す旨の審決を行った。

（注5）平成21年11月9日，日鉄住金鋼板㈱に対する課徴金納付命令（平成21年8月27日，37億6320万円），日新製鋼㈱に対する課徴金納付命令（平成21年8月27日，32億1838万円）及び㈱淀川製鋼所に対する課徴金納付命令（平成21年8月27日，16億4450万円）のうち，平成17年独占禁止法改正法附則の規定により読み替えて適用される独占禁止法第51条第1項の規定に基づき課徴金の額をそれぞれ36億8320万円，31億2838万円及び15億5450万円に変更する旨の審決を行った。

（注6）三和シヤッター工業㈱ほか3名に対する審判事件について，令和2年8月31日，
・三和シヤッター工業㈱に対する課徴金納付命令（平成22年6月9日，課徴金額25億1615万円）のうち，24億5686万円を超えて納付を命じた部分を取り消す旨
・文化シヤッター㈱に対する課徴金納付命令（平成22年（納）第95号）（平成22年6月9日，課徴金額17億8167万円）のうち，17億3831万円を超えて納付を命じた部分を取り消す旨
・文化シヤッター㈱に対する課徴金納付命令（平成22年（納）第98号）（平成22年6月9日，課徴金額2億4425万円）のうち，2億4291万円を超えて納付を命じた部分を取り消す旨
・東洋シヤッター㈱に対する課徴金納付命令（平成22年6月9日，課徴金額5億2549万円）のうち，4億8404万円を超えて納付を命じた部分を取り消す旨
の審決を行った。

（注7）エア・ウォーター㈱に係る審決取消請求事件について，審決を取り消す旨の判決が出され，同判決が確定したことを受け，平成26年10月14日，課徴金納付命令（平成23年5月26日，課徴金額36億3911万円）のうち，7億2782万円を超えて納付を命じた部分を取り消す旨の再審決を行った。

（注8）㈱山陽マルナカに対する審判事件について，平成31年2月20日，課徴金納付命令（平成23年6月22日，課徴金額2億2216万円）のうち，1億7839万円を超えて納付を命じた部分を取り消す旨の第1次審決を行った。
また，第1次審決の審判請求棄却部分を取り消す旨の判決が出され，同判決が確定したことを受け，令和3年1月27日，上記課徴金納付命令の残余の部分（課徴金額1億7839万円）を取り消す旨の再審決を行った。

（注9）日本トイザらス㈱に対する審判事件について，平成27年6月4日，課徴金納付命令（平成23年12月13日，課徴金額3億6908万円）のうち，2億2218万円を超えて納付を命じた部分を取り消す旨の審決を行った。

（注10）㈱エディオンに対する審判事件について，令和元年10月2日，課徴金納付命令（平成24年2月16日，課徴金額40億4796万円）のうち，30億3228万円を超えて納付を命じた部分を取り消す旨の審決を行った。

（注11）ＮＴＮ㈱に対する審判事件について，令和元年11月26日，課徴金納付命令（平成25年3月29日，課徴金額72億3107万円）のうち，72億3012万円を超えて納付を命じた部分を取り消すとともに平成25年独占禁止法改正法による改正前の独占禁止法第51条第3項の規定に基づき課徴金の額を70億3012万円に変更する旨の審決を行った。

（注12）加藤化学㈱に対する審判事件について，令和元年9月30日，加藤化学㈱に対する課徴金納付命令（平成25年7月11日，課徴金額4116万円）を取り消す旨の審決を行った。

（注13）ダイレックス㈱に対する審判事件について，令和2年3月25日，課徴金納付命令（平成26年6月5日，課徴金額12億7416万円）のうち，11億9221万円を超えて納付を命じた部分を取り消す旨の審決を行った。

（注14）レンゴー㈱ほか36名に対する審判事件について，令和3年2月8日，
・王子コンテナー㈱に対する課徴金納付命令（平成26年（納）第116号）（平成26年6月19日，課徴金額4億9597万円）のうち，4億8642万円を超えて納付を命じた部分を取り消す旨
・福野段ボール工業㈱に対する課徴金納付命令（平成26年6月19日，課徴金額1078万円）のうち，1050万円を超えて納付を命じた部分を取り消す旨
・王子コンテナー㈱に対する課徴金納付命令（平成26年（納）第163号）（平成26年6月19日，課徴金額12億8727万円）のうち，12億8673万円を超えて納付を命じた部分を取り消す旨
・北海道森紙業㈱に対する課徴金納付命令（平成26年6月19日，課徴金額6640万円）のうち，6586万円を超えて納付を命じた部分を取り消す旨
・浅野段ボール㈱に対する課徴金納付命令（平成26年6月19日，課徴金額2990万円）のうち，2904万円を超えて納付を命じた部分を取り消す旨
の審決を行った。

(注15) レンゴー㈱ほか1名に対する審判事件について，令和3年2月8日，
　　　・レンゴー㈱に対する課徴金納付命令（平成26年6月19日，課徴金額10億7044万円）のうち，10億6758万円を超えて納付を命じた部分を取り消す旨
　　　・㈱トーモクに対する課徴金納付命令（平成26年6月19日，課徴金額6億401万円）のうち，6億363万円を超えて納付を命じた部分を取り消す旨
　　　の審決を行った。
(注16) 松尾電機㈱による排除措置命令等取消請求事件について，平成31年3月28日，東京地方裁判所から，課徴金納付命令（平成28年3月29日，課徴金額4億2765万円）のうち，4億2414万円を超えて納付を命じた部分を取り消す旨の判決が言い渡された（同判決は確定した。）。

第2　法的措置等

　令和2年度においては，15件について法的措置（排除措置命令9件，確約計画の認定6件）を採った。排除措置命令9件の違反法条をみると，独占禁止法第3条前段（私的独占の禁止）違反1件及び同法第3条後段（不当な取引制限の禁止）違反8件となっている。また，確約計画の認定6件の関係法条をみると，いずれも同法第19条（不公正な取引方法の禁止）6件となっている。

　なお，令和2年度に認定した確約計画の中には，納入業者への返金（金銭的価値の回復）等のこれまでの類似事件に係る排除措置命令では命じられていない措置が盛り込まれたものがある。

　これら15件の概要は次のとおりである。

1　排除措置命令及び課徴金納付命令等

⑴　独占禁止法第3条前段違反事件

マイナミ空港サービス㈱に対する件（令和2年（措）第9号）

排除措置年月日	違 反 法 条
2.7.7	独占禁止法第3条前段

ア　関係人

名称	所在地	代表者	課徴金額	事業の概要
マイナミ空港サービス㈱	東京都港区元赤坂一丁目7番8号	代表取締役 南 友和	612万円	航空燃料の販売業（注1）

（注1）成田国際空港，東京国際空港，中部国際空港，関西国際空港，大阪国際空港，新千歳空港，広島空港，八尾空港（注2），名古屋飛行場，東京都東京ヘリポート及び広島ヘリポート（以下これらの空港等を総称して「11空港等」という。）において，国内の石油元売会社から仕入れた航空燃料を給油会社（注3）として販売している（11空港等のうち，名古屋飛行場及び広島ヘリポートにおける給油会社はマイナミ空港サービス㈱（以下「マイナミ空港サービス」という。）のみである。）。
（注2）「八尾空港」は，大阪府八尾市に所在し，国土交通大臣によって設置され管理される空港である。
（注3）「給油会社」とは，自ら機上渡し給油（注4）を行う事業者をいう。
（注4）「機上渡し給油」とは，航空燃料を航空機の燃料タンクに給油することにより引き渡すことをいう。

イ　違反行為等の概要

(ｱ)　後記(ｲ)の行為前におけるマイナミ空港サービスの対応等

　　マイナミ空港サービスは，平成27年6月中旬頃，エス・ジー・シー佐賀航空㈱（以下「エス・ジー・シー佐賀航空」という。）（注5）が八尾空港における航空燃料の販売事業に参入する旨の情報に接したことから，八尾空港協議会（注6）の会員等に対し，八尾空港における航空燃料の需要は自社からの供給により既に満たされており，エス・ジー・シー佐賀航空の参入によって，その供給を巡り自社との間で過当競争を引き起こすこととなるとして，その参入に反対である旨伝えていた。

(ｲ)　マイナミ空港サービスによる自社の取引先需要者に対する行為

　　平成28年11月1日，エス・ジー・シー佐賀航空が八尾空港における給油会社として航空燃料の販売を開始したところ（注7），マイナミ空港サービスは，八尾空港における機上渡し給油による航空燃料の販売（注8）に関して，次のとおり，自社の取引先需要者にエス・ジー・シー佐賀航空から機上渡し給油を受けないようにさせている。

　a　マイナミ空港サービスは，平成28年12月7日，八尾空港協議会の会員のうち11名（以下「八尾空港協議会員11名」という。）に対して，エス・ジー・シー佐賀航空のように国内の石油元売会社から航空燃料を仕入れていない給油会社はその取扱いに係る知識及び理解が不足していることが多いとした上で，エス・ジー・シー佐賀航空の航空燃料と自社の航空燃料の混合に起因する航空機に係る事故等に自社は責任を負えない（注9）などとして，エス・ジー・シー佐賀航空から機上渡し給油を受けた場合，自社からの給油の継続はできない旨及び提携先給油会社（注10）からの給油の継続は困難になる旨を同日付けの文書により通知している。

　b　マイナミ空港サービスは，八尾空港協議会員11名のうちの1名が八尾空港における航空燃料の買入れ契約の相手方をエス・ジー・シー佐賀航空に決定したことを受けて，その者に対して，平成29年2月10日，エス・ジー・シー佐賀航空の航空燃料は自社が国内の石油元売会社から仕入れている航空燃料と同等の品質管理を経ているとはいえず，エス・ジー・シー佐賀航空の航空燃料と自社の航空燃料が混合した場合，航空機に係る事故が発生した際の原因の追究が困難になるなどとして，自社が契約の相手方となれない期間においては，八尾空港，名古屋飛行場，広島ヘリポート等における機上渡し給油による航空燃料の販売を停止する旨を同日付けの文書により通知している。

　c　マイナミ空港サービスは，平成29年3月15日頃，八尾空港協議会員11名を含む約250名の自社の取引先需要者に対して，エス・ジー・シー佐賀航空の航空燃料と自社の航空燃料の混合に起因する航空機に係る事故等に自社は責任を負えないなどとして，エス・ジー・シー佐賀航空から機上渡し給油を受けた場合，自社からの給油の継続はできない旨を同日付けの文書により通知している。

　d　マイナミ空港サービスは，平成29年5月中旬頃以降，エス・ジー・シー佐賀航空から機上渡し給油を受けた需要者からの給油に係る依頼に応じる条件として，当該需要者に対し，エス・ジー・シー佐賀航空の航空燃料と自社の航空燃料が混

合したことに起因した航空機に係る事故等が発生した場合でも自社に責任の負担を求めない旨等が記載された文書への署名を求め，これに応じない場合には，抜油（注11）を求めている。

（注5）エス・ジー・シー佐賀航空は，佐賀市に本店を置き，航空事業，航空燃料の販売業等を営む者であり，八尾空港，佐賀空港等において，給油会社として航空燃料を販売している。また，同社は，平成24年8月頃から，国外の石油精製業者から輸入した航空燃料を需要者に対して販売している。

（注6）八尾空港協議会は，八尾空港において航空事業等を営む法人等を会員とする任意団体である。

（注7）八尾空港における給油会社は，平成28年11月1日より前はマイナミ空港サービスのみであったが，同日，エス・ジー・シー佐賀航空が同空港での航空燃料の販売を開始し，それ以降は，マイナミ空港サービスとエス・ジー・シー佐賀航空の2社である。

（注8）八尾空港における機上渡し給油による航空燃料の総供給量のうち，マイナミ空港サービスの機上渡し給油による航空燃料の供給量が占める割合は，平成29年度及び平成30年度（平成30年4月1日から平成31年1月31日までをいう。）のいずれも8割を超えていた。

（注9）航空燃料には，国際的な標準規格等が存在するところ，航空法（昭和27年法律第231号）等には，同油種・同等級の航空燃料の混合を禁止又は制限する規定は存在しない。通常，航空機の燃料タンク内では，異なる給油会社から給油を受けた同油種・同等級の航空燃料の混合が生じているが，運輸安全委員会が公表した事故調査報告書（昭和49年から令和2年1月31日までの間）には，同油種・同等級の航空燃料が混合したことに起因した航空事故等に係る記載はない。

（注10）「提携先給油会社」とは，11空港等以外の一部の空港等に所在する給油会社であって，マイナミ空港サービスが，自社の取引先需要者への機上渡し給油に係る業務を委託するなどしている給油会社をいう。

（注11）「抜油」とは，航空機の燃料タンク内の航空燃料を抜き取ることをいう。

ウ　排除措置命令の概要

(ア)　マイナミ空港サービスは，八尾空港における機上渡し給油による航空燃料の販売に関して

a　自社の取引先需要者に対し，エス・ジー・シー佐賀航空の航空燃料と自社の航空燃料の混合に起因する航空機に係る事故等に自社は責任を負えないなどとして，自社の取引先需要者がエス・ジー・シー佐賀航空から機上渡し給油を受けた場合には自社からの給油は継続できない旨等を通知する

b　エス・ジー・シー佐賀航空から機上渡し給油を受けた自社の取引先需要者からの給油に係る依頼に応じる条件として，エス・ジー・シー佐賀航空の航空燃料と自社の航空燃料の混合に起因する航空機に係る事故等が発生した場合でもマイナミ空港サービスに責任の負担を求めない旨等が記載された文書への署名又は抜油を求める

ことにより，自社の取引先需要者にエス・ジー・シー佐賀航空から機上渡し給油を受けないようにさせている行為を取りやめなければならない。

(イ)　マイナミ空港サービスは，前記(ア)の行為を取りやめる旨及び今後，前記(ア)の行為

と同様の行為を行わない旨を，取締役会において決議しなければならない。

(ｳ) マイナミ空港サービスは，前記(ｱ)及び(ｲ)に基づいて採った措置を，自社の取引先需要者及びエス・ジー・シー佐賀航空に通知し，かつ，自社の従業員に周知徹底しなければならない。

(ｴ) マイナミ空港サービスは，今後，前記(ｱ)の行為と同様の行為を行ってはならない。

(ｵ) マイナミ空港サービスは，次の事項を行うために必要な措置を講じなければならない。

    a 航空燃料の販売事業に関する独占禁止法の遵守についての行動指針の作成並びに自社の役員及び従業員に対する周知徹底

    b 航空燃料の販売事業に関する独占禁止法の遵守についての，自社の役員及び従業員に対する定期的な研修及び法務担当者による定期的な監査

エ 課徴金納付命令の概要

  マイナミ空港サービスは，令和3年9月21日までに，612万円を支払わなければならない。

(2) 独占禁止法第3条後段違反事件

ア 山形県が発注する警察官用制服類の入札等の参加業者に対する件（令和2年（措）第2号）

排除措置年月日	違 反 法 条
2.6.11	独占禁止法第3条後段

(ｱ) 関係人

番号	違反事業者名	本店の所在地	代表者	排除措置命令	課徴金額
1	イシイ㈱	仙台市若林区卸町二丁目7番6号	代表取締役 石井 吉雄	○	―
2	ミドリ安全山形㈱	山形市流通センター二丁目11番地7	代表取締役 吉田 敦	○	―
3	山形菅公学生服㈱	山形市大野目三丁目2番23号	代表取締役 大宮 浩三	○	―
4	㈱中合	福島市栄町5番1号	代表取締役 黒崎 浩一	―	―
5	㈱大沼（注3）	山形市七日町一丁目2番30号	破産管財人 田中 暁	―	141万円
合計				3社	141万円

（注1）表中の「○」は，排除措置命令の対象事業者であることを示している。

（注2）表中の「―」は，排除措置命令又は課徴金納付命令の対象とならない違反事業者であることを示している。

（注3）当該事業者は，令和2年1月27日に破産手続開始の決定を山形地方裁判所から受け，同日以降，事業活動の全部を取りやめている。

(ｲ) 違反行為の概要

  前記(ｱ)記載の5社（以下「5社」という。）は，遅くとも平成27年4月1日以降

（イシイ㈱及び山形菅公学生服㈱にあっては遅くとも平成30年5月25日以降），特定警察官用制服類（注4）について，受注価格の引上げ及び低落防止を図るため

a (a) 受注すべき者（以下アにおいて「受注予定者」という。）を決定する

  (b) 受注予定者以外の者は，受注予定者が受注できるように協力する

旨の合意の下に

b (a) 山形県から参考見積価格の提示依頼があった際に，過去の受注実績等を勘案して，受注予定者を決定する

  (b) 予定価格が前年度の落札金額より高くなるよう，受注予定者が提示する参考見積価格は，受注予定者が定め，受注予定者以外の者は，受注予定者が連絡した参考見積価格を提示する

  (c) 受注予定者が提示する入札価格又は見積価格は，受注予定者が定め，受注予定者以外の者は，受注予定者が連絡した入札価格又は見積価格を提示する

などにより，受注予定者を決定し，受注予定者が受注できるようにしていた。

これにより，5社は，公共の利益に反して，特定警察官用制服類の取引分野における競争を実質的に制限していた。

(注4)「特定警察官用制服類」とは，山形県が，警察官用制服類として，予定価格の設定のために参考とする見積価格（以下「参考見積価格」という。）を徴した上で，一般競争入札又は見積り合わせ（以下「入札等」という。）の方法により発注するものをいう。

(ウ) **排除措置命令の概要**

a イシイ㈱，ミドリ安全山形㈱及び山形菅公学生服㈱の3社（以下「3社」という。）は，それぞれ，次の事項を，取締役会において決議しなければならない。

  (a) 前記(イ)の行為を取りやめていることを確認すること。

  (b) 今後，相互の間において，又は他の事業者と共同して，特定警察官用制服類について，受注予定者を決定せず，自主的に受注活動を行うこと。

  (c) 今後，特定警察官用制服類に係る参考見積価格を山形県に提示するに当たり，相互に，又は他の事業者と，参考見積価格を連絡し合う行為を行わないこと。

b 3社は，それぞれ，前記aに基づいて採った措置を，自社を除く2社及び山形県に通知し，かつ，自社の従業員に周知徹底しなければならない。

c 3社は，今後，それぞれ，相互の間において，又は他の事業者と共同して，特定警察官用制服類について，受注予定者を決定してはならない。

d 3社は，今後，参考見積価格を山形県に提示するに当たり，それぞれ，相互に，又は他の事業者と，参考見積価格を連絡し合う行為を行ってはならない。

(エ) **課徴金納付命令の概要**

㈱大沼は，令和3年1月12日までに，141万円を支払わなければならない。

(オ) **山形県による警察官用制服等の発注制度の運用について**

山形県は，特定警察官用制服類の入札等を実施する前に，特定警察官用制服類に係る予定価格の設定のため，原則として前年度に特定警察官用制服類を山形県に納入した3事業者から参考見積価格を徴し，最も低く提示された価格を予定価格として設定していたところ，これら3事業者は，常に5社のうちのいずれかの事業者で

あった。本件では，このような状況の下で，５社が，前記(イ)ｂの行為により，特定警察官用制服類について，予定価格と同額又はそれに近い金額で受注していたという事実が認められた。

　このため，公正取引委員会は，山形県に対し，警察官用制服等の発注制度の運用について，その見直しを求めた。

イ　愛知県立高等学校の制服の販売業者に対する件（令和２年（措）第３号～第８号）

排除措置年月日	違反法条
2.7.1	独占禁止法第3条後段

(ア)　関係人

番号	違反事業者名	本店の所在地	代表者	取引分野					
				愛知県立豊田北高等学校の制服	愛知県立豊田南高等学校の制服	愛知県立豊田西高等学校の制服	愛知県立豊田高等学校の制服	愛知県立豊野高等学校の制服	愛知県立豊田工業高等学校の制服
1	（有）学生の店みくさ豊田店	愛知県豊田市西町二丁目66番地	代表取締役 得能　康照	○	○	／	○	／	／
2	㈱近藤洋服店	愛知県豊田市竹生町三丁目33番地	代表取締役 梅村　修司	○（注4）	／	○（注4）	○（注4）	○（注4）	○
3	ノノヤマ洋服㈱	愛知県豊田市若林東町棚160番地1	代表取締役 野々山　雅博	○（注4）	○（注4）	／	／	○（注4）	○（注4）
4	㈱大丸松坂屋百貨店	東京都江東区木場二丁目18番11号	代表取締役 澤田　太郎	－（注4）	－（注4）	－（免除）	－（注4）	－（注4）	／
違反事業者数				4社	3社	2社	3社	3社	2社
排除措置命令対象事業者数				3社	2社	1社	2社	2社	2社

（注１）表中の「○」は，排除措置命令の対象事業者であることを示している。
（注２）表中の「－」は，排除措置命令の対象とならない違反事業者であることを示している。
（注３）表中の「／」は，当該取引分野における違反事業者ではないことを示している。
（注４）課徴金減免申請を行った者であるが，算出された課徴金の額が100万円未満であったため，独占禁止法第７条の２第１項ただし書により課徴金納付命令の対象とはなっていない。

(イ)　違反行為の概要

a　愛知県立豊田北高等学校の制服

(a)　４社（前記(ア)の表の番号１から４までの販売業者）は，かねてから，愛知県立豊田北高等学校（以下「豊田北高校」という。）の制服の販売価格について情報交換を行っていたところ，遅くとも平成27年９月頃以降，同校の制服の販売価格を共同して引き上げる旨の合意の下に，同校の制服の仕入価格の上昇が見込まれる場合等には，会合を開催するなどの方法により，同校の制服の販売価格を決定するなどしていた。

(b)　これら４社は，前記(a)の合意をすることにより，公共の利益に反して，豊田

北高校の制服の販売分野における競争を実質的に制限していた。

b　愛知県立豊田南高等学校の制服

(a)　3社（前記(7)の表の番号1，3及び4の販売業者）は，かねてから，愛知県立豊田南高等学校（以下「豊田南高校」という。）の制服の販売価格について情報交換を行っていたところ，遅くとも平成27年5月頃以降，同校の制服の販売価格を共同して引き上げる旨の合意の下に，同校の制服の仕入価格の上昇が見込まれる場合等には，会合を開催するなどの方法により，同校の制服の販売価格を決定するなどしていた。

(b)　これら3社は，前記(a)の合意をすることにより，公共の利益に反して，豊田南高校の制服の販売分野における競争を実質的に制限していた。

c　愛知県立豊田西高等学校の制服

(a)　2社（前記(7)の表の番号2及び4の販売業者）は，かねてから，愛知県立豊田西高等学校（以下「豊田西高校」という。）の制服の販売価格について情報交換を行っていたところ，遅くとも平成27年9月頃以降，同校の制服の販売価格を共同して引き上げる旨の合意の下に，同校の制服の仕入価格の上昇が見込まれる場合等には，会合を開催するなどの方法により，同校の制服の販売価格を決定するなどしていた。

(b)　これら2社は，前記(a)の合意をすることにより，公共の利益に反して，豊田西高校の制服の販売分野における競争を実質的に制限していた。

d　愛知県立豊田高等学校の制服

(a)　3社（前記(7)の表の番号1，2及び4の販売業者）は，かねてから，愛知県立豊田高等学校（以下「豊田高校」という。）の制服の販売価格について情報交換を行っていたところ，遅くとも平成27年9月頃以降，同校の制服の販売価格を共同して引き上げる旨の合意の下に，同校の制服の仕入価格の上昇が見込まれる場合等には，会合を開催するなどの方法により，同校の制服の販売価格を決定するなどしていた。

(b)　これら3社は，前記(a)の合意をすることにより，公共の利益に反して，豊田高校の制服の販売分野における競争を実質的に制限していた。

e　愛知県立豊野高等学校の制服

(a)　3社（前記(7)の表の番号2から4までの販売業者）は，かねてから，愛知県立豊野高等学校（以下「豊野高校」という。）の制服の販売価格について情報交換を行っていたところ，遅くとも平成27年9月頃以降，同校の制服の販売価格を共同して引き上げる旨の合意の下に，同校の制服の仕入価格の上昇が見込まれる場合等には，会合を開催するなどの方法により，同校の制服の販売価格を決定するなどしていた。

(b)　これら3社は，前記(a)の合意をすることにより，公共の利益に反して，豊野高校の制服の販売分野における競争を実質的に制限していた。

f　愛知県立豊田工業高等学校の制服

(a)　2社（前記(7)の表の番号2及び3の販売業者）は，かねてから，愛知県立豊田工業高等学校（以下「豊田工業高校」という。）の制服の販売価格について

情報交換を行っていたところ，遅くとも平成27年９月頃以降，同校の制服の販売価格を共同して引き上げる旨の合意の下に，同校の制服の仕入価格の上昇が見込まれる場合等には，会合を開催するなどの方法により，同校の制服の販売価格を決定するなどしていた。

(b) これら２社は，前記(a)の合意をすることにより，公共の利益に反して，豊田工業高校の制服の販売分野における競争を実質的に制限していた。

(ウ) 排除措置命令の概要

a 排除措置命令の対象事業者（以下「名宛人」という。）は，それぞれ，次の事項を株主総会において決議しなければならない。

(a) 前記(イ)の合意が消滅していることを確認すること。

(b) 今後，相互の間において，又は他の事業者と共同して，自社が指定販売店（注５）となっている愛知県立高等学校の制服の販売価格を決定せず，自主的に決めること。

(c) 今後，相互に，又は他の事業者と，自社が指定販売店となっている愛知県立高等学校の制服の販売価格に関する情報交換を行わないこと。

b 名宛人は，それぞれ，前記 a に基づいて採った措置を，自社を除く名宛人及び自社が指定販売店となっている前記(イ) a から f の６校（以下これら６校を「豊田６校」という。）に通知するとともに，一般消費者に周知し，かつ，自社の従業員に周知徹底しなければならない。

c 名宛人は，今後，それぞれ，相互の間において，又は他の事業者と共同して，自社が指定販売店となっている愛知県立高等学校の制服の販売価格を決定してはならない。

d 名宛人は，今後，それぞれ，相互に，又は他の事業者と，自社が指定販売店となっている愛知県立高等学校の制服の販売価格に関する情報交換を行ってはならない。

（注５）「指定販売店」とは，学校が，生徒等に対し，制服の購入先として案内している販売店をいう。

(エ) 愛知県教育委員会に対する通知

a 本件審査において，豊田６校によっては，

(a) 指定販売店各社の制服の販売価格等を掲載した共通チラシを作成するよう指定販売店に依頼していたこと

(b) 制服に関する自校の要望等を特定の指定販売店を通じて他の指定販売店に伝達していたこと

(c) 指定販売店各社を一堂に集めた打合せ会を開催していたこと

が認められた。

b 愛知県立高等学校が制服について前記 a の依頼等をする場合，指定販売店が，当該依頼等に応じるためのやり取りを行う際に，これを契機として制服の販売価格についての情報交換を行うおそれがあるため，公正取引委員会は，愛知県教育委員会に対し，所管の愛知県立高等学校にこれらの内容を周知するとともに，今後，同教育委員会所管の愛知県立高等学校が，指定販売店に対し，制服に関する

依頼等をする場合には，その依頼等が指定販売店による制服の販売価格についての情報交換の契機とならないよう留意すべきである旨通知した。

ウ 東海旅客鉄道㈱が発注するリニア中央新幹線に係る品川駅及び名古屋駅新設工事（注1）の指名競争見積の参加業者に対する件（令和2年（措）第10号）

排除措置年月日	違 反 法 条
2.12.22	独占禁止法第3条後段

(7) 関係人

番号	違反事業者名	本店の所在地	代表者	排除措置命令	課徴金額
1	㈱大林組※	東京都港区港南二丁目15番2号	代表取締役 蓮輪 賢治	○	31億1839万円
2	清水建設㈱※	東京都中央区京橋二丁目16番1号	代表取締役 井上 和幸	○	12億331万円
3	鹿島建設㈱	東京都港区元赤坂一丁目3番1号	代表取締役 押味 至一	○	― （注4・注5）
4	大成建設㈱	東京都新宿区西新宿一丁目25番1号	代表取締役 相川 善郎	○	― （注4・注5）
	合計			4社	43億2170万円

（注1）違反事業者名について，以下「㈱」の記載を省略する。
（注2）表中の「○」は，排除措置命令の対象事業者であることを示している。
（注3）表中の「※」を付した事業者は，本件と同一の事件について不当な取引制限の罪により罰金の刑に処せられ，同裁判が確定していることから，独占禁止法第7条の2第19項の規定に基づき，当該罰金額の2分の1に相当する金額を控除した額を課徴金額としている。
（注4）「―」は，課徴金納付命令の対象とならない違反事業者であることを示している。
（注5）鹿島建設及び大成建設は，違反事業者であるが，リニア中央新幹線に係る地下開削工法による品川駅及び名古屋駅新設工事（注6）を受注していないため，課徴金納付命令の対象とはなっていない。
（注6）「リニア中央新幹線に係る地下開削工法による品川駅及び名古屋駅新設工事」とは，東海旅客鉄道㈱が大林組，清水建設，鹿島建設及び大成建設の4社（以下「4社」という。）又は4社のうちの複数社を指名して指名競争見積により順次発注する，リニア中央新幹線に係る地下開削工法による品川駅及び名古屋駅の新設工事をいう。

(イ) 違反行為の概要

4社は，遅くとも平成27年2月頃以降，リニア中央新幹線に係る地下開削工法による品川駅及び名古屋駅新設工事について，受注価格の低落防止等を図るため

a (a) 受注すべき者（以下ウにおいて「受注予定者」という。）を決定する

(b) 受注予定者以外の者は，受注予定者が受注できるように協力する

旨の合意の下に

b (a) 各工事に対する受注意欲を確認し合い，工事ごとに受注を希望する者を受注予定者とする

(b) 受注予定者を代表者とする特定建設工事共同企業体が提示する見積価格は，受注予定者が定め，受注予定者以外の者は，受注予定者が定めた見積価格よりも高い見積価格を提示する又は指名競争見積の参加を辞退する

などにより，受注予定者を決定し，受注予定者が受注できるようにしていた。

　これにより，4社は，公共の利益に反して，リニア中央新幹線に係る地下開削工法による品川駅及び名古屋駅新設工事の取引分野における競争を実質的に制限していた。

(ウ) 排除措置命令の概要

　a　4社は，それぞれ，次の事項を，取締役会において決議しなければならない。

　　(a)　前記(イ)の合意が消滅していることを確認すること。

　　(b)　今後，相互の間において，又は他の事業者と共同して，リニア中央新幹線に係る地下開削工法による品川駅及び名古屋駅新設工事について，受注予定者を決定せず，自主的に受注活動を行うこと。

　b　4社は，それぞれ，前項に基づいて採った措置を，自社を除く3社及び東海旅客鉄道㈱に通知し，かつ，自社の従業員に周知徹底しなければならない。

　c　4社は，今後，それぞれ，相互の間において，又は他の事業者と共同して，リニア中央新幹線に係る地下開削工法による品川駅及び名古屋駅新設工事について，受注予定者を決定してはならない。

　d　4社は，それぞれ，自社の工事の受注に関する独占禁止法の遵守についての，リニア中央新幹線に係る地下開削工法による品川駅及び名古屋駅新設工事の受注活動に関与する自社の役員及び従業員に対する法務担当者及び第三者による定期的な監査を行うために必要な措置を講じなければならない。

(エ) 課徴金納付命令の概要

　a　大林組及び清水建設の2社は，令和3年7月26日までに，それぞれ前記(ア)の「課徴金額」欄記載の額（合計43億2170万円）を支払わなければならない。

　b　大林組及び清水建設の2社は，独占禁止法第7条の2第7項第1号に該当する者であることから，同項の規定に基づき，5割加算した算定率を適用している。

2　確約計画の認定

(1)　クーパービジョン・ジャパン㈱に対する件（令和2年（認）第2号）

確約計画の認定年月日	関 係 法 条
2.6.4	独占禁止法第19条（一般指定第12項）

ア　関係人

名称	所在地	代表者
クーパービジョン・ジャパン㈱	東京都港区六本木一丁目4番5号	代表取締役 井上 佳子

イ　違反被疑行為の概要

(ア)　疑いの理由となった行為の概要等

　a　クーパービジョン・ジャパン㈱（以下「クーパービジョン・ジャパン」という。）は，自社の一日使い捨てコンタクトレンズ及び二週間頻回交換コンタクトレンズ（以下(1)において「自社の一日使い捨てコンタクトレンズ等」という。）

の販売に関し，小売業者に対して，広告への販売価格の表示を行わないように要請していた。

b　クーパービジョン・ジャパンは，自社の一日使い捨てコンタクトレンズ等の販売に関し，小売業者に対して，医師の処方を受けた者（注）にインターネットによる販売を行わないように要請していた。

(イ)　**違反する疑いのあった法令の条項**

クーパービジョン・ジャパンの前記(ア)a及びbの行為は，それぞれ，不公正な取引方法の第12項に該当し独占禁止法第19条の規定に違反する疑いがある。

(注)「医師の処方を受けた者」とは，医療機関を受診して，コンタクトレンズの製品名，規格，有効期間等が記載された指示書の交付を受けた者を指す。

ウ　**確約計画の概要**

(ア)　次の事項を取締役会において決議すること。

a　前記イ(ア)a及びbの行為を既に行っていないことを確認すること。

b　今後3年間，前記イ(ア)a及びbの行為と同様の行為を行わないこと。

(イ)　前記(ア)に基づいて採った措置を，自社の一日使い捨てコンタクトレンズ等の小売業者及び販売代理店に通知するとともに，一般消費者に周知し，かつ，自社の従業員に周知徹底すること。

(ウ)　今後3年間，前記イ(ア)a及びbの行為と同様の行為を行わないこと。

(エ)　次の事項を行うために必要な措置を講じること。

a　自社の一日使い捨てコンタクトレンズ等の販売活動に関する独占禁止法の遵守についての行動指針の改定及び自社の従業員に対する周知徹底

b　自社の一日使い捨てコンタクトレンズ等の販売活動に関する独占禁止法の遵守についての，自社の一日使い捨てコンタクトレンズ等の営業担当者に対する定期的な研修及び法務担当者による定期的な監査

(オ)　前記(ア)，(イ)及び(エ)の措置の履行状況を公正取引委員会に報告すること。

(カ)　前記(ウ)の措置及び(エ)bに基づいて講じた措置の履行状況を，今後3年間，毎年，公正取引委員会に報告すること。

エ　**確約計画の認定**

公正取引委員会は，前記ウの計画が独占禁止法に規定する認定要件のいずれにも適合すると認め，当該計画を認定した。

(2)　**ゲンキー㈱に対する件（令和2年（認）第3号）**

確約計画の認定年月日	関　係　法　条
2.8.5	独占禁止法第19条（第2条第9項第5号）

ア　**関係人**

名称	所在地	代表者
ゲンキー㈱	福井県坂井市丸岡町下久米田38字33番	代表取締役 藤永　賢一

イ　違反被疑行為の概要

　　ゲンキー㈱（以下「ゲンキー」という。）は，遅くとも平成28年1月頃以降，平成30年12月頃までの間，ゲンキーが自ら販売する商品をゲンキーに直接販売して納入する事業者のうち，ゲンキーと継続的な取引関係にあるもの（以下「納入業者」という。）に対し，次の行為を行っていた。

㈠　新規開店，改装又は閉店（注1）に際し，納入業者に対し，これらを実施する店舗において，当該納入業者が納入する商品以外の商品を含む当該店舗の商品の移動，自社の従業員が定めた棚割りに基づく商品の陳列等の作業を行わせるため，あらかじめ当該納入業者との間でその従業員等の派遣の条件について合意することなく，かつ，派遣のために通常必要な費用を自社が負担することなく，当該納入業者の従業員等を派遣させていた。

㈡　ゲンキーが一般消費者向けに販売するクリスマスケーキ又はお節料理について，納入業者に対し，ゲンキーと当該納入業者との取引に関係がないにもかかわらず，購入を要請していた。

㈢a　自社が主催した「わくわくキャンペーン」と称する催事について，その実施に要する費用を確保するため，納入業者に対し，「わくわくキャンペーン協賛」等の名目で，あらかじめ算出根拠について明確に説明することなく，金銭の提供を要請していた。

　b　自社の物流センターについて，その運営に要する費用を確保するため，当該物流センターを通じて納品する納入業者に「センターフィー」等の名目で提供させている料金の料率の引上げの実施に際し，納入業者に対し，あらかじめ算出根拠について明確に説明することなく，引上げ後の料率を適用して算出した額の金銭の提供を要請していた。

　c　ゲンキーの物流センターへの商品の搬入を行う際にゲンキーが納入業者に使用させている「クレート」と称するケースについて，その購入に要する費用を確保するため，納入業者に対し，「クレート貸出し」等の名目で，あらかじめ算出根拠について明確に説明することなく，金銭の提供を要請していた。

　d　バーコードラベル（注2）について，その発行等に要する費用を確保するため，納入業者に対し，「ラベル印刷代」等の名目で，あらかじめ算出根拠について明確に説明することなく，金銭の提供を要請していた。

㈣　売行きが悪く在庫となった商品及び販売期間中に売れ残ったことにより在庫となった季節品（以下「売上不振商品」という。）について，納入業者に対し，売上不振商品を納入した当該納入業者の責めに帰すべき事由がなく，売上不振商品の購入に当たって当該納入業者との合意により返品の条件を定めておらず，かつ，当該納入業者から売上不振商品の返品を受けたい旨の申出がないにもかかわらず，その返品に応じるよう要請していた。

（注1）　「新規開店」とは，ゲンキーが，新たに店舗を設置（自社の既存の店舗を閉めて同所で建て替えること及び同所以外の場所に店舗を移転することを含む。）して，当該店舗の営業を開始することをいい，「改装」とは，ゲンキーが，自社の既存の店舗について，売場の移動，売場面積の拡縮，設備の改修等を行うことをいい，「閉店」とは，ゲンキーが，自社の既存の店舗について，営業を終了して，当該店舗を閉めることをいう。

（注2）　「バーコードラベル」とは，ゲンキーの物流センターへの商品の搬入を行う際に，ゲンキーが当該商品の配送先の店舗名，納入数量等を確認するため，ゲンキー又は納入業者が当該商品を入れた器物に貼付する，当該商品の配送先の店舗名等の情報を示すバーコードを記載したラベルをいう。

ウ　確約計画の概要

⑺　次の事項を取締役会で決議すること。
　a　前記イ⑺から㈡までの行為を取りやめていることを確認すること。
　b　前記イ⑺から㈡までの行為と同様の行為を行わないこと。

⑷　前記⑺に基づいて採った措置を，納入業者に通知し，かつ，自社の従業員に周知徹底すること。

⑼　前記イ⑺の行為に関する納入業者における金銭的価値を回復すること。

㈡　前記イ⑺から㈡までの行為と同様の行為を行わないこととし，この措置を今後3年間実施すること。

㈭　次の事項を行うために必要な措置を講じること。
　a　納入業者との取引に関する独占禁止法の遵守についての行動指針の自社の従業員に対する周知徹底
　b　納入業者との取引に関する独占禁止法の遵守についての，役員及び従業員に対する定期的な研修並びに法務担当者による定期的な監査
　c　独占禁止法違反行為に関与した役員及び従業員に対する処分に関する規程の改定
　d　独占禁止法違反行為に係る通報を行った者に対する適切な取扱いを定める規程の作成
　e　独占禁止法違反行為に係る通報制度の納入業者及び自社の従業員に対する周知
　f　法務・コンプライアンスに係る担当の取締役の新設

㈮　前記⑺，⑷，⑼及び㈭の措置の履行状況を公正取引委員会に報告すること。

㈯　前記㈡の措置及び㈭bに基づいて講じた措置の履行状況を，今後3年間，毎年，公正取引委員会に報告すること。

エ　確約計画の認定

公正取引委員会は，前記ウの計画が独占禁止法に規定する認定要件のいずれにも適合すると認め，当該計画を認定した。

(3) アマゾンジャパン（同）に対する件（令和2年（認）第4号）

確約計画の認定年月日	関 係 法 条
2. 9. 10	独占禁止法第19条（第2条第9項第5号）

ア　関係人

名称	所在地	代表社員	職務執行者
アマゾンジャパン（同）	東京都目黒区下目黒一丁目8番1号	アマゾン・オーバーシーズ・ホールディングス・インク	ジャスパー・チャン, ジェフリー・ハヤシダ

イ　違反被疑行為の概要

　　アマゾンジャパン（同）（以下「アマゾンジャパン」という。）は，平成28年5月以降，本件対象事業部（注1）において，取引上の地位が自社に対して劣っている納入業者（注2）（以下「本件納入業者」という。）に対して，次の行為を行っている。

　(ア)　本件納入業者に対して，自社の収益性の向上を図るため，当該本件納入業者の責めに帰すべき事由がなく，かつ，対価を減額するための要請を対価に係る交渉の一環として行うことなく，かつ，当該本件納入業者から値引き販売の原資とするための減額の申出がない又は当該申出に基づき値引き販売を実施して当該商品が処分されることが当該本件納入業者の直接の利益とならないにもかかわらず，在庫補償契約（注3）を締結することにより，当該契約で定めた額を，当該本件納入業者に支払うべき代金の額から減じている。

　(イ)　本件納入業者に対して，当該本件納入業者から仕入れた商品の販売において自社の目標とする利益を得られないことを理由に，自社の収益性の向上を図るため，あらかじめ負担額の算出根拠等を明らかにせず，又は，当該金銭の提供が，その提供を通じて当該本件納入業者が得ることとなる直接の利益等を勘案して合理的な範囲を超えた負担となるにもかかわらず，金銭を提供させている。

　(ウ)　本件納入業者に対して，自社の収益性の向上を図るため，本件共同マーケティングプログラム契約（注4）に基づき支払を受けた金銭の全部又は一部について，当該契約に基づくサービスの提供を行うことなく，金銭を提供させている。

　(エ)　本件納入業者に対して，自社の収益性の向上を図るため，自社のシステムへの投資に対する協賛金等の名目で，あらかじめ負担額の算出根拠等を明らかにせず，又は，当該金銭の提供が，その提供を通じて当該本件納入業者が得ることとなる直接の利益等を勘案して合理的な範囲を超えた負担となるにもかかわらず，当該本件納入業者からの毎月の仕入金額にあらかじめ定めた一定の料率を乗じるなどして算出した額の金銭を提供させている。

　(オ)　本件納入業者に対して，過剰な在庫であると自社が判断した商品について，当該本件納入業者の責めに帰すべき事由がなく，かつ，以下のいずれにも該当しないにもかかわらず，返品している。

　　a　当該商品の購入に当たり当該本件納入業者との合意により返品の条件を明確に定め，当該条件に従って返品する場合（当該返品が当該本件納入業者の得ることとなる直接の利益等を勘案して合理的な範囲を超えた負担とならない場合に限

　　　　る。）
　　　b　あらかじめ当該本件納入業者の同意を得て，かつ，当該商品の返品によって当
　　　　該本件納入業者に通常生ずべき損失を自社が負担する場合
　　　c　当該本件納入業者から当該商品の返品を受けたい旨の申出があり，かつ，当該
　　　　本件納入業者が当該商品を処分することが当該本件納入業者の直接の利益となる
　　　　場合

（注1）本件対象事業部は，アマゾンジャパンの小売部門に設置されたホーム，カー＆バイク用品，おも
　　　ちゃ＆ホビー，ＤＩＹ・工具・ガーデン，スポーツ＆アウトドア，ホームアプライアンス，家事・季
　　　節・空調家電，調理・美容・健康家電，ベビー及びペット用品の各事業部である。

（注2）納入業者とは，アマゾンジャパンが自ら販売するために買取りの方法により仕入れる商品を，ア
　　　マゾンジャパンに自ら販売する事業者又はアマゾンジャパンに取引先卸売業者を通じて販売する事業
　　　者（アマゾンジャパンと実質的に取引関係が認められるものに限る。）のうち，アマゾンジャパンと
　　　継続的な取引関係にあるものをいう。

（注3）在庫補償契約とは，アマゾンジャパンが納入業者から仕入れている商品の仕入価格が引き下げら
　　　れた際にアマゾンジャパンと当該納入業者との間で締結される契約であって，当該商品のアマゾン
　　　ジャパンにおける在庫数量に仕入価格の変更前後の差額を乗じるなどして算出された額を，当該納入
　　　業者がアマゾンジャパンに支払うことを内容とするものをいう。

（注4）共同マーケティングプログラム契約とは，アマゾンジャパンが納入業者との間で締結する「共同
　　　マーケティングプログラム契約」と題する契約のうち，アマゾンジャパンが当該納入業者に対して，
　　　「Amazon.co.jp」と称する自社のウェブサイト上の特定の箇所に当該納入業者から仕入れた商品に係
　　　る情報を掲載するサービスを提供し，当該納入業者は，その利用に係る対価として，アマゾンジャパ
　　　ンに対する毎月の販売金額にあらかじめ定めた一定の料率を乗じるなどして算出された額をアマゾン
　　　ジャパンに支払うことを内容とするものをいう。

ウ　確約計画の概要
　(ｱ)　前記イの行為を取りやめること。
　(ｲ)　前記イの行為の対象となった本件納入業者に対し，それぞれ，金銭的価値の回復
　　　を行うこと。
　(ｳ)　前記(ｱ)及び前記(ｲ)並びに後記(ｶ)の各措置を採る旨を業務執行の決定機関である代
　　　表社員の職務執行者において決定すること。
　(ｴ)　前記(ｳ)に基づいて採った措置並びに前記(ｱ)及び前記(ｲ)の措置を採る旨を，納入業
　　　者に通知し，かつ，自社の従業員に周知徹底すること。
　(ｵ)　前記イと同様の行為を行わないこととし，この措置を今後3年間実施すること。
　(ｶ)　次の事項を行うために必要な措置を講じること。
　　　a　納入業者との取引に関する独占禁止法の遵守についての行動指針の作成及び自
　　　　社の従業員への周知徹底
　　　b　納入業者との取引に関する独占禁止法の遵守についての自社の小売事業に係る
　　　　従業員に対する定期的な研修及び法務担当者による定期的な監査
　(ｷ)　前記(ｱ)から(ｴ)まで及び前記(ｶ)に基づいて採った措置の履行状況を公正取引委員会
　　　に報告すること。

(ｶ)　前記(ｵ)の措置及び前記(ｷ)ｂに基づいて講じた措置の履行状況を，今後３年間，毎年，公正取引委員会に報告すること。

エ　確約計画の認定

公正取引委員会は，前記ウの計画が独占禁止法に規定する認定要件のいずれにも適合するものと認め，当該計画を認定した。

なお，当該計画が実施されることにより，前記ウ(ｲ)の金銭的価値の回復については，当該計画を認定した時点において，本件納入業者のうち約1,400社に対し，総額約20億円と見込まれた。

(4)　㈱シードに対する件（令和２年（認）第５号）

確約計画の認定年月日	関　係　法　条
2.11.12	独占禁止法第19条（一般指定第12項）

ア　関係人

名称	所在地	代表者
㈱シード	東京都文京区本郷二丁目40番2号	代表取締役 浦壁　昌廣

イ　違反被疑行為の概要等

(ｱ)　疑いの理由となった行為の概要

ａ　㈱シード（以下「シード」という。）は，自社の「Ｐｕｒｅシリーズ」と称する一日使い捨てコンタクトレンズ及び二週間頻回交換コンタクトレンズの販売に関し，小売業者に対して，広告への販売価格の表示を行わないように要請していた。

ｂ　シードは，自社の「Ｐｕｒｅシリーズ」と称する一日使い捨てコンタクトレンズ及び二週間頻回交換コンタクトレンズの販売に関し，小売業者に対して，医師の処方を受けた者（注）にインターネットによる販売を行わないように要請していた。

(ｲ)　違反する疑いのあった法令の条項

シードの前記(ｱ)ａ及びｂの行為は，それぞれ，不公正な取引方法の第12項に該当し独占禁止法第19条の規定に違反する疑いがある。

（注）「医師の処方を受けた者」とは，医療機関を受診して，コンタクトレンズの製品名，規格，有効期間等が記載された指示書の交付を受けた者を指す。

ウ　確約計画の概要

(ｱ)　次の事項を取締役会において決議すること。

ａ　前記イ(ｱ)ａ及びｂの行為を既に行っていないことを確認すること。

ｂ　自社の一日使い捨てコンタクトレンズ及び二週間頻回交換コンタクトレンズ（以下(4)において「自社の一日使い捨てコンタクトレンズ等」という。）の販売

　　　　に関し，前記イ⑺a及びbの行為と同様の行為を行わないこととし，この措置を
　　　　今後3年間実施すること。
　　⑷　前記⑺に基づいて採った措置を，自社の一日使い捨てコンタクトレンズ等の小売
　　　　業者及び販売代理店に通知するとともに，一般消費者に周知し，かつ，自社の従業
　　　　員に周知徹底すること。
　　⑺　自社の一日使い捨てコンタクトレンズ等の販売に関し，前記イ⑺a及びbの行為
　　　　と同様の行為を行わないこととし，この措置を今後3年間実施すること。
　　㈡　次の事項を行うために必要な措置を講じること。
　　　　a　自社の一日使い捨てコンタクトレンズ等の販売活動に関する独占禁止法の遵守
　　　　　　についての行動指針の改定及び自社の従業員に対する周知徹底
　　　　b　自社の一日使い捨てコンタクトレンズ等の販売活動に関する独占禁止法の遵守
　　　　　　についての，自社の一日使い捨てコンタクトレンズ等の営業担当者に対する定期
　　　　　　的な研修及び法務担当者による定期的な監査
　　㈤　前記⑺，⑷及び㈡の措置の履行状況を公正取引委員会に報告すること。
　　㈥　前記⑺の措置及び㈡bに基づいて講じた措置の履行状況を，今後3年間，毎年，
　　　　公正取引委員会に報告すること。

エ　確約計画の認定

　　公正取引委員会は，前記ウの計画が独占禁止法に規定する認定要件のいずれにも適
合すると認め，当該計画を認定した。

⑸　ビー・エム・ダブリュー㈱に対する件（令和3年（認）第1号）

確約計画の認定年月日	関　係　法　条
3.3.12	独占禁止法第19条（第2条第9項第5号）

ア　関係人

名称	所在地	代表者
ビー・エム・ダブリュー㈱	東京都千代田区丸の内一丁目9番2号	代表取締役 クリスチャン・ ヴィードマン

イ　違反被疑行為の概要

　　ビー・エム・ダブリュー㈱（以下「ビー・エム・ダブリュー」という。）は，平成
27年1月頃以降，令和元年12月頃までの間，継続的に取引しているディーラー（注
1）のうちの大部分のディーラーに対し，BMW新車（注2）について，当該ディー
ラーのこれまでの販売実績等からみて当該ディーラーが到底達成することができない
販売計画台数案を策定し，当該ディーラーとの間で十分に協議することなく販売計画
台数を合意させるとともに，当該販売計画台数を達成させるために，当該ディーラー
がBMW新車を販売する上で必要となる事業用車両（注3）の台数を超えてBMW新
車を当該ディーラーの名義で新規登録（注4）することを要請していた。

（注１）ビー・エム・ダブリューとの間で自動車（自動二輪車を除く。）を対象とするＢＭＷディーラー
契約を締結し，当該ＢＭＷディーラー契約で規定される自動車（以下「ＢＭＷ車両」という。）を
ビー・エム・ダブリューから購入して客に販売する事業者をいう。

（注２）ＢＭＷ車両の新車をいう。

（注３）ディーラーが，試乗車（購入を検討する客に試乗させるための自動車をいう。），代車（客から
ＢＭＷ車両の点検・整備を請け負う際に，当該客の利用に供するための自動車をいう。）等として，
自社の事業に用いるＢＭＷ車両をいう。

（注４）道路運送車両法（昭和26年法律第185号）第７条及び第８条の規定に基づく登録をいう。

ウ　ディーラーについて

　ディーラーの大部分は，その売上高の大部分がＢＭＷ車両の販売に係る事業によって占められていた。そして，ビー・エム・ダブリューから，販売計画台数を達成するために自社が必要とする事業用車両の台数を超えてＢＭＷ新車を自社の名義で新規登録するよう要請を受けたディーラーの中には，自社の利益にならないと考えた場合であっても，ＢＭＷ新車を自社の名義で新規登録した上で当該ＢＭＷ新車を事業用車両として使用せずに中古車として販売するものもいた。

エ　確約計画の概要

(ｱ)　次の事項を取締役会において決議すること。

　a　前記イの行為を取りやめていることを確認すること。

　b　前記イの行為と同様の行為を行わないこととし，この措置を今後３年間実施すること。

(ｲ)　前記(ｱ)に基づいて採った措置を，ディーラーに通知し，かつ，自社の従業員に周知徹底すること。

(ｳ)　前記イの行為と同様の行為を行わないこととし，この措置を今後３年間実施すること。

(ｴ)　次の事項を行うために必要な措置を講じること。

　a　ディーラーとの取引に関する独占禁止法の遵守についての行動指針の作成及び自社の従業員に対する周知徹底

　b　ディーラーとの取引に関する独占禁止法の遵守についての自社の役員及び従業員に対する定期的な研修並びに法務担当者による定期的な監査

　c　販売計画台数については，各ディーラーの販売実績や，当該ディーラーが所在する地域におけるＢＭＷ新車の販売見込みなど，ディーラーごとに合理的な根拠を基に案を策定して当該案についてディーラーと十分な協議を行った上で販売計画台数を合意することに係るガイドラインを策定し，当該ガイドラインを各ディーラーに周知した上で，当該ガイドラインに基づいて販売計画台数案の策定及び販売計画台数に関する各ディーラーとの十分な協議を行うこと。

　d　ディーラーが自ら望んでおらず，かつ，経済的な利益が得られる合理的な見込みがないにもかかわらず，販売計画台数達成のためにＢＭＷ新車を当該ディーラーの名義で新規登録するようにディーラーに対して要請することがないよう，

　　　　自社内における周知活動及び従業員への教育を十分に行うこと。
　　ｅ　自社による独占禁止法に違反する可能性がある行為についてディーラーが通報
　　　　できる外部窓口を設けること。
　㉑　前記⑺，⑷及び㈡の措置の履行状況を公正取引委員会に報告すること。
　㈱　前記㈪の措置並びに㈡ｂ及びｄに基づいて講じた措置の履行状況を，今後３年
　　間，毎年，公正取引委員会に報告すること。

オ　確約計画の認定

　公正取引委員会は，前記エの計画が独占禁止法に規定する認定要件のいずれにも適
合すると認め，当該計画を認定した。

⑹　日本アルコン㈱に対する件（令和３年（認）第２号）

確約計画の認定年月日	関　係　法　条
3. 3. 26	独占禁止法第19条（一般指定第12項）

ア　関係人

名称	所在地	代表者
日本アルコン㈱	東京都港区虎ノ門一丁目23番1号	代表取締役 リチャード・コズロ スキー

イ　違反被疑行為の概要等

　⑺　疑いの理由となった行為の概要
　　ａ　日本アルコン㈱（以下「日本アルコン」という。）は，自社の一日使い捨てコ
　　　ンタクトレンズ，二週間頻回交換コンタクトレンズ及び一か月定期交換コンタク
　　　トレンズ（以下⑹において「自社の一日使い捨てコンタクトレンズ等」とい
　　　う。）の販売に関し，小売業者に対して，広告への販売価格の表示を行わないよ
　　　うに要請していた。
　　ｂ　日本アルコンは，自社の一日使い捨てコンタクトレンズ等の販売に関し，小売
　　　業者に対して，医師の処方を受けた者（注）にインターネットによる販売を行わ
　　　ないように要請していた。
　⑷　違反する疑いのあった法令の条項
　　　日本アルコンの前記⑺ａ及びｂの行為は，それぞれ，不公正な取引方法の第12項
　　に該当し独占禁止法第19条の規定に違反する疑いがある。
　（注）「医師の処方を受けた者」とは，医療機関を受診して，コンタクトレンズの製品名，規格，有効期間
　　　等が記載された指示書の交付を受けた者を指す。

ウ　確約計画の概要

　⑺　次の事項を取締役会において決議すること。
　　ａ　前記イ⑺ａ及びｂの行為を既に行っていないことを確認すること。

　　　b　前記イ㋐a及びbの行為と同様の行為を行わないこととし，この措置を今後3年間実施すること。

　㋑　前記㋐に基づいて採った措置を，自社の一日使い捨てコンタクトレンズ等の小売業者及び販売代理店に通知するとともに，一般消費者に周知し，かつ，自社の従業員に周知徹底すること。

　㋒　前記イ㋐a及びbの行為と同様の行為を行わないこととし，この措置を今後3年間実施すること。

　㋓　次の事項を行うために必要な措置を講じること。

　　　a　自社の一日使い捨てコンタクトレンズ等の販売活動に関する独占禁止法の遵守についての，本件違反被疑行為の独占禁止法上の問題点等を記載した，行動指針の趣旨を明確にした文書の作成並びに同文書及び行動指針の自社の従業員に対する周知徹底

　　　b　自社の一日使い捨てコンタクトレンズ等の販売活動に関する独占禁止法の遵守についての，自社の一日使い捨てコンタクトレンズ等の営業担当者に対する定期的な研修及び法務担当者又は外部専門家による定期的な監査

　㋔　前記㋐，㋑及び㋓の措置の履行状況を公正取引委員会に報告すること。

　㋕　前記㋒の措置及び㋓bに基づいて講じた措置の履行状況を，今後3年間，毎年，公正取引委員会に報告すること。

エ　確約計画の認定

　公正取引委員会は，前記ウの計画が独占禁止法に規定する認定要件のいずれにも適合すると認め，当該計画を認定した。

第3　その他の事件処理

1　注意

令和2年度において注意・公表を行ったものの概要は，次のとおりである。

第6表　令和2年度注意・公表事件一覧

件　名	内　容	関係法条	注意年月日
㈱電通に対する件	㈱電通は，東京都に所在する令和2年度補正持続化給付金事務事業の事務局において，委託先事業者のうち，当該事業の申請サポート会場運営業務の取りまとめを担当する2社に対し，特定の事業者（以下「特定事業者」という。）が令和2年度家賃支援給付金事務事業を受注した場合，委託先事業者が特定事業者から令和2年度家賃支援給付金事務事業の申請サポート会場運営業務を受託すれば，今後㈱電通は当該委託先事業者と取引をしない旨を発言するとともに，当該発言の内容を他の委託先事業者に伝達するように指示しており，独占禁止法違反につながるおそれがあった。	第19条（一般指定第14項）	2. 12. 17

（注）一般指定とは，不公正な取引方法（昭和57年公正取引委員会告示第15号）を指す。

2　自発的な措置に関する公表

令和2年度において，審査の過程において，事業者の自発的な措置を踏まえて調査を終了した事案の概要は，次のとおりである。

第7表　令和2年度自発的な措置に関する公表事案一覧

一連番号	件　名	内　容	公表年月日
1	大阪瓦斯㈱に対する件	公正取引委員会は，大阪瓦斯㈱が，同社の供給区域における大口供給地点向けの導管を通じたガス供給分野において， ① 供給価格を不当に低くする又は競争者との競合が生じた場合のみ低くすること ② 需要家との間で，複数の大口供給地点への供給を条件として割引を適用する旨の契約（以下「包括契約」という。）を締結し，需要家が包括契約の期間中に各供給地点向け供給契約（以下「個別契約」という。）のうち一つでも中途解約する場合は契約開始から中途解約までの間に割り引いた額の全額を返戻させる旨の条件を付すこと ③ 需要家が大口供給地点に係る個別契約を中途解約した場合，契約で定める額の金銭を支払わせる旨を取引条件とすること により，競争事業者を不当に排除している疑いがあったことから，大阪瓦斯㈱に対し，独占禁止法の規定に基づいて審査を行ってきたところ，①については独占禁止法に違反する行為があるとは認められなかったこと，②及び③については本件審査の過程において大阪瓦斯㈱から契約の一部を改定するなどの申出がなされたこと等から，本件審査を終了することとした。	2. 6. 2

一連番号	件 名	内 容	公表年月日
2	日 本 プロフェッショナル野球組織に対する件	公正取引委員会は，日本プロフェッショナル野球組織が，「新人選手が，新人選手選択会議（以下「ドラフト会議」という。）前に12球団による指名を拒否し，又はドラフト会議での交渉権を得た球団への入団を拒否し，外国球団と契約した場合，外国球団との契約が終了してから高卒選手は3年間，大卒・社会人選手は2年間，12球団は当該選手をドラフト会議で指名しない。」との申合せにより，構成事業者である12球団に対して特定の選手との選手契約を拒絶させている疑いがあったことから，所要の審査を行ってきたところ，日本プロフェッショナル野球組織から，改善措置を自発的に講じた旨の報告があり，その内容を検討したところ，当該疑いを解消するものと認められたことから，本件審査を終了した。	2.11.5

第4 告発

　私的独占，カルテル等の重大な独占禁止法違反行為については，排除措置命令等の行政上の措置のほか罰則が設けられているところ，これらについては公正取引委員会による告発を待って論ずることとされている（第96条及び第74条第1項）。

　公正取引委員会は，平成17年10月，平成17年独占禁止法改正法の趣旨を踏まえ，「独占禁止法違反に対する刑事告発及び犯則事件の調査に関する公正取引委員会の方針」を公表し，独占禁止法違反行為に対する抑止力強化の観点から，積極的に刑事処罰を求めて告発を行っていくこと等を明らかにしている。

　令和2年度においては，独立行政法人地域医療機能推進機構（以下「地域医療機構」という。）が発注する医薬品の入札談合事件について，以下のとおり，検事総長に告発した。

地域医療機構が発注する医薬品の入札談合に係る告発（令和2年12月9日告発）

(1) 被告発会社等

　ア　被告発会社（下表記載の3社）

　イ　被告発人

　　前記被告発会社3社で地域医療機構が実施する医薬品購入契約に係る入札及び価格交渉等に関する業務に従事していた者7名

被告発会社	代 表 者	本店の所在地
アルフレッサ㈱	代表取締役 福神 雄介	東京都千代田区内神田一丁目12番1号
㈱スズケン	代表取締役 宮田 浩美	名古屋市東区東片端町8番地
東邦薬品㈱	代表取締役 馬田 明	東京都世田谷区代沢五丁目2番1号

(2) 告発事実

　　被告発会社3社は，いずれも医薬品の卸売業等を営む事業者であり，被告発人7名は，それぞれの所属する被告発会社の従業者として地域医療機構が実施する医薬品購入契約に係る入札及び価格交渉等に関する業務に従事していたものであるところ，

　ア　前記被告発人7名のうち5名は，前記同様の事業を営む他の事業者（他の事業者と

被告発会社3社を合わせて以下「被告発会社等」という。）に所属して前記同様の業務に従事していた者らと共に，それぞれの所属する被告発会社等の他の従業者らと共謀の上，被告発会社等の業務に関し，平成28年6月上旬頃，東京都内の貸会議室等において，面談等の方法により，同年5月27日に地域医療機構が製薬会社及び用法から区分した医薬品群ごとに一般競争入札を実施する旨公告した地域医療機構が運営する57病院における医薬品購入契約について，被告発会社等それぞれの受注予定比率を設定し，同比率に合うよう前記医薬品群ごとに受注予定事業者を決定するとともに当該受注予定事業者が受注できるような価格で入札を行うことなどを合意した上，同合意に従って，前記契約について受注予定事業者を決定するなどし

イ　前記被告発人7名のうち6名は，前記同様の事業を営む他の事業者に所属して前記同様の業務に従事していた者らと共に，それぞれの所属する被告発会社等の他の従業者らと共謀の上，被告発会社等の業務に関し，平成30年6月上旬頃，東京都内の貸会議室等において，面談等の方法により，同年5月25日に地域医療機構が製薬会社から区分した医薬品群ごとに一般競争入札を実施する旨公告した地域医療機構が運営する57病院における医薬品購入契約について，前記同様の合意をした上，同合意に従って，前記契約について受注予定事業者を決定するなどし

もってそれぞれ被告発会社等が共同して，前記各契約の受注に関し，相互にその事業活動を拘束し，遂行することにより，公共の利益に反して，前記各契約の受注に係る取引分野における競争を実質的に制限したものである。

(3) 罪名及び罰条

独占禁止法違反

同法第89条第1項第1号，第3条及び第95条第1項第1号並びに刑法第60条

第3章　審　判

第1　概説

　令和2年度当初における審判件数は，前年度から繰り越されたもの152件（排除措置命令に係るものが76件，課徴金納付命令に係るものが76件）であった。令和2年度においては，審判開始を行った事件はなく，平成25年独占禁止法改正法（私的独占の禁止及び公正取引の確保に関する法律の一部を改正する法律〔平成25年法律第100号〕をいう。）による改正前の独占禁止法（以下，特段の断りがない限り第3章において単に「独占禁止法」という。）に基づく審決を154件（注1）（排除措置命令に係る審決77件，課徴金納付命令に係る審決77件）行った。この結果，令和2年度におけるこれら審決をもって係属中の審判事件は全て終了した。

（注1）令和2年度における審決のうち2件は，公正取引委員会が㈱山陽マルナカに対して行った排除措置命令及び課徴金納付命令について，同社から審判請求がなされ，当委員会がこれを一部棄却するなどの審決を平成31年2月20日付けで行ったところ，東京高等裁判所において当該審決を取り消す判決がなされたことを受け，改めて，当該排除措置命令及び課徴金納付命令の残部を取り消す旨の審決を行ったものであるため，審判件数（前年度から繰り越されたもの）には算入していない。

図　審判件数の推移

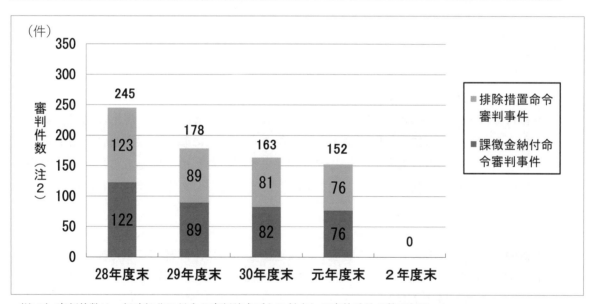

（注2）審判件数は，行政処分に対する審判請求ごとに付される事件番号の数である。

第2　審決

1　三和シヤッター工業㈱ほか3名に対する排除措置命令及び課徴金納付命令に係る審決（シャッターの製造業者らによる全国における価格カルテル及び近畿地区における受注調整）

事件番号	審判手続開始日	審判開催回数	審決年月日	課徴金（円）
平成22年（判）第17号及び第22号	22. 10. 4	39	2. 8. 31	24億5686万
平成22年（判）第18号及び第23号	22. 10. 4	39	2. 8. 31	17億3831万
平成22年（判）第19号及び第24号	22. 10. 4	39	2. 8. 31	4億8404万
平成22年（判）第25号	22. 10. 4	39	2. 8. 31	2億5899万
平成22年（判）第20号及び第26号	22. 10. 4	39	2. 8. 31	2億4291万
平成22年（判）第21号及び第27号	22. 10. 4	39	2. 8. 31	1億5483万
平成22年（判）第28号	22. 10. 4	39	2. 8. 31	4026万

⑴　被審人

事件番号	名　　称	所　在　地
平成22年（判）第17号，第22号及び第25号	三和シヤッター工業㈱	東京都板橋区新河岸二丁目3番5号
平成22年（判）第18号，第23号，第20号及び第26号	文化シヤッター㈱	東京都文京区西片一丁目17番3号
平成22年（判）第19号，第24号，第21号及び第27号	東洋シヤッター㈱	大阪市中央区南船場二丁目3番2号
平成22年（判）第28号	三和ホールディングス㈱	東京都新宿区西新宿二丁目1番1号

⑵　事件の経過

　　本件は，平成22年6月9日，公正取引委員会が，前記⑴の被審人4社（以下⑵及び⑶において「被審人ら」という。）のうち被審人三和ホールディングス㈱（以下「被審人三和H」という。）を除く3社に対し，独占禁止法第7条第2項の規定に基づき排除措置命令を，被審人らに対し同法第7条の2第1項の規定に基づき課徴金納付命令を行ったところ，被審人らは両命令に対して審判請求を行ったため，被審人らに対し，同法第52条第3項の規定に基づき審判手続を開始し，審判官をして審判手続を行わせたものである。

　　公正取引委員会は，担当審判官から提出された事件記録，被審人らから提出された各異議の申立書及び被審人らから聴取した陳述に基づいて，同審判官から提出された審決案を調査の上，被審人らに対して，被審人三和シヤッター工業㈱（以下「被審人三和S」という。），被審人文化シヤッター㈱（以下「被審人文化」という。）及び被審人東洋シヤッター㈱（以下「被審人東洋」という。）に対する課徴金納付命令の一部を取り消し，その余の審判請求をいずれも棄却する旨の審決を行った。

⑶　判断の概要等

ア　原処分の原因となる事実

⑺　全国カルテル事件

　　　　3社（注1）は，共同して，平成20年3月5日頃，各社の役員級の者による会合（以下「3月5日会合」という。）において，特定シャッター（注2）の需要者向

け販売価格について，同年4月1日見積分から，現行価格より10パーセントを目途に引き上げることを合意することにより（以下，この合意を「全国合意」という。），公共の利益に反して，我が国における特定シャッターの販売分野における競争を実質的に制限していた。

　被審人らの平成22年（措）第15号排除措置命令（以下「全国排除措置命令」という。）に係る違反行為の実行期間は，独占禁止法第7条の2第1項の規定により，下表の各被審人に係る「実行期間」欄記載のとおりであり，独占禁止法第7条の2の規定により算出された課徴金の額は，同表の各被審人に係る「課徴金」欄記載のとおりである。

（注1）被審人三和S，被審人文化及び被審人東洋の3社。ただし，被審人三和Hの吸収分割（平成19年10月1日）前は，被審人三和H，被審人文化及び被審人東洋の3社をいう。

（注2）軽量シャッター及び重量シャッター（いずれもグリルシャッターを含み，これらのシャッターの取付工事等の役務が併せて発注される場合には当該役務を含む。）

被審人	課徴金納付命令	
	実行期間	課徴金（円）
三和シヤッター工業㈱	平成20年4月1日〜平成20年11月18日	25億1615万
文化シヤッター㈱	平成20年4月1日〜平成20年11月18日	17億8167万
東洋シヤッター㈱	平成20年4月1日〜平成20年11月18日	5億2549万

(4)　近畿受注調整事件

　3社は，受注価格の低落防止を図るため，共同して，遅くとも平成19年5月16日以降，近畿地区における特定シャッター等（注3）について，受注予定者を決定し，受注予定者が受注できるようにするとともに，受注予定者以外の者も受注することとなった場合には受注予定者が建設業者に対して提示していた見積価格と同じ水準の価格で受注するようにする（以下，3社間でのかかる内容の合意を「近畿合意」という。）ことにより，公共の利益に反して，近畿地区における特定シャッター等の取引分野における競争を実質的に制限していた。

　被審人らの平成22年（措）第16号排除措置命令（以下「近畿排除措置命令」という。）に係る違反行為の実行期間は，独占禁止法第7条の2第1項の規定により，下表の各被審人に係る「実行期間」欄記載のとおりであり，独占禁止法第7条の2の規定により算出された課徴金の額は，同表の各被審人に係る「課徴金」欄記載のとおりである。

（注3）建設業者が発注する，近畿地区における建築物その他の工作物に取り付けられる重量シャッター，軽量シャッター，オーバーヘッドドア，シートシャッターその他のシャッター及び危害防止装置等のシャッターの関連製品（ドア等の物品又は取付工事等の役務が併せて発注される場合には当該物品又は当該役務を含む。）であって，被審人三和S，被審人文化，被審人東洋及び被審人三和Hのいずれかにおいて積算価格の額（ドア等の物品及び当該物品に係る取付工事等の役務の積算価格の額を除く。）が5000万円以上となるもの

被審人	課徴金納付命令	
	実行期間	課徴金（円）
三和シヤッター工業㈱	平成19年10月1日〜平成20年11月18日	2億5899万
文化シヤッター㈱	平成19年5月16日〜平成20年11月18日	2億4425万
東洋シヤッター㈱	平成19年5月16日〜平成20年11月18日	1億5483万

被審人	課徴金納付命令	
	実行期間	課徴金（円）
三和ホールディングス㈱	平成19年5月16日～平成19年9月30日	4026万

イ　主要な争点及びそれに対する判断

⑺　全国排除措置命令の適法性（争点1）

a　全国合意を内容とする意思の連絡があるか（「共同して」といえるか）

⒜　全国合意の合理性について

　　まず，3社の営業担当者が，積算価格を基に，過去の取引を踏まえ，一定の割引率を乗ずることにより算出される見積価格や平米単価を指標として，値上げの基準となる取引価格（現行価格）を想定しながら，これに対する一定割合の値上げを実施することが可能である。

　　次に，現に3社は，販売価格を引き上げるため，積算価格の引上げという手段を用いており，3社の従業員等も，販売価格を引き上げる手段として，積算価格の引上げが有効である旨を供述していることから，シャッター取引において，積算価格の引上げを販売価格引上げの手段とすることが不合理であるとは認められない。また，特定シャッターの取引分野において90パーセントを上回るシェアを有する3社が同時期に同程度の引上げ幅で見積価格を提示すれば，単独で値上げ活動を行う場合に比して顧客を失う可能性は低減し，従前よりも高い価格水準で交渉することが可能になるのであり，このように競争を回避する効果があることは否定できないのであるから，結果的に，需要者との力関係や経済状況等により，合意どおりに販売価格が上がらないことがあったとしても，こうした合意自体が不合理なものであるとはいえない。

　　さらに，個別交渉によって価格が決まるという取引の性質上，値上げ率に幅が生じることは自明であり，また，個別の価格については各営業所ないし営業担当者が決定するものであるとしても，その前提として，本社の営業方針があるのであるから，本社に個別の価格について決定する権限がないからといって，本社において各営業所等に対して示した方針に従って値上げ活動を行うべきことを指示する方法によって当該合意に基づいて値上げを実現することが不可能であるとはいえない。

⒝　意思の連絡（「共同して」）

　　独占禁止法第2条第6項の「共同して」に該当するというためには，複数事業者が対価を引き上げるに当たって，相互の間に意思の連絡があったと認められることが必要であると解されるが，ここでいう意思の連絡とは，複数事業者間で相互に同内容又は同種の対価の引上げを実施することを認識ないし予測し，これと歩調をそろえる意思があることを意味し，一方の対価引上げを他方が単に認識，認容するのみでは足りないが，事業者間相互で拘束し合うことを明示して合意することまでは必要でなく，相互に他の事業者の対価の引上げ行為を認識して，暗黙のうちに認容することで足りると解するのが相当である。

　　そして，その判断に当たっては，対価の引上げがされるに至った前後の諸事

情を勘案して事業者の認識及び意思がどのようなものであったかを検討し，事業者相互間に共同の認識，認容があるかどうかを判断すべきであるところ，特定の事業者が，①他の事業者との間で対価引上げ行為に関する情報交換をして，②同一又はこれに準ずる行動に出たような場合には，③その行動が他の事業者の行動と無関係に，取引市場における対価の競争に耐え得るとの独自の判断によって行われたことを示す特段の事情が認められない限り，これらの事業者の間に，協調的行動をとることを期待し合う関係があり，意思の連絡があるものと推認されるというべきである。

i 対価引上げ行為に関する情報交換

　３月５日会合では，単なる世間話にとどまらず，相互にシャッター等の対価引上げを実施することに関する情報交換がされたものと認められる。

ii 事後の行動の一致

　３社は，いずれも，３月５日会合以前は特定シャッターの販売価格の引上げ目標を10パーセントと設定していなかったにもかかわらず，３月５日会合後に，特定シャッターについての販売価格の引上げ目標を10パーセントと定め，それぞれ前記目標を各支店，営業所に示して販売価格引上げの指示をしたのであるから，３社は，特定シャッターの販売価格について，現行価格より10パーセントを目途として引き上げるとの同一の行動に出たものと認められる。

iii ３社の値上げ行動が独自の判断によって行われたことを示す特段の事情の有無について

　前記 i ， ii によれば，３社において値上げに向けた各社の行動が他の事業者の行動と無関係に，取引市場における対価の競争に耐え得るとの独自の判断によって行われたことを示す特段の事情が認められない限り，意思の連絡があるものと推認されるところ，３社の独自の判断によって行われたものであると認めることはできない。

(c) 全国合意の推認

　①３社間で，シャッター等の販売価格について10パーセントを目途として引き上げる等の対価の引上げ行為に関する情報交換が行われ，②３社は，それぞれ本社において平成20年４月１日以降の特定シャッターの販売価格の引上げ目標を10パーセントと定め，販売価格の引上げに向けた営業活動をするという同一の行動をとったものと認められるところ，３月５日会合以前においては，３社とも，引上げ幅についての検討内容は異なっていたにもかかわらず，３月５日会合の後，３月５日会合で情報交換がされた内容と同じ「10パーセント」を目標としていたことは，不自然な一致というべきであり，③３社について，このような値上げに向けた行動が３月５日会合で情報交換がされた他の２社の行動とは無関係に，取引市場における対価の競争に耐え得るとの独自の判断によって行われたことを示す特段の事情も認められないから，３社の間には，相互に特定シャッターの販売価格につき，現行価格より10パーセントを目途として引き上げることを予測し，これと歩調をそろえる意思があるものと推認され

る。

値上げの時期に関しては，3月5日会合においては明言されていなかったが，当該合意は，平成20年4月1日以降に原材料である鋼材の値上げに伴い，シャッター製品の値上げを行うことを内容とするものであるところ，シャッター製品の値上げに当たっては，原則として，シャッター業者が提示した見積価格を前提として需要者との間で価格交渉を経るものであることから，3社においては，少なくとも同日見積分から値上げを行うとの合意があったものと推認される。

したがって，3社間には，全国合意を内容とする意思の連絡があったと推認される。

b　相互拘束について

全国合意の成立により，本来各社において自由に決定されるべき3社の特定シャッターの販売価格の値上げ幅が，これに制約されて決定されることになり，前記認定のとおり，3社は値上げ幅の目標を10パーセントと定めていることからしても，同合意は各社の事業活動を拘束するものであることが認められる。

c　一定の取引分野における競争の実質的制限について

(a)　意義

「一定の取引分野における競争を実質的に制限すること」とは，当該取引に係る市場が有する競争機能を損なうことをいい，一定の取引分野における競争を完全に排除し，価格等を完全に支配することまでは必要なく，一定の取引分野における競争自体を減少させ，特定の事業者又は事業者集団がその意思で，ある程度自由に，価格，品質，数量，その他各般の条件を左右することによって，市場を支配することができる状態をもたらすことで足り，このような趣旨における市場支配的状態を形成・維持・強化することをいう。

このような競争の実質的制限が生じているのか否かを判断するに当たっては，一定の取引分野の範囲が問題となるところ，不当な取引制限については，取引の対象・地域・態様等に応じて，違反者のした共同行為が対象としている取引及びそれにより影響を受ける範囲を検討し，その競争が実質的に制限される範囲を画定して一定の取引分野を決定するのが相当である。

(b)　一定の取引分野について

全国合意は，特定シャッターの取引を対象としてその販売価格を引き上げるものであり，それにより影響を受ける範囲も同取引であるから，本件における一定の取引分野は，特定シャッターの販売分野であると認められる。

(c)　競争の実質的制限について

平成19年4月から平成20年3月までの間における我が国の特定シャッターの出荷数量に占める3社のシェアは約92.8パーセントと極めて高いことからすれば，3社の意思で，特定シャッターの価格をある程度自由に左右することができる状態がもたらされていたといえ，我が国における特定シャッターの販売分野の競争機能が損なわれ，その競争が実質的に制限されていたと認められる。

(d)　小括

以上より，3社は，全国合意により，我が国の特定シャッターの販売分野における競争を実質的に制限したものと認められる。

d 「公共の利益に反して」について

全国合意は，前記cのとおり，我が国における特定シャッターの取引分野における競争を実質的に制限するものであるところ，仮に建設業者に建設業法ないし独占禁止法違反となり得る行為があったとしても，3社が価格カルテルである全国合意をすることが，「一般消費者の利益を確保するとともに，国民経済の民主的で健全な発達を促進する」（独占禁止法第1条）とは認められない。

e 小括

3社間には，平成20年3月5日頃，全国合意を内容とする意思の連絡があったものと認められ，これは，独占禁止法第2条第6項に規定する不当な取引制限に該当するといえる。

(イ) 全国各課徴金納付命令（注4）の適法性（争点2）

a 「商品」の対価に係るものについて

全国各課徴金納付命令にいう「商品」とは「特定シャッター」を指すところ，需要者の注文に応じて製作し，供給する物を「商品」と認めることは可能であるし，同命令別紙において，「特定シャッター」について，「取付工事等の役務が併せて発注される場合には当該役務を含む」と定義されていることから，同命令にいう「商品」には，取付工事等の役務が含まれることは明らかである。

したがって，全国各課徴金納付命令が，全国合意は取付工事等の役務を含めて「商品」の対価に係るものであるとしたことが違法であるとはいえない。

また，全国合意の内容から，特定シャッターの対価そのものに関するものであることは明らかであり，「対価に係るもの・・・をしたとき」に当たる。

（注4）平成22年（納）第94号ないし第96号課徴金納付命令をいう。

b 「当該商品」の認定について

全国合意には，「平成20年4月1日見積分から」という取決め部分があるものの，これは，値上げの実施の契機としての時期及び態様に関する取決めであって，商品の特性や取引の属性などに応じて値上げの対象商品自体を限定したものではない。したがって，かかる取決めにかかわらず，全国合意の対象商品の範ちゅうに属する商品は，あくまで特定シャッターである。

c 引渡基準により課徴金の計算の基礎となる売上額を算定したことの適法性

独占禁止法施行令第6条が設けられた趣旨や，この契約基準によるべき場合は，「著しい差異があるとき」ではなく，「著しい差異を生ずる事情があると認められるとき」であるとしている同条の規定の文言，規定の仕方に照らせば，同条にいう「著しい差異が生ずる事情がある」かどうかの判断は，独占禁止法施行令第5条の定める引渡基準によった場合の対価の合計額と契約により定められた対価の額の合計額との間に著しい差異が生ずる蓋然性が類型的又は定性的に認められるかどうかを判断して決すれば足りるものと解せられる。

第94号課徴金納付命令（注5）については，引渡基準によった場合の対価の合計額と契約により定められた対価の額の合計額との間に著しい差異が生ずる蓋然

性が類型的又は定性的に認められるとはいえないから，被審人三和Sの主張は採用することができず，第94号課徴金納付命令が引渡基準によって課徴金の計算の基礎となる売上額を算定したことは適法である。

(注5) 被審人三和Sに対する平成22年（納）第94号課徴金納付命令をいう。

(ｳ) **近畿排除措置命令の適法性（争点3）**

a 近畿合意の成立について

3社は，建設業者の価格交渉による受注価格の低落を防止するために，各社の近畿地区の建設業者担当支店長において，平成19年5月9日に開催した会合で取り決めた内容に従って，同月16日以後，支店長級会合等（注6）において，近畿地区における特定シャッター等について，受注を希望する物件を持ち寄り，営業上優位な業者を確認するとともに，発注者に提示予定の見積価格に関する情報交換をするなどした上で，営業上の優位性が確認されなかった業者は営業活動を自粛し，当該物件の建設業者から引き合いを受けても，営業上優位とされた業者よりも高い見積価格を提示するなどして営業上優位とされた業者がその提示した見積価格で受注できるよう対応していたことが認められる。

これらによると，3社の当該行為は，近畿地区における特定シャッター等に係る取引において，受注価格の低落を防止するため，3社の中であらかじめ受注予定者を決定し，当該受注予定者が建設業者に対して提示する見積価格で受注できるように協力することにほかならないのであり，同月9日に開催された会合で取り決められた内容は，こうした受注調整に係る基本合意に当たるものと認められる。

以上によれば，近畿合意が存在したと認められる。

(注6) 平成19年5月16日から平成20年7月23日までの間に，3社の支店長級の者が毎月1回程度行っていた会合（支店長級会合）と電話連絡を併せたものをいう。

b 「共同して…相互にその事業活動を拘束し」に当たるか

近畿合意は，3社が，近畿地区における特定シャッター等につき，受注予定者を決定し，受注予定者が受注することができるように協力するという内容の取決めであり，3社が近畿合意に基づく行動を認識，認容して歩調をそろえるという意思の連絡があることは明らかである。また，3社が，本来的には自由に見積価格を決め，発注者に対して受注に向けた営業活動を行えるはずのところを，近畿合意に制約されて意思決定を行うことになるから，近畿合意は，3社の事業活動を相互に拘束するものである。

したがって，近畿合意は「共同して…相互にその事業活動を拘束し」（独占禁止法第2条第6項）に該当する。

c 「一定の取引分野における競争を実質的に制限する」ものか

「一定の取引分野」は，原則として，違反行為者のした共同行為が対象としている取引及びそれにより影響を受ける範囲を検討して画定すれば足りるものと解されるところ，近畿合意は，近畿地区における特定シャッター等の取引を対象としており，近畿合意による影響の範囲も同取引となる。

近畿地区においては，大規模なシャッター工事を受注することができるシャッ

ター業者は限られており，近畿地区における特定シャッター等について建設業者が見積りを依頼するのは3社及びこれに次ぐ《事業者A》が中心であること，3社は，平成19年5月16日から平成20年11月18日までの間に発注された近畿地区における特定シャッター等の大部分を受注しており，《事業者A》は有力ではあるが，そのシェアは3社に比して小さいといえること，期間内の発注物件において近畿合意に基づいて受注調整が行われた物件は，189物件中139物件（分割発注物件は合わせて1物件とする。）に上ることからすれば，近畿合意により，3社がその意思で近畿地区における特定シャッター等の取引分野における受注者及び受注価格をある程度自由に左右することができる状態をもたらしたと認められる。

d　「公共の利益に反して」について

　　略（前記(7) d に同旨）

e　小括

　　3社間には近畿合意を内容とする意思の連絡があったものと認められ，これは，独占禁止法第2条第6項に規定する不当な取引制限に該当するといえる。

(エ)　**近畿各課徴金納付命令（注7）の適法性（争点4）**

a　「商品」の対価に係るものについて

　　略（前記(イ) a に同旨）

　　（注7）平成22年（納）第97号ないし第100号課徴金納付命令をいう。

b　実行期間の始期

　　近畿合意の内容は，3社間で受注予定者を決定し，受注予定者以外の者は，受注予定者が受注できるように協力することであり，協力の内容としては，建設業者に対する営業活動を自粛することが含まれる。

　　そうすると，支店長級会合等において受注予定者が決まった時点から，受注予定者以外の者は近畿合意に拘束され，建設業者に対する営業活動を自粛することになるのであるから，被審人三和H，被審人文化，被審人東洋についての近畿合意に基づく実行期間の始期は，最初の受注予定者の決定が行われた平成19年5月16日であると認められる。

　　一方，被審人三和Sについては，同年10月1日，被審人三和Hのシャッター事業を承継し，被審人三和らの担当者は，事業承継の前後にわたり，継続して支店長級会合に出席していたのであるから，被審人三和Sの近畿合意に基づく実行期間の始期は，同年10月1日である。

c　「当該商品」該当性

　　基本合意と個別の受注調整行為を経たのであれば，当該商品については，競争が事実上全くなかったという事情だけでなく，価格面での利益も全くなく，基本合意と個別の受注調整行為の各対象に含めたことが不合理であるなど特段の事情が認められない限り，具体的な競争制限効果が生じるというべきである。

　　課徴金対象物件のうち，近畿合意に基づく受注調整が行われたとは認められず，当該商品に該当するとは認められない物件1件以外の物件については，近畿合意の対象とされた近畿地区における特定シャッター等であって，近畿合意に基づく受注調整の結果，具体的な競争制限効果が発生するに至ったものと認められ

るから，当該商品に該当する。

d　課徴金の対象となる対価の額について

　課徴金の対象となる対価の額（独占禁止法施行令第6条第1項）は，実行期間における商品の契約金額であり，当該商品に該当するとは認められない前記1物件を除き，審決案別表1「最終契約金額」記載の金額であると認められる。

(ｴ)　**全国各課徴金納付命令と近畿各課徴金納付命令において，同一の物件について，その売上額に対して重複して課徴金を課したことは適法か（争点5）**

　課徴金制度は，課徴金の算定方法を具体的な法違反による現実的な経済的不当利得そのものとは切り離し，売上額に一定の比率を乗じて一律かつ画一的に算出することとして，カルテル禁止の実効性確保のための行政上の措置として機動的に発動できることを図ったものであり，単なる不当な利得の剥奪にとどまらない目的を持つものである。こうした課徴金制度における違反行為の抑止の趣旨からすれば，複数の違反行為に対してそれぞれ課徴金を課すべき場合において，課徴金の計算の基礎に特定の商品又は役務の売上額が重複する部分が含まれていたとしても，その違反行為が別個に実施されたと認められる限り，当該重複部分をいずれかの違反行為に係る課徴金の計算の基礎から除外すべき理由はないのであり，その結果として，同一の物件について重複して課徴金を課すべきことになるのはやむを得ないと解する。

　しかしながら，本件においては，近畿受注調整事件に関して，証拠によれば，平成20年3月に開催された支店長級会合において，シャッターの原材料である鋼材価格の値上がりに対応するために，近畿地区における特定シャッター等の販売価格を引き上げることが確認され，それ以降，近畿合意に基づき，近畿地区における特定シャッター等に係る個別の物件の受注予定者を決定するに当たっては，受注予定者の決定とともにその販売価格の引上げも図られていたと認められる。しかも，これらの販売価格の引上げは，全国合意に基づく特定シャッターの販売価格の引上げに関する本社からの指示によるものであることが推認される。

　これらの事実関係を踏まえると，前記平成20年3月の支店長級会合以降の近畿合意に基づく受注調整は，受注予定者の決定のみならず，全国合意に基づく特定シャッターの販売価格の引上げを具体的に実現するために行われたものと評価することができるのであり，その限度において，全国合意の実施と全く別個のものと解するのは相当ではない。

　したがって，全国各課徴金納付命令と近畿各課徴金納付命令において重複して課徴金を課したことは，課徴金制度の趣旨に照らしても正当化することはできない。そして，かねてから近畿合意に基づく受注調整が継続的に行われる中で，前記重複部分について，全国合意に基づく販売価格の引上げが併せて行われたという実態に照らすと，その売上げは，全国合意に係る課徴金の計算の基礎から除外するのが相当である。

(ｵ)　**被審人文化の課徴金減免申請における報告又は提出した資料に「虚偽の内容が含まれていた」（独占禁止法第7条の2第17項第1号）か（争点6）**

a　当初報告書の内容を後に訂正する報告は「報告」（独占禁止法第7条の2第1

７項第１号）に当たるかについて

　　課徴金減免制度の趣旨は，公正取引委員会の調査に協力して報告等を行った違反事業者に対し，その報告等の順番に応じて課徴金の減免を認めることにより，密室で行われて発見，解明が困難なカルテル，入札談合等の取引制限行為の摘発や事案の真相究明，違法状態の解消及び違反行為の防止を図ることにあるところ，当初の報告後に虚偽の内容が含まれる報告をし，それにより，当初の報告が虚偽の内容に変更された場合は，このような課徴金減免制度の趣旨に反することから，後の報告により変更された内容のものを，独占禁止法第７条の２第17項第１号の「報告」とするべきである。

b　訂正後の報告書の内容が虚偽であるかについて

　　被審人文化は，当初報告書においては，自ら前記㈬及び㈭の認定と一致する不利益な事実を申告していたにもかかわらず，その後これと相反する内容の報告書を提出して自社の責任を否認するに至ったものであり，その提出に当たり，十分な調査を行った形跡も見当たらないことも踏まえると，前記訂正後の報告書は，自社の責任を回避するため，虚偽の事実を報告したものと認められる。

c　手続保障について

　　本件において，公正取引委員会は，被審人文化に対し，事前通知，事前説明を経て，被審人文化から書面による意見申述を受けて，第98号課徴金納付命令を行ったものであり，これ以上に，被審人文化の意見に対し，回答し，虚偽報告が問題となっていることを告知するなどの手続をとる義務があるとは解されない。また，課徴金減免の不適用は，虚偽の事実の報告に対してされたものであり，意見表明に対してされたものではない。

d　小括

　　被審人文化は，不当な取引制限の摘発や事案の真相究明，違法状態の解消及び違反行為の防止という課徴金減免制度の目的に反して，当初の報告後に虚偽の内容が含まれる報告をしたものであるところ，被審人文化自身が，当初の報告を後の報告で補足又は訂正することを明確にしていることからすると，後の報告により訂正されたものが独占禁止法第７条の２第17項第１号所定の「報告」に当たることから，同号の規定により，課徴金減免規定は適用されない。

⑷　法令の適用

独占禁止法第66条第２項及び第３項

2　㈱山陽マルナカに対する排除措置命令及び課徴金納付命令に係る審決（食品，日用雑貨品，衣料品等の小売業者による優越的地位の濫用）

事件番号	審判手続開始日	審判開催回数	審決年月日	課徴金（円）
平成23年（判）第82号及び第83号	23. 10. 19	14	3. 1. 27	0

(1)　被審人

名　　　称	所　在　地
㈱山陽マルナカ	岡山市南区平福一丁目305番地の2

(2)　事件の経過

　　本件は，平成23年6月22日，公正取引委員会が，㈱山陽マルナカ（以下(2)及び(3)において「被審人」という。）に対して行った独占禁止法第20条第2項の規定に基づく排除措置命令及び同法第20条の6の規定に基づく課徴金納付命令について，被審人から審判請求がなされ，公正取引委員会が，平成31年2月20日，前記排除措置命令を変更するとともに前記課徴金納付命令の一部を取り消し，その余の審判請求をいずれも棄却する旨の審決（第1次審決）を行ったところ，被審人が，同年3月22日，審決取消訴訟を東京高等裁判所に提起し，令和2年12月11日，同裁判所において第1次審決のうち審判請求を排斥した部分（排除措置命令の変更部分及び審判請求棄却部分）を取り消す旨の判決がなされ，同年12月25日の経過をもって同判決が確定したことから，改めて審決を行ったものである。

　　公正取引委員会は，前記判決の趣旨に従い，令和3年1月27日，被審人に対し，改めて前記排除措置命令及び前記課徴金納付命令の全部を取り消す旨の審決を行った。

(3)　判断の概要等

ア　原処分の原因となる事実

　　被審人は，遅くとも平成19年1月から平成22年5月18日までの間，自己の取引上の地位が「特定納入業者」（注1）に優越していることを利用して，特定納入業者に対し，正常な商慣習に照らして不当に，①新規開店，全面改装，棚替え等に際し，特定納入業者の従業員等を派遣させ，②新規開店又は自社が主催する催事等の実施に際し，金銭を提供させ，③食品課商品（注2）のうち，被審人が独自に定めた販売期限を経過したものを返品し，④食品課商品のうち季節商品の販売時期の終了等に伴う商品の入替えを理由として割引販売を行うこととしたもの及び食品課商品又は日配品課商品（注3）のうち全面改装に伴う在庫整理を理由として割引販売を行うこととしたものについて，取引の対価の額を減じ，⑤クリスマスケーキ等のクリスマス関連商品を購入させていたものであって，以上の行為（以下「本件各行為」という。）は独占禁止法第2条第9項第5号（平成21年独占禁止法改正法の施行日である平成22年1月1日前においては平成21年公正取引委員会告示第18号による改正前の不公正な取引方法〔昭和57年公正取引委員会告示第15号〕〔以下「旧一般指定」という。〕第14項）に該当し，独占禁止法第19条の規定に違反するものである（以下，原処分で認定された違反行為を「本件違反行為」という。）。独占禁止法第20条の6の規定により，本件違反行為期間は平成19年5月19日から平成22年5月18日までの3年間であり，本件違反行為のうち平成21年独占禁止法改正法の施行日である平成22年1月1日以後に係るものについて，被審人の特定納入業者165社それぞれとの間における購入額（合計額は222億1605万4358円）を前提に算出された課徴金の額は2億2216万円（注4）である。

（注1）「特定納入業者」とは，納入業者（被審人が自ら販売する商品を，被審人に直接販売して納入する事業者のうち，被審人と継続的な取引関係にある者をいう。以下同じ。）のうち取引上の地位が被審人に対して劣っている者をいう。

（注2）「食品課商品」とは，被審人の食品課が取り扱っている調味料等の商品をいう。

（注3）「日配品課商品」とは，被審人の日配品課が取り扱っている牛乳等の商品をいう。

（注4）第1次審決により，1億7839万円を超えて納付を命じた部分は取り消されている。

イ　主要な争点及びそれに対する判断

⑺　本件排除措置命令書における理由の記載の不備に関する判断

a　独占禁止法第49条第1項が，排除措置命令書に「公正取引委員会の認定した事実及びこれに対する法令の適用」を示さなければならないとしているのは，排除措置命令が，その名宛人に対して当該命令の主文に従った排除措置の履行義務を課すなど名宛人の事業活動の自由等を制限するものであることに鑑み，公正取引委員会の判断の慎重と合理性を担保してその恣意を抑制するとともに，排除措置命令の理由を名宛人に知らせて不服の申立てに便宜を与えるためのものと解される。このような排除措置命令の性質及び排除措置命令書に前記の記載が必要とされる趣旨に鑑みれば，排除措置命令書に記載すべき理由の内容及び程度は，特段の理由がない限り，いかなる事実関係に基づき排除措置が命じられたのかを，名宛人においてその記載自体から了知し得るものでなければならない（最高裁判所昭和49年4月25日第一小法廷判決・民集28巻3号405頁，同昭和60年1月22日第三小法廷判決・民集39巻1号1頁等参照）。

b　これを本件についてみると，本件排除措置命令書には，排除措置命令の理由として，特定納入業者に該当するかの考慮要素及び被審人が特定納入業者に対して具体的にいかなる態様の行為をどの程度行ったのかという，命令の原因となる事実と，被審人が自己の取引上の地位が相手方に優越していることを利用して，正常な商慣習に照らして不当に，①継続して取引する相手方に対して，当該取引に係る商品以外の商品を購入させ，②継続して取引する相手方に対して，自己のために金銭又は役務を提供させ，③取引の相手方から取引に係る商品を受領した後に当該商品を当該取引の相手方に引き取らせ，又は取引の相手方に対して取引の額を減じていたものであって，この行為が独占禁止法第2条第9項第5号（改正法の施行前においては旧一般指定第14項）に該当し，独占禁止法第19条の規定に違反するなどという，命令の根拠法条は示されているが，前記の行為の相手方である納入業者については，「特定納入業者」と定義されているにとどまり，これらの商号が明示されていないなど，その記載上特定されているということはできない。そうすると，本件排除措置命令書の記載自体によって，その名宛人である被審人において，いずれの相手方に対する自己の行為が独占禁止法第2条第9項第5号又は旧一般指定第14項に該当する優越的地位の濫用との評価を受けたかを具体的に知ることはできず，いずれの相手方に対する行為を違反行為として甘受し，又は争うべきかを，的確に判断することが困難であって，被審人の不服申立ての便宜には適わないものといえる。このことからすれば，本件排除措置命令書における理由の記載には不備があったものというべきである。

c この点，本件各命令書（注5）が被審人に送達された際に，審査官が特定納入業者として主張する165社（ただし，自然人を含む。以下「本件165社」という。）の商号等の記載のある「課徴金算定対象事業者一覧表」と題する書面（以下「本件一覧表」という。）が同封されていた。

　しかしながら，本件各命令書の謄本の状況及び「送付資料一覧」と題する書面の記載に照らすと，本件一覧表は，本件各命令の一部を構成するものではなく，本件課徴金納付命令の「参考資料」と位置付けられている。このような本件各命令書の形式及び本件一覧表の位置付けに照らすと，名宛人である被審人や第三者からすれば，本件一覧表が「参考資料」として同封された趣旨が明らかでないほか，本件一覧表は本件各命令の発付に際して，公正取引委員会の委員長及び委員の合議（独占禁止法第69条)の結果を踏まえて作成されたものの，この点も外観上明らかでなく，本件一覧表が本件各命令書と一体のものであると評価することはできない。

　また，そこに掲げられている事業者が特定納入業者であることが明記されていないことに照らすと，本件一覧表と本件排除措置命令とが関連しているかは明らかではなく，本件一覧表に記載された事業者が特定納入業者であると評価することもできない。

　以上によれば，本件排除措置命令書の記載を本件一覧表で補充することはできず，その記載から，被審人の行為の相手方である特定納入業者が了知し得るものということはできない。これらによると，本件一覧表が送付されたことをもって，本件排除措置命令書における理由の記載に不備があったとの判断は左右されない。

（注5）「本件各命令書」とは，本件排除措置命令書及び本件課徴金納付命令書をいう。

d さらに，独占禁止法第49条第1項が同条第5項に基づく事前の手続を経た上でもなお排除措置命令書に理由の記載を要求していることに鑑みると，本件において事前手続が行われたことをもって，本件排除措置命令書における理由の記載の不備による瑕疵が治癒されると解することはできない。また，本件の事前手続においても，本件各命令書の案が送達された際，本件165社の商号等の記載のある「課徴金算定対象事業者一覧表」と題する書面（以下「本件事前通知一覧表」という。）が同封されていたが，この書類は，本件各命令書の送達時に同封されていた本件一覧表と同様，本件各命令書の案の一部を構成するものではなく，課徴金納付命令書の案の「参考資料」という位置付けであって，その記載内容に照らしても本件排除措置命令書の案との関連性は明らかではないのであり，前記cに説示するところと同様に，かかる書類が送付されていたことをもって，本件排除措置命令書における理由の記載に不備があったという判断は左右されない。

e 以上のことからすれば，本件排除措置命令書における理由の記載は，独占禁止法第49条第1項に違反するものであるから，本件排除措置命令は，全部取り消されるべきである。

f なお，独占禁止法第49条第1項は，排除措置命令書には，主文として「違反行為を排除し，又は違反行為が排除されたことを確保するために必要な措置」を示

さなければならないと規定しているところ，その内容が余りにも抽象的であるため，これを受けた名宛人が当該命令を履行するために何をすべきかが具体的に分からないようなもの，その他その履行が不能あるいは著しく困難なものは違法となると解される。これについて，本件排除措置命令書は，主文において，被審人に対し，遅くとも平成19年１月以降特定納入業者に対して行っていた本件各行為を取りやめている旨を確認すること（主文１項(1)）及び今後本件各行為と同様の行為を行わない旨（同項(2)）を，取締役会において決議しなければならないことなどを命じるものとなっているが，少なくとも主文１項(1)については，本件各行為の相手方となっている特定納入業者が本件排除措置命令書の記載からは明らかでなく，被審人において，何を決議すべきかが判然とせず，特定を欠くものであったというべきである。したがって，この点においても，本件排除措置命令は，独占禁止法第49条第１項に違反するものであるといわざるを得ない。

(ｲ)　**本件課徴金納付命令書における理由の記載の不備に関する判断**

a　独占禁止法第50条第１項が，課徴金納付命令書に，「納付すべき課徴金の額及びその計算の基礎，課徴金に係る違反行為」を記載しなければならないとしているのは，課徴金納付命令が，その名宛人に対して当該命令に従った課徴金の納付義務という不利益を課すものであることに鑑み，公正取引委員会の判断の慎重と合理性を担保してその恣意を抑制するとともに，課徴金納付命令の理由を名宛人に知らせて不服の申立てに便宜を与えるためのものと解される。このような課徴金納付命令の性質及び課徴金納付命令書に前記の記載が必要とされる趣旨に鑑みれば，課徴金納付命令書に記載すべき事項である納付すべき課徴金の額及びその計算の基礎，課徴金に係る違反行為は，特段の理由がない限り，名宛人においてその記載自体から了知し得るものでなければならない。

b　これを本件についてみると，本件課徴金納付命令書には，本件排除措置命令書（写し）を引用する形式で，「課徴金に係る違反行為」として，本件違反行為が独占禁止法第19条の規定に違反するものであるとともに，同法第20条の６にいう「継続してするもの」である旨が記載されているが，引用する本件排除措置命令書の理由の記載は，誰が特定納入業者に当たるかが明確ではなく，その記載に不備があったことは，前記(ｲ)で説示したとおりであるから，これを引用する本件課徴金納付命令書の記載も同様というべきである。

また，優越的地位の濫用に係る課徴金の算定方法については，独占禁止法第20条の６において，「当該行為をした日から当該行為がなくなる日までの期間…における，当該行為の相手方との間における政令で定める方法により算定した売上額（…当該行為の相手方が複数ある場合は当該行為のそれぞれの相手方との間における政令で定める方法により算定した売上額又は購入額の合計額とする。）に百分の一を乗じて得た額」とする旨規定しているところ，本件課徴金納付命令書には，「課徴金の計算の基礎」として，本件違反行為の違反行為期間（同命令書４(1)），改正法の施行日以後の本件違反行為の相手方の数が165社であり，いずれも被審人に商品を供給する者である旨（同４(2)），改正法の施行日以後にこれらの納入業者から購入した商品について独占禁止法施行令第30条第２項の規定

に基づき算定した当該購入額の合計額（同4(3)），被審人が国庫に納付しなければならない課徴金の額及びその算出過程（同4(4)）は記載されているが，前記の行為の相手方であるこれらの納入業者の商号や当該納入業者ごとの購入額については，具体的には示されていない。

　そうすると，本件課徴金納付命令書の記載のみからは，被審人において，いずれの相手方に対する自己の行為が「課徴金に係る違反行為」に当たるとの評価を受けたかを具体的に知ることができないばかりか，いずれの相手方からの購入額が納付すべき課徴金額の計算の基礎となったかを具体的に知ることもできず，いずれの相手方からの購入額を課徴金の計算の基礎とすることを甘受し，又は争うべきかを，的確に判断することが困難であって，被審人の不服申立ての便宜には適わないものといえる。このことからすれば，本件課徴金納付命令書における理由の記載には不備があったものというべきである。

c　この点，被審人に対して本件各命令書が送達された際に本件165社の商号等の記載のある本件一覧表が同封されていたが，本件一覧表は，その形式上，本件各命令の一部を構成するものではなく，本件課徴金納付命令の「参考資料」という位置付けにとどまり，本件一覧表を本件課徴金納付命令書と法的に一体のものと評価することはできないことは，前記(7) c で説示したとおりであるから，これをもって本件課徴金納付命令書における理由の記載に不備があったとの判断は左右されない。

　また，前記(7) d に説示するところと同様，独占禁止法第50条第1項が，事前の手続（同条第6項，同法第49条第5項）を経た上でもなお課徴金納付命令書に納付すべき課徴金の額及びその計算の基礎並びに課徴金に係る違反行為の記載を要求していることに鑑みると，本件において事前手続が行われたことをもって，本件課徴金納付命令書における独占禁止法第50条第1項所定の記載の瑕疵が治癒されると解することはできないし，本件の事前手続において本件各命令書の案が送達された際に本件165社の商号等の記載のある本件事前通知一覧表が同封されていたとしても，この書類は，本件一覧表と同様，本件各命令書の案の一部を構成するものではなく，本件課徴金納付命令書の案の「参考資料」という位置付けにすぎないのであるから，これをもって本件課徴金納付命令書における理由の記載に不備があったとの判断は左右されない。

d　以上のことからすれば，本件課徴金納付命令書における理由の記載は，独占禁止法第50条第1項に違反するものであるから，本件課徴金納付命令は，全部取り消されるべきである。

(4)　法令の適用
独占禁止法第66条第3項

3　レンゴー㈱ほか36名に対する排除措置命令及び課徴金納付命令に係る審決（東日本地区に交渉担当部署を有する需要者向け段ボールシート又は段ボールケースの製造業者による価格カルテル）

事件番号	審判手続開始日	審判開催回数	審決年月日	課徴金（円）
平成26年（判）第3号及び第35号	26.11.7	15	3.2.8	6億1056万
平成26年（判）第4号及び第36号	26.11.7	15	3.2.8	5億2062万
平成26年（判）第5号及び第37号	26.11.7	15	3.2.8	4億8642万
平成26年（判）第6号及び第38号	26.11.7	15	3.2.8	2億4181万
平成26年（判）第7号及び第39号	26.11.7	15	3.2.8	9328万
平成26年（判）第8号及び第40号	26.11.7	15	3.2.8	9014万
平成26年（判）第9号及び第41号	26.11.7	15	3.2.8	5544万
平成26年（判）第10号及び第42号	26.11.7	15	3.2.8	4529万
平成26年（判）第11号及び第43号	26.11.7	15	3.2.8	4123万
平成26年（判）第12号及び第44号	26.11.7	15	3.2.8	3954万
平成26年（判）第13号及び第45号	26.11.7	15	3.2.8	3079万
平成26年（判）第14号及び第46号	26.11.7	15	3.2.8	2623万
平成26年（判）第15号及び第47号	26.11.7	15	3.2.8	2448万
平成26年（判）第16号及び第48号	26.11.7	15	3.2.8	1848万
平成26年（判）第17号及び第49号	26.11.7	15	3.2.8	1766万
平成26年（判）第18号及び第50号	26.11.7	15	3.2.8	1299万
平成26年（判）第19号及び第51号	26.11.7	15	3.2.8	1241万
平成26年（判）第20号及び第52号	26.11.7	15	3.2.8	1143万
平成26年（判）第21号及び第53号	26.11.7	15	3.2.8	1050万
平成26年（判）第22号及び第54号	26.11.7	15	3.2.8	928万
平成26年（判）第23号及び第55号	26.11.7	15	3.2.8	865万
平成26年（判）第24号及び第56号	26.11.7	15	3.2.8	404万
平成26年（判）第25号及び第57号	26.11.7	15	3.2.8	396万
平成26年（判）第26号及び第58号	26.11.7	15	3.2.8	361万
平成26年（判）第27号及び第59号	26.11.7	15	3.2.8	353万
平成26年（判）第28号及び第60号	26.11.7	15	3.2.8	346万
平成26年（判）第29号及び第61号	26.11.7	15	3.2.8	340万
平成26年（判）第30号及び第62号	26.11.7	15	3.2.8	298万
平成26年（判）第31号及び第63号	26.11.7	15	3.2.8	228万
平成26年（判）第32号及び第64号	26.11.7	15	3.2.8	189万
平成26年（判）第33号	26.11.7	15	3.2.8	－
平成26年（判）第34号	26.11.7	15	3.2.8	－
平成26年（判）第65号及び第102号	26.11.7	15	3.2.8	22億3485万
平成26年（判）第66号及び第103号	26.11.7	15	3.2.8	12億8673万
平成26年（判）第67号及び第104号	26.11.7	15	3.2.8	7億6600万
平成26年（判）第68号及び第105号	26.11.7	15	3.2.8	6億3056万
平成26年（判）第69号及び第106号	26.11.7	15	3.2.8	4億 799万
平成26年（判）第70号及び第107号	26.11.7	15	3.2.8	2億 976万
平成26年（判）第71号及び第108号	26.11.7	15	3.2.8	7257万
平成26年（判）第72号及び第109号	26.11.7	15	3.2.8	6586万
平成26年（判）第73号及び第110号	26.11.7	15	3.2.8	5415万
平成26年（判）第74号及び第111号	26.11.7	15	3.2.8	4555万
平成26年（判）第75号及び第112号	26.11.7	15	3.2.8	4394万
平成26年（判）第76号及び第113号	26.11.7	15	3.2.8	4265万
平成26年（判）第77号及び第114号	26.11.7	15	3.2.8	4233万
平成26年（判）第78号及び第115号	26.11.7	15	3.2.8	4188万
平成26年（判）第79号及び第116号	26.11.7	15	3.2.8	4127万
平成26年（判）第80号及び第117号	26.11.7	15	3.2.8	4093万
平成26年（判）第81号及び第118号	26.11.7	15	3.2.8	3124万
平成26年（判）第82号及び第119号	26.11.7	15	3.2.8	3109万
平成26年（判）第83号及び第120号	26.11.7	15	3.2.8	3096万

事件番号	審判手続開始日	審判開催回数	審決年月日	課徴金（円）
平成26年（判）第84号及び第121号	26.11.7	15	3.2.8	3059万
平成26年（判）第85号及び第122号	26.11.7	15	3.2.8	2904万
平成26年（判）第86号及び第123号	26.11.7	15	3.2.8	2785万
平成26年（判）第87号及び第124号	26.11.7	15	3.2.8	2640万
平成26年（判）第88号及び第125号	26.11.7	15	3.2.8	2424万
平成26年（判）第89号及び第126号	26.11.7	15	3.2.8	2301万
平成26年（判）第90号及び第127号	26.11.7	15	3.2.8	2129万
平成26年（判）第91号及び第128号	26.11.7	15	3.2.8	2032万
平成26年（判）第92号及び第129号	26.11.7	15	3.2.8	1990万
平成26年（判）第93号及び第130号	26.11.7	15	3.2.8	1590万
平成26年（判）第94号及び第131号	26.11.7	15	3.2.8	1479万
平成26年（判）第95号及び第132号	26.11.7	15	3.2.8	1421万
平成26年（判）第96号及び第133号	26.11.7	15	3.2.8	1276万
平成26年（判）第97号及び第134号	26.11.7	15	3.2.8	957万
平成26年（判）第98号及び第135号	26.11.7	15	3.2.8	713万
平成26年（判）第99号及び第136号	26.11.7	15	3.2.8	644万
平成26年（判）第100号及び第137号	26.11.7	15	3.2.8	580万
平成26年（判）第101号及び第138号	26.11.7	15	3.2.8	465万

⑴　被審人

事件番号	名　　称	所　在　地	段ボールシート	段ボールケース
平成26年（判）第3号，第35号，第65号及び第102号	レンゴー㈱	大阪市福島区大開四丁目1番186号	○	○
平成26年（判）第4号，第36号，第68号及び第105号	セッツカートン㈱	兵庫県伊丹市東有岡五丁目33番地	○	○
平成26年（判）第5号，第37号，第66号及び第103号	王子コンテナー㈱	東京都中央区銀座五丁目12番8号	○	○
平成26年（判）第6号，第38号，第67号及び第104号	㈱トーモク	東京都千代田区丸の内二丁目2番2号	○	○
平成26年（判）第7号，第39号，第77号及び第114号	常陸森紙業㈱	京都市南区西九条南田町61番地	○	○
平成26年（判）第8号，第40号，第69号及び第106号	大和紙器㈱	大阪府茨木市西河原北町1番5号	○	○
平成26年（判）第9号，第41号，第71号及び第108号	長野森紙業㈱	京都市南区西九条南田町61番地	○	○
平成26年（判）第10号，第42号，第70号及び第107号	森紙業㈱	京都市南区西九条南田町61番地	○	○
平成26年（判）第11号，第43号，第88号及び第125号	群馬森紙業㈱	京都市南区西九条南田町61番地	○	○
平成26年（判）第12号，第44号，第87号及び第124号	ムサシ王子コンテナー㈱	埼玉県入間市大字狭山ケ原11番地7	○	○
平成26年（判）第13号，第45号，第80号及び第117号	新潟森紙業㈱	京都市南区西九条南田町61番地	○	○
平成26年（判）第14号，第46号，第90号及び第127号	仙台森紙業㈱	京都市南区西九条南田町61番地	○	○
平成26年（判）第15号，第47号，第82号及び第119号	静岡森紙業㈱	京都市南区西九条南田町61番地	○	○
平成26年（判）第16号，第48号，第72号及び第109号	北海道森紙業㈱	京都市南区西九条南田町61番地	○	○

事件番号	名　称	所　在　地	段ボールシート	段ボールケース
平成26年（判）第17号，第49号，第84号及び第121号	東京コンテナ工業㈱	東京都千代田区神田小川町一丁目3番1号	○	○
平成26年（判）第18号，第50号，第76号及び第113号	マタイ紙工㈱	東京都台東区元浅草二丁目6番7号	○	○
平成26年（判）第19号，第51号，第98号及び第135号	関東パック㈱	栃木県下野市下古山144番地の2	○	○
平成26年（判）第20号，第52号，第75号及び第112号	アサヒ紙工㈱	埼玉県鴻巣市箕田4070番地	○	○
平成26年（判）第21号，第53号，第94号及び第131号	福野段ボール工業㈱	埼玉県草加市栄町一丁目1番6号	○	○
平成26年（判）第22号，第54号，第78号及び第115号	大一コンテナー㈱	静岡県島田市中河1001番地	○	○
平成26年（判）第23号，第55号，第96号及び第133号	イハラ紙器㈱	静岡市清水区長崎310番地	○	○
平成26年（判）第24号，第56号，第74号及び第111号	コバシ㈱	東京都中央区京橋一丁目4番13号	○	○
平成26年（判）第25号，第57号，第73号及び第110号	大日本パックス㈱	埼玉県狭山市柏原330番地	○	○
平成26年（判）第26号，第58号，第89号及び第126号	サクラパックス㈱	富山市高木3000番地	○	○
平成26年（判）第27号，第59号，第81号及び第118号	森井紙器工業㈱	新潟県燕市吉田下中野1551番地2	○	○
平成26年（判）第28号，第60号，第83号及び第120号	㈱甲府大一実業	山梨県中央市布施358番地	○	○
平成26年（判）第29号，第61号，第91号及び第128号	㈱トーシンパッケージ	埼玉県加須市北大桑516番1	○	○
平成26年（判）第30号，第62号，第99号及び第136号	遠州紙工業㈱	浜松市南区倉松町2600番地	○	○
平成26年（判）第31号，第63号，第93号及び第130号	㈱内藤	山梨県韮崎市円野町上円井3025番地	○	○
平成26年（判）第32号，第64号，第92号及び第129号	大万紙業㈱	静岡市駿河区聖一色658番地の1	○	○
平成26年（判）第33号，第86号及び第123号	吉沢工業㈱	新潟県三島郡出雲崎町大字小木318番地8	○	○
平成26年（判）第34号，第97号及び第134号	福原紙器㈱	静岡市葵区新間1089番地の733	○	○
平成26年（判）第79号及び第116号	旭段ボール㈱	東京都中央区日本橋浜町二丁目13番6号MUTOH浜町ビル4階	―	○
平成26年（判）第85号及び第122号	浅野段ボール㈱	愛知県みよし市福谷町蟹畑1番地	―	○
平成26年（判）第95号及び第132号	鎌田段ボール工業㈱	岩手県奥州市水沢字多賀6番地の5	―	○
平成26年（判）第100号及び第137号	興亜紙業㈱	東京都北区赤羽北一丁目16番3号	―	○
平成26年（判）第101号及び第138号	㈲市川紙器製作所	甲府市青葉町11番14号	―	○

⑵　事件の経過

　本件は，平成26年6月19日，公正取引委員会が，前記⑴の被審人37社（以下⑵及び⑶において「被審人ら」という。）に対し，独占禁止法第7条第2項の規定に基づき排除

措置命令を，同法第7条の2第1項の規定に基づき課徴金納付命令を行ったところ，被審人らは両命令に対して審判請求を行ったため，被審人らに対し，同法第52条第3項の規定に基づき審判手続を開始し，審判官をして審判手続を行わせたものである。

　公正取引委員会は，担当審判官から提出された事件記録，被審人ら（被審人㈱内藤，㈲市川紙器製作所及び大日本パックス㈱を除く。）から提出された各異議の申立書及び同被審人らから聴取した陳述に基づいて，同審判官から提出された審決案を調査の上，被審人らに対して審決案と同じ内容（被審人王子コンテナー㈱〔以下「被審人王子コンテナー」という。〕，被審人福野段ボール工業㈱〔以下「被審人福野段ボール工業」という。〕，被審人北海道森紙業㈱及び被審人浅野段ボール㈱〔以下「被審人浅野段ボール」という。〕に対する課徴金納付命令の一部を取り消し，その余の請求をいずれも棄却する旨）の審決を行った。

(3)　判断の概要等
ア　原処分の原因となる事実
⑺　段ボールシートカルテル事件

　被審人32社（注1）は，他の段ボールシート製造業者25社と共同して，特定段ボールシート（注2）の販売価格を引き上げる旨合意する（以下，この合意を「本件シート合意」という。）ことにより，公共の利益に反して，特定段ボールシートの販売分野における競争を実質的に制限していた。

　被審人32社の本件違反行為の実行期間は，独占禁止法第7条の2第1項の規定により，下表の各被審人に係る「実行期間」欄記載のとおりであり，独占禁止法第7条の2の規定により算出された課徴金の額は，同表の各被審人に係る「課徴金」欄記載のとおりである。

（注1）前記⑴掲記の表の「段ボールシート」欄に○のある32社
（注2）購入価格等の取引条件の交渉担当部署が東日本地区に所在する需要者に販売される外装用段ボール（日本工業規格「Ｚ　1516：2003」）である段ボールシートのうち，当該需要者の東日本地区（北海道，青森県，岩手県，宮城県，秋田県，山形県，福島県，茨城県，栃木県，群馬県，埼玉県，千葉県，東京都，神奈川県，新潟県，山梨県，長野県及び静岡県。以下同じ。）に所在する交渉担当部署との間で取り決めた取引条件に基づき当該需要者に販売されるもの

被審人	実行期間の始期	実行期間	中小企業の軽減算定率の適用	課徴金の算定率（%）	課徴金（円）
レンゴー㈱	平成23年10月25日	平成23年10月25日〜平成24年6月4日		10	6億1056万
セッツカートン㈱	平成23年10月17日	平成23年10月17日〜平成24年6月4日		10	5億2062万

被審人	実行期間の始期	実行期間	中小企業の軽減算定率の適用	課徴金の算定率（％）	課徴金（円）
王子コンテナー㈱	平成23年11月21日	平成23年11月21日〜平成24年6月4日		10	4億9597万
静岡王子コンテナー㈱（平成24年10月1日，王子コンテナー㈱に吸収合併された。）	平成23年11月21日	平成23年11月21日〜平成24年6月4日	常時使用する従業員の数が300人以下	4	
㈱トーモク	平成23年12月1日	平成23年12月1日〜平成24年6月4日		10	2億4181万
常陸森紙業㈱	平成23年11月21日	平成23年11月21日〜平成24年6月4日	資本金の額が3億円以下	4	9328万
大和紙器㈱	平成23年11月1日	平成23年11月1日〜平成24年6月4日		10	9014万
長野森紙業㈱	平成23年11月21日	平成23年11月21日〜平成24年6月4日	資本金の額が3億円以下	4	5544万
森紙業㈱	平成23年12月21日	平成23年12月21日〜平成24年6月4日		10	4529万
群馬森紙業㈱	平成23年11月21日	平成23年11月21日〜平成24年6月4日	資本金の額が3億円以下	4	4123万
ムサシ王子コンテナー㈱	平成23年11月21日	平成23年11月21日〜平成24年6月4日	常時使用する従業員の数が300人以下	4	3954万
新潟森紙業㈱	平成23年12月1日	平成23年12月1日〜平成24年6月4日	資本金の額が3億円以下	4	3079万
仙台森紙業㈱	平成23年11月21日	平成23年11月21日〜平成24年6月4日	資本金の額が3億円以下	4	2623万
静岡森紙業㈱	平成24年1月1日	平成24年1月1日〜同年6月4日	資本金の額が3億円以下	4	2448万
北海道森紙業㈱	平成23年12月1日	平成23年12月1日〜平成24年6月4日	資本金の額が3億円以下	4	1848万
東京コンテナ工業㈱	平成24年1月1日	平成24年1月1日〜同年6月4日	資本金の額が3億円以下	4	1766万
マタイ紙工㈱	平成23年12月1日	平成23年12月1日〜平成24年6月4日	常時使用する従業員の数が300人以下	4	1299万
関東パック㈱	平成23年11月21日	平成23年11月21日〜平成24年6月4日	資本金の額が3億円以下	4	1241万

被審人	実行期間の始期	実行期間	中小企業の軽減算定率の適用	課徴金の算定率（％）	課徴金（円）
アサヒ紙工㈱	平成23年11月21日	平成23年11月21日〜平成24年6月4日	資本金の額が3億円以下	4	1143万
福野段ボール工業㈱	平成24年1月21日	平成24年1月21日〜同年6月4日	資本金の額が3億円以下	4	1078万
大一コンテナー㈱	平成23年11月21日	平成23年11月21日〜平成24年6月4日	資本金の額が3億円以下	4	928万
イハラ紙器㈱	平成23年11月21日	平成23年11月21日〜平成24年6月4日	資本金の額が3億円以下	4	865万
コバシ㈱	平成23年12月1日	平成23年12月1日〜平成24年6月4日	資本金の額が3億円以下	4	404万
大日本パックス㈱	平成24年2月1日	平成24年2月1日〜同年6月4日	資本金の額が3億円以下	4	396万
サクラパックス㈱	平成23年12月1日	平成23年12月1日〜平成24年6月4日	資本金の額が3億円以下	4	361万
森井紙器工業㈱	平成24年1月4日	平成24年1月4日〜同年6月4日	資本金の額が3億円以下	4	353万
㈱甲府大一実業	平成23年12月1日	平成23年12月1日〜平成24年6月4日	資本金の額が3億円以下	4	346万
㈱トーシンパッケージ	平成23年12月1日	平成23年12月1日〜平成24年6月4日	資本金の額が3億円以下	4	340万
遠州紙工業㈱	平成24年4月1日	平成24年4月1日〜同年6月4日	資本金の額が3億円以下	4	298万
㈱内藤	平成23年11月21日	平成23年11月21日〜平成24年6月4日	資本金の額が3億円以下	4	228万
大万紙業㈱	平成24年1月1日	平成24年1月1日〜同年6月4日	資本金の額が3億円以下	4	189万

(4)　**段ボールケースカルテル事件**

　　被審人37社（注3）は，他の段ボールケース製造業者26社と共同して，特定段ボールケース（注4）の販売価格を引き上げる旨合意する（以下，この合意を「本件ケース合意」という。）ことにより，公共の利益に反して，特定段ボールケースの販売分野における競争を実質的に制限していた。

　　本件違反行為の実行期間は，独占禁止法第7条の2第1項の規定により，下表の各被審人に係る「実行期間」欄記載のとおりであり，独占禁止法第7条の2の規定により算出された課徴金の額は，同表の各被審人に係る「課徴金」欄記載のとおりである。

（注３）　前記(1)掲記の表の「段ボールケース」欄に〇のある37社
（注４）　購入価格等の取引条件の交渉担当部署が東日本地区に所在する需要者に販売される外装用段ボール（日本工業規格「Ｚ　1516：2003」）で作った段ボールケースのうち，当該需要者の東日本地区に所在する交渉担当部署との間で取り決めた取引条件に基づき当該需要者に販売されるもの

被審人	実行期間の始期	実行期間	中小企業の軽減算定率の適用	課徴金の算定率（％）	課徴金（円）
レンゴー㈱	平成23年10月17日	平成23年10月17日〜平成24年6月4日		10	22億3485万
セッツカートン㈱	平成23年10月17日	平成23年10月17日〜平成24年6月4日		10	6億3056万
王子コンテナー㈱	平成23年11月21日	平成23年11月21日〜平成24年6月4日		10	12億8727万
静岡王子コンテナー㈱（平成24年10月1日，王子コンテナー㈱に吸収合併された。）	平成23年12月11日	平成23年12月11日〜平成24年6月4日	常時使用する従業員の数が300人以下	4	
㈱トーモク	平成23年12月1日	平成23年12月1日〜平成24年6月4日		10	7億6600万
常陸森紙業㈱	平成23年12月1日	平成23年12月1日〜平成24年6月4日	資本金の額が3億円以下	4	4233万
大和紙器㈱	平成23年11月1日	平成23年11月1日〜平成24年6月4日		10	4億799万
長野森紙業㈱	平成23年12月1日	平成23年12月1日〜平成24年6月4日	資本金の額が3億円以下	4	7257万
森紙業㈱	平成23年12月1日	平成23年12月1日〜平成24年6月4日		10	2億976万
群馬森紙業㈱	平成23年12月1日	平成23年12月1日〜平成24年6月4日	資本金の額が3億円以下	4	2424万
ムサシ王子コンテナー㈱	平成23年12月1日	平成23年12月1日〜平成24年6月4日	常時使用する従業員の数が300人以下	4	2640万
新潟森紙業㈱	平成23年12月21日	平成23年12月21日〜平成24年6月4日	資本金の額が3億円以下	4	4093万
仙台森紙業㈱	平成23年12月1日	平成23年12月1日〜平成24年6月4日	資本金の額が3億円以下	4	2129万
静岡森紙業㈱	平成24年1月1日	平成24年1月1日〜同年6月4日	資本金の額が3億円以下	4	3109万

被審人	実行期間の 始期	実行期間	中小企業の 軽減算定率の 適用	課徴金 の算定 率 （％）	課徴金 （円）
北海道森紙業㈱	平成23年 12月1日	平成23年12月1日～ 平成24年6月4日	資本金の額が 3億円以下	4	6640万
東京コンテナ工業㈱	平成24年 1月1日	平成24年1月1日～ 同年6月4日	資本金の額が 3億円以下	4	3059万
マタイ紙工㈱	平成23年 11月21日	平成23年11月21日～ 平成24年6月4日	常時使用する 従業員の数が 300人以下	4	4265万
関東パック㈱	平成23年 11月21日	平成23年11月21日～ 平成24年6月4日	資本金の額が 3億円以下	4	713万
アサヒ紙工㈱	平成23年 11月21日	平成23年11月21日～ 平成24年6月4日	資本金の額が 3億円以下	4	4394万
福野段ボール工業㈱	平成24年 2月10日	平成24年2月10日～ 同年6月4日	資本金の額が 3億円以下	4	1479万
大一コンテナー㈱	平成23年 11月21日	平成23年11月21日～ 平成24年6月4日	資本金の額が 3億円以下	4	4188万
イハラ紙器㈱	平成23年 12月1日	平成23年12月1日～ 平成24年6月4日	資本金の額が 3億円以下	4	1276万
コバシ㈱	平成23年 12月1日	平成23年12月1日～ 平成24年6月4日	資本金の額が3 億円以下	4	4555万
大日本パックス㈱	平成24年 1月1日	平成24年1月1日～ 同年6月4日	資本金の額が 3億円以下	4	5415万
サクラパックス㈱	平成23年 12月1日	平成23年12月1日～ 平成24年6月4日	資本金の額が 3億円以下	4	2301万
森井紙器工業㈱	平成24年 1月1日	平成24年1月1日～ 同年6月4日	資本金の額が 3億円以下	4	3124万
㈱甲府大一実業	平成23年 11月21日	平成23年11月21日～ 平成24年6月4日	資本金の額が 3億円以下	4	3096万
㈱トーシンパッケージ	平成23年 12月1日	平成23年12月1日～ 平成24年6月4日	資本金の額が 3億円以下	4	2032万
遠州紙工業㈱	平成24年 4月1日	平成24年4月1日～ 同年6月4日	資本金の額が 3億円以下	4	644万
㈱内藤	平成23年 12月1日	平成23年12月1日～ 平成24年6月4日	資本金の額が 3億円以下	4	1590万
大万紙業㈱	平成24年 1月1日	平成24年1月1日～ 同年6月4日	資本金の額が 3億円以下	4	1990万

被審人	実行期間の始期	実行期間	中小企業の軽減算定率の適用	課徴金の算定率（%）	課徴金（円）
吉沢工業㈱	平成24年1月1日	平成24年1月1日～同年6月4日	資本金の額が3億円以下	4	2785万
福原紙器㈱	平成24年3月26日	平成24年3月26日～同年6月4日	資本金の額が3億円以下	4	957万
旭段ボール㈱	平成23年12月1日	平成23年12月1日～平成24年6月4日	資本金の額が3億円以下	4	4127万
浅野段ボール㈱	平成24年1月1日	平成24年1月1日～同年6月4日	資本金の額が3億円以下	4	2990万
鎌田段ボール工業㈱	平成24年1月1日	平成24年1月1日～同年6月4日	資本金の額が3億円以下	4	1421万
興亜紙業㈱	平成24年2月1日	平成24年2月1日～同年6月4日	資本金の額が3億円以下	4	580万
㈲市川紙器製作所	平成23年12月21日	平成23年12月21日～平成24年6月4日	資本金の額が3億円以下	4	465万

イ　主要な争点及びそれに対する判断

⑺　**本件シート合意及び本件ケース合意（以下，一括して「本件各合意」という。）による共同行為がされた事実があるか否か（行為要件の有無）（争点1）**

　　複数の事業者が対価を引き上げる行為が，独占禁止法第3条の規定により禁止されている「不当な取引制限」（同法第2条第6項）にいう「共同して」に該当するというためには，当該行為について，相互の間に「意思の連絡」があったと認められることが必要であると解されるところ，ここにいう「意思の連絡」とは，複数の事業者の間で相互に同程度の対価の引上げを実施することを認識し，これと歩調をそろえる意思があることを意味し，一方の対価引上げを他方が単に認識して認容するのみでは足りないものの，事業者間相互で拘束し合うことを明示して合意することまでは必要でなく，相互に他の事業者の対価の引上げ行為を認識して，暗黙のうちに認容することで足りると解するのが相当である。

a　三木会（注5）の出席各社の間における意思の連絡の存在について

　　従前から東日本段ボール工業組合（以下「東段工」という。）の三木会及び支部の会合は，段ボールメーカーによる段ボール製品（注6）の販売価格の維持や引上げを行うための情報交換の場としても利用されていた。こうした慣行の下，平成23年8月下旬に段ボール製品の値上げを公表した被審人レンゴー㈱（以下「被審人レンゴー」という。）が同年9月22日に開催された三木会で，同社に続いて同程度の値上げ幅で段ボール製品の値上げを実施するよう働きかけた。その後，被審人王子コンテナーなどが段ボール製品の値上げを決定していたところ，こうした状況下で10月17日に開催された三木会（以下「10月17日三木会」とい

う。）において，司会を務めていた三木会の会長から段ボール製品の値上げの方針を発表するよう促されるや，本部役員会社の各出席者は，それぞれ値上げを行う意向を表明するとともに，各支部の支部長等においても自社の値上げの方針のほか支部管内における値上げに向けた動きなどについて発表した。各社の値上げ方針は，被審人レンゴー及び被審人王子コンテナーが公表した値上げ幅と同程度のもので，値上げの意向は示しつつ，具体的な値上げ幅については表明していなかった社も，従前から被審人レンゴーや被審人王子コンテナーが公表した値上げ幅を指標に段ボール製品の値上げが行われてきた実態から，本件当時も，これらと同様の方針で段ボール製品の値上げを実施することになることは，出席各社の間で共通の認識となっていたものと認められる。そして，会長が，これらの発言を受け，「皆さん頑張って値上げに向けて取り組みましょう。」などと発言するとともに，幹事長も，当会合の終了時の挨拶の中で，「各社とも，しっかり頑張っていきましょう。」などと発言したのは，その内容や経過に照らし，前記会合の結果，各社とも今後協調して段ボール製品の値上げを実施することになったとの認識を示したものと認められる。

　以上によれば，10月17日三木会において，出席各社の間で，段ボールシートの販売価格について，現行価格から1平方メートル当たり7円ないし8円以上，段ボールケースの販売価格について，現行価格から12パーセントないし13パーセント以上引き上げることが確認され，相互に歩調をそろえながらこうした値上げを行うとの意思が形成され，その旨の意思の連絡が成立したものと認めるのが相当である。

（注5）被審人らが組合員となっている東段工の組織で，その規約上，同組合員の地位向上のため，全国段ボール工業組合連合会及び東段工理事会決議事項の伝達，組合員に共通する課題に関する情報又は資料の提供等を目的とする，理事会の下に置かれた組織
（注6）段ボールシートと段ボールケースの両方又はいずれかを指す。

b　支部会等の出席各社の間における意思の連絡の存在について

　東段工支部の会合は，従前から，段ボールメーカーによる段ボール製品の価格の維持や引上げを行うための情報交換の場として利用されていたところ，平成23年8月下旬に段ボール製品の値上げを公表した被審人レンゴーにおいて，各支部における支部会等で，これらの値上げの方針を発表して，他の事業者にも値上げの方針を表明するよう促すなどしていたのは，自社の公表した段ボール製品の値上げを成功させるため，他の事業者においても被審人レンゴーに続いて同程度の値上げ幅で共に値上げを実施するよう働きかけたものであり，他の事業者においても，従前の慣行から，被審人レンゴーのこうした意図を理解していた。その後，平成23年10月中旬以降開催された本件支部会等においては，出席各社のうち，大手の段ボールメーカーをはじめとする事業者においては，自社の段ボール製品について軒並み具体的な値上げ幅を発表するなどしながら値上げの意向を表明するなどしていたところ，その値上げ幅は，被審人レンゴー及び被審人王子コンテナーが公表した値上げ幅と同程度のものであった。他方，本件支部会等に出席していた事業者のうち，地場の段ボールメーカー等の中には，具体的な値上げ幅については発表していなかった事業者や値上げの意向自体を明確には表明して

いなかった事業者が存在するものの，従前の慣行から，これら事業者も大手の段ボールメーカーに追随して値上げを行うことになることは出席者の間で共通の認識となっていたと認められる。

以上によれば，本件支部会等においても，出席各社の間で，段ボールシートの販売価格について，現行価格から1平方メートル当たり7円ないし8円以上，段ボールケースの販売価格について，現行価格から12パーセントないし13パーセント以上引き上げることが確認され，相互に歩調をそろえながらこうした値上げを行う意思が形成され，その旨の意思の連絡は存在したものと認めるのが相当である。

c　支部会等の出席各社による三木会の意思の連絡への参加について

10月17日三木会において，前記aのとおり，出席各社の間で，東段工管内全体で段ボール製品の値上げを実施していくことが確認され，各支部においても，前記bのとおり，10月17日三木会で確認されたところと同程度の値上げ幅で段ボール製品の値上げを実施することが確認された。その後に開催された三木会においては，各支部の支部長等からそれぞれの管内で行われていた段ボール製品の値上げの実施状況について報告がされていたところ，実際にはこれらの値上げ活動が円滑に進んでいない状況を踏まえ，段ボールケースに先立ち値上げが実施されるべき段ボールシートについて，値上げ交渉が難航しているボックスメーカーなど東段工管内に所在するユーザーをリストアップして開催したシート部会において，各地域で行われている小部会の幹事等から当該ユーザーの交渉状況について報告を受けながらこれらの値上げ活動の対策について協議していたほか，支部所属の組合員のうち，値上げの実施が遅れている事業者に対しては，当該支部で値上げ活動を進めるよう働きかけを行うことが確認されるなど，三木会において各支部の管内における値上げ実施状況の把握と値上げ活動の促進が図られていた。

以上の事実関係によると，本件当時も，東段工管内の段ボールメーカーの間で協調して段ボール製品の値上げを実施するための情報交換の場として三木会及び各支部の会合が利用されたというべきところ，これらの協調行為は，段ボール製品の値上げについては，大手の段ボールメーカーであっても他の事業者と共に行わなければこれを実現するのが困難であるという認識の下，被審人レンゴーをはじめとして本部役員会社を構成する大手の段ボールメーカーが，管内の地場の段ボールメーカーとも各支部の会合を通じて協調しながら東段工管内全体で値上げを実施するため，その主導により，組織的に一連のものとして行われたものであり，これにより各支部管内で行われた段ボール製品の値上げには三木会で成立した合意による拘束が及んでいたものと認められる。

一方，本件支部会等のうち，5つの支部会等においては，それぞれ当該会合の冒頭で，支部長等から10月17日三木会において段ボール製品の値上げを実施することが確認された旨の報告をした上で，出席各社の間でもその旨の確認がされたのである。他方，その余の6つの支部会等については，支部長等を通じて10月17日三木会で段ボール製品の値上げを実施することが確認された旨の報告がされた事実を認めるに足りる確たる証拠もない。しかしながら，いずれの事業者も，従

前から三木会，支部会等が，協調して段ボール製品の値上げを行うための情報交換の場として利用されていた慣行が存在していたことを理解していたことは容易に推認される。そして，本件当時行われた段ボール製品の値上げも，段ボール原紙の値上がりを理由とするものであって，これに伴い段ボール製品について足並みをそろえて値上げを行うことは，各地域において共通した課題であったのであり，これまでも段ボール原紙の値上がりを理由として一部の地域のみで値上げが実施されたことがなかったとみられることからすれば，前記各支部会等において10月17日三木会の報告がされていなかったとしても，これに出席した事業者においては，従前からの慣行により，当該支部会等で値上げの表明をしていた被審人レンゴーなどの大手の段ボールメーカーが東段工管内の他の支部においても段ボール製品の値上げを主導するなどして同様の情報交換がされていることを認識していたとみられる状況にあったということができる。この点，段ボール原紙の値上がりを理由としながら，一部の地域のみで段ボール製品の値上げを実施しようとしても，ユーザーから他の地域の動向について引き合いに出されれば値上げの実施に支障が生じ得ることは容易に想定できるところ，段ボール製品の供給について地域ごとの実情があるとしても，いずれも段ボール原紙から日本工業規格に基づき製造される段ボール製品について他の地域の価格動向の影響を受けないというべき事情もみられないことからすれば，大手の段ボールメーカーのみならず，地場の段ボールメーカーにおいても，他の地域の事業者とも足並みをそろえて値上げを実施すべき理由があったことは否定できない。

　以上によれば，本件支部会等に出席した事業者においては，当該会合で10月17日三木会の報告がされていたか否かにかかわらず，当該支部を代表して三木会に出席していた支部長等又は三木会を構成する本部役員会社に所属する営業責任者等の促しにより，10月17日三木会で確認されたところと同程度の値上げ幅で段ボール製品の値上げを実施することを出席各社の間で確認したことをもって，これらの者を介して，10月17日三木会で成立した意思の連絡に参加したものと認めるのが相当である。この点，本件支部会等に出席した地場の段ボールメーカーの中に，三木会及び他の支部の会合においても同様の情報交換がされているとの具体的な認識を欠く者が含まれていたとしても，前記の協調行為について成立する意思の連絡の範囲がこれらの個別の事業者の認識により左右されるものではない。

(イ)　**本件各合意が一定の取引分野における競争を実質的に制限するものであったか否か（効果要件の有無）（争点2）**

a　**一定の取引分野の範囲について**

　独占禁止法第2条第6項にいう「一定の取引分野」とは，当該共同行為によって競争の実質的制限がもたらされる範囲をいうものであり，その成立する範囲は，当該共同行為が対象としている取引及びそれにより影響を受ける範囲を検討して定まるものと解するのが相当である。

　本件各合意における情報交換の対象となった段ボール製品の値上げについて，その地理的な範囲に東段工の管轄地域である東日本地区が含まれることは明らか

であるところ，これらの値上げ交渉が需要者の交渉担当部署との間で行われることを踏まえ，需要者の交渉担当部署の所在地を基準として，その範囲を画定すると，交渉担当部署が東日本地区に所在する需要者に対し，当該交渉担当部署との間で取り決めた取引条件に基づき販売される段ボール製品は，少なくとも本件各合意の対象に含まれるものであったと認められる。また，これらの事情に照らすと，本件各合意により影響を受ける範囲も同様と解するのが相当である。

以上によれば，本件シート合意に係る一定の取引分野は，特定段ボールシートの販売分野であり，本件ケース合意に係る一定の取引分野は，特定段ボールケースの販売分野と認めるのが相当である。

b　競争の実質的制限の有無について

独占禁止法第2条第6項が定める「一定の取引分野における競争を実質的に制限する」とは，当該取引に係る市場が有する競争機能を損なうことをいい，共同して商品の販売価格を引き上げる旨の合意がされた場合には，その当事者である事業者らがその意思で，ある程度自由に当該商品の販売価格を左右することができる状態をもたらすことをいうものと解する。そして，販売価格の引上げに係る合意により一定の取引分野における競争が実質的に制限されたか否かは，当該合意の当事者である事業者らのシェアの高さによってのみ判断するのではなく，前記の観点から，これらのシェアの高さに応じて，当該合意の当事者ではない他の事業者がどの程度競争的に振る舞い，価格引上げをけん制することができるか等の諸事情も考慮してこれを判断するのが相当である。

(a)　本件各合意に係る当事者のシェアについて

特定段ボールシートについては，本件シート合意成立時において，その合意の当事者となった段ボールシートカルテル事件三木会出席11社（被審人32社のうち10月17日三木会に出席していた11社をいう。以下同じ。）のシェアは，4割余りである。また，特定段ボールケースについても，本件ケース合意成立時において，その合意の当事者となった段ボールケースカルテル事件三木会出席12社（被審人37社のうち10月17日三木会に出席していた12社をいう。以下同じ）のシェアは，4割余りである。さらに，10月17日三木会出席12社のうち，4社（被審人レンゴー，被審人王子コンテナー，被審人森紙業㈱及び大王製紙パッケージ㈱）とグループ関係にある被審人15社は，本件各合意の成立に先立ち，既にそれぞれ自社の親会社等から段ボールシート及び段ボールケースの値上げの方針が示されており，その意向が及んでいたことを踏まえ，特定段ボールシートについて，段ボールシートカルテル事件三木会出席11社に前記15社を加えた26社のシェアでみると，その割合は6割余りとなるのであり，また，特定段ボールケースについて，段ボールケースカルテル事件三木会出席12社に前記15社を加えた27社のシェアでみると，その割合は5割余りとなり，いずれもシェアは過半を占めることになる。

(b)　他の事業者の価格けん制力について

段ボールメーカーの間では，従前から被審人レンゴー及び被審人王子コンテナーが公表した値上げ幅を指標として足並みをそろえて値上げを行う必要があ

ると認識されるなど，本件シート合意成立当時，その当事者である段ボール
シートカルテル事件三木会出席11社又はこれに前記グループ会社15社を加えた
26社による販売価格の引上げに対し，他の事業者が競争的に振る舞い，これら
の価格引上げをけん制する行動を採ることは見込みにくい状況にあったという
ことができる。特定段ボールケースについては，ボックスメーカーも競合する
事業者となるが，ボックスメーカーは，コルゲータ保有メーカーと比べ事業規
模が小さい事業者が多く，コルゲータ保有メーカーから段ボールシートを仕入
れる関係上，段ボールケースの販売について，価格面でコルゲータ保有メー
カーと競争することは困難であって，段ボールシートの販売価格が引上げら
れれば，ボックスメーカーにおいても段ボールケースの販売価格を引上げる傾向
にあったことからすれば，同様に，本件ケース合意成立当時，その当事者であ
る段ボールケースカルテル事件三木会出席12社又はこれに前記グループ会社15
社を加えた27社による販売価格の引上げに対し，ボックスメーカーを含む他の
事業者が競争的に振る舞い，これらの価格の引上げをけん制する行動を採るこ
とは見込みにくい状況にあったということができる。

(c) 小括

特定段ボールシートについて，段ボールシートカルテル事件三木会出席11社
が本件シート合意を成立させるとともに，特定段ボールケースについて，段
ボールケースカルテル事件三木会出席12社が本件ケース合意を成立させたこと
をもって，いずれもその意思である程度自由に販売価格を左右することができ
る状態をもたらしたと認めることができる。そして，本件各事業者のうち，そ
の余の事業者らが後日本件各合意に順次参加したことにより，そのシェアは，
特定段ボールシートについて8割を超えるものとなり，特定段ボールケースに
ついて6割を超えるものとなるのであり，かかる市場支配は強固なものとなっ
たということができる。これらによれば，本件各合意は，一定の取引分野にお
ける競争を実質的に制限するものであったことは明らかである。

(ウ) 本件各排除措置命令の適法性（争点3）

a 排除措置命令の必要性について

本件各違反行為が終了してから本件各排除措置命令がされるまで2年余りが経
過していることを踏まえても，被審人らを含む本件各事業者において再び東段工
の会合を利用するなどして同様の違反行為を繰り返すおそれがあることは否定で
きず，また，本件各違反行為が終了したことのみをもって当該取引分野における
競争秩序の回復が十分にされたものということもできないから，公正取引委員会
が本件各違反行為につき特に必要があると認め，排除措置を命じたことについ
て，裁量の逸脱，濫用があるということはできない。

b 排除措置の内容の相当性について

本件各排除措置命令は，名宛人の各事業者に対し，特定段ボールシート及び特
定段ボールケースについて，今後他の事業者と共同して販売価格を決定したり，
販売価格の改定に関する情報交換をすることを禁止するとともに（各主文第3項
及び第4項），これらの行為をしないことなどを取締役会において決議した上

（各主文第1項），その旨取引先である商社等に通知し，かつ自社の従業員に周知徹底させるほか（各主文第2項），前記各措置を公正取引委員会に報告すること（各主文第5項）を内容とするものであって，いずれも本件各違反行為が排除されたことを確保するのに必要な事項であると認められ，その内容においても裁量の逸脱，濫用があるということはできない。

(I) **本件各課徴金納付命令の適法性（争点4）**

a **課徴金の算定期間（実行期間）について**

独占禁止法第7条の2第1項は，「当該行為の実行としての事業活動を行った日」を課徴金の算定対象となる商品の売上額に係る算定の始期としている。この実行期間の始期については，違反行為者が合意の対象となる需要者に対して値上げ予定日を定めて値上げの申入れを行い，その日からの値上げへ向けて交渉が行われた場合には，当該予定日以降の取引には，当該合意の拘束力が及んでいると解され，現実にその日に値上げが実現したか否かに関わらず，その日において当該行為の実行としての事業活動が行われたものと認められる。

本件各合意は，対象となる特定段ボールシート及び特定段ボールケースの値上げの実施時期について定めていないことから，原則としてこれらのユーザーに対して申し入れた値上げの実施予定日のうち最も早い日（①）が実行期間の始期となる。もっとも，平成23年10月17日の本件各合意成立時点又は本件各合意への参加時点で，ユーザーに対して既にこれらの値上げを申し入れていた事業者については，前記各時点より前の事業活動は，当該行為の実行としての事業活動とは認められないから，値上げ交渉の結果，値上げした価格で，本件各合意成立又は本件各合意への参加以降に当該商品を引き渡した最初の日（②）が前記①より前である限り，これが実行期間の始期となる。すなわち，前記①又は前記②のいずれかのうち，最も早い日が実行期間の始期となるところ，被審人らから提出された報告書によれば，これに当たる日は，特定段ボールシート事件違反行為につき，前記ア(7)掲記の表の「実行期間の始期」欄記載の各日であり，段ボールケースカルテル事件違反行為につき，前記ア(4)掲記の表の同欄記載の各日であると認められる。

被審人らを含む本件各事業者は，それ以降，特定段ボールシート及び特定段ボールケースの販売価格に関する情報交換を行っていたものであるが，平成24年6月5日に，公正取引委員会の立入検査が行われたことを契機にこれらの情報交換をやめているから，同日をもって，本件各違法行為は終了し，当該行為の実行としての事業活動はなくなったものと認められる。

b **課徴金の算定対象となる商品の該当性及び売上額について**

(a) 独占禁止法第7条の2第1項にいう「当該商品」とは，違反行為である相互拘束の対象である商品，すなわち違反行為の対象商品の範ちゅうに属し，違反行為である相互拘束を受けたものをいうと解すべきであるが，課徴金制度の趣旨及び課徴金の算定方法に照らせば，違反行為の対象商品の範ちゅうに属する商品については，一定の商品につき，違反行為を行った事業者が，明示的又は黙示的に当該行為の対象から除外するなど当該商品が違反行為である相互拘束

　から除外されていることを示す特段の事情が認められない限り，違反行為による拘束が及んでいるものとして，課徴金の算定の対象となる商品に含まれ，違反行為者が実行期間中に違反行為の対象商品の範ちゅうに属する商品を引き渡して得た対価の額が，課徴金の計算の基礎となる売上額となると解する。

(b)　段ボールシートカルテル事件違反行為について，その対象商品の範ちゅうに属するものは，特定段ボールシートであり，段ボールケースカルテル事件違反行為について，その対象商品の範ちゅうに属するものが特定段ボールケースであるから，前記の特段の事情が認められない限り，当該違反行為による拘束が及んでいるものとして，これらが課徴金の算定対象となる商品に当たることになる。

(c)　かかる対象商品の該当性及び売上額の認定に関する被審人らの主張については，以下のi〜ivを除き，採用できない。

i　「当て紙」に係る売上げを除外すべきであるという点について

　　証拠によれば，当て紙は，新聞用紙巻取等の鏡面を保護するための緩衝材として円形に切断加工されるものであって，日本工業規格「Ｚ　1516：2003」にいう外装用段ボール箱の製造に用いる外装用段ボールではないから，外装用段ボールと定義されている特定段ボールシート及び外装用段ボールで作った箱と定義されている特定段ボールケースに当たらないものと認められる。

　　以上によれば，前記の当て紙に係る売上げは，課徴金の算定対象となる商品の売上額から除外すべきものと認めるのが相当である。

ii　加工委託用段ボール製品の売上げを除外すべきであるという点

　　証拠によれば，被審人王子コンテナー及び静岡王子コンテナー㈱は，自社の設備では対応できない特殊加工が必要な場合等に，ボックスメーカーに対し，その原材料となる段ボールシート又は段ボールケースを販売した上で，当該ボックスメーカーにおいてこれらを加工して仕上げた販売用段ボールケースを買い取り，発注先のユーザーに販売するという取引を行っていたものであるが，かかる原材料の段ボール製品の販売価格については，当該ボックスメーカーとの間で，販売用段ボールケースの買取価格と連動して定められていたものであり，その実態は，被審人王子コンテナー及び静岡王子コンテナー㈱が当該ボックスメーカーに対し，有償で原材料となる段ボール製品を支給した上で，販売用段ボールケースの買取価格と原材料となる段ボール製品の販売価格との差額に相当する加工賃でその加工を委託する取引であったと認められ，違反行為である相互拘束の対象から除外されたことを示す特段の事情があったということができるから，これらの売上げは課徴金の算定対象となる商品の売上額から除外すべきものと認めるのが相当である。

iii　「特値」を反映した価格で段ボールシートの売上額を認定すべきであるという点

　　証拠によると，被審人福野段ボール工業の段ボールシートにおける特値に係る処理は，審査官が主張するような事後的な売掛金の減額ではなく，受注

時の取引先からの依頼により価格を修正したものと認めるのが相当であるから，かかる修正後の価格により課徴金の算定基礎となる売上額を認定するのが相当である。そうすると，前記差額に相当する分を当該課徴金納付命令において課徴金の算定基礎とされた売上額から控除すべきことになる。

iv　特定段ボールケースの定義に当てはまらない段ボールケースの売上げを除外すべきであるという点

証拠によれば，被審人浅野段ボールが愛知県内に本店がある２社に対して販売した段ボールケースは，東日本地区外に所在する前記２社の交渉担当部署との間で取り決められた取引条件に従って販売されたものであり，本来，特定段ボールケースに当たるものではないところ，これらの売上げが当該課徴金納付命令において認定された商品の売上額に含まれる結果となったのは，被審人浅野段ボールの報告に誤りがあったことによるものと認められ，前記の段ボールケースの売上げは，当該商品の売上額から除外すべきことになる。

c　課徴金の算定率について

被審人らは，いずれも段ボール製品の製造業を営んでいた者であるから，独占禁止法第７条の２第１項の柱書に規定する「小売業」及び「卸売業」には当たらないと認められる。また，被審人らから提出された報告書によれば，段ボールシートカルテル事件被審人のうち前記ア⑺掲記の表の「中小企業の軽減算定率の適用」欄に記載のある各事業者及び段ボールケースカルテル事件被審人のうち前記ア⑷掲記の表の同欄に記載のある各事業者は，実行期間を通じ，当該記載のとおり，資本金の額が３億円以下又は常時使用する従業員の数が300人以下の会社であって，段ボール製品等の製造を「主たる事業」として営んでいた者に当たると認められるから，独占禁止法第７条の２第５項第１号所定の軽減算定率が適用されるものであるが，その余の被審人らは，いずれも資本金の額が３億円を超え，かつ常時使用する従業員の数が300人を超える会社であると認められるから，同号所定の軽減算定率は適用されない。

以上によれば，被審人らに適用すべき課徴金の算定率は，前記ア⑺掲記の表及び前記ア⑷掲記の表の「課徴金の算定率」欄記載の各割合となる。

⑷　法令の適用

独占禁止法第66条第２項及び第３項

4　レンゴー㈱ほか１名に対する排除措置命令及び課徴金納付命令に係る審決（大口需要者向け段ボールケースの製造業者による価格カルテル）

事件番号	審判手続開始日	審判開催回数	審決年月日	課徴金（円）
平成26年（判）第139号及び第141号	26.11.7	9	3.2.8	10億6758万
平成26年（判）第140号及び第142号	26.11.7	9	3.2.8	6億 363万

⑴　被審人

事件番号	名　　称	所　在　地
平成26年（判）第139号及び第141号	レンゴー㈱	大阪市福島区大開四丁目1番186号
平成26年（判）第140号及び第142号	㈱トーモク	東京都千代田区丸の内二丁目2番2号

⑵　事件の経過

　本件は，平成26年6月19日，公正取引委員会が，前記⑴の被審人2社（以下⑵及び⑶において「被審人ら」という。）に対し，独占禁止法第7条第2項の規定に基づき排除措置命令を，同法第7条の2第1項の規定に基づき課徴金納付命令を行ったところ，被審人らは両命令に対して審判請求を行ったため，被審人らに対し，同法第52条第3項の規定に基づき審判手続を開始し，審判官をして審判手続を行わせたものである。

　公正取引委員会は，担当審判官から提出された事件記録，被審人らから提出された各異議の申立書及び被審人らから聴取した陳述に基づいて，同審判官から提出された審決案を調査の上，被審人らに対して審決案と同じ内容（被審人らに対する課徴金納付命令の一部を取り消し，その余の審判請求をいずれも棄却する旨）の審決を行った。

⑶　判断の概要等

ア　原処分の原因となる事実

　被審人ら及び他の段ボールケース製造業者3社は（以下「本件5社」という。），共同して，特定ユーザー向け段ボールケース（注1）の販売価格又は加工賃を引き上げる旨合意する（以下，この合意を「本件合意」という。）ことにより，公共の利益に反して，特定ユーザー向け段ボールケースの販売分野における競争を実質的に制限していた（以下「本件違反行為」という。）。

　被審人らの本件違反行為の実行期間は，独占禁止法第7条の2第1項の規定により，下表の各被審人に係る「実行期間」欄記載のとおりであり，独占禁止法第7条の2の規定により算出された課徴金の額は，同表の各被審人に係る「課徴金」欄記載のとおりである。

（注1）審決案別表の「交渉窓口会社」欄記載の事業者との間で取り決められた販売価格等の取引条件に基づき，同表の「特定ユーザー」欄記載の事業者に販売される外装用段ボール（日本工業規格「Z1516：2003」）で作った段ボールケース

被審人	課徴金納付命令	
	実行期間	課徴金（円）
レンゴー㈱	平成23年11月1日～平成24年6月4日	10億7044万
㈱トーモク	平成23年12月1日～平成24年6月4日	6億401万

イ　主要な争点及びそれに対する判断

㈦　本件合意の成否（争点1）

　①広域ユーザー向け段ボールケースに係る取引について大半のシェアを占めていた本件5社は，かねてから，広域ユーザー向け段ボールケースの値上げの実施に関する情報交換を行っていたこと，②主要な原紙メーカーによる段ボール原紙の値上げの表明が出そろうと，10月17日5社会（注2）において，出席各社から広域ユーザー向け段ボールケースの値上げの方針が示されるとともに，今後個別のユーザー

ごとに小部会を開催するなどして具体的な値上げ幅等の条件について協議すること
などが確認され，10月31日5社会（注3）において，本件5社の間で，値上げの進
捗状況を管理するべき広域ユーザーについて認識を共通にするため，その対象とな
る特定ユーザー及びその交渉窓口会社が選定されたこと，③小部会等で具体的な値
上げ幅等の条件が取り決められ，各社ともこれに従って交渉窓口会社との間で値上
げ交渉を行いながら，その交渉状況についても小部会等で情報交換を行っていたほ
か，5社会においても小部会から個別のユーザーに関する値上げの進捗状況につい
て報告がされ，本件5社の間でこれらの対応について協議が行われており，本件5
社は，こうした値上げ活動の結果，値上げを実現したことからすれば，本件5社は
10月17日5社会で，広域ユーザー向け段ボールケースの値上げを行うことについて
情報交換を行い，10月31日5社会でその対象となる特定ユーザー及びその交渉窓口
会社を選定したことをもって，本件5社間で，相互に歩調をそろえながら特定ユー
ザー向け段ボールケースの販売価格又は加工賃の引上げを実施するとの意思が形成
され，その旨の意思の連絡，すなわち本件合意が成立したと認められる。
（注2）平成23年10月17日に開催された，本件5社の営業本部長級の者らを出席者とする会合
（注3）平成23年10月31日に開催された，本件5社の営業本部長級の者らを出席者とする会合

(イ) **本件合意が一定の取引分野における競争を実質的に制限するものであったか否か**
（争点2）

「一定の取引分野における競争を実質的に制限する」とは，当該取引に係る市場
が有する競争機能を損なうことをいい，共同して商品の販売価格を引き上げた場合
には，その当事者である事業者らがその意思で，ある程度自由に当該商品の販売価
格を左右することができる状態をもたらすことをいうものと解する。ここで，独占
禁止法第2条第6項にいう一定の取引分野は，当該共同行為によって競争の実質的
制限がもたらされる範囲をいうものであり，その成立する範囲は，取引の対象・地
域・態様等に応じて，当該共同行為が対象としている取引及びそれにより影響を受
ける範囲を検討して決定されるものと解する。

a **一定の取引分野の範囲について**

本件合意が対象としている商品は，特定ユーザー向け段ボールケースとなり，
本件合意により影響を受ける範囲も，特定ユーザー向け段ボールケースの販売及
び加工に係る取引全般であるから，本件合意に係る一定の取引分野は，特定ユー
ザー向け段ボールケースの取引分野である。

b **競争の実質的制限について**

本件合意が成立した平成23年度において，特定ユーザー向け段ボールケースの
総販売金額のうち，本件5社による販売金額が8割余りを占めていたことからす
ると，本件5社は，特定ユーザー向け段ボールケースの取引分野について，その
意思で，ある程度自由に販売価格又は加工賃を左右することができる状態にあっ
たというべきであるから，本件合意は，特定ユーザー向け段ボールケースの販売
価格又は加工賃について，競争を実質的に制限するものであったと認められる。

(ウ) **本件排除措置命令の適法性（争点3）**

独占禁止法第7条第2項にいう「特に必要があると認めるとき」とは，排除措置

を命じた時点では既に違反行為はなくなっているが，当該違反行為が繰り返される
おそれがある場合や，当該違反行為の結果が残存しており競争秩序の回復が不十分
である場合などをいうものと解する。

本件違反行為は，その経過や態様に照らすと，本件5社のかねてからの協調関係
の下で，組織的に行われたものであることは明らかである。また，本件5社が本件
違反行為を取りやめたのは，公正取引委員会による立入検査が行われたことを契機
とするものと認められるのであり，被審人らの自発的な意思に基づくものとはみら
れない。

以上からすれば，本件違反行為が終了してから本件排除措置命令がなされるまで
2年余り経過していることを踏まえても，被審人らを含む本件5社が，再び同様の
違反行為を繰り返すおそれは否定できず，また，本件合意が消滅したことをもっ
て，特定ユーザー向け段ボールケースの取引分野における競争秩序の回復が十分で
あるということもできない。

本件排除措置命令の内容についても，公正取引委員会が命じた各措置は，いずれ
も本件違反行為が排除されたことを確保するのに必要な事項であると認められ，被
審人㈱トーモク（以下「被審人トーモク」という。）が主張するような前記 3 の
事件との比較から不均衡なものということもできない。

したがって，本件排除措置命令は，公正取引委員会がこれを命じたことにつき
「特に必要があると認めるとき」に該当し，その内容も相当なものであって，適法
なものと認められる。

⒟ 本件各課徴金納付命令の適法性（争点4）

a 課徴金の算定期間（実行期間）

課徴金の計算における実行期間の始期については違反行為者が合意の対象とな
る需要者に対して値上げ予定日を定めて値上げの申入れを行い，その日からの値
上げへ向けて交渉が行われた場合には，当該予定日以降の取引には，当該合意の
拘束力が及んでいると解され，現実にその日に値上げが実現したか否かに関わら
ず，その日において当該行為の実行としての事業活動が行われたものと認められ
る。

被審人らは，一部の特定ユーザーに対して，それぞれ文書により，被審人レン
ゴー㈱（以下「被審人レンゴー」という。）については平成23年11月1日を値上
げ予定日と定めて，被審人トーモクについては同年12月1日を値上げ予定日と定
めてそれぞれ段ボールケースの値上げの申入れを行ったものであり，これらの値
上げへ向けて交渉が行われたと認められるから，前記の値上げ予定日が，実行期
間の始期と認めるのが相当である。

他方，本件5社は，平成24年6月5日に立入検査を受けて以降本件違反行為を
行っていないが，それまでの間は本件違反行為を継続していたものと認められる
から，同日をもって当該行為の実行としての事業活動はなくなったものと認めら
れる。

したがって，独占禁止法第7条の2第1項所定の実行期間は，被審人レンゴー
については平成23年11月1日から平成24年6月4日までとなり，被審人トーモク

については，平成23年12月１日から平成24年６月４日までとなる。

b　課徴金の算定対象となる商品の該当性

⒜　当該商品の意義

　　独占禁止法第７条の２第１項にいう「当該商品」とは，違反行為である相互
拘束の対象である商品，すなわち，違反行為の対象商品の範ちゅうに属し，違
反行為である相互拘束を受けたものをいうと解すべきであるが，課徴金制度の
趣旨及び課徴金の算定方法に照らせば，違反行為の対象商品の範ちゅうに属す
る商品については，一定の商品につき，違反行為を行った事業者が，明示的又
は黙示的に当該行為の対象から除外するなど当該商品が違反行為である相互拘
束から除外されていることを示す特段の事情がない限り，違反行為による拘束
が及んでいるものとして，課徴金の算定の対象となる当該商品に含まれ，違反
行為者が実行期間中に違反行為の対象商品の範ちゅうに属する商品を引き渡し
て得た対価の額が，課徴金の計算の基礎となる売上額となると解する。

⒝　本件違反行為の対象商品

　　本件違反行為の対象となる商品は，特定ユーザー向け段ボールケースである
から，前記の特段の事情が認められない限り，本件違反行為による拘束が及ん
でいるものとして，課徴金の算定対象となる商品に該当することになる。

　　かかる対象商品の該当性に関する被審人らの主張については，いずれも採用
できない。

c　課徴金の算定基礎となる売上額

　　独占禁止法施行令第５条第１項第３号により割戻金が控除されるのは，割戻金
が対価そのものの修正又はこれに準ずるものであるためであるところ，同号が割
戻金を支払うべき旨が書面によって明らかな契約があった場合でなければならな
いと規定するのは，事後的に支払側の裁量によって支払われるなどしたものは対
価の修正と認めるべきではなく，割戻金を支払うべきことがあらかじめ書面によ
り客観的に明らかにされているものに限定する趣旨であると解される。

　　かかる趣旨からすれば，同号所定の「割戻金の支払を行うべき旨が書面によっ
て明らかな契約」があった場合とは，割戻しの対象となる商品又は役務の引渡し
前に，割戻金を支払うべきことが書面で明らかにされている場合に限られるので
あり，事後に書面で定めた割戻金はこれに該当しないというべきである。

　　他方で，同号の前記趣旨からすれば，割戻しの対象期間の途中で割戻契約に係
る書面が作成された場合であっても，作成日以後の取引との関係では同号所定の
「書面によって明らかな契約」があったというべきである。

　　以上によれば，被審人レンゴーについては，3567万4070円を，被審人トーモク
については，481万2085円を独占禁止法施行令第５条第１項第３号に基づき売上
額から控除するべきである。

⑷　法令の適用

独占禁止法第66条第２項及び第３項

第4章　訴　訟

第1　審決取消請求訴訟

1　概説

令和2年度当初において係属中の審決取消請求訴訟は4件であったところ，同年度中に新たに13件の審決取消請求訴訟が提起されたため，令和2年度に係属した審決取消請求訴訟は17件となった。

令和2年度においては，これらのうち，東京高等裁判所が原告の請求を棄却した判決が2件（いずれも原告が上訴），原告の請求を認容し上訴期間の経過をもって確定したものが1件あった。また，最高裁判所が上告棄却及び上告不受理決定をしたことにより終了したものは1件（前記のとおり，同年度中に東京高等裁判所が請求棄却判決をして，原告が上訴したもの）あった。

以上のとおり，令和2年度に終了した審決取消請求訴訟は2件であり，同年度末時点において係属中の審決取消請求訴訟は15件となった。

第1表　令和2年度係属事件一覧

一連番号	件　名	審決の内容	判決等
1	㈱山陽マルナカによる件	被審人が，納入業者に対し自己の取引上の地位が優越していることを利用して，正常な商慣習に照らして不当に，納入業者に従業員等を派遣させ，金銭を提供させ，受領した商品を返品し，取引の対価の額を減じ，商品を購入させていたことについて，原処分における違反行為の相手方である165社のうち，127社に対する行為は優越的地位の濫用行為であると認められることから，排除措置命令を変更し課徴金納付命令の一部を取り消した。被審人と納入業者127社それぞれとの間における購入額を課徴金の対象として認めた（一部取消し後の課徴金額　1億7839万円）。	審決年月日　平成31年 2月20日 提訴年月日　平成31年 3月22日 判決年月日　令和 2年12月11日 （請求認容，東京高等裁判所） （上訴期間の経過をもって確定）
2	㈱ラルズによる件	被審人が，納入業者のうち88社に対し自己の取引上の地位が優越していることを利用して，正常な商慣習に照らして不当に，納入業者に従業員等を派遣させ，金銭を提供させ，商品を購入させていたことについて，優越的地位の濫用行為であると認め，被審人と納入業者88社それぞれとの間における購入額を課徴金の対象として認めた（課徴金額　12億8713万円）。	審決年月日　平成31年 3月25日 提訴年月日　平成31年 4月24日 判決年月日　令和 3年 3月 3日 （請求棄却，東京高等裁判所） 上訴年月日　令和 3年 3月15日 （上告受理申立て，原審原告）
3	㈱J－オイルミルズによる件	被審人が，他の事業者と共同して，とうもろこしのシカゴ相場の上昇に応じて，段ボール用でん粉の需要者渡し価格を引き上げる旨合意することにより，公共の利益に反して，我が国における段ボール用でん粉の販売分野における競争を実質的に制限したと認めた。 　被審人が違反行為により販売した段ボール用でん粉の売上額を課徴金の対象として認めた（課徴金額　5434万円）。	審決年月日　令和元年 9月30日 提訴年月日　令和元年10月30日 判決年月日　令和 2年 9月25日 （請求棄却，東京高等裁判所） 上訴年月日　令和 2年10月 9日 （上告及び上告受理申立て，原審原告） 決定年月日　令和 3年 3月30日 （上告棄却及び上告不受理決定，最高裁判所）

一連番号	件　名	審決の内容	判決等
4	㈱エディオンによる件	被審人が，納入業者に対し自己の取引上の地位が優越していることを利用して，正常な商慣習に照らして不当に，納入業者に従業員等を派遣させていたことについて，原処分における違反行為の相手方である127社のうち，92社に対する行為は優越的地位の濫用行為であると認められることから，排除措置命令を変更し課徴金納付命令の一部を取り消した。被審人と納入業者92社それぞれとの間における購入額を課徴金の対象として認めた。ただし，「マル特経費負担」分は購入額から除外すべきものとされた（一部取消し後の課徴金額　30億3228万円）。	審決年月日　　令和元年10月 2日 提訴年月日　　令和元年11月 1日
5	ダイレックス㈱による件	被審人が，納入業者に対し自己の取引上の地位が優越していることを利用して，正常な商慣習に照らして不当に，納入業者に従業員等を派遣させ，金銭を提供させていたことについて，原処分における違反行為の相手方である78社のうち，69社に対する行為は優越的地位の濫用行為であると認められることから，排除措置命令を変更し課徴金納付命令の一部を取り消した。被審人と69社それぞれとの間における購入額を課徴金の対象として認めた（一部取消し後の課徴金額　11億9221万円）。	審決年月日　　令和 2年 3月25日 提訴年月日　　令和 2年 4月 2日
6	東洋シヤッター㈱による件	被審人が，他の事業者と共同して，特定シャッターの需要者向け販売価格について引き上げることを合意（全国合意）することにより，公共の利益に反して，我が国における特定シャッターの販売分野における競争を実質的に制限していたと認めた。 　被審人が前記全国合意に係る違反行為により販売した特定シャッターの売上額を課徴金の対象として認めた。ただし，近畿合意に基づく売上額と全国合意に基づく売上額のうち，重複した売上額は全国合意に係る課徴金の計算の基礎から控除すべきものとして課徴金の対象とは認めなかった（一部取消し後の課徴金額　4億8404万円）。	審決年月日　　令和 2年 8月31日 提訴年月日　　令和 2年 9月29日

一連番号	件 名	審決の内容	判決等
7	三和ホールディングス㈱ほか1名による件	被審人三和シヤッター工業㈱が，他の事業者と共同して，特定シャッターの需要者向け販売価格について引き上げることを合意（全国合意）することにより，公共の利益に反して，我が国における特定シャッターの販売分野における競争を実質的に制限していたと認めた。 被審人らが，他の事業者と共同して，近畿地区における特定シャッター等について，受注予定者を決定し，受注予定者が受注できるようにするとともに，受注予定者以外の者も受注することとなった場合には受注予定者が建設業者に対して提示していた見積価格と同じ水準の価格で受注するようにする（近畿合意）ことにより，公共の利益に反して，近畿地区における特定シャッター等の取引分野における競争を実質的に制限していたと認めた。 被審人らが前記全国合意に係る違反行為により販売した特定シャッター及び近畿合意に係る違反行為により販売した近畿地区における特定シャッター等の売上額を課徴金の対象として認めた。ただし，被審人三和シヤッター工業㈱については，近畿合意に基づく売上額と全国合意に基づく売上額のうち，重複した売上額は全国合意に係る課徴金の計算の基礎から控除すべきものとして課徴金の対象とは認めなかった（課徴金額　4026万円〔三和ホールディングス㈱〕，一部取消し後の課徴金額　27億1585万円〔三和シヤッター工業㈱〕）。	審決年月日　令和 2年 8月31日 提訴年月日　令和 2年 9月30日
8	文化シヤッター㈱による件	被審人が，他の事業者と共同して，特定シャッターの需要者向け販売価格について引き上げることを合意（全国合意）することにより，公共の利益に反して，我が国における特定シャッターの販売分野における競争を実質的に制限していたと認めた。 被審人が前記全国合意に係る違反行為により販売した特定シャッターの売上額を課徴金の対象として認めた。ただし，近畿合意に基づく売上額と全国合意に基づく売上額のうち，重複した売上額は全国合意に係る課徴金の計算の基礎から控除すべきものとして課徴金の対象とは認めなかった（一部取消し後の課徴金額　17億3831万円）。	審決年月日　令和 2年 8月31日 提訴年月日　令和 2年 9月30日

一連番号	件 名	審決の内容	判決等
9	サクラパックス㈱ほか1名による件	被審人らが，他の事業者と共同して，特定段ボールシートの販売価格を引き上げることを合意（本件シート合意）することにより，公共の利益に反して，特定段ボールシートの販売分野における競争を実質的に制限していたと認めた。 　被審人らが，他の事業者と共同して，特定段ボールケースの販売価格を引き上げることを合意（本件ケース合意）することにより，公共の利益に反して，特定段ボールケースの販売分野における競争を実質的に制限していたと認めた。 　被審人らが本件シート合意及び本件ケース合意に係る違反行為により販売した特定段ボールシート及び特定段ボールケースの売上額を課徴金の対象として認めた（課徴金額　2662万円〔サクラパックス㈱〕，3477万円〔森井紙器工業㈱〕）。	審決年月日　令和 3年 2月 8日 提訴年月日　令和 3年 3月 9日
10	レンゴー㈱ほか6名による件	被審人らが，他の事業者と共同して，特定段ボールシートの販売価格を引き上げることを合意（本件シート合意）することにより，公共の利益に反して，特定段ボールシートの販売分野における競争を実質的に制限していたと認めた。 　被審人らが，他の事業者と共同して，特定段ボールケースの販売価格を引き上げることを合意（本件ケース合意）することにより，公共の利益に反して，特定段ボールケースの販売分野における競争を実質的に制限していたと認めた。 　被審人らが本件シート合意及び本件ケース合意に係る違反行為により販売した特定段ボールシート及び特定段ボールケースの売上額を課徴金の対象として認めた（課徴金額　46億6156万円〔7名の合計額〕）。	審決年月日　令和 3年 2月 8日 提訴年月日　令和 3年 3月10日

一連番号	件　名	審決の内容	判決等
11	レンゴー㈱による件	被審人が，他の事業者と共同して，特定ユーザー向け段ボールケースの販売価格又は加工賃を引き上げることを合意（本件合意）することにより，公共の利益に反して，特定ユーザー向け段ボールケースの取引分野における競争を実質的に制限していたと認めた。 　被審人が本件合意に係る違反行為により販売した特定ユーザー向け段ボールケースの売上額等を課徴金の対象として認めた。ただし，被審人が特定ユーザーに対して支払った割戻金について，当該割戻金を支払うことを定めた「覚書」等の書面作成日以降の取引に対応する割戻金額について，課徴金の計算の基礎となる売上額から控除すべきものと認めた（一部取消し後の課徴金額　10億6758万円）。	審決年月日　令和 3年 2月 8日 提訴年月日　令和 3年 3月10日
12	王子コンテナー㈱ほか10名による件	被審人らが，他の事業者と共同して，特定段ボールシートの販売価格を引き上げることを合意（本件シート合意）することにより，公共の利益に反して，特定段ボールシートの販売分野における競争を実質的に制限していたと認めた。 　被審人らが，他の事業者と共同して，特定段ボールケースの販売価格を引き上げることを合意（本件ケース合意）することにより，公共の利益に反して，特定段ボールケースの販売分野における競争を実質的に制限していたと認めた。 　被審人らが本件シート合意及び本件ケース合意に係る違反行為により販売した特定段ボールシート及び特定段ボールケースの売上額を課徴金の対象として認めた。ただし，被審人王子コンテナー㈱及び被審人北海道森紙業㈱の「当て紙」の売上額並びに被審人王子コンテナー㈱が加工委託のため別のメーカーに有償支給した段ボールシートの売上額は，特定段ボールシート及び特定段ボールケースの売上額ではない等の理由から，これを課徴金の計算の基礎から除外すべきものと認めた（課徴金額　27億192万円〔11名の合計額。ただし被審人王子コンテナー㈱及び被審人北海道森紙業㈱については一部取消し後の金額〕）。	審決年月日　令和 3年 2月 8日 提訴年月日　令和 3年 3月10日

一連番号	件　名	審決の内容	判決等
13	コバシ㈱ほか6名による件	被審人コバシ㈱，同大万紙業㈱，同福原紙器㈱及び同吉沢工業㈱が，他の事業者と共同して，特定段ボールシートの販売価格を引き上げることを合意（本件シート合意）することにより，公共の利益に反して，特定段ボールシートの販売分野における競争を実質的に制限していたと認めた。 　被審人らが，他の事業者と共同して，特定段ボールケースの販売価格を引き上げることを合意（本件ケース合意）することにより，公共の利益に反して，特定段ボールケースの販売分野における競争を実質的に制限していたと認めた。 　被審人らが本件シート合意及び本件ケース合意に係る違反行為により販売した特定段ボールシート及び特定段ボールケースの売上額を課徴金の対象として認めた。ただし，被審人浅野段ボール㈱が東日本地区に交渉担当部署が所在しない取引先に納入した段ボールケースの売上額は，特定段ボールケースの売上額ではない等の理由から，これを課徴金の計算の基礎から除外すべきものと認めた（課徴金額　1億5785万円〔7名の合計額。ただし被審人浅野段ボール㈱については一部取消し後の金額〕）。	審決年月日　令和 3年 2月 8日 提訴年月日　令和 3年 3月10日

一連番号	件 名	審決の内容	判決等
14	福野段ボール工業㈱による件	被審人が，他の事業者と共同して，特定段ボールシートの販売価格を引き上げることを合意（本件シート合意）することにより，公共の利益に反して，特定段ボールシートの販売分野における競争を実質的に制限していたと認めた。 　被審人が，他の事業者と共同して，特定段ボールケースの販売価格を引き上げることを合意（本件ケース合意）することにより，公共の利益に反して，特定段ボールケースの販売分野における競争を実質的に制限していたと認めた。 　被審人が本件シート合意及び本件ケース合意に係る違反行為により販売した特定段ボールシート及び特定段ボールケースの売上額を課徴金の対象として認めた。ただし，被審人が訂正伝票により「特値」（通常より低い価格での受注）で代金の支払を受けていた段ボールシートの当該訂正後の売上額と訂正前の売上額との差額は，特定段ボールシートの売上額ではない等の理由から，これを課徴金の計算の基礎から除外すべきものと認めた（一部取消し後の課徴金額 2529万円）。	審決年月日　令和 3年 2月 8日 提訴年月日　令和 3年 3月10日
15	㈱トーモクほか3名による件	被審人らが，他の事業者と共同して，特定段ボールシートの販売価格を引き上げることを合意（本件シート合意）することにより，公共の利益に反して，特定段ボールシートの販売分野における競争を実質的に制限していたと認めた。 　被審人らが，他の事業者と共同して，特定段ボールケースの販売価格を引き上げることを合意（本件ケース合意）することにより，公共の利益に反して，特定段ボールケースの販売分野における競争を実質的に制限していたと認めた。 　被審人らが本件シート合意及び本件ケース合意に係る違反行為により販売した特定段ボールシート及び特定段ボールケースの売上額を課徴金の対象として認めた（課徴金額 10億9211万円〔4名の合計額〕）。	審決年月日　令和 3年 2月 8日 提訴年月日　令和 3年 3月10日

16	㈱トーモクによる件	被審人が，他の事業者と共同して，特定ユーザー向け段ボールケースの販売価格又は加工賃を引き上げることを合意（本件合意）することにより，公共の利益に反して，特定ユーザー向け段ボールケースの取引分野における競争を実質的に制限していたと認めた。 　被審人が本件合意に係る違反行為により販売した特定ユーザー向け段ボールケースの売上額等を課徴金の対象として認めた。ただし，被審人が特定ユーザーに対して支払った割戻金について，当該割戻金を支払うことを定めた「覚書」等の書面作成日以降の取引に対応する割戻金額について，課徴金の計算の基礎となる売上額から控除すべきものと認めた（一部取消し後の課徴金額　6億363万円）。	審決年月日　令和 3 年 2 月 8 日 提訴年月日　令和 3 年 3 月10日
17	東京コンテナ工業㈱による件	被審人が，他の事業者と共同して，特定段ボールシートの販売価格を引き上げることを合意（本件シート合意）することにより，公共の利益に反して，特定段ボールシートの販売分野における競争を実質的に制限していたと認めた。 　被審人が，他の事業者と共同して，特定段ボールケースの販売価格を引き上げることを合意（本件ケース合意）することにより，公共の利益に反して，特定段ボールケースの販売分野における競争を実質的に制限していたと認めた。 　被審人が本件シート合意及び本件ケース合意に係る違反行為により販売した特定段ボールシート及び特定段ボールケースの売上額を課徴金の対象として認めた（課徴金額　4825万円）。	審決年月日　令和 3 年 2 月 8 日 提訴年月日　令和 3 年 3 月10日

> **2**　東京高等裁判所における判決

(1)　㈱Ｊ－オイルミルズによる審決取消請求事件（令和元年（行ケ）第53号）（第 1 表一連番号 3 ）

　ア　主な争点及び判決の概要

　　(7)　争点 1 （本件審決が認定した「原告が関係 6 社（注）と共に本件合意をした」との事実には，これを立証する実質的証拠が存在するか）について

　　　（注）王子コーンスターチ㈱，敷島スターチ㈱，三和澱粉工業㈱，日本澱粉工業㈱，日本食品化工㈱及び日本コーンスターチ㈱の 6 社をいう。

　　　a　原告と関係 6 社との間に平成20年春頃以降も協調関係があった事実，本件会合前における原告の≪Ｈ 1 ≫と王子コーンスターチ㈱の≪Ｆ 1 ≫とのやり取りに係る事実等について

る事実等について

(a) 「王子コーンスターチ㈱（以下「王子コンス」という。）の《F1》から，本件会合前に，原告の《H1》は会合に参加できないものの，原告は会合で決まったことに従うということであったとの報告を受け，本件会合においても，《F1》から，原告は段ボール用でん粉の値上げについて，我々と同じ行動方針であるとの報告がされた」旨をそれぞれ述べる日本コーンスターチ㈱（以下「日コン」という。）の《E2》の供述は，客観的証拠に裏付けられているものであって，その信用性は高い。

(b) 「本件事前会合において，本件会合を開催して段ボール用でん粉の値上げについて各社の考えを確認することになった際，《F1》が，原告の《H1》と敷島スターチ㈱の《I1》に連絡することになった」旨述べる《E2》の供述も，前記(a)の《E2》の供述を前提とすると，本件会合前に，《F1》から《H1》に対し，本件会合前にその事実が知らされているということが前提となることに加えて，日本食品化工㈱（以下「日本食品」という。）の《G1》の同旨の供述も考慮すれば，その信用性は高い。

(c) 前記(a)及び(b)の《E2》の供述を前提とすれば，平成20年春以降も原告と関係6社との間に段ボール用でん粉の価格引上げ等について協調的関係があったことが合理的に推察され，これに沿う《E2》の供述も，自然なものということができ，日本食品の《G2》及び《G4》の同旨の供述も考慮すれば，信用性が高い。

(d) 以上の検討を総合すれば，《E2》の供述に基づき，原告と関係6社との間に平成20年春頃以降も協調関係があった事実や本件会合前の原告の《H1》と王子コンスの《F1》とのやり取りに係る事実等を認めた本件審決の認定には，合理性があるものと評価することができる。

b　**王子コンスの《F1》が原告の《H1》に対し本件会合の結果を伝達した事実について**

前記aのとおり，合理性のあるものと認められる本件審決の認定に係る事実（本件会合前に《H1》が《F1》に対し，「会合には参加できないが，原告は会合で決まったことに従う。」旨を伝えたとの事実）を前提とすれば，本件会合後に，《F1》から《H1》に対し本件会合の結果が伝えられることは当然の成り行きといえるから，本件審決の前記認定には合理性があるものといえる。

c　**本件会合後，前記b以外に原告の《H1》と日コンの《E2》又は王子コンスの《F1》が段ボール用でん粉の値上げについて情報交換等をした事実について**

平成22年12月1日の《E2》から《H1》への情報提供に係る本件審決の認定，並びに平成23年6月20日及び同年7月12日の《F1》と《H1》の情報交換に係る本件審決の認定には，合理性があるものと評価することができる。

他方，平成24年1月18日の《E2》と《H1》の電話による情報交換については，《H1》が述べるような葬儀に関する事務的な確認が行われたと考えることも可能である。しかし，これらの点をもってしても，《E2》の供述の信ぴょう性が阻却される，あるいは同供述を基にした本件審決の前記認定が経験則に反す

るとまで認めることはできないから，結局，本件審決における前記認定は実質的証拠に基づくものというべきであり，その合理性を否定することはできない。

そして，これまでに判示したところを前提にすれば，≪Ｆ１≫と≪II１≫の間で，前記以外にも，本件各値上げについての情報交換が行われることは，自然な経過ということができる。

d **本件各値上げにおける原告の値上げ申入れの状況について**

原告の段ボールメーカーに対する本件各値上げの申入れの内容は，その申入れの時期，価格引上げの幅，その実施時期は，関係６社とおおむね一致している。そして，このことは，本件審決が摘示するとおり，原告が関係６社と共に本件合意をしたことを推認させる事情になるものといえる。

e **まとめ**

以上によれば，前記ａないしｄの各事実に係る認定判断は，いずれも関係証拠に照らして合理性のあるものといえる。そして，これらの各事実を総合した結果として，原告が関係６社と共に本件合意をしたものと認定することには相応の合理性があるというべきである。そうすると，本件審決が認定した「原告が関係６社と共に本件合意をした」との事実については，少なくともこれを立証する実質的証拠がないとはいえない。

(4) **争点２（本件合意は独占禁止法第２条第６項の「不当な取引制限」に該当するか）について**

a 原告は，本件合意は「今後，とうもろこしのシカゴ相場の上昇に応じて，段ボール用でん粉の価格の引上げを共同して行っていく」旨の抽象的な合意にすぎず，本件合意のみでは具体的な値上げの幅や実施時期についての各社の共通認識を構成することは不可能であって，本件合意は意思の連絡及び相互拘束の要件を満たさない旨主張した。

これに対し，東京高等裁判所は，次のとおり判示した。

原告及び関係６社は，少なくとも１次値上げに関する限り，具体的な値上げ幅や実施時期についても共通認識を形成し，それが合意の内容になっていたものというべきである。

他方，２次値上げ以降については，本件合意の時点では具体的な値上げの幅や実施時期についての各社の共通認識はいまだ形成されていなかったものといえる。しかし，本件合意に当たっても，原告及び関係６社としては，１次値上げの交渉が妥結した後も，引き続き２次，３次と値上げ交渉が行われるであろうことは，当然に想定していたものと考えられる。そして，従前からの協調関係からすれば，原告及び関係６社としては，従前と同様に，本件合意後に各社の担当者らの間で話合いを行うこと等を通じて，具体的な値上げ幅や実施時期についての共通認識を形成し，共同歩調をとって値上げ交渉を行っていくことを当然に予定しており，かつ，従前の経験等からそれが十分可能であると認識していたものと考えられる。

このような従前からの協調関係を踏まえた本件合意の実態に鑑みれば，本件合意は，その時点で具体的な値上げの幅や実施時期までが定まっていなかったとし

ても，相互に同内容又は同種の対価引上げを実施することを認識ないし予測し，これと歩調をそろえる意思をもって行われたものと認めることができるというべきである。

b　また，原告が指摘する加藤化学㈱の存在を考慮するとしても，これを除いた原告及び関係６社によって，我が国の段ボール用でん粉に係る市場の大部分というべき８割を超えるシェアを占めていたことからすれば，これらの各社が本件合意をすることによって市場における競争機能が損なわれることは明らかである。

c　以上によれば，原告及び関係６社が本件合意をしたことは，独占禁止法第２条第６項の「不当な取引制限」に該当する。

イ　訴訟手続の経過

本件は，原告が上告及び上告受理申立てを行ったところ，最高裁判所は後記 3 のとおり決定を行った。

⑵　㈱山陽マルナカによる審決取消請求事件（平成31年（行ケ）第９号）（第１表一連番号１）

ア　主な争点及び判決の概要

㈠　本件審決の主文第１項及び第３項に係る部分は違法であり，取り消されるべきであると判断する。

㈡　本件排除措置命令書における主文の不特定及び理由の記載の不備による違法性の有無について

a　独占禁止法第49条第１項は，排除措置命令には，主文として「違反行為を排除し，又は違反行為が排除されたことを確保するために必要な措置」を示さなければならないと規定しており，その内容が余りに抽象的であるため，これを受けた名宛人が当該命令を履行するために何をすべきかが具体的に分からないようなもの，その他その履行が不能あるいは著しく困難なものは違法となると解される。

これを本件についてみると，本件排除措置命令書の主文は，原告に対し，特定納入業者に対して行っていた各種行為を取りやめている旨確認すること（主文１項(1)）及び今後同様の行為を行わない旨（同(2)）を取締役会において決議しなければならないことを命じているところ，少なくとも主文１項(1)については，各種行為の相手方となっている特定納入業者が本件排除措置命令書の記載からは明らかでなく，原告において，何を決議すべきかが判然とせず，その履行が不能又は著しく困難であるといわざるを得ず，特定を欠くものというべきである。

b　また，独占禁止法第49条第１項は，排除措置命令書には，その理由として，「公正取引委員会の認定した事実及びこれに対する法令の適用」を示さなければならないと規定する。その趣旨は，排除措置命令が名宛人の事業活動の自由等を制限する不利益処分であることに鑑み，被告（公正取引委員会）の判断の慎重と合理性を担保してその恣意を抑制するとともに，理由を名宛人に知らしめて不服申立てに便宜を与えるものであると解される。このような排除措置命令の性質及び理由記載が必要とされる趣旨に鑑みると，排除措置命令書に記載すべき理由の内容

及び程度は，特段の理由がない限り，いかなる事実関係に基づきいかなる法規を適用して当該排除措置命令がなされたかを名宛人においてその記載自体から了知し得るものでなければならないと解される。

　これを本件についてみると，本件排除措置命令書には，排除措置命令の理由として，特定納入業者に該当するかの考慮要素及び原告が特定納入業者に対して具体的にいかなる態様の行為をどの程度行ったかという，命令の原因となる事実と，命令の根拠法条は示されているものの，前記行為の相手方である特定納入業者については何ら具体的な特定がされていない。そうすると，本件排除措置命令の記載自体によって，その名宛人である原告において，いずれの相手方に対する自己の行為が優越的地位の濫用に該当すると評価されたかを具体的に了知し得ないから，本件排除措置命令書の理由の記載には不備があったものというほかない。

c　被告は，前記の不備は，本件排除措置命令を取り消さなければならないほど違法なものではないとして，次の(a)ないし(d)のとおり主張した。

　(a)　被告は，本件各命令書の謄本の原告への送達時に，「課徴金算定対象事業者一覧表」と題する書面（以下「本件一覧表」という。）を送達書類に同封して，違反行為の相手方である特定納入業者を明らかにしており，これにより，原告は，本件排除措置命令の主文及び理由を了知することができる状態にあった上，被告の判断の慎重と合理性を担保してその恣意を抑制する機能は果たされたというべきである。

　(b)　本件事前手続において，原告は，被告から，本件各命令の理由を事前に示されたものと変わりがないものと容易に予測できるものであった上，原告は，本件各命令書の送達を受領するのと同時に，本件一覧表を受領したことによって特定納入業者を認識していることに加え，原告が本件各命令の効力を全面的に争っていることに照らすと，不服申立ての便宜が害されるといった不利益は生じていない。

　(c)　本件排除措置命令の主文は本件審決によって変更されており，仮に瑕疵があるとしてもその瑕疵は治癒されたというべきである。

　(d)　原告は，組織的かつ計画的に一連のものとして特定納入業者に対して不利益行為を行い，多数の相手方に対して一律に混然一体として各種の行為を行っていたのであるから，相手方が課徴金算定対象事業者一覧表で特定され，「優越的地位の濫用」としての違反行為の外延が画されていれば足り，常に原告の行った各種要請の行為の類型ごとに，あるいは独占禁止法第2条第9項第5号イないしハまでに規定する不利益行為の類型ごとに特定されなければならないものではない。

d　これに対し，東京高等裁判所は，次のとおり判示した。

　(a)　**本件一覧表の送付について**

　　本件各命令書の謄本の状況及び送付資料一覧の記載に照らすと，本件一覧表は，本件排除措置命令及び本件課徴金納付命令の一部ではなく，本件課徴金納付命令の「参考資料」と位置付けられる。このような本件各命令の形式及び本

件一覧表の位置付けに照らすと，本件一覧表が「参考資料」として同封された趣旨のほか，本件一覧表が本件各命令の発付に際して，被告の委員長及び委員の合議の結果を踏まえて作成されたものであるかさえ明らかでないというほかなく，本件一覧表が本件各命令書と一体のものであると評価することはできないというべきである。仮にこの点はおくとしても，「課徴金算定対象事業者一覧表」という本件一覧表の表題に加え，本件一覧表上，そこに掲げられている事業者が特定納入業者であるとも記載されていないことに照らすと，本件一覧表と本件排除措置命令とが関連しているかは明らかでなく，本件一覧表上に記載された事業者が特定納入業者であると評価することはできないといわざるを得ない。

(b) **本件排除措置命令に至る手続の経緯について**

独占禁止法第49条第1項が同条第5項に基づく事前の手続を経た上でもなお排除措置命令書に理由の記載を要求していることに鑑みると，本件事前手続が行われたことをもって，本件排除措置命令書における理由の記載の瑕疵が治癒されると解することはできない。この点はおくとしても，本件事前通知においても，課徴金算定対象事業者一覧表（記載内容は本件一覧表と同様）は，「参考資料」という位置付けであって，その記載内容に照らしても排除措置命令書（案）との関連性は明らかではないといわざるを得ず，本件排除措置命令書における理由の記載の瑕疵を治癒し得るものではないというべきである。

なお，原告において，本件各命令の効力を全面的に争うこととしたことをもって，手続保障上の問題は生じないといえるかどうかはおくとしても，排除措置命令書の理由記載には，その名宛人への手続保障だけでなく，被告の判断の慎重と合理性を担保してその恣意を抑制するという面もあることに鑑みると，被告の前記主張は採用できない。

(c) **本件審決による瑕疵の治癒の成否について**

独占禁止法第49条第1項が排除措置命令書に理由の記載を求める趣旨が，被告（公正取引委員会）の判断の慎重と合理性を担保してその恣意を抑制するとともに，理由を名宛人に知らしめて不服申立てに便宜を与えるものであることに鑑みると，本件審決の理由の記載により本件排除措置命令書の理由の記載の瑕疵が遡って治癒されると解することはできない。また，本件排除措置命令により原告が負うべき行為義務の内容が，本件審決時まで確定しないという事態を容認することは相当ではないから，本件審決によって本件排除措置命令の主文1項(1)の瑕疵が治癒されたとみることもできないというべきである。

(d) **行為類型の特定は不要であるとの主張について**

前記(a)から(c)までに説示するところによれば，本件排除措置命令書理由の記載の瑕疵が治癒されることはないから，前記主張はその前提を欠くものというべきである。

e 以上の次第で，本件排除措置命令書の主文1項(1)及び理由の記載は独占禁止法第49条第1項に違反するものであるから，本件排除措置命令は全部取り消されるべきである。

(ウ) **本件課徴金納付命令書における理由の記載の不備による違法性の有無について**

a　独占禁止法第50条第1項は，課徴金納付命令書には，「納付すべき課徴金の額及びその計算の基礎，課徴金に係る違反行為」を記載しなければならないと規定する。その趣旨は，課徴金の納付義務という不利益を課すものであることに鑑み，被告（公正取引委員会）の判断の慎重と合理性を担保してその恣意を抑制するとともに，理由を名宛人に知らしめて不服申立てに便宜を与えるものであると解される。このような課徴金納付命令の性質及び理由記載が必要とされる趣旨に鑑みると，課徴金納付命令書に記載すべき事項は，特段の理由がない限り，名宛人においてその記載自体から了知し得るものでなければならないと解される。

これを本件についてみると，本件課徴金納付命令書には，本件排除措置命令書（写し）を引用する形式で，「課徴金に係る違反行為」が記載されているが，違反行為の記載内容は，前記(イ) b 説示のとおりである。また，「課徴金の計算」の基礎として，違反行為の期間，平成21年独占禁止法改正法施行日以降の違反行為の相手方の数が165社であり，いずれも原告の商品を供給する者である旨，原告の前記165社それぞれとの間における購入額を独占禁止法施行令に基づき算定した当該購入額の合計額，原告が納付しなければならない課徴金の額とその算定過程は記載されているが，前記165社の商号や原告と前記165社との間における個々の購入額については，具体的に示されていない。そうすると，本件課徴金納付命令書のみからは，いずれの相手方に対する自社の行為が「課徴金に係る違反行為」に当たるとの評価を受け，いずれの相手方からの購入額が納付すべき課徴金の額の計算の基礎となったかを具体的に知ることはできず，いずれの相手方からの購入額を課徴金の計算の基礎とすることを争うべきかを，的確に判断することは困難であって，原告の不服申立ての便宜にはならず，本件課徴金納付命令書の理由の記載には不備があったものというほかない。

b　被告は，前記(イ) c (a)，(b)，(d)と同内容の主張をし，本件審決は，前記 a の説示と同様，本件課徴金納付命令書の記載には不備があるとしつつ，被告の上記主張に沿う説示をして，本件課徴金納付命令を取り消さなければならないほどの違法はないと判断している。

c　これに対し，東京高等裁判所は，次のとおり判示した。

本件課徴金納付命令書における「課徴金に係る違反行為」は，本件排除措置命令書（写し）を引用する形式で記載されているところ，本件排除措置命令書の理由の記載は，独占禁止法第49条第1項に違反するものといわざるを得ないから，これを引用する本件課徴金納付命令書の記載もまた，特定納入業者が明確でなく，同法第50条第1項に違反するというほかない。

被告は，本件課徴金納付命令書を原告に送達するに際し，本件一覧表を併せて送付したことを主張するが，前記(イ) d 説示のとおり，本件一覧表は本件課徴金納付命令の一部を構成するものではなく，被告の委員長及び委員の合議の結果を踏まえて作成されたものであるかさえ明らかでないことに照らすと，本件一覧表を本件課徴金納付命令書と法的に一体のものと評価することはできず，これが同封されたことをもって，本件課徴金納付命令書の記載の不備が治癒されるというこ

ともできない。

　また，独占禁止法第50条第1項が，事前の手続（同法第50条第6項，第49条第5項）を経た上でもなお課徴金納付命令書に納付すべき課徴金の額等の記載を要求していることに鑑みると，本件事前手続が行われたことをもって，本件課徴金納付命令書の記載の瑕疵が治癒されると解することはできないし，原告が本件各命令の効力を全面的に争っていることを理由に瑕疵が治癒されたとみることもできない。

　そして，前記(4) c (d)の被告の主張が前提を欠くことは，前記(4) d (d)説示のとおりである。

　d　以上の次第で，本件課徴金納付命令書の記載は独占禁止法第50条第1項に違反するものであり，本件課徴金納付命令は全部取り消されるべきである。

イ　訴訟手続の経過

　本件判決は，上訴期間の経過をもって確定した（公正取引委員会は，本件判決の趣旨に従い，前記第3章第2 　2 　の審決を行った。）。

(3)　㈱ラルズによる審決取消請求事件（平成31年（行ケ）第13号）（第1表一連番号2）

ア　主な争点及び判決の概要

(7)　争点1（本件各行為の優越的地位の濫用該当性）について

　a　独占禁止法の目的（同法第1条参照）や同法第19条，第2条第9項第5号の規定に照らすと，自己の取引上の地位が相手方に優越している一方の当事者が，取引の相手方に対し，その地位を利用して，正常な商慣習に照らして不当に不利益を与える場合，当該取引の相手方の自由かつ自主的な判断による取引を阻害するとともに，当該取引の相手方はその競争者との関係において競争上不利となる一方，行為者はその競争者との関係において競争上有利となるおそれがあり，このような行為は，公正な競争を阻害するおそれがあることから，不公正な取引方法の一つとして規制されることとなるものと解される。

　b　優越的地位

　前記の趣旨を踏まえれば，前記の「自己の取引上の地位が相手方に優越していること」（優越的地位）とは，相手方にとって行為者との取引の継続が困難になることが事業経営上大きな支障を来すため，行為者が相手方にとって著しく不利益な要請を行っても，相手方がこれを受け入れざるを得ない場合も考えられるから，行為者が，市場支配的な地位又はそれに準ずる絶対的に優越した地位ばかりではなく，当該取引の相手方との関係で相対的に優越した地位にある場合も含まれるものと解するのが相当である。換言すれば，少なくとも，当該取引の相手方にとって，行為者との取引の継続が困難になることが事業経営上大きな支障を来すため，行為者が当該取引の相手方にとって著しく不利益な要請等を行っても，当該取引の相手方がこれを受け入れざるを得ないような場合において，前記の優越的地位に該当するものというべきである。

　そして，優越的地位の有無を判断するに当たっては，①行為者の市場における

地位や，②当該取引の相手方の行為者に対する取引依存度，③当該取引の相手方にとっての取引先変更の可能性，④その他行為者と取引することの必要性，重要性を示す具体的な事実等を総合的に考慮するのが相当というべきである。

c 原告の取引上の地位が88社に対して優越しているか否か

(a) 原告の市場における地位

原告は，北海道の区域内において食料品等の小売業を営み，特に，同区域内における食品スーパーの分野において，有力な地位にあったと認められ，原告の納入業者である88社は，原告が前記の有力な地位にあり，成長が期待できるとの認識の下，原告との取引を通じて自社の取扱商品を継続的に供給し，安定的な販売数量及び売上高の確保並びにその増加を見込むことができたのであるから，88社においては，一般的には，原告と取引することが重要かつ必要であったことがうかがわれる。

(b) 原告と88社との関係

i 88社の事業規模及び事業内容，原告に対する売上高，原告に対する取引依存度，取引先に対する取引依存度における原告の順位等，また，取引先変更の可能性や，原告と取引することの必要性，重要性に関する88社の報告書における報告内容等は，本判決別紙5に記載のとおりである。

ii 27社について

前記(a)のとおり認められる原告の市場における地位に係る事実に加え，27社については，前記iの事実が，それぞれ認められるところ，年間総売上高に占める原告に対する年間売上高の割合である原告に対する取引依存度がいずれも1割を超える企業であり，27社にとっては，原告との取引が困難になれば，その事業経営上大きな支障を来すことになるといえる。すなわち，原告との取引関係において相当取引依存度が継続的に高いと認められる場合には，その事業経営上，原告と取引を継続する必要性が高いものといえるから，原告との取引の継続が困難となれば，事業経営上大きな支障になることは明らかというべきである。このことは，27社の各企業の規模に照らした総売上高及び原告に対する年間売上高並びに原告に対する取引依存度に加え，代表取締役等の認識，27社にとっての取引先変更の可能性や，原告と取引することの必要性，重要性に関する88社の報告書における回答内容により裏付けられているというべきである。

iii 34社について

前記(a)のとおり認められる原告の市場における地位に係る事実に加え，34社については，前記iの事実がそれぞれ認められるところ，34社にとって，原告との取引の継続が困難になれば，その事業経営上大きな支障を来すこととなることがうかがわれる。すなわち，原告との取引関係において取引依存度における原告の順位が継続的に高い場合には，原告が比較的高水準の売上高を安定的に確保できる取引先であることを意味するものと解され，その事業経営上，原告と取引を継続する必要があるものといえるから，原告との取引の継続が困難となれば，取引先の変更や事業方針の転換を迫られるなど事

業経営上大きな支障を来すこととなることがうかがわれる。

　　そして，以上のことを裏付けるように，34社は，88社の報告書において，取引先代替非容易認識設問に対し「はい」を選択し，34社の各企業の規模に照らした総売上高及び原告に対する年間売上高並びに取引依存度における原告の順位に加え，34社の従業員等は，原告との取引を他の取引先で代替することが容易でないと認識していたことが認められ，34社にとって，原告と取引することが重要かつ必要であったと認めるのが相当である。

iv　22社について

　　前記⒜のとおり認められる原告の市場における地位に係る事実に加え，22社については，前記ⅰの事実がそれぞれ認められるところ，22社については，うち15社が原告との取引を主に担当している営業拠点における原告に対する取引依存度が約11％以上であり，また，22社全社が同営業拠点における取引依存度における順位が上位1位ないし9位であると認められる。こうした事実に照らすと，22社にとって原告との取引の継続が困難になれば，その事業経営上大きな支障を来すことになるとうかがわれる。すなわち，原告との取引関係において，原告との取引を主に担当している営業拠点において相当の取引依存度が継続的に認められる場合，又は，同営業拠点において取引先に対する取引依存度における原告の順位が継続的に高い場合には，原告が同営業拠点において安定的な売上高を確保できる取引先であることを意味するものと解され，納入業者においては，地域の情報を収集してきめ細やかな営業活動を行う同営業拠点の重要性に鑑み，その事業経営上，原告との取引を継続する必要があるものといえるから，原告との取引の継続が困難となれば，同営業拠点における売上高の減少を始め，その営業区域又は営業部門における事業方針の転換を迫られるなど事業経営上大きな支障を来すこととなることがうかがわれる。そして，このことを裏付けるように，22社は，88社の報告書において，取引先代替非容易認識設問に対して「はい」を選択し，22社の従業員等は，原告の取引を他の取引先で代替することが容易でないと認識していたことが認められる。こうした事実によれば，22社にとって，原告と取引することが重要かつ必要であったと認めるのが相当である。

ⅴ　5社について

　　前記⒜のとおり認められる原告の市場における地位に係る事実に加え，5社については，前記ⅰの事実がそれぞれ認められる。そして5社について個別に（〔納入業者における営業拠点における〕取引依存度及びその順位を）見ていくと，原告との取引の重要性がうかがわれる。

　　そして，5社の資本金額，年間総売上高，従業員数等に照らして認められる事業規模が原告のそれと比して相当程度小さいことがうかがわれる。これを裏付けるように，5社は，取引先変更可能性等に関し，88社の報告書の取引先代替非容易認識設問に対しては「はい」を選択し，原告との取引を他の取引先で代替することが容易でないと認識しており，また，5社は，88社の報告書の取引重要性等の設問に対し，「はい」を選択（あるいはこれと同旨

の供述を）している。

(c) **不利益行為を受け入れるに至った経緯や態様等**

88社のうち，53社は本件従業員等派遣を行い，54社はオープンセール協賛金を提供し，86社は創業祭協賛金を提供し，18社の従業員等は本件商品の購入をしていたこと，これらは原告の役員等の指示に基づき，組織的・計画的・継続的に，広範囲に及ぶ不特定多数の納入業者に対してなされた原告の要請に応じて行われたものであること（本件各行為）がそれぞれ認められる。加えて，88社のほぼ全社が，88社の報告書の取引重要性等の設問に対して肯定的な回答をしていることが認められるところである。

そして，後記のとおり，本件各行為は，88社に対する不利益行為に該当すると認めるのが相当であり，前記(b)で判示した原告と88社の関係性から，88社は，その企業活動を維持等するために，原告が納入業者に対する不利益行為の要請等を行えば，納入業者においてはこれに応じざるを得ないような関係が存在していたことがうかがわれるものといえる。

(d) **小括**

前記(a)ないし(c)の諸事情を総合すれば，88社にとって，原告との取引の継続が困難になることが事業経営上大きな支障を来すため，原告が著しく不利益な要請等を行っても，これを受け入れざるを得ないような場合に該当し，原告の取引上の地位が88社に対して優越していたと認めるのが相当である。

d **不利益行為該当性について**

(a) 独占禁止法第2条第9項第5号の各行為が，不公正な取引方法と定義されているのは，こうした行為がされると，当該取引の相手方の自由かつ自主的な判断による取引を阻害することになる上，当該取引の相手方又は行為者においては，それぞれの競争者との関係で競争上不利又は有利となるおそれがあり，公正な競争秩序に悪影響を及ぼすおそれがあるためであるものと解されることからすれば，①従業員等派遣の要請に関して，従業員等を派遣する条件等が不明確で，相手方にあらかじめ計算できない不利益を与える場合はもとより，従業員等を派遣する条件等があらかじめ明確であっても，その派遣等を通じて相手方が得る直接の利益等を勘案して合理的と認められる範囲を超えた負担となり，相手方に不利益を与えることとなる場合，②協賛金等要請に関して，協賛金等の負担額，算出根拠，使途等が不明確で，相手方にあらかじめ損益の計算ができない不利益を与えることとなる場合はもとより，協賛金等の負担の条件があらかじめ明確であっても，相手方が得る直接の利益等を勘案して合理的と認められる範囲を超えた負担となり，相手方に不利益を与えることとなる場合，③商品等の購入要請に関して，相手方が，その事業の遂行上必要としない商品等であり，又は，その購入を希望しなくても，今後の取引に与える影響を懸念して，当該要請を受け入れざるを得ない場合等には，これに該当するものと解するのが相当である。

(b) **従業員等派遣の要請**

原告において，納入業者からの従業員等派遣の条件を明らかにせず，従業員

等派遣に係る費用を負担することもなく，また，納入業者における負担が，本件開店準備作業等に従事することによって得ることとなる直接の利益の合理的な範囲を超える場合等には，一般的には，納入業者においては，従業員等派遣により派遣した従業員等の労務と従業員等派遣に係る費用を負担するものとして合理性を欠くものといえる。そうすると，原告の従業員等派遣を要請する行為は，（前記(a)①の場合に該当し）特段の事情のない限り，不利益行為に該当するものと認められる。本件において，①原告は，従業員等派遣を要請する際，事前に，店舗名や住所に加えて，作業期間，作業内容，応援人数，従業員等の派遣に要する費用の負担等の条件を明らかにしたり，納入業者との間で条件について合意したりすることはなく，②例外的な場合を除き，従業員派遣等に要した費用を請求するよう働きかけることも支払うこともなかったものであり，③派遣された従業員等が従事した作業の内容も，納入業者の従業員等が，自身の判断で自社商品を陳列したり，自社商品を説明，宣伝したりすることはできず，自社商品と他社商品の区別なく作業を行っていたものであり，④原告は，従業員派遣等を受けることによる見返りの約束をすることもなかったというのであるから，原告による従業員派遣等の要請については，不利益行為に該当しない特段の事情があるとは認め難い。

　よって，原告の53社に対する本件従業員等派遣の要請行為は，独占禁止法第2条第9項第5号ロ所定の不利益行為に該当する。

(c)　**本件協賛金の提供**

　原告において，協賛金等の負担額，算出根拠，使途等を明らかにせず，また，納入業者における負担が，納入業者が協賛金の提供によって得ることとなる直接の利益の合理的な範囲を超える場合等には，これらの協賛金の提供は，一般的には，納入業者において経済合理性を欠くものであることは明らかといえるから，（前記(a)②の場合に該当し）特段の事情のない限り，不利益行為に該当するものと認められる。①原告は，本件協賛金の提供を要請する際，オープンセール協賛金は，事前の取決めとして，その算定方法，支払方法その他の支払条件等の協賛金の提供に係る条件を明らかにすることはなく，当該条件につき納入業者との間で協議することもなく，原告の担当者が要請額を納入業者に伝える際も，協賛金の算出根拠や使途について具体的に説明することもなかったものであり，一方，創業祭協賛金は，事前の取決めとして，取引先カード等に記載していたが，記載する際に算出根拠や使途の説明がされることはなく，記載と異なる運用がされる場合も，原告と納入業者間で特段の協議はなく，原告の担当者等が要請額を納入業者に伝える際も，協賛金の算出根拠や使途について明確に説明することもなかったものであり，②本件協賛金の使途も，一部は，目標とされた利益額を達成するための補填等に使われ，提供した納入業者が納入する商品の販売には結び付けられておらず，協賛金を提供した納入業者の商品の納入量が通常より増えることもなかったものであり，また，創業祭協賛金の使途は，本部の収益として取り扱われ，原告は，本件協賛金の提供を受けることによる見返りの約束をすることもなかったというのであるか

ら，原告による本件協賛金の提供要請に不利益行為に該当しない特段の事情が存するとは認め難く，本件協賛金の提供要請は，いずれも独占禁止法第2条第9項第5号ロ所定の不利益行為に該当する。

(d) **本件商品の購入**

イージーオーダースーツ等本件商品の購入は，本来的には，原告と納入業者間の取引において，必ずしも購入を要するものとはいえないから，これらの本件商品の購入は，一般的には，納入業者において合理性を欠くものとなり，原告の本件商品の購入を要請する行為は，特段の事情のない限り，不利益行為に該当するものと認められる。

原告は，各部署における販売目標を設定し，納入業者ごとに割り振った数量を示して購入を要請し，販売目標を達成していない納入業者に対しては，本件商品の購入を再度要請していたものであり，納入業者の従業員等は，自身の勤務先の会社が原告と取引関係にあることを考慮して要請どおり本件商品を購入していたが，原告は，本件商品を販売するに当たり，特段見返りを約束するものではなかった。

以上の事実によれば，原告による本件商品の購入要請には，不利益行為に該当しない特段の事情があるとは認め難く，本件商品の購入を要請する行為は，独占禁止法第2条第9項第5号イ所定の不利益行為に該当するものと認められる。

(e) **小括**

以上によれば，本件各行為である原告による本件従業員等派遣の提供を受ける行為，本件協賛金の提供を受ける行為及び本件商品を購入させる行為は，いずれも独占禁止法第2条第9項第5号イ又はロ所定の不利益行為に該当するものと認められる。

e **正常な商慣習に照らして不当該当性について**

「正常な商慣習に照らして不当に」とは，公正な競争秩序の維持，促進の観点から是認されるものに照らして不当であることを意味するものと解される。そして，先に判示したとおり，本件各行為は，いずれも，納入業者において，条件が不明確であるためにあらかじめ計算できない不利益を負担したり，当該要請に応じることによって得られる直接の利益の合理的な範囲を超える不利益を負担したり，自発的に本件商品を購入したものとはいい難いものであり，公正な競争秩序の維持，促進の観点から是認されるものに照らして相当でないことが明らかであるから，本件各行為は，正常な商慣習に照らして不当になされたものと認めるのが相当である。

f **公正競争阻害性**

原告が納入業者に対する不利益行為の要請等を行えば，納入業者においてはこれに応じることを余儀なくされるような関係の下で，不利益行為に当たる本件各行為を一定期間，広範囲にわたって継続的に行っていたものというべきであり，納入業者の自由かつ自主的な判断による取引が阻害され，結果として，納入業者がその競争者との関係で不利となり，原告がその競争者との関係で優位となるお

それがあり，公正な競争秩序に悪影響を及ぼすおそれがあるものと認めるのが相当である。

g 優越的地位の濫用該当性

以上によれば，原告においては，その優越的地位を利用して，正常な商慣習に照らして不当に独占禁止法第2条第9項第5号イ又はロに該当する行為を行っていたものとして，当該行為は，優越的地位の濫用に該当すると認めるのが相当であり，そして，当該行為は，原告が，自己の取引上の地位が相手方に優越していることを利用して正常な商慣習に照らして不当に，同法第2条第9項第5号各号のいずれかに「該当する行為をすること」に当たるから，前記の一連の行為としてなされた当該行為については，一体として評価するのが相当であり，1個の優越的地位の濫用行為に当たるものと認めるのが相当というべきである。

(イ) **争点2（違反行為期間と課徴金算定）について**

a 違反行為期間について

(a) **違反行為期間**

独占禁止法第20条の6は，条文上，「当該行為」について，相手方が複数ある場合があり得ることを前提として定め，その場合における課徴金算定の基礎を，「当該行為のそれぞれの相手方との間における」売上額又は購入額の合計額であるものとするから，1個の違反行為につき相手方が複数ある場合における違反行為期間については，一律に認定することとして，始期である「当該行為をした日」とは，複数の相手方のうちいずれかの相手方に対して最初の当該行為をした日をいい，違反行為期間の終期である「当該行為がなくなる日」とは，複数の相手方の全ての相手方に対して当該行為が行われなくなった日をいうものと解するのが自然な解釈である。

加えて，最高裁判所平成14年（行ヒ）第72号同17年9月13日第三小法廷判決（民集59巻7号1950頁）は，独占禁止法第20条の6に基づく優越的地位の濫用に係る課徴金についても同様に妥当するもので，優越的地位の濫用禁止の実効性確保のための行政上の措置として機動的に発動できるようにしたものであり，算定基準も明確なものであることが望ましく，また，制度の積極的かつ効率的な運営により抑止効果を確保するためには算定が容易であることが必要であるといえ，1個の違反行為につき相手方が複数ある場合における違反行為期間においては，一律に，始期である「当該行為をした日」とは，複数の相手方のうちいずれかの相手方に対して最初の当該行為をした日をいい，違反行為期間の終期である「当該行為がなくなる日」とは，複数の相手方の全ての相手方に対して当該行為が行われなくなった日をいうものと解するのが相当である。

原告の主張するように，個々の「相手方」ごとに「行為」及び違反行為期間としての始期及び終期を認定する算定方法は，「相手方」ごとに違反行為期間の認定が区々となり，売上額又は購入額の計上が複雑となって，課徴金の算定が困難となるものであり，機動的に発動されるべき行政上の措置であって算定基準の明確性や算定方法の簡明性が求められる課徴金制度の趣旨に必ずしも沿うものとは言い難い。原告は，相手方ごとに認定することで，より推計された

利得額に近似した課徴金額になるなどと主張するが，優越的地位の濫用行為に係る課徴金の算定方式についても，個々の事案ごとに違反者が現実に不当に利得した金額に近似した額を算定することが，直ちに適切ということもできない。

また，優越的地位の濫用行為が，複数の相手方に対して継続的，組織的，計画的に一連の行為として行われ，当該行為が一体として1個の違反行為であるものと認められる場合，事業者による濫用行為の態様や程度，収受される利得額等に関連するのは，相手方にかかわらず一律に認定される違反行為期間における事業者の取引額全体の多寡であるものと考えられ，違反行為期間中であれば，事業者は不利益行為を要請し得る状態にあり，相手方も不利益行為の要請を受け得る状態にあったものと解されるから，違反行為期間中に，相手方によっては現実に濫用行為を受けていない期間があるとしても，当該期間の取引額も課徴金の算定基礎とするのが合理的というべきで，これを不都合とする原告の主張を採用することはできない。

本件では，1個の違反行為として違反行為期間を検討し，88社の納入業者のうちいずれかに対して最初に「当該行為をした日」を違反行為期間の始期と認め，88社の全ての納入業者に対して「当該行為がなくなる日」を終期とそれぞれ認めることとなる。

(b) **違反行為期間の始期**

前記(a)によると，本件においては，違反行為期間の始期は，平成21年4月20日に納入業者の従業員等に商品の陳列作業等を行わせた日であると認められる。

一方，平成21年独占禁止法改正法附則第5条は，同法「第20条の6（略）に規定する違反行為についてこれらの規定による課徴金の納付を命ずる場合において，当該違反行為が施行日前に開始され，施行日以後になくなったものであるときは，当該違反行為のうち施行日前に係るものについては，課徴金の納付を命ずることができない」と定めるところ，同条項は，違反行為である優越的地位の濫用行為が，同法の施行日前に開始され，施行日以後になくなる場合における経過措置を定めるものと解されるから，本件のように，同法の施行日の前後にわたって継続する場合には，課徴金の算定の基礎となる違反行為期間は，施行日以後である平成22年1月1日以降の部分となるものと解され，本件の始期は，平成22年1月1日と認めるのが相当である。

(c) **違反行為期間の終期**

事業者の違反行為が，組織的，計画的に行われる場合に，「当該行為が行われなくなった」とされるには，まずは，当該事業者における代表者等が，違反行為に該当する行為を今後行わないとの意思決定を行い，これを，内部的に，事業者の役員，従業員等に周知することを要するものと解される。また，既に事業者が要請行為を行っている場合には，それに基づいて相手からの提供又は購入等が行われることも想定されるから，そうした要請行為を解消することが必要であると解される。

そうすると，本件においては，本件立入検査の日より前に，11社に対し，平成23年の創業祭協賛金の提供を要請していたところ，同要請の支払期限がいずれも本件立入検査の日より後であり，8社は，その要請に従い，平成24年1月31日又は同年2月29日に支払っているのであって，本件立入検査の日より前に行った要請行為の影響を解消しない限り，「当該行為が行われなくなった」とはいえないというべきであるから，取締役会において，被疑事実に係る行為の取りやめ及び再発防止に関する決意表明並びにその文書を取引先へ送付することについて決議し，社内研修において同決議の内容を周知するとともに，取引先である納入業者に対し，被疑行為を取りやめることを内容とする会長及び社長名義の文書を送付した，同年3月14日に当該行為が行われなくなり，終期はその前日の同月13日と認めるのが相当である。

b 課徴金の算定について

前記 a で認定した違反行為期間における原告の88社との間における商品の購入額を独占禁止法施行令第30条第2項の規定に基づき算定すると，計1287億1385万942円となり，課徴金の額は12億8713万円となる。

イ 訴訟手続の経過

本件は，原告による上告受理申立てにつき，令和2年度末現在，最高裁判所に係属中である。

3 最高裁判所における決定

㈱Jーオイルミルズによる審決取消請求上告事件及び審決取消請求上告受理事件（令和3年（行ツ）第12号，令和3年（行ヒ）第13号）（第1表一連番号3）の決定の概要

最高裁判所は，本件上告理由は，民事訴訟法第312条第1項又は第2項に規定する事由に該当せず，また，本件は同法第318条第1項により受理すべきものとは認められないとして，上告棄却及び上告不受理の決定を行った。

第2 排除措置命令等取消請求訴訟

1 概要

令和2年度当初において係属中の排除措置命令等取消請求訴訟（注1）は8件（東京地方裁判所5件，東京高等裁判所2件，最高裁判所1件）（注2）であったところ，同年度中に新たに3件の排除措置命令等取消請求訴訟が東京地方裁判所に提起された。

令和2年度当初において東京地方裁判所に係属中であった5件のうち1件については，令和元年度中に判決（請求棄却）があり，令和2年度中に上訴期間が満了するものであったところ，同年度中に控訴されたが，東京高等裁判所が控訴を棄却する判決をし，その後，上告提起及び上告受理申立てがなされ，最高裁判所に係属中である。

令和2年度当初において東京高等裁判所に係属中であった2件のうち1件については，同裁判所が控訴を棄却する判決をし，控訴人（原審原告）2名のうち1名については上訴期間の経過をもって確定し，その余の1名については上告提起及び上告受理申立てがなさ

れ，最高裁判所に係属中である。前記2件のうち残りの1件については，令和2年度中に東京高等裁判所が控訴を棄却する判決をしたが，上告受理申立てがなされ，最高裁判所に係属中である。

　令和2年度当初において最高裁判所に係属中であった1件については，同裁判所が上告不受理決定をしたことにより終了した。

　これらの結果，令和2年度末時点において係属中の排除措置命令等取消請求訴訟は10件であった。

（注1）平成25年独占禁止法改正法（私的独占の禁止及び公正取引の確保に関する法律の一部を改正する法律〔平成25年法律第100号〕をいう。）により審判制度が廃止されたことに伴い，平成27年度以降，独占禁止法違反に係る行政処分に対する取消請求訴訟は，東京地方裁判所に提起する制度となっている。

（注2）排除措置命令等取消請求訴訟の件数は，訴訟ごとに裁判所において付される事件番号の数である。

第2表　令和2年度末時点において係属中の排除措置命令等取消請求訴訟一覧

一連番号	件　名	事件の内容	関係法条	判決等
1	ニチコン㈱による件	アルミ電解コンデンサ及びタンタル電解コンデンサの販売価格を引き上げる旨を合意していた（課徴金額　36億4018万円）。 （排除措置命令及び課徴金納付命令取消請求事件）	独占禁止法第3条後段及び第7条の2	措置年月日　　平成28年 3月29日 提訴年月日　　平成28年 9月26日 判決年月日　　平成31年 3月28日 （請求棄却，東京地方裁判所） 控訴年月日　　平成31年 4月12日 判決年月日　　令和 2年12月 3日 （控訴棄却　東京高等裁判所） 上訴年月日　　令和 2年12月18日 （上告及び上告受理申立て）
2	㈱富士通ゼネラルによる件	消防救急デジタル無線機器について，納入予定メーカーを決定し，納入予定メーカー以外の者は，納入予定メーカーが納入できるように協力する旨を合意していた（課徴金額　48億円）。 （排除措置命令及び課徴金納付命令取消請求事件）	独占禁止法第3条後段及び第7条の2	措置年月日　　平成29年 2月 2日 提訴年月日　　平成29年 8月 1日
3	（公社）神奈川県LPガス協会による件	LPガスの切替営業を行う入会希望者の入会申込みについて否決し，もって当該入会希望者が協会団体保険に加入できなくなることにより，神奈川県内のLPガス販売事業に係る事業分野における現在又は将来の事業者の数を制限している。 （排除措置命令取消請求事件及び執行停止申立事件）	独占禁止法第8条第3号	措置年月日　　平成30年 3月 9日 提訴年月日　　平成30年 6月25日 申立年月日　　平成30年 6月25日 決定年月日　　平成30年 7月11日 （執行停止の申立てについて，却下決定，東京地方裁判所） 抗告年月日　　平成30年 7月13日 決定年月日　　平成30年 7月17日 （即時抗告について，棄却決定〔確定〕，東京高等裁判所） 判決年月日　　令和 2年 3月26日 （請求棄却，東京地方裁判所） 控訴年月日　　令和 2年 4月 9日 判決年月日　　令和 3年 1月21日 （控訴棄却，東京高等裁判所） 上訴年月日　　令和 3年 2月 5日 （上告及び上告受理申立て）
4	㈱髙島屋による件	近畿地区の店舗において顧客から収受する優待ギフト送料の額を引き上げることを合意していた（課徴金額　5876万円）。 （課徴金納付命令取消請求事件）	独占禁止法第7条の2（第3条後段）	措置年月日　　平成30年10月 3日 提訴年月日　　平成31年 3月29日 判決年月日　　令和元年12月19日 （請求棄却，東京地方裁判所） 控訴年月日　　令和元年12月27日

一連番号	件　名	事件の内容	関係法条	判決等
				判決年月日　　令和 2年11月19日 （控訴棄却，東京高等裁判所） 上訴年月日　　令和 2年12月 2日 （上告受理申立て）
5	本町化学工業㈱による件	東日本地区又は近畿地区に所在する地方公共団体が発注する活性炭について，共同して，供給予定者を決定し，供給予定者が本町化学工業㈱を介して供給できるようにしていた（課徴金額　1億6143万円〔東日本地区〕，3283万円〔近畿地区〕）。 （排除措置命令及び課徴金納付命令取消請求事件並びに執行停止申立事件）	独占禁止法第3条後段及び第7条の2	措置年月日　　令和元年11月22日 提訴年月日　　令和 2年 1月16日 申立年月日　　令和 2年 1月16日 決定年月日　　令和 2年 3月27日 （執行停止の申立てについて，却下決定〔確定〕，東京地方裁判所）
6	鹿島道路㈱による件	アスファルト合材の販売価格の引上げを行っていく旨を合意していた（課徴金額　58億157万円）。 （排除措置命令及び課徴金納付命令取消請求事件）	独占禁止法第3条後段及び第7条の2	措置年月日　　令和元年 7月30日 提訴年月日　　令和 2年 1月28日
7	世紀東急工業㈱による件	アスファルト合材の販売価格の引上げを行っていく旨を合意していた（課徴金額　28億9781万円）。 （課徴金納付命令取消請求事件）	独占禁止法第7条の2（第3条後段）	措置年月日　　令和元年 7月30日 提訴年月日　　令和 2年 1月29日
8	マイナミ空港サービス㈱による件（排除措置命令について）	八尾空港における機上渡し給油による航空燃料の販売に関して，エス・ジー・シー佐賀航空㈱の事業活動を排除している。 （排除措置命令取消請求事件）	独占禁止法第3条前段	措置年月日　　令和 2年 7月 7日 提訴年月日　　令和 3年 1月 6日
9	大成建設㈱による件	リニア中央新幹線に係る地下開削工法による品川駅及び名古屋駅新設工事について，受注予定者を決定し，受注予定者が受注できるようにしていた。 （排除措置命令取消請求事件）	独占禁止法第3条後段	措置年月日　　令和 2年12月22日 提訴年月日　　令和 3年 3月 1日
10	マイナミ空港サービス㈱による件（課徴金納付命令について）	八尾空港における機上渡し給油による航空燃料の販売に関して，エス・ジー・シー佐賀航空㈱の事業活動を排除していた（課徴金額612万円）。 （課徴金納付命令取消請求事件）	独占禁止法第7条の9第2項（第3条前段）	措置年月日　　令和 3年 2月19日 提訴年月日　　令和 3年 3月29日

第3表　令和2年度中に確定した排除措置命令等取消請求訴訟一覧

一連番号	件　名	事件の内容	関係法条	判決等
1	ルビコン㈱による件	アルミ電解コンデンサの販売価格を引き上げる旨を合意していた（課徴金額　10億6774万円）。 （排除措置命令及び課徴金納付命令取消請求事件）。	独占禁止法第3条後段及び第7条の2	措置年月日　　平成28年 3月29日 提訴年月日　　平成28年 9月23日 判決年月日　　平成31年 3月28日 （請求棄却，東京地方裁判所） 控訴年月日　　平成31年 4月10日 判決年月日　　令和 2年12月 3日 （控訴棄却　東京高等裁判所）
2	高知県農業協同組合による	なすの販売を受託することができる組合員を支部員又は支部園芸部から集出荷場の利用を了承され	独占禁止法第19条（一般指定	措置年月日　　平成29年 3月29日 提訴年月日　　平成29年 5月 2日 申立年月日　　平成29年 5月 2日

一連番号	件名	事件の内容	関係法条	判決等
	件	た者に限定していたところ，次のとおり，組合員からなすの販売を受託していた。 ① 自ら以外の者になすを出荷したことにより支部園芸部を除名されるなどした者からなすの販売を受託しないこととして，なすの販売を受託していた。 ② 支部員が集出荷場を利用することなく農協以外への出荷を行った場合に徴収される系統外出荷手数料について，自らの販売事業の経費（農協職員の人件費等）に充当していた。 ③ 支部園芸部の定めた罰金等を収受し，これを系統出荷が行われたなすに関して自らが控除する諸掛預り金と同様に販売事業に係る経費に充てていた。 （排除措置命令取消請求事件及び執行停止申立事件）	第12項）	決定年月日　平成29年 7月31日 （執行停止の申立てについて，却下決定〔確定〕，東京地方裁判所） 判決年月日　平成31年 3月28日 （請求棄却，東京地方裁判所） 控訴年月日　平成31年 4月11日 判決年月日　令和元年11月27日 （控訴棄却，東京高等裁判所） 上訴年月日　令和元年12月10日 （上告受理申立て） 決定年月日　令和 2年10月13日 （上告不受理，最高裁判所）

2 東京高等裁判所における判決

⑴ ルビコン㈱ほか１名による排除措置命令等取消請求控訴事件（令和元年（行コ）第277号）（第３表一連番号１及び第２表一連番号１）

ア 主な争点及び判決の概要

　⑺ 本件アルミ合意に関する各命令に係る手続に瑕疵があるか（控訴人ニチコンの主張）

　　　控訴人ニチコンは，本件アルミ排除措置命令及び本件アルミ課徴金納付命令においては，アルミ電解コンデンサの販売価格を引き上げる旨の合意（以下「本件アルミ合意」という。）の内容として値上げ率や値上げ時期等が明らかにされておらず，具体的にいかなる行為を共同して行うことを合意したと認定したのかが不明確である上，平成22年当時，マーケット研究会に参加し競合他社と情報交換を行っていた≪Ｐ≫を合意の当事者から除外する合理的な理由が明らかにされていない点で，全く特定されずにされた違法な処分であり，本件アルミ合意に関する各命令に係る意見聴取手続には，防御や反論の機会が実質的に保障されていないという手続的瑕疵が存在すると主張する。

　　　しかしながら，被控訴人は，本件アルミ排除措置命令及び本件アルミ課徴金納付命令を行うに先立ち，控訴人ニチコンに対し，本件アルミ排除措置命令及び本件アルミ課徴金納付命令の各案を示した上で，意見聴取を行った事実が認められるところ，上記各案には，本件アルミ合意の当事者及びその内容，同合意の成立及び消滅時期，同合意の成立を根拠付ける事実の概要等並びに課徴金額の算出過程等が記載されていた上，被控訴人の審査官等により，上記各案に沿って，予定される排除措置命令の内容，被控訴人の認定した事実及びその主要な証拠並びに納付を命じようとする課徴金の額，課徴金の計算の基礎及び課徴金に係る違反行為を立証する主要

な証拠について説明がされたことが認められ，これらにより，アルミ電解コンデンサに関する上記各命令がされた根拠やその処分の対象となった取引の範囲は相当程度明らかであったから，本件アルミ合意は，少なくとも控訴人ニチコンが防御や反論をすることが可能な程度にその内容が特定されていたといえる。

(イ)　**課徴金額の算定の基礎について（控訴人ルビコンの主張）**

　控訴人ルビコンは，本件アルミ合意の内容は，「アルミ電解コンデンサに関し，日本国内工場向けの取引について需要者等ごとの販売総額をその仕入総額以上とすること」に尽きるのであって，それ以上にアルミ電解コンデンサ全体の値上げをすることではなかったのであるから，実行期間内に控訴人ルビコンが販売した全てのアルミ電解コンデンサの売上額を基礎に課徴金の額を算定したのは違法である旨主張する。

　しかし，「不当な取引制限」という違反行為の対象商品の範ちゅうに属する商品については，違反行為を行った事業者等が，一定の商品を明示的又は黙示的に当該行為の対象から除外するなど，当該商品が違反行為である相互拘束から除外されていることを示す事情が認められない限り，課徴金算定の対象となる「当該商品」に含まれるというべきであるところ，控訴人ルビコンにおいて，日本国内工場向けの取引について需要者等ごとの販売総額をその仕入総額以上とすること以外にアルミ電解コンデンサの値上げ活動はしないといった意思表明等が明示的又は黙示的にされたと認めるべき証拠はなく，かえって原判決の認定からすれば，本件アルミ合意の成立時に，それ以降の値上げ活動として，日系需要者等について，需要者等ごとのアルミ電解コンデンサの販売総額をその仕入総額以上にすることのみが念頭に置かれていたものとは認められないから，アルミ電解コンデンサ全体が「当該商品」に含まれると解するのが相当である。

(ウ)　**本件アルミ合意の終期（控訴人ニチコンの主張）**

　控訴人ニチコンは，東日本大震災により日本ケミコン㈱の傘下の工場が被災し，同社はアルミ電解コンデンサの生産能力を喪失して新規の注文に応じられない状態が長期間続くことになったのであるから，大震災のあった平成23年3月11日において本件アルミ合意による相互拘束が事実上消滅していると認められる特段の事情が生じたというべきである旨主張する。

　しかし，本件において認められる事実によれば，東日本大震災が発生したことにより本件アルミ合意による相互拘束状態が解消され，もはや競争制限的な事業活動がされなくなったとはいい難く，本件アルミ合意による相互拘束が事実上消滅していると認められる特段の事情があるとは認められない。

　また，控訴人ニチコンは，遅くとも日本ケミコン㈱の社内で値下げを視野に入れた販売活動を行う方針が決定された平成23年8月19日以降，本件アルミ合意の相互拘束は消滅したとみるほかなく，本件アルミ合意の実行期間は同日を終期とすべきである旨主張する。

　しかし，日本ケミコン㈱の平成23年8月19日の社内会議において，販売価格の値下げも辞さないとの指示が出される一方で，同業他社との間でメリットのない値下げ合戦は避けるよう併せて指示があったというのであるから，かかる指示は本件ア

ルミ合意の相互拘束の結果とみるべきであり，そのほか本件記録を精査しても，同日の時点において本件アルミ合意による相互拘束が事実上消滅していると認められる特段の事情の存在を認めるに足りる証拠はない。

（エ）　**平等原則違反及び審理不尽の違法（控訴人ニチコンの主張）**

控訴人ニチコンは，①≪Ｐ≫が本件アルミ合意の当事者として，アルミ電解コンデンサについて排除措置命令等の処分の対象となるべきであったことは明らかであるのに，被控訴人が合理的な理由の説明もなく，≪Ｐ≫を処分の対象から外したことには，裁量権の逸脱・濫用があり平等原則に違反する違法がある，②主張事実を明らかにすべく，被控訴人の職員を証人申請したにもかかわらずこれを却下した原審の手続には，審理不尽の違法があるとも主張する。

しかし，①被控訴人は，控訴人ニチコンらが日本国内でのアルミ電解コンデンサの販売分野における競争を実質的に制限したことを理由として本件アルミ合意に関する各命令を行ったのに対し，≪Ｐ≫がその活動によって日本国内でのアルミ電解コンデンサの販売分野における競争を実質的に制限していたと認めるに足りる適確な証拠はなく，同社を別異に取り扱ったことが不合理であるとはいえないことは原判決説示のとおりであるし，②また，本件記録を精査しても，被控訴人の職員の証人申請を却下した原審の手続が違法・不当であると認めるに足りる事情は見当たらず，原審の手続に審理不尽の違法があるとは認められない。

（オ）　**結論**

以上によれば，控訴人らの請求はいずれも理由がなく，これらを棄却した原判決は相当であって，本件控訴はいずれも理由がないから，主文のとおり判決する。

イ　**訴訟手続の経過**

本件は，ニチコン㈱による上告及び上告受理申立てにつき，令和２年度末現在，最高裁判所に係属中である（ルビコン㈱による件については，上訴期間の経過をもって判決が確定した。）。

(2) **㈱髙島屋による課徴金納付命令取消請求控訴事件（令和２年（行コ）第 14 号）（第２表一連番号４）**

ア　**主な争点及び判決の概要**

（ア）　**優待ギフトの配送に係る役務の提供が令和元年独占禁止法改正法による改正前の独占禁止法第７条の２第１項に規定する小売業に当たるか**

令和元年独占禁止法改正法による改正前の独占禁止法第７条の２による課徴金納付命令は，事業者による不当な取引制限等の違反行為ごとに当該事業者に対してされるものであり，同条第１項の「実行期間」は違反行為の実行としての事業活動が行われた期間をいい，同項の「売上額」も違反行為に係る商品又は役務の売上額とされている以上，これらの実行期間，商品又は役務及び売上額は，いずれも違反行為ごとに定まるものというべきであり，課徴金算定率を定めるに当たって，軽減された算定率が適用される小売業に当たるか否かを認定するについても，違反行為に該当する具体的な行為に係る事業活動の実態に即して判断すべきものと解するのが

相当である。

　令和元年独占禁止法改正法による改正前の独占禁止法第7条の2第1項において，課徴金算定率を原則として10％としつつ，小売業及び卸売業についてこれより軽減した算定率を設定した趣旨は，卸売業や小売業の取引は，商品の同一性を保持したまま流通させることによりマージンを取得するという側面が強く，事業活動の性質上，売上高に対する営業利益率も小さくなっている実態を考慮したものと解される。「小売業」という言葉の一般的な意味や他の法令における用例，さらに以上のような制度趣旨を考慮すれば，独占禁止法第7条の2第1項本文に規定する小売業とは，専ら商品を卸売業者等から買い入れて，その同一性を保持したまま消費者に販売する事業を意味するものであり，役務の提供は含まれないと解するのが相当である。本件事業は，優待ギフトの配送に係る役務の提供を内容とするものであり，商品を仕入れてこれを販売する事業であるということはできないから，同項に規定する小売業に当たるということはできない。

　(イ)　優待ギフトの配送に係る役務の提供が売買契約の目的物の引渡義務の履行としてされているか

　　控訴人は，商品の配送は売買契約の目的物の引渡義務の履行であるので，本件事業は小売業の本来的機能に含まれる旨主張する。

　　しかし，本件事業は，控訴人が優待ギフトを購入する顧客からその配送の希望を受けた場合に，当該顧客から優待ギフト送料を収受して，物流事業者に当該優待ギフトの配送を委託することにより，当該顧客に対し，優待ギフトの配送に係る役務を提供するものであること，本件事業に関して顧客が役務の提供を利用しないことが可能とされており，控訴人は優待ギフトの代金とは別に顧客から優待ギフト送料を受け取っていることを踏まえれば，顧客が優待ギフトの配送を希望した場合には，優待ギフトの販売に係る売買契約とは別に，控訴人と顧客との間で，顧客が購入した優待ギフトを贈り先に配送することを内容とする契約が成立しているというべきである。本件事業に関し，前記の事情が存する以上，控訴人が営業する百貨店における売買契約に係る目的物の引渡義務の履行としてされているものとは解されない。

　(ウ)　結論

　　よって，本件請求を棄却した原判決は相当であって，本件控訴は理由がないからこれを棄却することとして，主文のとおり判決する。

イ　訴訟手続の経過

　本件は，控訴人による上告受理申立てにつき，令和2年度末現在，最高裁判所に係属中である。

(3)　（公社）神奈川県ＬＰガス協会による排除措置命令取消請求控訴事件（令和2年（行コ）第122号）（第2表一連番号3）

ア　主な争点及び判決の概要

(7) 控訴人が，神奈川県内のＬＰガス販売事業の分野における「現在又は将来の事業者の数を制限」したといえるか

　a　独占禁止法第８条第３号違反における排除効果の要否

　　　控訴人は，独占禁止法第３条と第８条との関連や独占禁止法の目的に加え，本件においてＬＰガス販売事業への参入等が困難だった直接の原因が損害保険会社による個別保険の引受拒否であったことからすれば，競争を実質的に制限したという排除効果が，当該違反行為そのものから発生したことを要すると解すべきであるが，そのような排除効果は生じていないと主張する。

　　　しかし，控訴人の主張は，独占禁止法第８条第３号該当性の要件として，競争の実質的制限という排除効果を要することを前提としているところ，同号が同条第１号と異なり，競争の実質的制限に至らなくても，競争政策上看過することができない影響を競争に及ぼすこととなる場合を対象としており，当該事業者団体に加入しなければ参入等をすることが一般に困難な状況があれば，入会希望者の入会を制限することが参入等を事実上抑制する効果を有し，「現在又は将来の事業者の数を制限すること」に該当すると解され，控訴人主張の前記前提を採り得ないことは，原判決のとおりであり，控訴人の主張は独自の見解であり採用し得ない。

　b　独占禁止法第８条第３号違反における「事業者の数を制限する」ことの認識の要否

　　　控訴人は，独占禁止法第８条は刑事罰としての構成要件でもあるから当然に事業者の違反行為により一定分野において事業者が新規参入することができなくなる又はできにくくなることの認識は必要と解するべきであり，排除措置命令が行政処分であることを理由に前記認識を要しないとするのは誤りであって，控訴人の理事らに，前記認識がなかったことを根拠として，本件否決が独占禁止法第８条第３号に該当しない旨を主張する。

　　　しかし，独占禁止法第８条第３号の違反行為の要件として，違反行為の認識を要しないことは，原判決のとおりであり，控訴人の主張を採り得ない。刑事罰に関しては，独占禁止法の要件だけでなく，原則として故意が必要となる（刑法第８条，第３８条）のに対し，排除措置命令の目的は違反状態を是正することにあり，法の目的からして故意は必要とは解されない。

(イ) 本件否決に正当な理由があり，独占禁止法第８条第３号に該当しないか

　　独占禁止法は，公正かつ自由な競争を促進し，事業者の創意を発揮させ，事業活動を盛んにし，雇用及び国民実所得の水準を高め，もって，一般消費者の利益を確保するとともに，国民経済の民主的で健全な発達を促進することを目的とするものであるから（同法第１条），同目的に照らして，専ら公正な競争秩序維持の見地から見て正当な理由・目的があり，かつ，その理由・目的に照らして，その内容及び手段に合理性・相当性が認められる場合には，たとえ外形上現在又は将来の事業者の数を制限するものであったとしても，当該行為は不当なものとはいえないとして独占禁止法第８条第３号に当たらないと解される。

　　控訴人は，正当の理由の有無の判断において，公正な競争維持の見地のみなら

ず，結社の自由により保障される団体自治としての目的秩序維持の見地も十分に考慮すべきであり，団体における入会可否の判断は，当然に尊重されなければならず，また，公正な競争維持の見地とは，独占禁止法第8条だけでなく他の規定に違反するのかも検討されるべきであり，≪A≫の行為は特商法に抵触し得，不公正な取引方法にも当たるものであること等を根拠に，本件否決に正当の理由があった旨を主張する。

　しかし，団体における入会の可否の判断であることのみで，正当の理由があるとは認められず，また，控訴人の主張は，いずれも，本件否決が，≪A≫が特商法に抵触するような違法又は不当な勧誘をしていることを理由にされたことを前提としていると解されるところ，本件否決が同理由によりされたものとは認められず，切替営業を防ぐ意図でされたものと認められることは，原判決のとおりであるから，いずれもその前提を欠くものというべきであり，採り得ない。そして，全主張及び全証拠を精査しても，他に前記判断を左右する事情は見当たらない。

(ｱ)　**本件排除措置命令における裁量権の濫用又は逸脱の有無**

a　**結社の自由の侵害**

　控訴人は，≪A≫の入会申込みの目的が，協会団体保険に入会することであったことからすれば，本件排除措置命令は，真に入会する意思のない事業者であっても入会させるよう命じているのと同じであること等を根拠として，本件排除措置命令が控訴人の結社の自由を侵害したものと主張する。

　しかし，本件排除措置命令は，本件否決について，切替営業を理由とした否決行為であるとして，神奈川県内のLPガス販売事業に係る事業分野における現在又は将来の事業者の数を制限するものであるとして，その是正を求めるものであり，控訴人主張のような，控訴人の目的に賛同しない事業者や，真に入会する意思のない事業者を入会させることを命じるものではなく，前記主張を採り得ないことは，原判決のとおりである。

b　**本件排除措置命令は，既に違反行為が解消済みであるにもかかわらず行われたか**

　控訴人は，本件排除措置命令案の主文第1項では，切替営業を理由に入会申込みについて否決してはいけないというにとどまり，その他の理由として違法又は不当な勧誘方法を行う事業者や控訴人の目的に沿わない事業者などの入会を認めるよう求めるものではないから，既に控訴人が行った是正策をもって違反行為は解消済みであり，控訴人の意見聴取時の発言（≪A≫が再度入会申込みをしてきたときの対応について，本件排除措置命令案等を真摯に受け止めており，柔軟な対応をしていきたい旨を述べるにとどまったこと）が本件排除措置命令に応じていないことにはならない旨を主張する。

　しかし，控訴人は，上記是正策を行う一方で，意見聴取手続においては，本件否決の理由に関し，切替営業を理由として行われたことを明確に争い，本件否決の正当性を主張し，同主張を本件排除措置命令の前後を通じて維持してきたことが認められ，本件排除措置命令が，本件否決が≪A≫の切替営業を理由にされたことを前提とし（主文第1項等は，本件否決と同様の否決行為を禁じたものと解

される。），その旨が，本件排除措置命令案に示されて控訴人に伝えられていたことに鑑みれば，控訴人の上記主張は，本件排除措置命令の趣旨に明らかに反したものといえるから，本件排除措置命令の当時，控訴人は，上記一連の是正策実施後もなお，本件否決と同様の否決行為を繰り返すおそれがある状態であったと認めざるを得ない。加えて，控訴人は，本件排除措置命令までに，本件否決を撤回したり，≪Ａ≫の入会申込みに対する理事会での審議，採決をやり直したりするなどの具体的かつ直接的な是正策をとっていなかったものであり，この点も，上記おそれがあったことを疑わせる事情といえ，また，本件の全主張及び全証拠を精査しても，上記おそれを払しょくするに足る事情は見いだせない。

　以上によれば，上記是正策がされたことを考慮しても，本件排除措置命令の当時においては，独占禁止法第８条第３号の違反行為が解消されておらず，いまだ継続していたものと認められ，本件排除措置命令は，必要性及び相当性があるものといえる。

(ｴ)　結論

　以上によれば，控訴人の本件請求を棄却した原判決は相当であり，控訴人の本件控訴は理由がないから，これを棄却することとし，主文のとおり判決する。

イ　訴訟手続の経過

　本件は，控訴人による上告及び上告受理申立てにつき，令和２年度末現在，最高裁判所に係属中である。

3　最高裁判所における決定

高知県農業協同組合（注）による排除措置命令取消請求上告受理事件（令和２年（行ヒ）第111号）（第３表一連番号２）の決定の概要

　（注）平成31年１月１日付けで，土佐あき農業協同組合（以下「土佐あき農協」という。）を含む高知県内の12の農業協同組合が合併し，高知県農業協同組合となったことに伴い，本件の原告は，高知県農業協同組合（土佐あき農協訴訟承継人）となった。

　最高裁判所は，本件は民事訴訟法第318条第１項により受理すべきものとは認められないとして，上告不受理の決定を行った。

第3　その他の公正取引委員会関係訴訟

1　概要

　令和２年度当初において係属中のその他の公正取引委員会関係訴訟（審決取消請求訴訟及び排除措置命令等取消請求訴訟以外の訴訟で公正取引委員会が処分行政庁又は所管行政庁であるものをいう。以下同じ。）は１件であったところ，同年度中に新たに提起された事件はなかった。

　この令和２年度の係属事件１件は，同年度中に最高裁判所が上告棄却及び上告不受理の決定をしたことにより終了した。

2 令和2年度に係属していたその他の公正取引委員会関係訴訟

(1) 事件の表示

　　損害賠償等請求事件

　　上告人兼申立人（一審原告，原審控訴人）　X

　　被上告人兼相手方（一審被告，原審被控訴人）　国

　　提 訴 年 月 日　平成26年7月22日

　　一審判決年月日　平成30年12月7日（請求棄却，東京地方裁判所）

　　控 訴 年 月 日　平成30年12月21日（一審原告）

　　原判決年月日　令和2年1月28日（控訴棄却，東京高等裁判所）

　　上 訴 年 月 日　令和2年2月18日（上告及び上告受理申立て，一審原告・原審控訴人）

　　決 定 年 月 日　令和2年10月13日（上告棄却及び上告不受理）

(2) 事案の概要

　　本件は，防衛省航空自衛隊が発注する什器類の製造業者らによる入札談合に関し，上告人兼申立人（一審原告・原審控訴人）が，防衛省の調査報告書等により名誉を棄損されたとして慰謝料の支払及び防衛省のホームページへの謝罪文の掲載を求めるとともに，防衛省による違法な損害賠償請求により損害を被ったとして損害賠償を求めるものである。

(3) 決定の概要

　　最高裁判所は，本件上告の理由は，民事訴訟法第312条第1項又は第2項に規定する事由に該当せず，また，本件申立ての理由は同法第318条第1項により受理すべきものとは認められないとして，上告棄却及び上告不受理の決定を行った。

第4　独占禁止法第24条に基づく差止請求訴訟

　　令和2年度当初において係属中の独占禁止法第24条に基づく差止請求訴訟は2件であったところ，同年度中に新たに1件の差止請求訴訟が提起された。

　　これら令和2年度の係属事件3件のうち，東京地方裁判所に係属していたものについて和解により終了したものが1件あった。

　　この結果，令和2年度末時点において係属中の訴訟は2件となった。

第4表　令和2年度に係属していた独占禁止法第24条に基づく差止請求訴訟

裁 判 所 事件番号 提訴年月日	内　　　　容	判 決 等
東京地方裁判所 平成30年（ワ）6919号 平成30年3月6日	被告は，原告が宣伝広告に用いている表示とほぼ同一の表示を顧客誘引のための宣伝広告に使用している。しかし，被告は，被告が使用している表示に記載された実績を上げた事実はなく，かかる行為は虚偽表示によるぎまん的顧客誘引に該当するとして，当該表示の使用禁止及び抹消を求めるもの。	和解
東京地方裁判所 令和元年（ワ）35167号 令和元年12月25日	被告は，被告が製造・販売するプリンタにおいて，原告らが販売する互換品カートリッジを使用できなくする機構を設けた。このことにより，原告らが販売する互換品カートリッジを被告の製造・販売するプリンタにおいて利用されるカートリッジ市場から排除しており，かかる行為は抱き合わせ販売又は競争者に対する取引妨害に該当するとして，当該行為の差止めを求めるもの。	（係属中）
大阪地方裁判所 令和2年（ワ）10073号 令和2年10月27日	被告は，被告が販売するインクカートリッジについて，これらを再利用したインクカートリッジを使用した場合は，通常のインクカートリッジが有する消費者に不測の被害を生じさせないための機能が発揮できず，プリンタ自体の故障の原因となるような設計とし，原告を含む被告以外の競合する事業者が被告が販売するインクカートリッジの再生品を製造，販売することを妨げることにより，被告が販売するインクカートリッジ市場への再生品の参入を妨害しており，かかる行為は抱き合わせ販売及び競争者に対する取引妨害に該当するとして，当該行為の差止めを求めるもの。	（係属中）

第5　独占禁止法第25条に基づく損害賠償請求訴訟

　令和2年度当初において係属中の独占禁止法第25条に基づく損害賠償請求訴訟はなく，同年度中に新たに提起された事件はなかった（注）。

（注）独占禁止法第25条に基づく損害賠償請求訴訟の件数は，独占禁止法第84条に基づく求意見がなされ，公正取引委員会がその存在を把握したものについて記載したものである。

第5章　競争環境の整備

第1　デジタル市場競争会議

　内閣に設置されたデジタル市場競争本部の下，デジタル市場に関する重要事項の調査審議等を実施するため，デジタル市場競争会議が開催されている。当該会議は，内閣官房長官が議長を務め，公正取引委員会に関する事務を担当する内閣府特命担当大臣，公正取引委員会委員長も構成員となっている。

　令和2年6月16日に開催された第4回デジタル市場競争会議では，同年4月28日に公正取引委員会が公表した「デジタル広告の取引実態に関する中間報告書」の内容を踏まえ，「デジタル広告市場の競争評価中間報告」が取りまとめられた。また，令和3年4月27日に開催された第5回デジタル市場競争会議では，同年2月17日に当委員会が公表した「デジタル広告分野の取引実態に関する最終報告書」の内容を踏まえ，「デジタル広告市場の競争評価最終報告」が取りまとめられた。

第2　ガイドライン等の策定・公表等

1　概説

　公正取引委員会は，独占禁止法違反行為の未然防止と事業者及び事業者団体の適切な活動に役立てるため，事業者及び事業者団体の活動の中でどのような行為が実際に独占禁止法違反となるのかを具体的に示したガイドラインを策定・公表している。

　令和2年度においては，以下のガイドライン等の策定・公表等に取り組んだ。

2　「適正なガス取引についての指針」の改定

⑴　経緯

　公正取引委員会は，経済産業省と共同して，ガス市場における公正かつ有効な競争の観点から，独占禁止法上又はガス事業法上問題となる行為等を明らかにした「適正なガス取引についての指針」を平成12年3月に作成・公表し，随時改定している。

　令和元年6月公表の「小売全面自由化後の都市ガス事業分野における実態調査報告書について」や令和2年6月公表の「大阪瓦斯株式会社に対する独占禁止法違反被疑事件の処理について」等の内容を踏まえ，令和3年2月25日に本指針を改定した。

⑵　改定内容

ア　包括契約締結に係る不当な取引条件の設定

　ガス小売事業者が需要家との間で包括契約（注）を締結するに当たり，需要家に対し，不当に，他のガス小売事業者との小売供給契約に切り替えると金銭的負担が生じるような取引条件を課すことについて，独占禁止法上問題（私的独占，拘束条件付取引，排他条件付取引，取引妨害等）となるおそれがあることを新たに記載した。

　（注）複数の需要場所への小売供給を条件としてガス料金の割引を行うことを約する契約。

イ　消費機器のメンテナンス契約の継続拒絶

　ガス小売事業者が，自己との小売供給契約を他のガス小売事業者との契約に切り替えようとし，かつ，当該小売供給契約と共に締結している，消費機器を継続的に利用していく上で自己と締結することが必要不可欠なメンテナンス契約の継続を希望する需要家に対して，当該メンテナンス契約の継続を拒否する又は拒否を示唆すること等について，独占禁止法上問題（私的独占，取引妨害等）となるおそれがあることを新たに記載した。

ウ　ガスの卸売分野における中途解約補償料を伴う長期契約

　ガス卸売事業者が，ガスの卸供給先であるガス小売事業者が他の卸売事業者からガスの供給を受けるため自己との卸売供給契約を契約期間中に解約するに当たって，不当に高い解約補償料を徴収することについて，独占禁止法上問題（私的独占，拘束条件付取引，排他条件付取引，取引妨害等）となるおそれがあることを新たに記載した。

エ　内管工事における差別的取扱い

　ガス導管事業者が，自己の小売部門以外のガス小売事業者と小売供給契約を締結しようとする需要家から内管工事に係る依頼を受けた際の工事費用や費用の支払方法といった取引条件を，自社の小売部門が供給する需要家と比べ不当に不利なものとすることについて，独占禁止法上問題（私的独占，取引拒絶，差別取扱い等）となるおそれがあることを新たに記載した。

3　「フリーランスとして安心して働ける環境を整備するためのガイドライン」の策定

(1)　経緯

　公正取引委員会は，令和2年7月17日に閣議決定された「成長戦略実行計画」において，フリーランスとして安心して働ける環境を整備するため，政府として一体的に，保護ルールの整備を行うこととされたことを踏まえ，事業者とフリーランスとの取引について，独占禁止法，下請法及び労働関係法令の適用関係を明らかにするとともに，これら法令に基づく問題行為を明確化するため，「フリーランスとして安心して働ける環境を整備するためのガイドライン」を内閣官房，中小企業庁及び厚生労働省と連名で策定し，令和3年3月26日に公表した。

(2)　内容

　本ガイドラインにおいて，発注事業者とフリーランスとの取引について，独占禁止法，下請法及び労働関係法令の適用関係を明らかにした上で，公正取引委員会は，正当な理由がない限り発注事業者が発注時の取引条件を明確にする書面を交付しないことは独占禁止法上不適切であること，優越的地位の濫用につながり得る行為及びそのうち下請法の規制の対象となり得る行為の考え方，仲介事業者とフリーランスとの取引についても独占禁止法が適用されること等を記載した。

　また，本ガイドラインでは，形式的には雇用契約を締結せず，フリーランスとして請

負契約や準委任契約等の契約で仕事をする場合であっても，労働関係法令の適用に当たっては，契約の形式や名称にかかわらず，個々の働き方の実態に基づいて，「労働者」かどうかが判断されることになるとして，その判断基準も記載されている。

4 「スタートアップとの事業連携に関する指針」の策定

(1) 経緯

大企業とスタートアップの連携により，チャレンジ精神のある人材の育成や活用を図り，我が国の競争力を更に向上させることが重要である。他方，大企業とスタートアップが連携するに当たり，スタートアップからは，大企業と共同研究すると，特許権が大企業に独占されたり，周辺の特許を大企業に囲い込まれたりする，といった偏った契約実態を指摘する声がある。

公正取引委員会は，「スタートアップの取引慣行に関する実態調査報告書」（令和2年11月27日）において，スタートアップと事業連携を目的とする事業者（以下「連携事業者」という。）との間の秘密保持契約（以下「NDA」という。），技術検証（以下「PoC」という。）契約，共同研究契約及びライセンス契約に係る問題事例等を公表した。

これらを踏まえ，公正取引委員会は，経済産業省と共同で，スタートアップと連携事業者との間であるべき契約の姿・考え方を示すことを目的として，スタートアップとの事業連携に関する指針を策定し，令和3年3月29日に公表した。

(2) 内容

スタートアップと連携事業者との間の取引・契約について，NDA，PoC契約，共同研究契約及びライセンス契約の四つの契約段階ごとに，「スタートアップの取引慣行に関する実態調査報告書」に基づく事例及び独占禁止法上の考え方を示すとともに，各契約段階における取引上の課題と解決方針を示した。

5 「フランチャイズ・システムに関する独占禁止法上の考え方について」の改正

(1) 経緯

公正取引委員会は，フランチャイザー（以下 5 において「本部」という。）とフランチャイジー（以下 5 において「加盟者」という。）の取引において，どのような行為が独占禁止法上問題となるかについて具体的に明らかにすることにより，本部の独占禁止法違反行為の未然防止とその適切な事業活動の展開に役立てるために，「フランチャイズ・システムに関する独占禁止法上の考え方について」（平成14年4月24日公正取引委員会）を策定している。

公正取引委員会は，フランチャイズ・システムを用いて事業活動を行うコンビニエンスストアの本部と加盟者との取引等について，後記第3の 3 のとおり大規模な実態調査を実施した。当該調査の結果，今なお多くの取り組むべき課題が明らかとなったため，「フランチャイズ・システムに関する独占禁止法上の考え方について」を改正し，令和3年4月28日に公表した。

⑵　主な改正内容

ア　本部の加盟者募集

　「ぎまん的顧客誘引」に該当する行為の未然防止の観点から，本部がドミナント出店（加盟者店舗の周辺地域への追加出店）を行う際には配慮する旨を提示する場合や予想売上げ等を提示する場合における留意点，人手不足等の経営に悪影響を与える情報の提示に関する記載等を追加した。

イ　フランチャイズ契約締結後の本部と加盟者との取引

　「優越的地位の濫用」に該当する行為の未然防止の観点から，違反想定事例の記載の中に，本部が加盟者の意思に反する発注を行うことによる仕入数量の強制，営業時間の短縮に係る協議拒絶及び事前の取決めに反するドミナント出店等の事例を追加した。

第3　実態調査等

1　共通ポイントサービスに関する取引実態調査

⑴　調査趣旨

　共通ポイントサービスは，我が国において，消費生活に密着した様々な業種業態で普及している。消費者は，共通ポイントの付与を受けることによって利便性が向上するとともに，ポイントを付与する小売等事業者は，集客力が向上し，販売力を強化することになる。また，これと同時に，消費者の個人情報等及び小売等事業者の商品・サービスの取引情報（以下第3の　1　においてこれらを「データ」という。）が利活用されている。その中で，共通ポイントサービスは，消費者と加盟店とをつなぐデジタル・プラットフォームとして機能しており，消費者の商品及びサービスの選択や，ポイントサービスを通じた小売等事業者の経済活動といった国民生活に影響を与えている。

　一方，公正取引委員会では，これまで，経済のデジタル化の進展に対する対応として，デジタル・プラットフォームに関する分野における競争環境の整備に力を注いできている。

　公正取引委員会は，このようなデジタル分野への取組の中で，共通ポイントサービスに関する取引実態調査を実施し，令和2年6月12日に報告書を公表した。

⑵　調査対象等

　①共通ポイントサービスに関する取引並びに②共通ポイントサービスの運営事業者によるデータの収集及び利活用の実態について調査を実施した。

　共通ポイントサービスの運営事業者（以下「運営事業者」という。）4社に対し書面調査を実施した。また，共通ポイントサービスの加盟店（以下第3の　1　において「加盟店」という。）1,996名に対し書面調査を実施し，回収数456社（有効回答者数414社，有効回答率約21％）を得た。さらに，運営事業者4社が運営する共通ポイントサービスの利用に関しウェブ調査を実施し，消費者1万名の回答を得た。加えて，運営事業者4

社，加盟店26社及び代理店１社に対し，聴取調査を実施した。

⑶　共通ポイントサービスの概要
ア　共通ポイントの付与と利用
　　共通ポイントは，共通ポイントサービスの加盟店における商品購入やサービス利用の際に，会員証であるポイントカード（プラスチック製のカードのほか，スマートフォン用アプリで表示されるバーコード等を含む。以下同じ。）を提示することにより，取引額等に応じて加盟店から消費者（会員）に付与される。

　　また，付与された共通ポイントは，消費者が，同一の共通ポイントサービスに属する加盟店での会計時の支払額に充当したり，一定のポイントを用いて加盟店が発行するクーポンを入手することができるほか，他のポイントと交換することも可能である。

イ　運営事業者，加盟店及び消費者間の契約関係
　　共通ポイントサービスにおいては，①運営事業者と小売等事業者との間では「加盟店契約」が締結されている（特約や覚書を含む。また，運営事業者の代理店と契約する場合を含む。以下同じ。）。

　　また，②運営事業者と消費者との間では共通ポイントサービスの利用規約（以下「利用規約」という。）に基づき，消費者の会員登録が行われている。加盟店による共通ポイントの付与や消費者による共通ポイントの利用は，当該加盟店契約及び利用規約に基づき行われている。

⑷　運営事業者と加盟店との取引実態
ア　他の共通ポイントサービスの導入制限等
　　共通ポイントサービスの加盟店契約において，加盟店が他の共通ポイントサービスを検討又は実行する場合には，運営事業者の事前承諾又は事前通知を要する旨の条項（以下「事前承諾条項」という。）が設けられている場合がある。これにより，加盟店が他の共通ポイントサービスを導入できない可能性がある。

　　これに対し，運営事業者の主な意見は，①全ての契約に事前承諾条項を設けているわけではない，②共通ポイントサービスの利用に係る取引情報によるデータ分析の精度向上を目的として当該条項を設けている，③交渉の結果，加盟店とお互いの利益が一致して相互に制限を設けている，④加盟店の初期費用を負担する場合に費用回収の観点から当該条項を設けているなどであった。

　　他方，加盟店が，競合他社との差別化などを理由として，自社の業界や近隣地域における競合他社を当該共通ポイントサービスに加盟させないように運営事業者に求める場合があり，加盟店契約において運営事業者及び加盟店の相互に事前承諾条項が設けられ，これにより競合他社が加盟できない可能性がある。具体的には，運営事業者が，特定業種・企業を加盟させる場合には，加盟店の事前承諾，協議又は意見聴取を要するものである。

　　加盟店向け書面調査の結果によると，運営事業者と共通ポイントサービスの加盟店

契約を締結した際に，運営事業者から他のポイントサービスを導入してはいけない旨の提示を受けた加盟店は延べ36社（9％）（有効回答者数延べ404社）だった。

　また，加盟店に対する聴取調査の結果によると，加盟店が他のポイントサービスを導入したい場合，当該事前承諾条項によって，一部の加盟店では，他のポイントサービス導入のための交渉に長期間を要したり，一部導入を断念したりする場合もあった。しかし，多くの加盟店は，他のポイントサービスの導入を検討することを躊躇したり，運営事業者に当該事項について打診することがはばかられたりする状況にはなく，運営事業者と個別の交渉ができており実質的には特段の制限となっていない旨を述べていた。また，最近の傾向として，一つの加盟店が複数の共通ポイントサービスを導入する，いわゆるマルチポイント化が進んできており，運営事業者の態度も軟化してきているとのことだった。

イ　運営事業者主催のキャンペーンに係る費用負担の押し付け

　運営事業者は，自身が主催して，例えば，付与されるポイントが増額されたり，景品が当たったりするキャンペーンを実施することがある。運営事業者主催のキャンペーンについては，全加盟店を対象としたキャンペーンであってもこれに参加するかは加盟店の任意である。

　加盟店向け書面調査の結果によると，運営事業者が，ポイント増額キャンペーン等のキャンペーンを主催しこれに加盟店が参加した場合，当該キャンペーンによる上乗せ分のポイントに係るポイント原資については，運営事業者が全額負担する場合が多かった。

　また，加盟店に対する聴取調査の結果によると，運営事業者主催のキャンペーンに係る費用を加盟店も負担する場合は，個々のキャンペーンごとに運営事業者側と交渉しており，どの程度負担するかはケースバイケースである。費用対効果を感じられないキャンペーンにはそもそも参加しないとするとの回答のみで，運営事業者から費用負担を押し付けられているという意見はなかった。

ウ　加盟店契約及び規約の一方的改定

　運営事業者と加盟店の間では，個々の交渉により個別に加盟店契約が締結されている場合のほか，共通ポイントサービスに係る基本的な事項については，運営事業者が統一的な規約を定め，これに加盟店が同意した上で，手数料等の諸条件を個別の加盟店契約にて定めている場合もある。この点，このような統一的な加盟店規約や約款の中に，「運営事業者が加盟店に対し事前に通知した上で，いつでも当該規約等の内容を改定できる」旨の条項が含まれている場合がある。ただし，運営事業者によると，ポイント発行手数料等の費用に係る契約条件については，別途の加盟店契約で定められており，一方的な改定によって変更することはできないとのことだった。

　加盟店向け書面調査の結果，ポイント発行手数料等の費用に係る契約条件を一方的に改定されたとする加盟店は存在しなかった。加盟店に対する聴取調査においても，ポイント発行手数料等の費用に係る契約条件を一方的に改定された，改定されるおそ

れを感じているなどとする意見はなかった。

⑸　共通ポイントサービスにおける独占禁止法・競争政策上の考え方

ア　独占禁止法・競争政策上の課題

　　共通ポイントサービスは，調査の結果，大きく三つの独占禁止法・競争政策上の課題があった（第1図参照）。

　　第一に，共通ポイントサービスは，間接ネットワーク効果が働いており，特定の共通ポイントサービスに集中が進みやすい傾向にある市場構造である。また，小売等事業者からすれば，コストや取引慣行等の理由から複数の共通ポイントサービスを導入することが困難である場合もあると考えられる。そうした中で行われている加盟店獲得競争において，ある運営事業者が，市場支配力を有している場合には，例えば，他の共通ポイントサービスの導入を制限するなど，その市場支配力を反競争的行為に用いる可能性がある。

　　第二に，共通ポイントサービスでは，中小の小売等事業者は規模の大きくなった運営事業者と取引することとなる。また，中小の小売等事業者からすれば，顧客対応等の理由から当該運営事業者と取引をやめることが困難である場合もあると考えられる。こうした両者の関係を踏まえ，運営事業者が中小の小売等事業者に対して，優越的地位の濫用を行う可能性がある。

　　第三に，共通ポイントサービスでは，運営事業者がデータの収集，蓄積や，その利活用を行っている。消費者から見れば，個人情報等の利活用の範囲が，運営事業者や加盟店以外の第三者にも及んでおり，また，小売等事業者から見れば，運営事業者に送信した商品・サービスの取引情報について，運営事業者がそれを基に競合する事業を行うリスクや，競合する小売等事業者にそれが渡るリスクも存在し得る。運営事業者がこうしたデータの収集・活用をする中で，小売等事業者及び消費者の意思に反して，不当にデータが収集・活用されるといった問題が生じる可能性がある。

第1図　共通ポイントサービスの三つの独占禁止法・競争政策上の課題

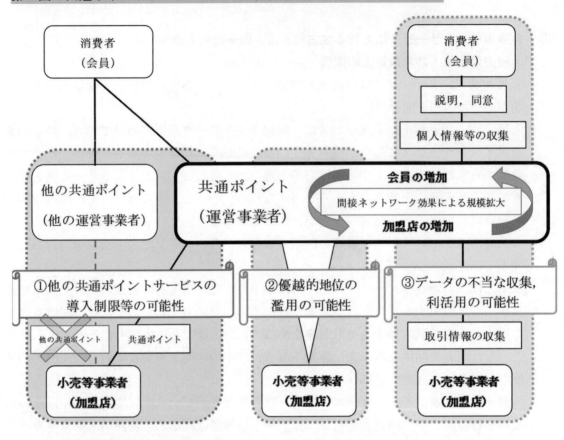

イ　他の共通ポイントサービス導入制限等の可能性

⑺　実態

　　加盟店向け書面調査の結果によると，運営事業者から他のポイントサービスを導入してはいけない旨の提示を受けた加盟店が存在した。

　　事前承諾条項は，加盟店が他の共通ポイントサービスを検討又は実行する場合に運営事業者の事前承諾を要するものであり，これにより加盟店が他の共通ポイントサービスを導入できない可能性がある。運営事業者及び加盟店に対する聴取調査の結果によると，一部の加盟店においては交渉に時間を要したなどの状況があった。しかし，加盟店は必要に応じて運営事業者と個別交渉をして解決しており（加盟店が運営事業者に対し，自社と競合する事業者の加盟を制限している場合も同様である。），事前承諾条項が特段の制約となっていない場合が多かった。また，共通ポイントサービスの利用に係る取引情報によるデータ分析の精度向上を目的として事前承諾条項を設けている場合や，交渉の結果，運営事業者と加盟店のお互いの利害が一致して相互に制限を設けている場合もあった。

⑷　考え方

　　市場における有力な運営事業者が加盟店に対し，自社と競合する共通ポイントサービスの導入を制限する行為は，他の運営事業者が，当該加盟店と契約を締結することを妨げるものであり，当該行為によって，他の運営事業者が排除されるなど

市場閉鎖効果が生じる場合には，独占禁止法上問題（排他条件付取引等）となるおそれがある。

　同様に，市場における有力な加盟店が運営事業者に対し，加盟店の事業分野において自社と競合する事業者に対し共通ポイントサービスを提供しないようにさせる行為は，当該競合する事業者が，運営事業者と契約を締結することを妨げるものであり，当該行為によって，競合する事業者が排除されるなど市場閉鎖効果が生じる場合には，独占禁止法上問題（排他条件付取引等）となるおそれがある。

　このため，運営事業者においては，事前承諾条項の内容や期間，その運用等について留意する必要がある。例えば，運営事業者は，独占禁止法違反行為を未然に防止する観点から，加盟店が他の共通ポイントサービスの導入を希望した場合には，加盟店がその導入を実施できるよう，加盟店が他の共通ポイントサービスを検討又は実行する場合には，運営事業者の事前承諾又は事前通知を要するとする事前承諾条項があったとしても，それが加盟店の制約とならないようにすることが望ましい。

ウ　優越的地位の濫用の可能性

(7)　運営事業者の小売等事業者に対する取引上の地位

　自己の取引上の地位が相手方に対して優越している一方の当事者が，取引の相手方に対し，その地位を利用して，正常な商慣習に照らして不当に不利益を与えることは，当該取引の相手方の自由かつ自主的な判断による取引を阻害するとともに，当該取引の相手方はその競争者との関係において競争上不利となる一方で，行為者はその競争者との関係において競争上有利となるおそれがあるものである。このような行為は，公正な競争を阻害するおそれがあることから，不公正な取引方法の一つである優越的地位の濫用として，独占禁止法により規制される。

　運営事業者と当該運営事業者が運営する共通ポイントサービスを導入する加盟店との取引において，運営事業者が取引上優越した地位にある場合とは，当該加盟店にとって，運営事業者との取引の継続が困難になることが事業経営上大きな支障を来すため，運営事業者の要請が自己にとって著しく不利益なものであっても，これを受け入れざるを得ないような場合である。その判断に当たっては，加盟店の運営事業者に対する取引依存度，運営事業者の市場における地位，加盟店の取引先の変更可能性，その他運営事業者と取引することの必要性を示す具体的事実を総合的に考慮することとなる。

　運営事業者が加盟店に対して，取引上優越した地位にあるか否かは，個々の取引環境によって異なるため，一概に判断することはできない。しかし，加盟店向け書面調査の結果によれば，①加盟店の大半が一つの共通ポイントサービスのみを導入しており，また，加盟店のほとんどが複数の共通ポイントサービスを導入することはランニングコストやレジ操作の負担等の面から考えていないこと，特に加盟店の取引先の変更可能性の観点からは，②共通ポイントサービスの取扱いをやめ，自社のポイントサービスに切り替えることはできないと回答した加盟店が6割以上存在すること，③その理由としては「既に共通ポイントサービスの会員が当社の顧客と

して根付いており，取扱いをやめると顧客に迷惑が掛かるため」(49%)，「共通ポイントサービスが強いブランド力を有しているため」(49%) 又は「当社でポイントサービスを運用すると，共通ポイントサービス取扱時より多くのコストが掛かるため」(32%) と回答するものが多いことが分かった。

　前記の加盟店の取引先の変更可能性に加え，加盟店の運営事業者に対する取引依存度，運営事業者の市場における地位等を総合的に考慮すると，場合によっては，運営事業者の取引上の地位が加盟店に対し優越している可能性はあると考えられる。

(イ)　共通ポイントサービスの運営事業者と加盟店の取引慣行

　a　運営事業者主催のキャンペーンに係る費用負担

　　(a)　実態

　　　運営事業者主催のキャンペーンに参加するかは加盟店の任意であり，加盟店向け書面調査及び聴取調査の結果によると，運営事業者が当該キャンペーンに係る費用を負担する場合が多く，また，運営事業者から費用負担を押し付けられているという意見はなかった。

　　(b)　考え方

　　　運営事業者の取引上の地位が加盟店に対し優越している場合に，例えば，取引上の地位が優越している運営事業者が，当該運営事業者主催のキャンペーンに係る費用を加盟店に負担させる行為によって，当該費用の負担額及びその算出根拠，使途等について，加盟店との間で明確になっておらず，加盟店にあらかじめ計算できない不利益を与えることとなる場合や，加盟店が得る直接の利益等を勘案して合理的であると認められる範囲を超えた負担となり，加盟店に不利益を与える場合には，独占禁止法上問題（優越的地位の濫用）となるおそれがある。

　　　前記(a)のとおり，運営事業者主催のキャンペーンに参加するか否かは加盟店の任意であるし，運営事業者から費用負担を押し付けられているとの意見はなかったが，運営事業者においては，加盟店が望んでいないにもかかわらず強制的に運営事業者主催のキャンペーンに参加させ費用を負担させていないか，また，それにより加盟店に不利益を与えていないかに留意する必要がある。

　b　加盟店契約の一方的改定

　　(a)　実態

　　　加盟店向け書面調査及び聴取調査の結果によると，ポイント発行手数料等の費用に係る契約条件を一方的に改定されたとする加盟店は存在せず，また，同契約条件を一方的に改定された，改定されるおそれを感じているなどとする意見はなかった。

　　(b)　考え方

　　　運営事業者の取引上の地位が加盟店に対し優越している場合に，例えば，加盟店と契約条件に係る交渉を十分に行わずに契約内容を一方的に改定する行為によって，加盟店に対し不利益を与える場合には，独占禁止法上問題（優越的地位の濫用）となるおそれがある。

運営事業者の行為が，独占禁止法上問題となるか否かは，個別具体的に判断されることとなるが，契約内容の改定に関し，手数料の設定方法や費用負担の在り方に関していえば，例えば，①加盟店の意見を確認することなく一方的に手数料の値上げや費用項目の新設を行っていないか，②加盟店にとって全く利益とならないサービスの利用を強制し，その費用を徴収していないか，③運営事業者が提供するサービスと加盟店が得られる利益を比較した場合，著しく高額な手数料や費用負担を加盟店に求めていないかといった点を考慮することとなる。

前記⒜のとおり，特段，加盟店の不利益になる一方的改定は見当たらなかったが，運営事業者は，独占禁止法違反行為を未然に防止する観点から，前記考慮事項に留意した上で，契約内容の改定を行う理由等について，根拠を示して十分な説明を行うとともに，契約内容の改定に関して，加盟店から意見が寄せられた場合には，当該意見をできる限り考慮し，また，改定までの期間を十分設けることが望ましい。

エ　運営事業者によるデータの不当な収集・活用の可能性

運営事業者は，共通ポイントサービスの運営により，デジタル・プラットフォーム事業者として，消費者から個人情報等を収集し活用している。運営事業者においてこれら個人情報等を収集及び活用していくこと自体は，独占禁止法上問題となるものではない。ただし，運営事業者におけるデータの収集及び活用は必ずしも消費者の利便に資するものだけとは限らないことを踏まえると，運営事業者と消費者との取引において取引条件が消費者にとって一方的に不利になり得ることには注意が必要である。

運営事業者は，利用規約等で情報の利用目的等を消費者に対し明示している。この点，各共通ポイントサービスに係る個人情報の利用目的やこれらを第三者に情報提供すること等を，自社のホームページの分かりやすいところに掲載した場合や，消費者に当該規約を手交したり，当該規約を電子メール等で送付したりするなどして，利用目的等を消費者に対し通知している場合は，通常，独占禁止法上の問題とならない。一方，運営事業者と消費者との間には情報の取扱いに関し情報の非対称性が存在することから，①その利用目的等の説明が曖昧である，②難解な専門用語によるものである，③利用目的の説明文の記載場所が容易に認識できない，分散している，④他のサービスの利用に関する説明と明確に区別されていないなどにより，消費者が利用目的等を理解することが困難な状況において個人情報を提供させた場合であって，運営事業者の取引上の地位が消費者に対し優越している場合には，独占禁止法上問題（優越的地位の濫用）となるおそれがある。

また，消費者向けウェブ調査の結果によると，消費者においては，利用規約を読まずに会員登録を行うケースが多く，利用規約を読んだ者であっても，半数以上の者が，それを十分に理解しているとは言い難かった。したがって，運営事業者にあっては，利用規約等の規定が消費者の利益を不当に害するものとならないように留意するとともに，消費者に対し，どのような情報を収集するのか（情報の項目），どのような目

的で当該情報を収集するのか（情報の利用目的），収集した情報を第三者も含めどこに提供するのか（情報の提供先），提供される第三者の範囲はどこまでなのか（第三者の範囲の明確化）などについて，消費者が容易に理解できるように，できる限り分かりやすく説明を行うことが望ましい。例えば，利用規約等を分かりやすく説明する資料等を作成し，また，ホームページ，パンフレット等で消費者が資料等に常時，容易にアクセスできるようにすることが考えられる。

　また，情報の収集及び活用のいずれに関しても，事後的に利用規約等の改定を行う場合には，消費者の理解を十分に得られるように，単に通知を行うだけでなく，より丁寧な説明を行っていく必要があると考えられる。

　他方，消費者においては，例えば，利用規約や前記記載のような関連資料を読むなど，それらに対する理解を深めることが望ましい。

(6)　公正取引委員会の今後の取組

　共通ポイントサービスは，多くの消費者が日常生活において利用しており，また，その対象業種も様々であることから国民生活に非常に密着したものであるといえる。そのため，共通ポイントサービスに関する取引において公正かつ自由な競争が行われることが重要であると考えられる。

　公正取引委員会としては，運営事業者，加盟店及び消費者が，本報告書を独占禁止法違反行為の未然防止に役立てることで，共通ポイントサービスに関する取引における競争が促進され，消費者利益の向上が図られることを期待している。加えて，共通ポイントサービスはデジタル・プラットフォームとして機能しているとともに，共通ポイントサービス以外の分野においても，各種のポイントサービスが存在するところ，本報告書と同様の論点を有すると考えられるものについては，本報告書において提言した考え方が参考となる場合もある。

　また，公正取引委員会は，引き続き，共通ポイントサービスの動向について注視するとともに，独占禁止法に違反する行為に対しては厳正に対処していく。

2　スタートアップの取引慣行に関する実態調査

(1)　調査趣旨

　スタートアップは，イノベーション推進による我が国経済の生産性向上に大きく貢献する可能性を持っており，近年，スタートアップが大企業等と事業連携を行うオープンイノベーションによる生産性の向上が重要視されてきているところ，スタートアップが公正かつ自由に競争できる環境を確保することは我が国経済の今後の発展に向けて極めて重要である。

　また，スタートアップが新規に起業されることは，同時に新規雇用の創出を通じた我が国経済の発展につながるという点からも，スタートアップが市場に新規参入しやすくなるよう，公正かつ自由な競争環境を確保することが重要である。

　これらを踏まえ，公正取引委員会は，スタートアップの事業活動における公正かつ自由な競争を促進する観点から，製造業に限らず，幅広い業種を含めたスタートアップの

取引慣行の実態を明らかにするための調査を実施し，令和2年11月27日に報告書を公表した。

(2) 調査対象等

　創業10年以内であること，非上場であること等を条件に，公正取引委員会が送付対象を選定の上，5,593者に対してアンケート調査を実施し，1,447者から回答を得た（回答率約25.9%）。また，スタートアップ126者，出資者5者，有識者10者，事業者団体3者の合計144者に対してヒアリング調査を実施した。

(3) スタートアップの概要
ア　定義
　本調査においては，スタートアップを成長産業領域において事業活動を行う事業者のうち，①創業10年程度であること，②未上場企業であることと定義し，調査対象とした。

イ　特性
　スタートアップは，一般的な中小企業と比較すると，主に①自らの成長過程，②事業目的という2点において，異なる特性を持つ。

　①自らの成長過程について，スタートアップは，創業初期において新規の事業投資のために大きな費用を用い，一時的に赤字を計上し，その後収益化する段階においてカーブ（「Jカーブ」と呼ばれる。）を描くように短期間で大きく売上げを伸ばす特徴がある。他方，一般的な中小企業においては，従業員や，商品，店舗等を徐々に増やすことにより線形的に成長していく。

　また，②事業目的については，一般的にスタートアップは，これまで存在した物やサービスを革新的，効率的に製造・販売することや，現時点では需要が存在しない，又は，未だ需要が十分に顕在化していない分野において，物やサービスを提供するなど，事業上の大きな発展を事業活動の主な目的とする。他方，一般的な中小企業は，安定的な収益を得ることを事業活動の目的とする。

　さらに，スタートアップが事業活動に必要となる資金を調達することにおいても中小企業と異なる点がある。一般的に中小企業が資金調達を行うときは，金融機関からの融資による借入が多い（間接金融による調達）。他方，スタートアップの多くは，自らの会社の株式を発行することにより，ベンチャーキャピタルや事業会社といった出資者からの出資を受け，事業活動に必要な資金を調達している（直接金融による調達）。

(4) スタートアップの成長・出口のイメージ
　スタートアップの資金調達は直接金融から行われることが多く，スタートアップは一定期間内に出資に対する成果を出すように事業活動を行う必要がある。

　出資者はスタートアップへの出資の成果として，自身が保有する株式価値の向上を通

じて，その差益であるキャピタルゲインを求めるため，スタートアップに出資する際に10年程度の期間内に株式市場への上場又は他の事業者への自社の売却を目指すことを求めることが多い。これらの手段によるスタートアップの出口について，イグジット（Exit）と呼ぶ。

スタートアップの成長モデルの一例としては，10年程度の期間内に，「シード」，「アーリー」，「ミドル」，「レイター」という段階を経て成長し，最終的に株式市場への上場を果たすことが目標となる。しかし，実際はスタートアップの成長が予定に追いついていない場合や，未上場のまま事業の拡大を目指す場合等もある。

(5) スタートアップの取引関係について
ア スタートアップと連携事業者の取引・契約について

スタートアップと連携事業者との取引には主に四つの段階が存在し，連携事業者とスタートアップは事業連携の目的に応じて，必要な取引を継続的に行うことになる。

(ｱ) ＮＤＡ（秘密保持契約）

スタートアップと連携事業者が事業連携を行う，又は事業連携を行えるかどうかを判断するに当たり，スタートアップと連携事業者は相互に事業上の情報を交換する必要があるが，その際，必要に応じて，知的財産権やノウハウ等の秘密情報も交換することが考えられる。このとき，秘密情報が当事者以外に流出しないように，また，契約で定められた一定の目的以外に情報を流用しないようにスタートアップと連携事業者との間でＮＤＡが締結されることがある。

(ｲ) ＰｏＣ（技術検証）契約

スタートアップが連携事業者と取引を行う際に，スタートアップの技術力がどの程度あるのか，その技術を使ってどのようなことができるのかを明確にするためにＰｏＣを行う場合がある。特に研究開発型のスタートアップの場合，連携事業者との共同研究契約に移行するための前段階として試験的に行われることから，共同研究契約の最初のステップや前提として位置付けられる。このＰｏＣを行うに当たり，スタートアップと連携事業者との間でＰｏＣ契約が締結されることがある。

なお，ＰｏＣについては，スタートアップ側に作業が発生する場合には，通常，連携事業者は有償でスタートアップにＰｏＣを依頼することになる。

(ｳ) 共同研究契約

事業活動に必要となる資金を自らで十分に調達できないスタートアップや，研究開発にビッグデータ等の自らが保有していないリソースを必要とするスタートアップは，連携事業者と共同研究を行うことによって，研究開発に必要となる資金やリソース等を補うことがある。この共同研究を行うに当たり，スタートアップと連携事業者との間で共同研究契約が締結されることがある。

(ｴ) ライセンス契約

スタートアップが研究開発した知的財産権やノウハウについて，生産設備や販売経路を有しないスタートアップでは，これらを活用できない場合もあり，スタートアップが連携事業者にライセンスをするなどして，活用することがある。このライ

センスに当たり，スタートアップと連携事業者との間でライセンス契約が締結されることがある。

イ　スタートアップと出資者との取引・契約について

　　スタートアップが出資者から出資を受けるときには，通常，投資契約や出資契約といった継続的な契約をスタートアップと出資者の間で締結する。その中で，新規株式の発行数，出資者への割当方法，株式発行の対価となる出資者からの払込金額や，スタートアップが出資者に対して，事業活動の虚偽を報告していないかなどの表明保証，出資金の使途やその他契約に係る違反があった場合の株式の買取請求権，取締役会のオブザーバー指名権等，多岐に渡る項目について，出資の実行に関する詳細が規定されている。

⑹　スタートアップの取引慣行の実態と独占禁止法上の考え方
　ア　スタートアップと連携事業者との取引・契約
　　⑺　ＮＤＡに係るもの
　　　a　営業秘密の開示
　　　　⒜　実態
　　　　　スタートアップが，連携事業者から，ＮＤＡを締結しないまま営業秘密の開示を要請された事例がみられた。
　　　　⒝　考え方
　　　　　取引上の地位がスタートアップに優越している連携事業者が，正当な理由がないのに，取引の相手方であるスタートアップに対し，ＮＤＡを締結しないまま営業秘密の無償開示等を要請する場合であって，当該スタートアップが今後の取引に与える影響等を懸念してそれを受け入れざるを得ない場合には，優越的地位の濫用として問題となるおそれがある。
　　　b　片務的なＮＤＡ等の締結
　　　　⒜　実態
　　　　　スタートアップが，連携事業者から，スタートアップ側にのみ秘密保持・開示義務が課され連携事業者側には秘密保持・開示義務が課されない片務的なＮＤＡ（以下「片務的なＮＤＡ」という。）の締結を要請された事例や，契約期間が短く自動更新されないＮＤＡ（以下「契約期間の短いＮＤＡ」という。）の締結を要請された事例がみられた。
　　　　⒝　考え方
　　　　　取引上の地位がスタートアップに優越している連携事業者が，取引の相手方であるスタートアップに対し，一方的に，片務的なＮＤＡや契約期間の短いＮＤＡの締結を要請する場合であって，当該スタートアップが今後の取引に与える影響等を懸念してそれを受け入れざるを得ない場合には，優越的地位の濫用として問題となるおそれがある。
　　　c　ＮＤＡ違反

(a) 実態

　連携事業者が，ＮＤＡに違反してスタートアップの営業秘密を盗用し，スタートアップの商品・役務と競合する商品・役務を販売するようになった事例がみられた。

(b) 考え方

　連携事業者が，ＮＤＡに違反してスタートアップの営業秘密を盗用し，スタートアップの取引先に対し，スタートアップの商品・役務と競合する商品・役務を販売することにより，スタートアップとその取引先との取引が妨害される場合には，競争者に対する取引妨害として問題となるおそれがある。

(イ)　ＰｏＣ契約に係るもの

a　無償作業等

(a) 実態

　スタートアップが，連携事業者から，ＰｏＣの成果に対する必要な報酬が支払われなかった事例や，ＰｏＣの実施後にやり直しを求められやり直しに対する必要な報酬が支払われなかった事例がみられた。

(b) 考え方

　取引上の地位がスタートアップに優越している連携事業者が，①正当な理由がないのに，取引の相手方であるスタートアップに対し，無償でのＰｏＣを要請する場合，②当該スタートアップに対し，一方的に，著しく低い対価でのＰｏＣを要請する場合，③ＰｏＣの実施後に，正当な理由がないのに，契約で定めた対価を減額する場合，又は，④ＰｏＣの実施後に，正当な理由がないのに，当該スタートアップに対し，やり直しを要請する場合であって，当該スタートアップが，今後の取引に与える影響等を懸念してそれを受け入れざるを得ない場合には，優越的地位の濫用として問題となるおそれがある。

(ウ)　共同研究契約に係るもの

a　知的財産権の一方的帰属

(a) 実態

　スタートアップが，連携事業者から，共同研究の成果に基づく知的財産権を連携事業者のみに帰属させる契約の締結を要請された事例がみられた。

(b) 考え方

　取引上の地位がスタートアップに優越している連携事業者が，正当な理由がないのに，取引の相手方であるスタートアップに対し，共同研究の成果に基づく知的財産権の無償提供等を要請する場合であって，当該スタートアップが今後の取引に与える影響等を懸念してそれを受け入れざるを得ない場合には，優越的地位の濫用として問題となるおそれがある。

b　名ばかりの共同研究

(a) 実態

　共同研究の大部分がスタートアップによって行われたにもかかわらず，スタートアップが，連携事業者から，共同研究の成果に基づく知的財産権を連携

事業者のみ又は双方に帰属させる契約の締結を要請された事例がみられた。

(b) **考え方**

取引上の地位がスタートアップに優越している連携事業者が，正当な理由がないのに，取引の相手方であるスタートアップに対し，共同研究の成果の全部又は一部の無償提供等を要請する場合であって，当該スタートアップが今後の取引に与える影響等を懸念してそれを受け入れざるを得ない場合には，優越的地位の濫用として問題となるおそれがある。

c **成果物利用の制限**

(a) **実態**

スタートアップが，連携事業者により，共同研究の成果に基づく商品・役務の販売先が制限された事例や，共同研究の経験を活かして開発した新たな商品・役務の販売先が制限された事例がみられた。

(b) **考え方**

市場における有力な事業者である連携事業者が，取引の相手方であるスタートアップに対し，例えば，合理的な期間に限らず，共同研究の成果に基づく商品・役務の販売先を制限したり，共同研究の経験を活かして新たに開発した成果に基づく商品・役務の販売先を制限したりすることは，それによって市場閉鎖効果が生じるおそれがある場合には，排他条件付取引又は拘束条件付取引として問題となるおそれがある。

(エ) **ライセンス契約に係るもの**

a **ライセンスの無償提供**

(a) **実態**

スタートアップが，連携事業者から，知的財産権のライセンスの無償提供を要請された事例がみられた。

(b) **考え方**

取引上の地位がスタートアップに優越している連携事業者が，正当な理由がないのに，取引の相手方であるスタートアップに対し，知的財産権のライセンスの無償提供等を要請する場合であって，当該スタートアップが，今後の取引に与える影響等を懸念してそれを受け入れざるを得ない場合には，優越的地位の濫用として問題となるおそれがある。

b **特許出願の制限**

(a) **実態**

スタートアップが，連携事業者から，スタートアップが開発して連携事業者にライセンスした技術の特許出願の制限を要請された事例がみられた。

(b) **考え方**

取引上の地位がスタートアップに優越している連携事業者が，取引の相手方であるスタートアップに対し，一方的に，当該スタートアップが開発した技術の特許出願の制限を要請する場合であって，当該スタートアップが今後の取引に与える影響等を懸念してそれを受け入れざるを得ない場合には，優越的地位

の濫用として問題となるおそれがある。

c　販売先の制限

⒜　実態

スタートアップが，連携事業者により，他の事業者等への商品・役務の販売を制限された事例がみられた。

⒝　考え方

市場における有力な事業者である連携事業者が，取引の相手方であるスタートアップに対し，例えば，合理的な範囲を超えて，他の事業者への販売を禁止したり，スタートアップ自らによる販売を制限したりすることは，それによって市場閉鎖効果が生じるおそれがある場合には，排他条件付取引又は拘束条件付取引として問題となるおそれがある。

㋔　その他（契約全体に係るもの等）

a　顧客情報の提供

⒜　実態

スタートアップの顧客情報は営業秘密であるがNDAの対象とはならないことが多いところ，スタートアップが，連携事業者から，顧客情報の提供を要請された事例がみられた。

⒝　考え方

取引上の地位がスタートアップに優越している連携事業者が，正当な理由がないのに，取引の相手方であるスタートアップに対し，顧客情報の無償提供等を要請する場合であって，当該スタートアップが今後の取引に与える影響等を懸念してそれを受け入れざるを得ない場合には，優越的地位の濫用として問題となるおそれがある。

b　報酬の減額・支払遅延

⒜　実態

スタートアップが，連携事業者から，報酬を減額された事例や，報酬の支払いを遅延された事例がみられた。

⒝　考え方

取引上の地位がスタートアップに優越している連携事業者が，①商品・役務を購入した後において，正当な理由がないのに，契約で定めた対価を減額する場合，又は，②正当な理由がないのに，契約で定めた支払期日までに対価を支払わない場合であって，取引の相手方であるスタートアップが，今後の取引に与える影響等を懸念してそれを受け入れざるを得ない場合には，優越的地位の濫用として問題となるおそれがある。

c　損害賠償責任の一方的負担

⒜　実態

スタートアップが，連携事業者から，事業連携の成果に基づく商品・役務の損害賠償責任をスタートアップのみが負担する契約の締結を要請された事例がみられた。

(b)　考え方

　　取引上の地位がスタートアップに優越している連携事業者が，正当な理由がないのに，取引の相手方であるスタートアップに対し，事業連携の成果に基づく商品・役務の損害賠償責任の一方的な負担を要請する場合であって，当該スタートアップが今後の取引に与える影響等を懸念してそれを受け入れざるを得ない場合には，優越的地位の濫用として問題となるおそれがある。

d　取引先の制限

(a)　実態

　　スタートアップが，連携事業者により，他の事業者との取引を制限された事例がみられた。

(b)　考え方

　　市場における有力な事業者である連携事業者が，取引の相手方であるスタートアップに対し，例えば，合理的な範囲を超えて，他の事業者への商品・役務の販売を禁止することは，それによって市場閉鎖効果が生じるおそれがある場合には，排他条件付取引又は拘束条件付取引として問題となるおそれがある。

e　最恵待遇条件

(a)　実態

　　スタートアップが，連携事業者により，最恵待遇条件（連携事業者の取引条件を他の取引先の取引条件と同等以上に有利にする条件）を設定された事例がみられた。

(b)　考え方

　　市場における有力な事業者である連携事業者が，取引の相手方であるスタートアップに対し，最恵待遇条件を設定することは，それによって，例えば，連携事業者の競争者がより有利な条件でスタートアップと取引することが困難となり，当該競争者の取引へのインセンティブが減少し，連携事業者と当該競争者との競争が阻害され，市場閉鎖効果が生じるおそれがある場合には，拘束条件付取引として問題となるおそれがある。

イ　スタートアップと出資者との取引・契約

(7)　営業秘密の開示

a　実態

　　スタートアップが，出資者から，NDAを締結しないまま営業秘密の開示を要請された事例がみられた。

b　考え方

　　取引上の地位がスタートアップに優越している出資者が，正当な理由がないのに，取引の相手方であるスタートアップに対し，NDAを締結しないまま営業秘密の無償開示等を要請する場合であって，当該スタートアップが今後の取引に与える影響等を懸念してそれを受け入れざるを得ない場合には，優越的地位の濫用として問題となるおそれがある。

(イ) NDA違反

　a　実態

　　出資者が，NDAに違反して事業上のアイデア等の営業秘密を自らの他の出資先に漏洩し，当該他の出資先が，スタートアップの商品・役務と競合する商品・役務を販売するようになった事例がみられた。

　b　考え方

　　出資者が，NDAに違反してスタートアップの営業秘密を自らの他の出資先に漏洩し，当該他の出資先をしてスタートアップの取引先に対し，スタートアップの商品・役務と競合する商品・役務を販売させることは，それによってスタートアップとその取引先との取引が妨害される場合には，競争者に対する取引妨害として問題となるおそれがある。

(ウ) 無償作業

　a　実態

　　スタートアップが，出資者から，契約において定められていない無償作業を要請された事例がみられた。

　b　考え方

　　取引上の地位がスタートアップに優越している出資者が，正当な理由がないのに，取引の相手方であるスタートアップに対し，契約において定められていない無償作業等を要請する場合であって，当該スタートアップが，今後の取引に与える影響等を懸念してそれを受け入れざるを得ない場合には，優越的地位の濫用として問題となるおそれがある。

(エ) **出資者が第三者に委託した業務の費用負担**

　a　実態

　　スタートアップが，出資者から，出資者が第三者に委託して実施したデュー・デリジェンス（出資者等の側において，出資の対象会社のリスク評価及び価値評価のための調査と検証を行うこと）に係る費用の全ての負担を要請された事例がみられた。

　b　考え方

　　取引上の地位がスタートアップに優越している出資者が，取引の相手方であるスタートアップに対し，一方的に，出資者が第三者に委託して実施した業務に係る費用の全ての負担を要請する場合であって，当該スタートアップが今後の取引に与える影響等を懸念してそれを受け入れざるを得ない場合には，優越的地位の濫用として問題となるおそれがある。

(オ) **不要な商品・役務の購入**

　a　実態

　　スタートアップが，出資者から，他の出資先を含む出資者が指定する事業者からの不要な商品・役務の購入を要請された事例がみられた。

　b　考え方

　　取引上の地位がスタートアップに優越している出資者が，取引の相手方である

スタートアップに対し，当該取引に係る商品・役務以外の商品・役務の購入を要請する場合であって，当該スタートアップが，それが事業遂行上必要としない商品・役務であり，又はその購入を希望していないときであったとしても，今後の取引に与える影響等を懸念して当該要請を受け入れざるを得ない場合には，優越的地位の濫用として問題となるおそれがある。

㈔　株式の買取請求権

a　実態

次の事例がみられた。

①　スタートアップが，出資者から，知的財産権の無償譲渡等を要請され，その要請に応じない場合には買取請求権を行使すると示唆された事例

②　スタートアップの事業資金が枯渇しつつある状況において，スタートアップが，出資者から，出資額よりも著しく高額な価額での買取請求が可能な買取請求権の設定を要請された事例

③　買取請求権の行使条件が満たされていなかったにもかかわらず，スタートアップが，出資者から，保有株式の一部について買取請求権を行使された事例

④　スタートアップが，出資者から，スタートアップの経営株主等の個人に対する買取請求が可能な買取請求権の設定を要請された事例

b　考え方

⒜　買取請求権は，出資者がその行使の可能性をスタートアップに示唆するなどして交渉を優位に進めることを可能とする点で，出資者のスタートアップに対する取引上の地位を高める可能性がある（後記⒝参照）。また，買取請求権の設定や行使は，その内容・方法によっては，スタートアップにとって著しい不利益となる可能性がある（後記⒞及び⒟参照）。

⒝　事例①について，取引上の地位がスタートアップに優越している出資者が，正当な理由がないのに，取引の相手方であるスタートアップに対し，知的財産権の無償譲渡等を要請する場合であって，当該スタートアップが今後の取引に与える影響や買取請求権の行使の可能性等を懸念してそれを受け入れざるを得ない場合には，優越的地位の濫用として問題となるおそれがある。

⒞　事例②について，取引上の地位がスタートアップに優越している出資者が，取引の相手方であるスタートアップに対し，一方的に，出資額よりも著しく高額な価額での買取請求が可能な買取請求権の設定を要請する場合であって，当該スタートアップが今後の取引に与える影響等を懸念してそれを受け入れざるを得ない場合には，優越的地位の濫用として問題となるおそれがある。

⒟　事例③について，取引上の地位がスタートアップに優越している出資者が，正当な理由がないのに，取引の相手方であるスタートアップに対し，保有株式の一部の買取りを請求する場合であって，当該スタートアップが今後の取引に与える影響等を懸念してそれを受け入れざるを得ない場合には，優越的地位の濫用として問題となるおそれがある。

⒠　事例④について，スタートアップの起業意欲を向上させ，オープンイノベー

ションや雇用を促進していく観点からは，出資契約において買取請求権を定める場合であっても，その請求対象から経営株主等の個人を除いていくことが，競争政策上望ましいと考えられる。

(キ) 研究開発活動の制限

  a 実態

スタートアップが，出資者により，新たな商品等の研究開発活動を禁止された事例がみられた。

  b 考え方

出資者がスタートアップの自由な研究開発活動を制限する行為は，拘束条件付取引として問題となるおそれが強い。

(ク) 取引先の制限

  a 実態

スタートアップが，出資者により，他の事業者との連携を禁止されその他の取引を制限された事例や，他の出資者からの出資を制限された事例がみられた。

  b 考え方

市場における有力な事業者である出資者が，取引の相手方であるスタートアップに対し，例えば，合理的な範囲を超えて，他の事業者との取引を禁止することは，それによって市場閉鎖効果が生じるおそれがある場合には，排他条件付取引又は拘束条件付取引として問題となるおそれがある。

(ケ) 最恵待遇条件

  a 実態

スタートアップが，出資者により，最恵待遇条件（出資者の取引条件を他の出資者の取引条件と同等以上に有利にする条件）を設定された事例がみられた。

  b 考え方

市場における有力な事業者である出資者が，取引の相手方であるスタートアップに対し，最恵待遇条件を設定することは，それによって，例えば，出資者の競争者がより有利な条件でスタートアップと取引することが困難となり，当該競争者の取引へのインセンティブが減少し，出資者と当該競争者との競争が阻害され，市場閉鎖効果が生じるおそれがある場合には，拘束条件付取引として問題となるおそれがある。

ウ スタートアップと競合他社との関係

(ア) スタートアップの販売に対する競合他社による行為

  a 実態

次の①及び②の事例がみられた。

① 競合他社が，その販売先に対し，競争者であるスタートアップからの競合品の購入を制限した事例

② 競合他社が，スタートアップの販売先に対し，スタートアップの商品等に関する悪評を流すことにより，スタートアップとその販売先との取引を妨害した

事例

　　ｂ　考え方

　　　㈎　市場における有力な事業者である競合他社が，例えば，前記①のように，その販売先に対し，合理的な範囲を超えて，競合他社の競争者であるスタートアップからの購入を制限することは，それによって市場閉鎖効果が生じるおそれがある場合には，排他条件付取引又は拘束条件付取引として問題となるおそれがある。

　　　㈏　競合他社が，例えば，前記②のように，スタートアップの販売先に対し，スタートアップの商品等に関する悪評を流すことにより，競合他社の競争者であるスタートアップとその販売先との取引を妨害することは，それが不公正な競争手段によるものである場合には，競争者に対する取引妨害として問題となるおそれがある。

　㈣　スタートアップの購入（調達）に対する競合他社による行為

　　ａ　実態

　　　次の①及び②の事例がみられた。

　　　①　競合他社が，仕入先のメーカーに対し，スタートアップへの販売価格を競合他社よりも高額とするようにさせ，販売先の見積り合わせによるコンペでスタートアップを失注させた事例

　　　②　競合他社が，特定のスタートアップのみに対し，商品等の対価を他の販売先に比べて著しく高額に設定し，事実上取引を拒絶した事例

　　ｂ　考え方

　　　㈎　競合他社が，例えば，前記①のように，仕入先のメーカーに対し，スタートアップへの販売価格を競合他社よりも高額とするようにさせ，販売先の見積り合わせによるコンペでスタートアップを失注させ，その競争者であるスタートアップとその販売先との取引を妨害することは，それが不公正な競争手段によるものである場合には，競争者に対する取引妨害として問題となるおそれがある。

　　　㈏　市場において有力な事業者である競合他社が，例えば，前記②のように，その競争者であるスタートアップに対し，商品等の対価を他の販売先に比べて著しく高額に設定し，事実上取引を拒絶することは，それが競争者であるスタートアップ等を市場から排除するなどの独占禁止法上不当な目的を達成するための手段として行われる場合には，差別対価又はその他の取引拒絶として問題となるおそれがある。

⑺　公正取引委員会の対応

　ア　問題行為の未然防止に向けた周知活動等

　　公正取引委員会は，独占禁止法上問題となるおそれのある行為を未然に防止する観点から，本調査結果を公表するとともに，本報告書を広くかつ速やかに周知していく。

イ　違反行為への厳正な対処

　　公正取引委員会は，今後とも，スタートアップと連携事業者又は出資者との取引・
契約等を対象とした独占禁止法上の問題について情報収集に努めるとともに，独占禁
止法違反行為に対しては厳正に対処していく。

3　**コンビニエンスストア本部と加盟店との取引等に関する実態調査**

(1)　調査趣旨

　　昨今，24時間営業をはじめとして，これまでのコンビニエンスストア本部(以下「本
部」という。)と加盟店との在り方を見直すような動きが生じている上，前回の調査
（平成23年）からも一定の期間が経過していることから，取引の実態を把握すべく，我
が国に所在する大手コンビニエンスストアチェーンの全ての加盟店（5万7524店）を対
象とした初めての大規模な実態調査を行うこととしたものである。

(2)　調査方法等

　　本部から提出を受けた加盟店リストに基づき，全国5万7524店に Web アンケートへの
回答を依頼し1万2093店から回答を得た（回答率：店舗数ベース21.0%（1万2093店），
オーナー数ベース27.1%（8,423名オーナー・推計値））。また，本部8社，オーナー等
8名，業界団体（一般社団法人日本フランチャイズチェーン協会）のほか，コンビニエ
ンスストア以外のフランチャイズ本部等5社に対して，ヒアリング調査を実施した。

(3)　コンビニエンスストア市場の現状等

　　本調査においてコンビニエンスストア市場の現状について確認した結果は大要以下の
とおりである。

　ア　コンビニエンスストアの市場規模（全店売上高）は，新規店舗の増加や客単価の上
　　昇等により拡大（8兆176億円（平成22年）→11兆1608億円（令和元年））

　イ　コンビニエンスストアの店舗数は，前回調査時から約1.3倍に増加（4万3372店
　　（平成22年）→5万5743店（平成30年））

　ウ　人口減少下で店舗数が増えたことにより，1店舗当たりの人口は平成22年（2,953
　　人）から平成29年（2,290人）までに663人減少（マイナス22.5%）

　エ　アルバイトの平均時給は5年前から107円上昇（819円（平成27年）→926円（令和2
　　年））

　オ　平成13年から今回の調査までに本部の数はほぼ半減（15本部→8本部）

　カ　直近10年間でコンビニエンスストアの倒産・休廃業・解散数は約3.5倍に拡大（91
　　件（平成22年）→316件（令和元年））

(4)　加盟店・オーナーの概況

　　本調査においては，加盟店やオーナーの実態についても調査しているところ，主な調
査結果は以下のとおりである。

ア　加盟店の概況

(ｱ)　調査対象の8チェーンの加盟者数の合計は3万1107人（平成30年度末時点）

(ｲ)　加盟者のうち個人オーナーが58.6％，法人オーナーが41.4％（法人オーナーの89.3％が資本金1000万円以下）

(ｳ)　契約タイプ別では，本部が準備した店舗等を用いて運営する契約（以下「本部店舗型契約」という。）が82.8％，加盟店自身が店舗の土地・建物を準備する契約（以下「自前店舗型契約」という。）が17.2％

(ｴ)　加盟店店舗の約10％（5911店）は，10店以上経営する大規模な法人フランチャイジーにより経営

(ｵ)　オーナーの平均年齢は53.2歳，平均加盟年数は14.2年

(ｶ)　オーナーの60.8％は個人資産額（世帯・純資産ベース）が「500万円未満」又は「債務超過状態」（契約タイプ別では，自前店舗型契約のオーナーの53.3％が個人資産額1000万円以上である一方，本部店舗型のオーナーの65.4％が「債務超過状態」又は「500万円未満」）

イ　勤務実態

(ｱ)　1週間当たりの平均店頭業務日数は6.3日

(ｲ)　年間の平均休暇日数は21.3日（月1.8日）（個人法人別では，個人オーナーは17.9日（月1.5日），法人オーナーは27.3日（月2.3日））

(ｳ)　1週間当たりの平均店頭業務時間は44.4時間（個人法人別では，個人オーナーは46.8時間，法人オーナーは40.2時間）

(ｴ)　現在の業務時間に関するオーナーの認識について，「どちらかといえば辛い」，「非常に辛い」との回答の合計は62.7％

ウ　オーナーの現状認識

(ｱ)　現在の経営状況に関して，「あまり順調ではない」，「全く順調ではない」との回答の合計は44.7％（「非常に順調である」，「順調である」の合計は28.2％）

(ｲ)　本部に対する満足度については，「あまり満足していない」，「全く満足していない」との回答の合計は44.4％（「大変満足している」，「おおむね満足している」の合計は32.7％）

⑸　本部による加盟店募集時の説明状況

ア　調査結果

　フランチャイズ・システムに関する独占禁止法上の考え方について（平成14年4月24日公正取引委員会。以下「フランチャイズ・ガイドライン」という。）2⑶に記載のとおり，本部が，加盟者の募集に当たり，重要な事項について十分な開示を行わず，又は虚偽若しくは誇大な開示を行い，これらにより，実際のフランチャイズ・システムの内容よりも著しく優良又は有利であると誤認させ，競争者の顧客を自己と取引するように不当に誘引する場合には，不公正な取引方法の一般指定第8項（ぎまん

的顧客誘引）に該当する。

　今回の調査では，加盟店募集時の主な事項ごとに本部の説明状況についてアンケートを行ったところ，「加盟前に受けた説明よりも実際の状況の方が悪かった」との回答が3割を超えたものがあったほか，そもそも「説明を受けていない」という回答もみられた。

　特に，「予想売上げ又は予想収益の額に関する説明（モデル収益や収益シミュレーション等を含む）」については，41.1％のオーナーが，「加盟前に受けた説明よりも実際の状況の方が悪かった」を選択した。加盟前に本部から受けた説明と実際の状況との間に差異が生じた原因（複数回答可）を尋ねたところ，「来店客数が過大に見積もられていたため」が63.3％，「人件費が過少に見積もられていたため」が47.0％，「廃棄ロス，棚卸ロス等が過少に見積もられていたため」が43.8％となっており，本部の説明内容と加盟店の認識との間には大きなギャップがみられた。

　また，オーナーからは，「『日販50万円は余裕です』との説明に何の根拠も示されていなかった」，「社会保険関連費用など加盟後にオーナーが負担する経費について全く説明が無かった」，「道路開通予定が虚偽の内容だった」などといった報告も寄せられた。

イ　独占禁止法上・競争政策上の評価

　フランチャイズ・ガイドライン2⑵イに記載のとおり，加盟者募集に際して，予想売上げ又は予想収益の額を提示する場合には，類似した環境にある既存店舗の実績等根拠ある事実，合理的な算定方法等に基づくことが必要であり，また，本部は，加盟希望者に，これらの根拠となる事実，算定方法等を示す必要がある。

　「予想売上げ又は予想収益の額に関する説明（モデル収益や収益シミュレーション等を含む）」については，本部からの聞取りによれば，厳密な意味での「予想売上げ」や「予想収益」を提示することは難しいため，実際の説明においては「参考」として収益シミュレーションや平均値等を用いた損益モデルなどを提示しているとのことであった。

　他方で，当該説明事項に関しては，前記アのように本部の説明内容と加盟店の認識との間には大きなギャップがみられることから，加盟者募集に際して，「来店客数が減少傾向にあること」，「人件費が高騰してきていること」といったリスク情報や加盟後にオーナーが負担することとなる経費等の情報を示すなど，加盟希望者が適切な判断を行えるよう丁寧な説明を行うことが望まれる。とりわけ，事業経営経験の無い加盟希望者等の場合，「参考」としての説明であっても「予想売上げ」や「予想収益」又はそれと同等のものと受け止める可能性もあることから，加盟者募集時の説明に当たっては特に丁寧な説明が必要になる点に留意する必要がある。

　なお，フランチャイズ・ガイドライン2⑴に記載のとおり，加盟希望者側でも当該フランチャイズ・システムの事業内容について自主的に十分検討を行う必要がある。

⑹　加盟後の本部と加盟者との取引状況

今回の調査では，優越的地位の濫用規制の観点から，加盟後の本部と加盟店との取引状況についてアンケートを行ったが，取引状況の前提として，本部に対して自分の意見を言えるかについて尋ねたところ，25.8％のオーナーが「どちらかといえば意見を言いにくい関係である」又は「意見を言いにくい関係である（本部の意向に従わざるを得ない）」と回答している。また，これらを選択したオーナーに，本部に対して自分の意見を言えない理由を尋ねたところ，「自分の意見を言っても，本部の指示に従うまで何度も説得されるから」との回答が61.1％，次いで「本部の意向に逆らうと契約更新等で不利益が生じるのではないかと思ったから」が56.9％となった。

ア　仕入数量の強制
⑺　調査結果

　アンケートの「本部から強く推奨され，意に反して仕入れている商品の有無」の質問に対して，51.1％のオーナーが経験が「ある」と回答している。また，「店舗で取り扱うこと自体は賛成しているものの，本部から必要と考える数量の範囲を超えて仕入れるよう求められ，それに応じざるを得なくなった経験の有無」についても，47.5％のオーナーが「経験がある」と回答している。さらに，本部の「指導員に無断で発注された経験（本部の指導員に勝手に発注された経験のことをいい，オーナーが仕入発注を本部指導員等に任せていたようなケースは含まれない。）の有無」についても，仮発注状態（本部の指導員がオーナーの知らないうちに本発注の直前まで発注手続を進めることをいう。）の例を含めるとオーナーの44.6％が「経験がある」と回答している。

　なお，本部の指導員に無断で発注されたことに対して抗議した経験があるオーナーにその際の本部の対応を尋ねたところ，72.8％のオーナーが「特に何の反応もなかった」又は「会社としてではなく，指導員本人から個人的な謝罪があった」と回答している。

　また，オーナーからは，「不本意な仕入れを強制され，応じなければ契約更新できないと言われた」，「解約すると言われたので，過剰な商品の発注をせざるを得なかった」などの報告が多数寄せられた。

⑷　独占禁止法上・競争政策上の評価

　フランチャイズ・ガイドライン３⑴ア（仕入数量の強制）のとおり，「本部が加盟者に対して，加盟者の販売する商品又は使用する原材料について，返品が認められないにもかかわらず，実際の販売に必要な範囲を超えて，本部が仕入数量を指示し，当該数量を仕入れることを余儀なくさせること」は優越的地位の濫用として問題となり得る。

イ　見切り販売の制限
⑺　調査結果

　見切り販売の制限については，平成21年に排除措置命令が出されており，今回の調査ではその後の状況を確認した。今回の調査では過去の事件で問題となったデイ

リー商品の状況を確認したところ，30.0％のオーナーが見切り販売を「行っている」又は「たまに行うことがある」と回答し，88.0％のオーナーが直近3年間に見切り販売を制限された経験が「ない」と回答した。

一方，70.0％のオーナーが見切り販売を「行っていない」と回答している中で，オーナーからは，指導員から「『見切り販売をしたら契約を更新しない・契約を解除する』と言われた」，「見切り販売は可能だが，かなり時間の掛かる方法のためほとんどの店舗で行えない状態」といった報告も寄せられた。

(イ)　**独占禁止法上・競争政策上の評価**

フランチャイズ・ガイドライン3(1)ア（見切り販売の制限）に掲げられているとおり，本部が加盟者に対して，正当な理由がないのに，品質が急速に低下する商品等の見切り販売を制限し，売れ残りとして廃棄することを余儀なくさせることは優越的地位の濫用に該当し得るものである。

最近では時短営業に切り替える店舗も出てきているところ，そのような店舗においては，従来に増して見切り販売を行うニーズが高まると考えられることから，本部においては，このような問題が生じないよう特に留意する必要がある。

また，前記(ア)のとおり，見切り販売に関しては，「見切り販売は可能だが，かなり時間の掛かる方法のためほとんどの店舗が行えない状態」といったシステム上・手続上の問題点を指摘する報告が複数寄せられており，同様の意見は過去の実態調査においても寄せられている。システム上の問題（手続の煩雑さといった問題を含む。）が事実上の見切り販売の制限につながっているおそれがあることから，本部においては，システム等の改善を図り，柔軟な売価変更を行いたいというオーナーの事業活動を制限することにならないようにしていく必要がある。

ウ　いわゆる「コンビニ会計」の問題（仕入数量の強制，見切り販売の制限との関連から）

コンビニエンスストアチェーンで採用されているロイヤルティ算定式の中には，「実際に売れた商品の仕入原価を売上原価として計算した売上総利益×一定率」というものがある（いわゆる「コンビニ会計」）。

いわゆる「コンビニ会計」を含めたロイヤルティの算定式自体は，本部が自ら開発・発展させてきたブランドのライセンス料や支援等の対価を幾らにするかという価格設定の問題であり，加盟希望者に内容を十分に説明した上で，加盟者が納得して契約に至っているのであれば，金額の多い・少ない，契約の有利・不利があっても直ちに独占禁止法上の問題となるわけではない。

しかしながら，いわゆる「コンビニ会計」の「実際に売れた商品の仕入原価を売上原価として計算した売上総利益×一定率」という算定式は，本部による仕入数量の強制や見切り販売の制限といった独占禁止法違反行為が行われている場合には，加盟者は廃棄ロスをコントロールできないのに，その負担を一方的に負わされてしまうおそれがある（注：本部によっては廃棄ロスの一部を負担している場合がある。）。

いわゆる「コンビニ会計」は，このような性格を内包する算定式であることから，

これを採用するチェーンにおいては，廃棄ロスの増加につながる仕入数量の強制や見切り販売の制限といった独占禁止法上の問題が生じないよう特に留意する必要がある。

(7) 最近の諸論点

ア　年中無休・24時間営業

(ｱ)　調査結果

今回の調査では，加盟店の現状に社会的な注目が集まる発端となった年中無休・24時間営業の実態について調査を行ったが，オーナーが時短営業を望む背景として，深夜帯における採算性の悪さ，人手不足及びオーナーの疲労等があり，今回のアンケートでも77.1%の店舗が深夜帯は赤字であると回答し，93.5%の店舗が人手不足を感じており，62.7%のオーナーが現在の業務時間について「どちらかといえば辛い」又は「非常に辛い」と回答するなど，オーナーの置かれている厳しい状況が明らかとなった。

この点について，本部の配布している加盟店募集用のパンフレット等では，深夜帯の採算性の悪さや深刻な人手不足の実態等について積極的に開示している例はみられず，特段触れていないか，従業員を育成すればオーナーは休暇を取ることができるなどと記載しているものもあった。

他方で，人員派遣などのオーナー支援制度については「緊急時に使えない」などオーナーからの評価は低い状況にある。また，加盟店募集時の説明状況に関するアンケートでは，営業時間・臨時休業等に関して「説明を受けていない」との回答が30.9%となっており，「加盟前に受けた説明よりも実際の状況の方が悪かった」との回答も14.4%あり，「24時間営業をやめることができると最初に説明があったが，2年後申込みしようとしたらそれは絶対にできないと拒否された」などといった報告も寄せられた。

このような状況に対し，本部では，令和元年から時短営業を容認する姿勢を対外的に示すようになっており，実際にも，時短営業の店舗が徐々に増加していることが確認された。また，オーナーに令和2年1月時点における今後の意向について尋ねた質問では「引き続き24時間営業を続けたい」と回答したのは33.2%にとどまり，66.8%は「人出不足等により一時的に時短営業に切り替えたい」，「一度実験してみたい」又は「時短営業に完全に切り替えたい」と回答している。

しかしながら，本部が時短営業を容認する姿勢を示しているにもかかわらず，本部に24時間営業をやめたい旨を伝えているオーナーの8.7%が，時短営業について「（本部が）交渉に応じていない（交渉自体を拒絶している）」と回答している（令和2年1月時点）。

(ｲ)　**独占禁止法上・競争政策上の評価**

年中無休・24時間営業を行うことに顧客のニーズがある場合もあり，これを条件としてフランチャイズ契約を締結すること自体は，第三者に対するチェーンの統一したイメージを確保する等の目的で行われ，加盟者募集の段階で十分な説明がなさ

れている場合には，直ちに独占禁止法上の問題となるものではない。

a ぎまん的顧客誘引の観点から

しかしながら，今回の調査によれば，年中無休・24時間営業を基本としている本部においても加盟店募集用のパンフレット等で深夜帯の採算性の悪さや深刻な人手不足といった重要事項について積極的に開示している例がみられなかったほか，「オーナーに対する支援制度の説明を受け，これなら24時間営業できると考えて契約したが，実際にはあまり機能していなかった」，「24時間営業をやめられると説明を受けたのに実際にはやめられなかったりした」といった報告も寄せられた。

フランチャイズ・ガイドライン2(3)に記載のとおり，本部が，加盟者の募集に当たり，年中無休・24時間営業に関する重要な事項について，十分な開示を行わず，又は虚偽若しくは誇大な開示を行い，これらにより，実際のフランチャイズ・システムの内容よりも著しく優良又は有利であると誤認させ，競争者の顧客を自己と取引するように不当に誘引する場合には，不公正な取引方法の一般指定第8項（ぎまん的顧客誘引）に該当し得る。

したがって，人手不足の状況においては，本部は加盟店募集時の説明に当たって人手不足の実態等について十分かつ実態を踏まえた説明及び情報開示を行う必要がある。

b 優越的地位の濫用の観点から

前記(7)のとおり，今回のアンケートでは，令和2年1月時点において，本部に24時間営業をやめたい旨を伝えているオーナーの8.7%が「（本部が）交渉に応じていない（交渉自体を拒絶している）」と回答している。

今回調査したコンビニエンスストア大手8チェーンにおいては，本部と加盟店とで合意すれば時短営業への移行が認められているところ，そのような形になっているにもかかわらず，本部がその地位を利用して協議を一方的に拒絶し，加盟者に正常な商慣習に照らして不当に不利益を与える場合には優越的地位の濫用に該当し得る。

本部においては，時短営業を容認することとした場合には，そのことについて社内に周知徹底するとともに，24時間営業を行う加盟者から時短営業に係る協議の要請があった際には，加盟者の立場に配慮した丁寧な対応を行う必要がある。新型コロナウイルス感染症拡大防止のための対応も含め，24時間営業を巡る事業環境が大きく変化している昨今において，このことは特に留意すべきものと考えられる。

イ ドミナント出店

(7) 調査結果

今回の調査では，コンビニエンスストアの増加に伴って指摘されることが多くなったドミナント出店（加盟者店舗の周辺地域への追加出店）の実態についても調査を行った。

コンビニエンスストアの店舗数は長年増加し続けており，アンケートにおいてオーナーから見た１次商圏内のコンビニエンスストア数を尋ねると，１店舗当たり平均で4.0店であった。また，これを反映して，67.2%のオーナーが，１次商圏内のコンビニエンスストアは「多いと感じる」又は「どちらかといえば多いと感じる」と回答している。

　一方で，オーナーに対して１次商圏内で最も競合する他店舗の業態を確認すると，74.8%の店舗において同一チェーン以外の店舗と最も競合すると回答しており（他チェーンのコンビニエンスストアが50.9%，その他は食品スーパーやドラッグストアなど），同一チェーンの店舗と最も競合するとの回答は22.2%にとどまった。また，同一チェーンの店舗と最も競合するとの回答があった店舗のうち，31.3%は同一チェーンの既存店がある地域に自分の店舗を後から出店したことで生じた競合であった。

　ただし，実際に１次商圏内で同一チェーン競合が生じた場合の影響については，後から周辺地域に同一チェーン店舗の出店を受けたとするオーナーにその後の影響を尋ねたところ，１年後・３年後のいずれも日販が減少したとの回答が多くなっている。

　この点に関し，本部による加盟者募集時の説明において，周辺地域における追加出店に関する説明状況について尋ねた質問では，オーナーの22.6%が「加盟前に受けた説明よりも実際の状況の方が悪かった」と回答しているほか，オーナーの19.6%が「説明を受けていない」と回答している。さらに，オーナーからは，「500ｍ以内に出店しないと口頭で説明されたが，300ｍの場所に出店された」など，事前にテリトリー権的な内容の約束があったのに反故にされたといった報告も寄せられた。

　また，加盟契約において周辺地域に追加出店を行う場合には既存店に何らかの「配慮」を行うとして加盟者の勧誘を行っているチェーンがあることを踏まえ，自店の１次商圏内に後から同一チェーンの店舗が追加出店してきたと回答した店舗に対して，その際，本部からどのような配慮を受けたかを尋ねたところ，62.3%の店舗において「本部からは何も提案されなかった」との回答であった。

(イ)　独占禁止法上・競争政策上の評価

　一般論として，本部がどのような場所に新しい店舗を出店するかは原則として自由であり（テリトリー権が設定されている場合を除く。），既に加盟者が出店している店舗の周辺に，新たに店舗を出店すること自体は，直ちに独占禁止法上の問題となるものではない。

ａ　ぎまん的顧客誘引の観点から

　しかしながら，本部が，加盟者募集時の説明において，フランチャイズ・ガイドライン２(2)ア⑧に記載されている内容，すなわち「加盟後，加盟者の店舗の周辺の地域に，同一又はそれに類似した業種を営む店舗を本部が自ら営業すること又は他の加盟者に営業させることができるか否かに関する契約上の条項の有無及びその内容並びにこのような営業が実施される計画の有無及びその内容」につい

・ 175 ・

て十分な開示を行わず，又は虚偽若しくは誇大な開示を行うことにより，実際の
フランチャイズ・システムの内容よりも著しく優良又は有利であると誤認させ，
競争者の顧客を自己と取引するように不当に誘引する場合には，不公正な取引方
法の一般指定第8項（ぎまん的顧客誘引）に該当し得る。

　また，加盟店募集時の説明において，周辺地域への追加出店について，実際に
は配慮するつもりがないのに「配慮する」と説明することにより，実際のフラン
チャイズ・システムの内容よりも著しく優良又は有利であると誤認させ，競争者
の顧客を自己と取引するように不当に誘引する場合にも，不公正な取引方法の一
般指定第8項（ぎまん的顧客誘引）に該当し得る。

b　優越的地位の濫用の観点から

　加盟契約において加盟者にテリトリー権が設定されているにもかかわらず，本
部がその地位を利用してこれを反故にし，テリトリー圏内に同一又はそれに類似
した業種を営む店舗を本部が自ら営業し又は他の加盟者に営業させることによ
り，加盟者に対して正常な商慣習に照らして不当に不利益を与える場合には優越
的地位の濫用に該当し得る。

　また，加盟契約において周辺地域への出店時には本部が「配慮する」と定めた
上で，加盟前の説明において，何らかの支援を行うことや一定の圏内には出店し
ないと約束しているにもかかわらず，本部がその地位を利用してこれを反故に
し，一切の支援等を行わなかったり，一方的な出店を行ったりすることにより，
加盟者に対して正常な商慣習に照らして不当に不利益を与える場合にも優越的地
位の濫用に該当し得る。

　なお，自店の1次商圏内に後から同一チェーンの店舗が追加出店してきたと回
答した店舗に対して，その際，本部からどのような配慮を受けたかを尋ねたとこ
ろ，何らかの「配慮」を行うとしているチェーンに属する店舗の62.3%は「本部
からは何も提案されなかった」と回答していることから，本部と加盟者との間で
「配慮」に関して認識に大きなギャップが生じているものとみられる。

　このため，加盟前にフランチャイズ・ガイドライン2⑵ア⑧記載の内容が的確
に開示されることに加え，加盟契約において周辺地域への出店時に「配慮する」
旨を定める場合には，その具体的内容についてあらかじめ加盟希望者に開示する
ことが重要である。

⑻　総括

　今回の調査は，平成13年及び平成23年に続いての実態調査であったが，本部による加
盟者募集時の説明及び加盟後の本部と加盟者との取引の両方において，オーナーから懸
念を示す回答がなされており，本部と加盟店との取引においては，今なお多くの取り組
むべき課題が存在することが明らかとなった。

　コンビニエンスストアのフランチャイズ・システムは，本来，本部にとっては，他人
の資本・人材を活用して迅速な事業展開を可能とするものであり，加盟者にとっては，
本部の提供するノウハウ等を活用して独立・開業が可能となるという双方のメリットの

実現を目指したビジネスモデルである。他方，一度加盟すれば，本部の包括的な指導等を内容とするシステムに長期的に組み込まれるとともに，解約金等の存在から容易に離脱することができないという側面等も有しており，このような取引関係の下では，オーナーは本部からの不当な要求を断りにくい環境にあるといえる。

このようなビジネスモデルを健全に運営していくためには，加盟希望者の適正な判断に資するよう十分な情報開示が行われること，また，加盟後においても加盟者に一方的に不利益を与えないようにすることが必要である。

コンビニエンスストアを営む本部においては，報告書の内容を十分に理解するとともに，加盟者の声に真摯に耳を傾け，独占禁止法上の問題が生じないようにする必要がある。

なお，特にコンビニエンスストアのオーナーには個人が多く，加盟前に事業経営の経験がない者や小売業の経験を有していない者も多いという実態を踏まえ，加盟者募集時の説明に際しては，特に丁寧な説明が求められる点にも留意すべきである。

⑼　公正取引委員会の対応

今回の調査の結果を踏まえ，本部に対しては，本部ごとのアンケート結果を伝えるとともに，本報告書に基づき，直ちに自主的に点検及び改善を行い，点検結果と改善内容を公正取引委員会に報告することを要請した。また，多くのフランチャイズ本部が加盟する一般社団法人日本フランチャイズチェーン協会に対して，会員各社に本報告書の内容を周知するよう要請した。このほか，独占禁止法上の考え方の明確化と問題行為の未然防止を図る観点から，フランチャイズ・ガイドラインの改正を行った（前記第2の⑤）。

今後とも本部と加盟店との取引を対象とした独占禁止法上の問題について情報収集に努めるとともに，違反行為に対しては厳正に対処する。

４　デジタル・プラットフォーム事業者の取引慣行等に関する実態調査（デジタル広告分野）

⑴　調査趣旨等

消費者から提供される個人情報等の様々なデータを集積・利用したデジタル広告事業は，デジタル・プラットフォーム事業者の収益源として大きな存在となっている。また，デジタル・プラットフォーム事業者は，デジタル広告について，掲載メディア（媒体社）と広告出稿者（広告主・広告代理店）を結びつけるプラットフォームとして重要な役割を担っている。一方で，従来から広告事業により収益を得ていた媒体社にとっては，収益構造の変化を余儀なくされており，デジタル広告に関するデジタル・プラットフォーム事業者の事業の在り方がメディアの事業に大きな影響を及ぼすようになっている。

こうした状況を踏まえ，デジタル広告分野におけるデジタル・プラットフォーム事業者を取り巻く取引実態や競争の状況を明らかにし，指摘される問題及びそれに対する独占禁止法上又は競争政策上の考え方を示すことで，当該分野における独占禁止法違反行為の未然防止や関係者による公正かつ自由な競争環境の確保に向けた取組を促進するた

め，公正取引委員会はデジタル広告の取引実態に関する調査を実施し，令和3年2月 17日に報告書を公表した。

ア　調査対象

デジタル広告の掲載メディア（媒体社），広告出稿者（広告主・広告代理店）及び広告仲介事業者等がデジタル・プラットフォーム事業者と行う取引について調査を実施した。

イ　調査方法

⑺　事業者及び消費者向けアンケート調査

令和2年2月から同年3月までにかけて，デジタル広告分野のデジタル・プラットフォーム事業者と直接・間接に取引関係がある事業者を，①広告主・広告代理店，②広告仲介事業者及び③媒体社の三つのカテゴリーに分け，それぞれに対して，デジタル・プラットフォーム事業者との取引等に関するアンケート調査を行った。

また，検索連動型広告とSNS等における広告について，消費者の無料サービスや表示される広告に対する受け止め，ユーザーデータの利活用の理解の程度等を，調査会社の消費者モニターに対するアンケートの形で調査した。

⑷　聴取調査

89名（広告主，広告代理店，広告仲介事業者，媒体社等の事業者及び事業者団体78名，デジタル・プラットフォーム事業者5社，有識者6名）に対して実施した。

⑼　情報提供窓口を通じた調査

公正取引委員会のウェブサイト上において，21件の情報提供を受けた（令和3年2月1日時点）。

⑵　デジタル広告市場の概要

ア　総広告費に占めるデジタル広告費

我が国における広告費は，年々上昇傾向にある。令和元年の我が国の総広告費は約7兆円にも上り，これは同年の名目国内総生産（GDP）の約 1.3 パーセントに匹敵する。また，このうちデジタル（インターネット）広告については，増加傾向が見られるだけでなく，総広告費に占めるデジタル広告費の割合も増加している傾向が見られ，同年のデジタル広告費は約2兆円となっている。

第２図　我が国における総広告費とデジタル広告費の推移

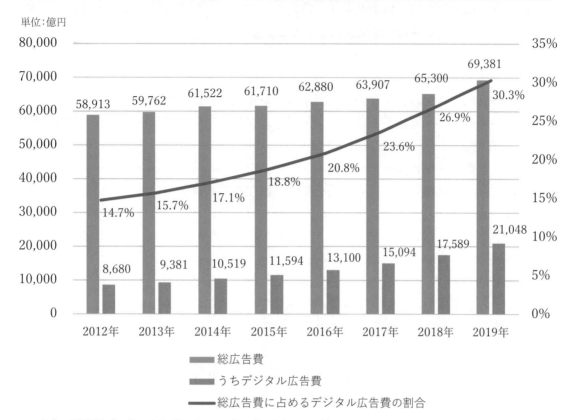

単位：億円

出典：㈱電通「日本の広告費」ナレッジ＆データ（https://www.dentsu.co.jp/knowledge/ad_cost/）を基に公正取引委員会作成

イ　デジタル広告の種類及びデジタル広告費の内訳

　　デジタル広告は，その広告種別の違いから検索連動型広告とディスプレイ広告に大別される。さらに，ディスプレイ広告は販売チャネルの違いから，所有・運営型とオープン・ディスプレイに分類される。

第３図　デジタル広告の広告種別及び販売チャネルによる分類

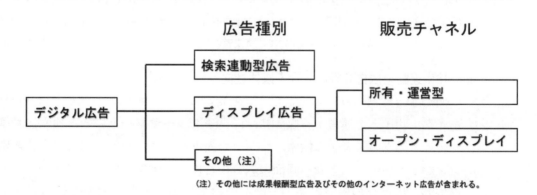

（注）その他には成果報酬型広告及びその他のインターネット広告が含まれる。

　　検索連動型広告とは，Google検索やYahoo!検索等の検索サイトでキーワードを入力

して検索を行った際に検索結果と共に（通常は検索結果の一覧の上部及び下部に）表示される広告のうち，検索クエリ（検索サービスを利用する際，検索するために入力する文字列）に連動して配信されるものである。

ディスプレイ広告とは，ユーザーがSNS等やニュースサイト，ブログといったウェブサイトを閲覧した際に，ウェブサイトやアプリのコンテンツの周囲等に表示される静止画や動画の広告をいう。ディスプレイ広告の取引については，販売チャネルの違いから所有・運営型とオープン・ディスプレイに大別される。所有・運営型では，例えば，YouTube, Yahoo!Japan, Facebook, Instagram, LINE, Twitter のようなウェブサイト等やSNS等媒体を所有・運営するデジタル・プラットフォーム事業者が，広告主（広告代理店）からの依頼を受け，直接自社の媒体に対して，広告を掲載する。一方，オープン・ディスプレイでは，広告主（広告代理店）と媒体社の間にデマンドサイドプラットフォーム（DSP）（後記ウ⑷ b ⒞参照）やサプライサイドプラットフォーム（SSP）（後記ウ⑷ b ⒟参照）といった様々なアドテクノロジーを用いたサービス（以下「アドテクサービス」という。）を提供するデジタル・プラットフォーム事業者や広告仲介事業者が介在して，媒体に広告が掲載されることが一般的である。

ウ　デジタル広告分野でデジタル・プラットフォーム事業者が提供する主なサービス

⑺　検索連動型広告分野

検索連動型広告分野において，検索連動型広告サービス提供事業者は，広告主（広告代理店）向けに検索連動型広告を提供する。また，媒体社に対し，媒体社のウェブサイトの検索結果画面の広告枠を仲介し，媒体社の収益最大化を図るサービスを提供する。

a　検索連動型広告分野における広告主（広告代理店）向けサービス

検索連動型広告の取引については，入札により行われる。グーグル（注1）やヤフーといった検索連動型広告サービス提供事業者は，広告主（広告代理店）に対して入札に係るサービスを提供する。検索連動型広告分野における広告主（広告代理店）向けのサービスのグーグル及びヤフーの自社媒体による売上げのシェアについては，グーグルが70-80パーセント，ヤフーが20-30パーセントであった。検索連動型広告の市場規模については，広告媒体費ベースで，6683億円である。

（注1）本実態調査に係る記述において，事業者の名称を示す場合には，便宜上カタカナを用いている。

b　検索連動型広告分野における媒体社向けサービス

例えば goo や楽天 Infoseek といったニュースや検索等のサービスを提供するポータルサイトを運営する媒体社は，グーグルやヤフーといった検索連動型広告サービス提供事業者から検索エンジンの提供を受け，それと同時に当該検索エンジンからの検索の結果表示画面の広告枠を検索連動型広告サービス提供事業者に提供し，広告枠の販売収益の分配を受けている。検索連動型広告分野におけるグーグル及びヤフーの媒体社向けサービスの市場シェアについては，グーグルが70-80パーセント，ヤフーが20-30パーセントであった。

(イ) ディスプレイ広告分野

a 所有・運営型におけるサービス

所有・運営型においては，Yahoo!Japan を所有・運営するヤフーや YouTube を所有・運営するグーグル，Facebook と Instagram を所有・運営するフェイスブック，LINE を所有・運営するラインや Twitter を所有・運営するツイッターといったデジタル・プラットフォーム事業者は，広告主（広告代理店）から依頼を受け，自社の所有及び運営する媒体に広告を掲載する。

ディスプレイ広告分野におけるデジタル・プラットフォーム事業者5社の所有・運営型広告収入の占める割合はフェイスブック，ヤフー及びグーグルがそれぞれ10-20パーセント，ツイッター及びラインが5-10パーセントであった。ディスプレイ広告の市場規模については，広告媒体費ベースで，8728億円である。

b オープン・ディスプレイにおけるサービス

オープン・ディスプレイについては，大きく分けると①アドネットワークを利用する場合と②ＤＳＰ，ＳＳＰ／アドエクスチェンジを利用する場合の二つがある。①の場合については，広告主が広告を出稿する際には，広告主側アドサーバー，アドネットワーク及び媒体社側アドサーバーといったサービスが利用された後，最終的に媒体に広告が掲載される。一方，②の場合については，広告主が広告を出稿する際には，広告主側アドサーバー，ＤＳＰ，ＳＳＰ／アドエクスチェンジ及び媒体社側アドサーバーといったサービスが利用された後，最終的に媒体に広告が掲載される。

なお，実際の取引については，前記の①又は②のいずれかの場合に分けられるとは限らず，例えば，②のＤＳＰ，ＳＳＰ／アドエクスチェンジを利用する場合の取引に①のアドネットワークが介在することがあり得る。また，このほか，広告主（広告代理店）と媒体社が，直接広告配信の契約を行う取引（直接取引）も存在している。

こうしたオープン・ディスプレイにおいて，デジタル・プラットフォーム事業者が提供するサービスを中心にその概略を述べる。

(a) 媒体社側アドサーバー及び広告主側アドサーバー

媒体社側アドサーバー及び広告主側アドサーバーは，いずれも配信する広告の掲載面や配信する広告の選択等をコントロールする機能のことであり，デジタル・プラットフォーム事業者や広告仲介事業者がこのサービスを提供している。

媒体社側アドサーバー市場の市場シェア（配信インプレッション数ベース）は，グーグルが80-90パーセント，ツイッターが5-10パーセントであった。また，広告主側アドサーバー市場の市場シェア（売上高ベース）は，ツイッター及びグーグルが5-10パーセントであった。

(b) アドネットワーク

アドネットワークとは，アドネットワーク提供事業者が，ネットワークに加盟する媒体社を募った上で，複数の媒体社サイトを広告配信対象としてネット

ワークを組み，広告の受注を請け負う機能をいう。

アドネットワークについての市場シェア（売上高ベース）は，グーグルが50-60パーセント，フェイスブック及びヤフーが5-10パーセント，ラインが0-5パーセントであった。

(c)　**デマンドサイドプラットフォーム（DSP）**

デマンドサイドプラットフォーム（DSP）とは，広告主（広告代理店）の広告出稿の最適化を行う機能をいう。

Google広告（Google Ads）（注2）を含むDSP市場の市場シェア（売上高ベース）は，グーグルが60-70パーセント，ヤフーが0-5パーセントであった。また，Google広告（Google Ads）を含まないDSP市場の市場シェア（売上高ベース）は，グーグルが5-10パーセント，ヤフーが0-5パーセントであった。

> （注2）グーグルの広告主（広告代理店）向け広告購入サービス。広告の購入に際して，大手の広告主や広告代理店はターゲティング等の広告配信に関する詳細な条件を設定できるDSPを利用する一方，中小規模の広告主は，グーグルが提供するGoogle広告（Google Ads）を利用しているという実態があるとされる。そうした実態も踏まえ，本報告書においては，広告主（広告代理店）向けサービスの実態をより反映するため，DSPの市場シェアについて，中小規模の広告主向けに影響力のある広告購入サービスとされるGoogle 広告（Google Ads）を含んだものと含んでいないものの両方のシェアを算出している。

(d)　**サプライサイドプラットフォーム（SSP）／アドエクスチェンジ**

サプライサイドプラットフォーム（SSP）とは，媒体社が広告枠の販売の効率化や収益の最大化を図るための機能をいう。

アドエクスチェンジとは，広告枠の取引市場をいう。デジタル・プラットフォーム事業者等のアドエクスチェンジ提供事業者は，広告主又はDSPの需要と，媒体社，アドネットワーク又はSSPの供給をマッチングして取引を行う場を提供する。

SSP／アドエクスチェンジ市場の市場シェア（売上高ベース）は，グーグルが50-60パーセント，ヤフー及びツイッターが0-5パーセントであった。

また，SSP／アドエクスチェンジとアドネットワークを合計した，全ての媒体社向け仲介の市場シェア（売上高ベース）は，グーグルが50-60パーセント，フェイスブック及びヤフーが5-10パーセント，ライン及びツイッターが0-5パーセントであった。

(3)　デジタル・プラットフォーム事業者の取引上の地位
ア　市場における地位
(ア)　検索連動型広告

検索連動型広告サービスを国内で提供している主な事業者はグーグルとヤフーに限られる。その中でも，検索連動型広告においてグーグルは70-80パーセントのシェアを占めており，独占的な地位にある。

(イ)　ディスプレイ広告
a　所有・運営型

所有・運営型に限ったシェアは不明であるものの，ディスプレイ広告全体を分

母としても，グーグル，フェイスブック及びヤフーは所有・運営型の媒体として，いずれも10-20パーセントのシェアを占めており，これら3社は少なくとも所有・運営型市場における有力な地位にある。

b オープン・ディスプレイ

デジタル広告の仲介サービスでは，間接ネットワーク効果が働くことで，市場における有力な地位にある事業者，さらには，独占・寡占的な地位を有する事業者が現れやすいと考えられる。

仮に各サービスの市場が成立すると，例えば，グーグルは媒体社側アドサーバーで80-90パーセントのシェアを占め，また，ＳＳＰ/アドエクスチェンジで50-60パーセントのシェアを占めるなど，複数のサービスで既に独占・寡占的な地位にある。

c ディスプレイ広告全体

さらに，ディスプレイ広告を一つの市場と捉えたとしても，グーグルは，まず，所有・運営型の媒体として10-20パーセントを占める。また，オープン・ディスプレイにおいては様々な広告配信に係るサービスがあるが，広告主が通常利用するサービスであるＤＳＰでみると，同社は60-70（Google 広告〔Google Ads〕を含んだ場合）パーセントのシェアを占める。したがって，所有・運営型とオープン・ディスプレイのディスプレイ広告における正確な比率が不明であるため，単純な合算はできないが，少なくともディスプレイ広告市場における有力な地位にはあると考えらえる。

イ 優越的地位

事業者向けアンケートでは，グーグルと取引する広告主において，同社のデジタル広告費に占めるグーグルへの支出額の割合が30パーセント以上と回答した割合は40パーセントを超えた。また，グーグルと取引する広告仲介事業者において，同社のデジタル広告売上額に占めるグーグルとの取引における売上額の割合が30パーセント以上と回答した割合は40パーセントを超えた。媒体社についても広告仲介事業者と同様の数値である。グーグルの検索連動型広告やディスプレイ広告市場における地位も踏まえると，同社はこれらの事業者との関係で優越的な地位にある可能性がある。

また，デジタル・プラットフォーム事業者は，サービスの利用者である消費者に対しても優越した地位にある場合がある。

ウ 垂直統合

一部のデジタル・プラットフォーム事業者は海外において買収等を重ねた結果，これら各サービスのうち取引段階の異なる複数のサービスを同時に提供していることがある（以下「垂直統合」という。）。例えば，グーグルは，媒体社側アドサーバーを提供していたダブルクリックを媒体社側アドサーバーの普及期であった2000年代に買収し，それが媒体社側アドサーバーでのシェアを伸ばす一因になったと考えられる。

さらに，デジタル・プラットフォーム事業者は垂直統合にとどまらず，異なる業種

にまたがる企業結合も行うことで，広範なエコシステムを構築している。

⑷　デジタル広告分野における独占禁止法・競争政策上の考え方
ア　デジタル広告とデジタル・プラットフォーム事業者

デジタル・プラットフォーム事業者は，検索サービス，ＳＮＳ，動画・音楽配信，ニュース配信，メール，電子決済，オンラインモール，アプリストア等の様々なサービスを多くの消費者に提供しており，これらの様々なサービスを相互に連携・補完させることで，巨大なエコシステムを形成している。また，異なる多様なサービスを営むだけでなく，同種のサービス内においても，本報告書で取り上げてきたデジタル広告における仲介サービスのように，取引の多段階を押さえていることがある。

その中で，クッキー等の技術を用いるなどして，消費者の個人情報等の様々なデータを取得・集積・利用することが可能となっている。そのため，デジタル・プラットフォーム事業者は，消費者の関心に対応した内容の広告を様々な媒体で表示させることが可能であり，デジタル広告事業において競争上優位に立ち，同事業が収益源として大きな存在となっている。また，デジタル広告に関して，デジタル・プラットフォーム事業者は，掲載メディアと広告出稿者の両者を結びつける重要なプラットフォームとなっているだけでなく，従来から広告事業により収益を得ていたメディアの事業に大きな影響を及ぼすようにもなっている。

こうした状況下において，デジタル広告の取引において，デジタル・プラットフォーム事業者に関して独占禁止法・競争政策上問題となり得る行為がある。不透明性の問題等，必ずしもデジタル・プラットフォーム事業者だけの問題ではなく，他の広告仲介事業者や広告代理店等，デジタル広告業界全体での取組が求められる問題もあるが，デジタル広告市場において重要な地位を占めるデジタル・プラットフォーム事業者が，以下でまとめる独占禁止法・競争政策上の考え方の内容を踏まえた取組を実施することにより，デジタル広告市場が一層健全な市場として今後も発展するための中心的な役割を発揮することが望まれる。

イ　独占禁止法・競争政策上の考え方
⑺　取引先に不利益を与え得る行為

デジタル広告の分野において，デジタル・プラットフォーム事業者は広告主，広告仲介事業者，媒体社といった取引先事業者との関係で優越的な地位にある可能性がある。デジタル広告の取引において，取引上の地位が相手方に優越しているデジタル・プラットフォーム事業者が，契約内容を一方的に変更するなどによって，正常な商慣習に照らして相手方に不当に不利益を与える場合，独占禁止法上問題（優越的地位の濫用）となるおそれがある。

取引の公正性・透明性を高め，公正な競争環境を確保するためには，契約の変更等に際して，その影響に応じて，①相手方に変更等の内容を事前に通知して十分に説明する，②相手方が意見を述べる機会を提供するとともに，相手方からこれを受け入れられない合理的な理由が寄せられた場合にはそれをできる限り考慮する，③

変更等の通知から適用までの期間を十分に設ける，④内容の公平性に配慮すること
が望ましい。

(イ)　**競合事業者を排除し得る行為**

a　**優先リクエスト**

　　媒体社の中には，優先リクエストと呼ばれる自社優遇（デジタル・プラット
フォーム事業者が，自社の媒体社側アドサーバーからＳＳＰに広告の配信をリク
エストする際，広告仲介事業者のＳＳＰよりも，自社のＳＳＰに優先してリクエ
ストを送ること）についての疑念を持つ者がいまだに少なからず存在する（注
3）。仮に，デジタル・プラットフォーム事業者が，入札のシステムを恣意的に
設計・運用することにより，競合する広告仲介事業者と媒体社等との間の取引を
妨害し，当該広告仲介事業者を排除する場合は，独占禁止法上問題（競争者に対
する取引妨害）となるおそれがある。

　　取引の公正性・透明性を高め，公正な競争環境を確保するためには，自社優遇
の懸念を招かないように，入札のシステムについて，媒体社に対する必要な情報
の公開と十分な説明責任を果たす体制を国内に整備することが望ましい。

　　（注3）優先リクエストは基本的に媒体社側アドサーバー内で配信する広告を選択する際の決定方法
　　　　の一つであるウォーターフォールを前提とした疑念であることから，ウォーターフォールが主流
　　　　ではなくなった現時点ではそもそも前提が異なる。

b　**第三者サービスの利用制限**

　　デジタル・プラットフォーム事業者が，競合する事業者を排除するなど，独占
禁止法上不当な目的を達成するための手段として，第三者のＤＳＰや効果測定事
業者に対し，自らの有力な媒体との接続を切断又は拒絶し，このため，当該事業
者の事業活動が困難となるおそれが生じる場合は，独占禁止法上問題（単独の直
接取引拒絶等）となるおそれがある。

　　取引の公正性・透明性を高め，公正な競争環境を確保するためには，①第三者
のＤＳＰに対し，自らの媒体との接続を切断したり拒絶したりする場合には，そ
の理由を明らかにする，②自らの媒体との接続を切断したり拒絶したりする場合
には，第三者のＤＳＰに対応するための期間を十分に設ける，また，効果測定に
ついては，③自らの媒体へ接続するための効果測定基準を明確に示し，④接続を
拒絶する場合には，その理由を明らかにすることが望ましい。

c　**特定の広告枠への配信制限**

　　デジタル・プラットフォーム事業者が，特定の広告枠への配信を自らのアドテ
クサービスを経由した配信に限定することにより，自らと競合する第三者のＤＳ
Ｐから媒体社への配信を妨害し，当該第三者のＤＳＰを排除する場合は独占禁止
法上問題（競争者に対する取引妨害）となるおそれがある。また，媒体社に対し
て，競合する第三者のＳＳＰと取引しないことを条件として当該媒体社と取引
し，第三者のＳＳＰを排除する場合は，独占禁止法上問題（排他条件付取引・拘
束条件付取引）となるおそれがある。

　　取引の公正性・透明性を高め，公正な競争環境を確保するためには，多数の広
告主（広告代理店）が掲載を希望する広告枠について，入札に参加するＤＳＰや

SSPが，自社か第三者なのかを問わず，公平に入札に参加できるようにし，入札が公平に行われているかについて入札参加者が検証できる仕組みを用意することが望ましい。

(ウ) **取引先の事業活動を制限し得る行為**

デジタル・プラットフォーム事業者が，デジタル広告事業を行う際に自らの販売代理店となる広告仲介事業者に対して，①競合する他のデジタル・プラットフォーム事業者等との取引を制限する，②大手媒体社との取引を制限する，③自社サービスの利用割合を義務付ける，④競合する機能等の利用を制限することにより，競合する他のデジタル・プラットフォーム事業者や広告仲介事業者にとって，代替的な取引先を容易に確保することができなくなるなど，競合事業者が排除される又はその事業活動が制限される場合は，独占禁止法上問題（排他条件付取引，拘束条件付取引等）となるおそれがある。

取引の公正性・透明性を高め，公正な競争環境を確保するために，①自らの販売代理店となる広告仲介事業者に課す制限の内容は契約の書面で明確にするとともに，②契約内容を変更する際は，（ⅰ）相手方に契約の変更内容を事前に通知して十分に説明する，（ⅱ）当該変更について，相手方が意見を述べる機会を提供するとともに，相手方からこれを受け入れられない合理的な理由が寄せられた場合にはそれをできる限り考慮する，（ⅲ）契約内容を変更する場合，変更内容の通知から適用されるまでの期間を当該変更の内容に応じて十分に設けることが望ましい。

(エ) **公正性・透明性に欠けるおそれのある行為**

デジタル広告取引の中で公正性・透明性に欠けるおそれのある行為として，①広告の表示基準，②手数料の不透明さ，③広告単価等の不透明さ，④視認可能性についての基準，⑤アドフラウド対策，⑥サービス接続に必要なアカウントの審査基準を取り上げた。

各行為について共通して指摘されているのは，不十分な情報開示である。取引の相手方に取引情報，特に手数料等の企業秘密を開示する義務は本来ない。しかし，自らがプレイヤーにとどまらず，デジタル・プラットフォームという取引の場を提供している以上，取引の場の公正性・透明性を確保するために一定の情報を開示することが望まれる。

(オ) **複数の行為の組合せによる問題**

前記の行為のうち複数の行為が同時に実施されることにより，関連する市場における競争への影響がより大きくなることが考えられる。そのため，仮に個別の行為について独占禁止法上問題とまでは言い切れない場合であっても，それらの行為が同時に実施されることにより競争者が排除されたり，新規参入が阻害されたりする結果，独占禁止法上問題（不公正な取引方法）となる場合もあると考えられる。

さらに，個別の行為が不公正な取引方法となる場合であっても，複数の行為が同時に実施されることにより競争制限効果が高まり，私的独占として問題となることも考えられる。例えば，第三者サービスの利用制限と特定の広告枠への配信制限が同時に実施された場合，これらの行為により競合する広告仲介事業者を排除する効

果はより強いものとなると考えられる。さらに，これらの行為に加えて，取引先の事業活動を制限し得る行為として，販売代理店に対して，自社サービスの利用割合等の義務付けが行われた場合，関連市場における競争への影響は更に大きなものとなる場合があると考えられる。

(カ) 消費者との取引

デジタル・プラットフォーム事業者が個人情報を収集する場合，プライバシーポリシーの方式や内容次第では，利用目的の説明が曖昧又は他のサービスの利用に関する説明と明確に区別されていないこと等により，一般的な消費者が利用目的を理解することが困難な状況下で個人情報を収集している場合に該当する可能性がある。そのような個人情報の収集については，利用目的を消費者に知らせずに個人情報を取得すること（個人情報等の不当な取得）として，独占禁止法上問題（優越的地位の濫用）となるおそれがある。

デジタル・プラットフォーム事業者は，できる限り，（複数のサービスを提供している場合は）サービスごとに，取得している情報とその利用目的の対応関係を明確にすべきである。

また，ユーザーがオプトアウトした後もユーザーの情報を広告のために利用した場合，オプトアウト後どのような情報が広告のために利用されるかの説明の有無や説明状況によっては，利用目的の達成に必要な範囲を超えて，消費者の意に反して個人情報を利用する場合に該当する可能性がある。優越的地位にあるデジタル・プラットフォーム事業者がこのような個人情報を利用することについては，個人情報等の不当な利用として優越的地位の濫用となる行為に当たり得る。

デジタル・プラットフォーム事業者は，できる限り，ターゲティング広告からのオプトアウトができる機能をユーザーに提供することが望ましいと考えられる。また，オプトアウトした後にも広告表示のために利用している情報がある場合には，その旨オプトアウト設定の場において明確に説明すべきである。

(キ) 媒体社との取引

多くの媒体社にとってデジタル広告取引の重要性は増している。デジタル広告取引の透明性を高め，公正な競争環境を確保するために，デジタル・プラットフォーム事業者は，媒体社に対して媒体社への支払額の算定過程等，必要な情報の公開と十分な説明責任を果たしていくことが望ましい。

また，デジタル広告を掲載する媒体社のウェブサイトへの流入のうち，検索サービスからの割合が相当程度を占めている現状を踏まえると，検索順位を決定する主要な要素等，媒体社の事業活動に大きな影響を与えるようなアルゴリズムの変更については，可能な限り，媒体社において変更に備えるために十分な情報を開示することが望ましく，また，こうした情報開示の取組について当事者双方で共通理解を得るため，デジタル・プラットフォーム事業者は実効的な相談体制を構築することが望ましい。

さらに，デジタル・プラットフォームを介した情報流通は，既存メディアに限らないあらゆる主体による情報発信が，同じプラットフォーム上で展開されることと

なる。このようなコンテンツの配信に係る市場の在り方の変化が進む一方，デジタル広告においては広告枠の価値がインプレッション数やクリック数によって評価される傾向にあることに鑑みれば，こうした状況においても質の高いコンテンツ，とりわけ正確性の担保されたニュースや社会・経済によって有用なコンテンツを提供する媒体社が正当に評価され，公正な競争を通じて媒体社の提供するニュース等のコンテンツの質が確保される仕組みが提供されることも重要である。

　このような競争を促す仕組みの一つとして，デジタル・プラットフォームを介してニュースコンテンツが閲覧される場合に，当該ニュースを作成したメディア名が明確に示されることが望ましいと考えられる。デジタル・プラットフォームを介する場合も，コンテンツを作成した媒体社が消費者に分かりやすく表示されることで，媒体社における読者獲得競争の前提たる消費者によるコンテンツの質や媒体社に対する評価を促し得ると考えられる。

　また，デジタル・プラットフォーム事業者が運営する有力なポータルサイト等において，トップページにどのようなコンテンツが掲載されるかについて，内容の正確性・信頼性や社会的な意義等を含めた指標に基づき判断が行われるよう，デジタル・プラットフォーム事業者による継続的な取組が望まれる。

⑸　今後の取組

　公正取引委員会としては，デジタル経済の競争を促進し，消費者利益の向上を図るために，今後，以下の取組を行うこととする。

ア　本報告書で指摘したデジタル広告分野における取引実態の各論点に関するものを含め，独占禁止法上問題となる具体的な案件に接した場合には，引き続き厳正に対処していく。

イ　イノベーションの芽が摘まれることがないよう，デジタル分野の企業結合について，令和元年に改定したガイドライン等を踏まえ，引き続き迅速かつ的確な審査を行っていく。

ウ　本報告書で指摘した媒体社間の競争の変化のように，デジタル・プラットフォーム事業者の台頭による影響を受けて変化する市場における競争の状況についても注視し，引き続き，デジタル分野についての実態調査を行い，消費者利益を勘案しつつ独占禁止法・競争政策上の問題を明らかにしていく。

エ　デジタル・プラットフォームを巡る競争環境の整備のためには独占禁止法の執行だけでなく，特定デジタルプラットフォームの透明性及び公正性の向上に関する法律その他の規律による適切な規制，データの移転・開放を実現する仕組みの導入，個人情報の適切な保護等様々な観点から検討・対応していく必要がある。公正取引委員会は，内閣に設置されたデジタル市場競争本部や関係省庁との連携・協力に積極的に取り組み，競争環境の整備を図っていく。

オ　グローバルに展開するデジタル・プラットフォーム事業者の事業活動に対しては，海外の各国・地域の競争当局も大きな関心・懸念を寄せている。公正取引委員会は，今後とも様々なレベルで，各国・地域の競争当局との意見交換を行い，また，国際競

争ネットワーク（International Competition Network）等の場を活用して継続的な協力を進めていく。

5 デジタル市場における競争政策に関する研究会報告書「アルゴリズム／ＡＩと競争政策」

⑴ 研究会の開催

　近年の急速な技術の進展により変化の激しいデジタル市場においては，公正かつ自由な競争を確保し，事業者の創意工夫を促すため，デジタル市場の取引実態や競争環境に即して，競争政策を有効かつ適切に推進していくことが重要となっている。

　アルゴリズムやＡＩ（人工知能）は，デジタル市場におけるイノベーションのプロセスの鍵となる技術であり，多くの事業者がアルゴリズムやＡＩを利用して事業活動を行っている。そのため，デジタル市場における競争政策の推進のためには，アルゴリズムやＡＩがもたらす事業活動や競争環境の変容を理解することが重要である。

　また，アルゴリズムやＡＩは，事業活動を効率化させ，消費者の利便性を向上させるなど社会に大きな便益をもたらす一方で，アルゴリズムやＡＩを利用した反競争的行為について海外当局が措置を講じた事例が出てきているなど，我が国においても，アルゴリズム／ＡＩと競争政策を巡る課題・論点について検討する必要性が高まっている。

　公正取引委員会は，このような認識の下，デジタル市場における独占禁止法・競争政策上の諸論点や課題について研究を行うことを目的として，経済取引局長主催の「デジタル市場における競争政策に関する研究会」（研究会委員は第１表参照）を開催し，アルゴリズム／ＡＩと競争政策について，令和２年７月から８回にわたって検討を行ったところ，同研究会の報告書「アルゴリズム／ＡＩと競争政策」が取りまとめられたので，令和３年３月31日に公表した。

第１表　デジタル市場における競争政策に関する研究会　委員名簿

座長	柳川　範之	東京大学大学院経済学研究科　教授
座長代理	中川　裕志	国立研究開発法人理化学研究所革新知能統合研究センター 社会における人工知能研究グループ　チームリーダー
	石井　夏生利	中央大学国際情報学部　教授
	翁　百合	株式会社日本総合研究所　理事長
	黒田　敏史	東京経済大学経済学部　准教授
	﨑村　夏彦	東京デジタルアイディアーズ株式会社　主席研究員
	田中　道昭	立教大学大学院ビジネスデザイン研究科　教授
	土田　和博	早稲田大学法学学術院　教授
	和久井　理子	京都大学大学院法学研究科　教授

［令和３年３月８日現在］

⑵ 総論

ア　本報告書の特徴等

　本報告書は，我が国で初めて，アルゴリズム／ＡＩと競争政策を巡る課題・論点について横断的な検討を行った結果を取りまとめたものである。また，公正取引委員会

が，アルゴリズム／ＡＩがもたらす競争環境の変化を理解した上で，アルゴリズム／Ａ
Ｉに関連する競争上のリスクに適切に対処できるようにすることを主な目的とするも
のである。

イ　アルゴリズムの定義等

「アルゴリズム」の概念自体は，コンピューターが誕生する以前から存在している
ものの，普遍的な定義はまだないと言われている。また，「アルゴリズム」という用
語は，デジタル分野に限って使用されるものではなく，多義的な意味を持つとされる。
本報告書では，デジタル分野を対象として議論を行うことから，ドイツ・フランス競
争当局の報告書「アルゴリズムと競争」（令和元年11月公表）と同様に，アルゴリズ
ムを「入力を出力に変換する一連の計算手順」と定義する。

また，「ＡＩ」とは，「Artificial Intelligence」の頭文字を取ったものであり，
「人工知能」を意味する。ＡＩについても普遍的な定義はないと考えられるが，「令
和元年版情報通信白書」（総務省）においては，ＡＩは「人間の思考プロセスと同じ
ような形で動作するプログラム、あるいは人間が知的と感じる情報処理・技術」と
いった広い概念で理解されていると記載されており，これが事業者において理解され
ている概念に近いと考えられるため，本報告書では，この定義によることとした。

⑶　各論
ア　アルゴリズム／ＡＩと協調的行為
㈠　アルゴリズムを利用した価格調査・価格設定がもたらす事業環境・競争環境の変化

デジタル化や e コマースの進展に伴い，競争事業者の価格を把握する，競争事業
者よりも競争力のある価格設定をする，需要予測により最適な値付けをすることで
機会損失を減らすなど，多様な目的で価格調査や価格設定のアルゴリズムが用いら
れるようになっている。

アルゴリズムを利用した価格調査や価格設定がもたらす競争環境の変化について
は，局面によって異なり得ると考えられる。一般的には，価格調査アルゴリズムや
価格設定アルゴリズムにより，事業者は，競争事業者の価格を自動で調査し，自動
的に競争的な価格で対抗することが可能になるため，事業者間の価格競争が活発に
なると考えられる。

他方，価格調査アルゴリズムや価格設定アルゴリズムの利用の態様によっては，
競争事業者間の協調的な価格設定につながり得ることも懸念される。例えば，アル
ゴリズムの利用・普及によって市場の透明性が向上するとともに，事業者間の相互
作用の頻度が増加するところ，これらの特徴は，競争事業者間でカルテルの合意が
行われる場合には，その実施を容易にする可能性がある。

㈡　アルゴリズムによる協調的行為の分類

本研究会では，ＯＥＣＤの報告書「アルゴリズムと共謀」（平成29年6月公表）
の分類である，①監視型アルゴリズムを利用した協調的行為，②アルゴリズムの並

行利用による協調的行為，③シグナリングアルゴリズムを利用した協調的行為，④
自己学習アルゴリズムによる協調的行為に分けて検討を行った。

a　監視型アルゴリズムを利用した協調的行為

　　監視型アルゴリズムを利用した協調的行為においては，競争事業者間で価格カ
ルテルなどの合意が行われている場合に，その合意の実効性を確保する目的で，
競争事業者の価格情報等を収集したり，合意からの逸脱がある場合に報復したり
するために価格調査アルゴリズムが用いられる。

第4図　監視型アルゴリズムを利用した協調的行為

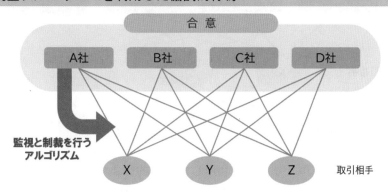

出典：土佐和生「アルゴリズムと共謀について」（令和2年10月30日，デジタル市場における競争政策
　　に関する研究会〔第3回〕資料2）　p.　2　左図を研究会事務局において再構成

b　アルゴリズムの並行利用による協調的行為

　　アルゴリズムの並行利用による協調的行為においては，アルゴリズムが競争事
業者間の価格を同調させる役割を果たす。この類型は，アルゴリズムを利用して
競争事業者間の価格を同調させるに当たり，競争事業者以外の第三者が関与する
か否かによって，更に以下二つに分類される。

⒜　競争事業者間で価格カルテル等の合意が行われている場合に，その合意に
　　従って価格を付けるように設定されたアルゴリズムを当該事業者間で用いる場
　　合がある。アルゴリズムを利用することによって，合意に基づく価格設定を自
　　動的に行うことが可能になる。

⒝　第三者が関与する場合としては，複数の競争事業者が，同一の第三者（例：
　　価格設定アルゴリズムのベンダー〔販売事業者〕）が提供するアルゴリズムを
　　利用することによって価格が同調する場合がある。例えば，複数の競争事業者
　　が，特定のアルゴリズムベンダーにそれぞれの価格を同調させるような価格設
　　定アルゴリズムを開発させ，そのアルゴリズムを利用する場合が考えられる。

　　　また，利用事業者間に価格を同調させる意思はないものの，特定の市場にお
　　いて利用される価格設定アルゴリズムの大半を提供しているベンダーが，利用
　　事業者に知らせずに，利用事業者間の価格を同調させるアルゴリズムを提供す
　　る場合も，協調的な価格設定に至ると考えられる。

　このように同一の第三者が提供する価格設定アルゴリズムを複数の競争事業者が利用することによって価格が同調する場合は，当該第三者を中心（ハブ）として価格が同調することから，「ハブアンドスポーク型」のシナリオと整理されている。

第5図　アルゴリズムの並行利用による協調的行為（ハブアンドスポーク型）

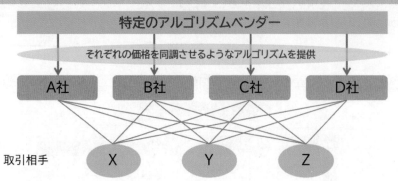

出典：土佐和生「アルゴリズムと共謀について」（令和2年10月30日，デジタル市場における競争政策に関する研究会〔第3回〕資料2）　p. 2　右図を研究会事務局において再構成

c　シグナリングアルゴリズムを利用した協調的行為

　シグナリングアルゴリズムを利用した協調的行為においては，値上げのシグナリング（注1）を行うとともに，それに対する競争事業者の反応を確認するためにアルゴリズムが用いられる。シグナリングを行う事業者は継続的にシグナル（例えば，将来の値上げの意図に係る情報）を送るとともに，それに反応して他の事業者が送るシグナルを監視する。全ての事業者が最終的に同じ価格となるシグナルを送信して合意に達すると考えられる。

　　（注1）値上げを公にするなどにより，値上げに関する意図等を競争事業者に伝達する行為

第6図　シグナリングアルゴリズムを利用した協調的行為

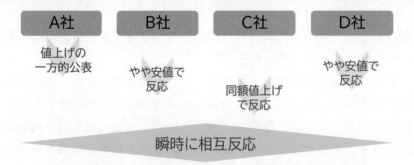

出典：土佐和生「アルゴリズムと共謀について」（令和2年10月30日，デジタル市場における競争政策に関する研究会〔第3回〕資料2）　p. 3　左図を研究会事務局において再構成

d　自己学習アルゴリズムによる協調的行為

自己学習アルゴリズムによる協調的行為においては，各競争事業者が機械学習や深層学習を利用して価格設定を行った結果，互いに競争的な価格を上回る価格に至るとされる。ここでは，各事業者は自己学習アルゴリズムを利用して価格設定を行うだけで，互いに価格を同調させる意思がない場合でも，自己学習アルゴリズム間の相互作用により競争的な価格を上回る価格に至る可能性が懸念されている。

第7図　自己学習アルゴリズムによる協調的行為

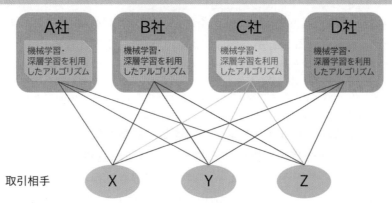

出典：土佐和生「アルゴリズムと共謀について」（令和2年10月30日，デジタル市場における競争政策に関する研究会〔第3回〕資料2）p. 3　右図を研究会事務局において再構成

⑺　**小括**

　各類型について独占禁止法の適用可能性及び課題を整理した結果，アルゴリズムによる協調的行為については，競争事業者間のコミュニケーションが明らかではない場合があるものの，アルゴリズムの利用の態様によっては，意思の連絡があると評価できると考えられるなど，基本的に現在の独占禁止法により対応可能な場合も多いと考えられるが，特に自己学習アルゴリズムによる協調的行為については，現時点では，自己学習アルゴリズムがどのようなプロセスで協調的行為に至るのかなど，不明な点も多いため，今後も技術の変化やその利用動向，関連事例を注視していく必要がある。

　また，アルゴリズム／AIによる協調的行為を未然に防ぐ観点からは，アルゴリズム／AIに関する一定のガバナンスについての考え方が普及し，関係事業者において，独占禁止法違反を起こさないことを確保するアルゴリズムの仕組みをアルゴリズムの開発段階や利用段階において検討することが期待される。

イ　**アルゴリズム／AIと単独行為**

⑺　**ランキング操作**

a　**ランキングがもたらす事業環境・競争環境の変化**

　eコマースの発展により，事業者は新たな販路や新規市場へのアクセスを得ることが可能になり，その結果，需要者にはより多くの商品やサービスが競争力の

　ある価格で提供されるようになっている。一方，需要者が膨大な選択肢から自ら
のニーズに合うものを抽出することは時間や労力がかかるため，需要者が自らの
ニーズに合う商品・サービスを効果的に抽出する手段として，アルゴリズムによ
るランキングを利用した様々なサービスが提供されている。

　ランキングにおいては，その性質上，上位の結果に利用者（需要者）の注目が
集まる。したがって，ランキングの順位は，そのランキングを利用して商品や
サービスを探す利用者（需要者）の選択やそのランキングを利用して商品やサー
ビスを販売する事業者の販売に相当の影響を与えると考えられる。

　特にあるランキングサービス（注2）が重要な販路を提供する場合には，販売
事業者にとっては，自らが提供する商品やサービスがそのランキングにおいてよ
り上位に表示されることが，競争において重要な要素となる。

　　（注2）ランキングが用いられるサービスには，検索サービスのようにランキング結果自体を提
　　　　　供することを目的とするものもあれば，オンラインモール等の仲介サービスのように，仲介
　　　　　サービスの一部としてランキングが提供されるものもある。本報告書では，ランキングが用
　　　　　いられるこれらのサービスを合わせて「ランキングサービス」という。

b　アルゴリズムによるランキングに関連し，競争が制限され得る場合

　ランキングサービスを提供する事業者（以下「提供事業者」という。）がラン
キングを利用して行う行為によって競争が制限され得る場合を整理した。

　例えば，ランキングサービス市場において有力な地位を占める提供事業者が，
自社又は関連会社の商品・サービスについてもランキングの対象としている場合
に，ランキングアルゴリズムを恣意的に操作することによって，自社又はその関
連会社の商品・サービスを上位に表示して有利に扱う，アルゴリズムの改変の際
に自社又は関連会社が有利に対応できるようにするなどにより，当該商品・サー
ビスの供給市場において競合する利用事業者と消費者との間の取引を不当に妨害
する場合が考えられる。

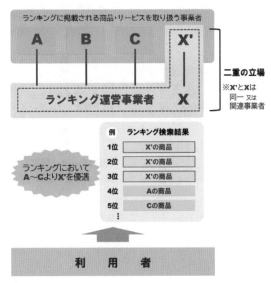

出典：研究会事務局において作成

c　アルゴリズムの動作検証

　公正取引委員会等の競争当局が前記 b で示した行為が疑われる事案の調査を行う場合においては，アルゴリズムの動作を検証することが有益となることも考えられる。また，アルゴリズムによる協調的行為等その他のアルゴリズムが関連する事案においても，アルゴリズムの動作の検証が有益となることがあり得る。この場合に課題となるアルゴリズムの動作の検証方法については，アルゴリズムの検証を行う機関において用いられる方法が参考となる。

　まず，アルゴリズムの入力データや出力データを確認するという方法がある。アルゴリズムを構築する際に入力する学習用データについて，データを取得した期間や母集団に不自然な点がないかを確認したり，データの選定基準や恣意的に選択されたデータが含まれていないかを確認したりすることが考えられる。

　また，アルゴリズムのロジックを内部文書やソースコード等から理解することも考えられる。例えば，ランキングのアルゴリズムであれば，ランキングの特徴量（パラメータ）等を説明するものを提供事業者から入手することが考えられる。

　さらに，アルゴリズムのロジックには問題がない場合には，そのロジックと実際の動作に乖離がないかを数値的に確認し，そのロジックでは説明が付かない動作を絞り込むことも考えられる。例えば，競争当局が同じロジックでモデルを作り，そのモデルの結果と検証対象のアルゴリズムの結果を比較し，その差異を確認する方法等が考えられる。

　特に，複雑なアルゴリズムの動作を検証する際には，入力データに対する出力データを統計的に確認する方法が有益であると考えられる。

第9図　アルゴリズムの動作の検証（イメージ）

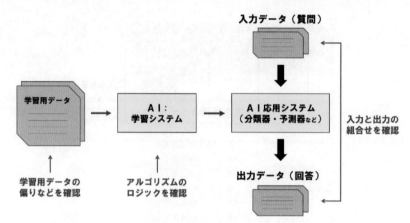

出典：中川裕志「ＡＩ技術」（令和2年9月18日，デジタル市場における競争政策に関する
研究会〔第2回〕資料1）p．3を基として，研究会事務局において作成。

　デジタル分野においては，事業者が国境を越えて事業活動を行っている場合も
多いため，このようなアルゴリズムの動作の検証に当たっては，今後，海外競争
当局との連携も公正取引委員会の重要な課題になると考えられる。
　また，公正取引委員会がランキングアルゴリズム等の複雑なアルゴリズムを用
いた競争制限行為の立証等を的確に行えるよう，外部の専門家との積極的な連携
や内部職員の育成を行い，アルゴリズム/ＡＩに関する知見や統計学の知見等，
関連する知見の収集・蓄積に努めることが望ましい。

(イ)　パーソナライゼーション

a　パーソナライゼーションがもたらす事業環境・競争環境の変化

　デジタル市場の発展に伴い，消費者の属性情報や行動履歴等，膨大なパーソナ
ルデータを事業者がオンライン上で収集することが可能となっている。事業者は，
収集した消費者の様々なデータを用いて，アルゴリズム/ＡＩで精度の高い分析
を行い，広告配信，商品やサービスの提案（レコメンデーション），検索結果の
表示等においてより精緻なパーソナライゼーションを行うことが可能になってい
る。
　アルゴリズムによるパーソナライゼーションは，事業者が各消費者のニーズに
合った商品・サービスや情報を提供するなど，消費者の利益に資する側面もある
が，消費者ごとに価格その他の取引条件等において差別的に取り扱われていると
捉えることもできる。デジタル市場において提供される財については，アルゴリ
ズムによるパーソナライゼーションを利用した価格差別を実施しやすい条件が
整っていると考えられることから，本研究会においては，デジタル市場において
提供される商品・サービスについて消費者の支払意思額の推計を行い，それに基
づいて価格設定を行うパーソナライズド・プライシングについて議論を行った。

b　パーソナライズド・プライシングの定義

　本研究会では，ＯＥＣＤや諸外国の報告書で用いられる定義と同様に，第一種

価格差別より広い定義を用いて検討を行った。具体的には，パーソナライズド・プライシングとは，「事業者が，消費者の特徴や行動に基づき，各消費者又は消費者のグループごとに（同じ商品・サービスに対して）異なる価格を設定することであり，その価格がそれぞれの推定支払意思額に対応するようにすること」とする。

c　パーソナライズド・プライシングに関連して，競争政策上対応が考えられる場合

パーソナライズド・プライシングは，消費者個人の特徴等に基づき，消費者ごとに価格を変える価格差別の一形態であるところ，価格差別は産出量を拡大させることによる効率性の向上をもたらす可能性があるほか，場合によって競争促進的な場合も，競争制限的な場合もあり得る。一般的な差別対価の考え方においても，取引価格や取引条件に差異が設けられても，それが商品の需給関係を反映したものである場合等においては，本質的に公正な競争を阻害するおそれがあるとはいえないとされている。これらを踏まえれば，デジタル市場における商品・サービスのパーソナライズド・プライシングについてもそれ自体が有害であるとして，一律に規制することは適当ではない。

デジタル市場においては，市場において有力な地位を占める事業者が，消費者に関する属性データや取引データを収集し，パーソナライゼーションの手法を用いて分析することによって，競争事業者と競合する可能性の高い消費者を特定することが容易になると考えられる。当該事業者が，価格を個別に設定することができる能力を利用して，競争事業者の顧客にのみ低い価格を提示することによって，新規参入事業者等の競争事業者を排除するような場合は，独占禁止法によって規制される場合もあると考えられる。

d　小括

現時点では，パーソナライズド・プライシングの実態は明らかではないが，公正取引委員会は，今後，パーソナライゼーションに関連する技術の進化に伴い，実際にどのような価格設定が可能になっていくのか，価格設定の変化を注視していく必要がある。

また，パーソナライズド・プライシングを巡る諸課題については，必要に応じて関連当局間の連携を図ることが重要である。

ウ　アルゴリズム/AIと競争力
⑺　データと競争優位性

一般的に，アルゴリズム/AIによる競争優位性は，時間やリソース等多大な投資によって構築された，データを分析・処理する高い能力を有するアルゴリズム/AIを有しているという「技術面の優位性」と競争上重要なデータへのアクセスに関連して生じる「データ面の優位性」から生じ得るとされている。

データ面により生じ得るアルゴリズム/AIの競争優位性に関しては，「データ駆動型ネットワーク効果」という特徴により，一定のユーザーを抱える事業者は，

　ユーザーから得られるデータによってサービスの品質を向上させることが可能になり，更に多くのユーザーを獲得することによって，競争上より優位となる循環が働くため，新規参入事業者が，多くのユーザー基盤を持つ既存事業者と有効に競争することが難しくなることが指摘されている。

　この「データ駆動型ネットワーク効果」は，具体的には以下の二つのフィードバックループに由来するネットワーク効果である。

　ユーザーフィードバックループ（〔第10図〕①）：多くのユーザー基盤を持つ企業がユーザーからデータを収集し，サービスの質を向上させ（アルゴリズムの改善等），更に多くの新規ユーザーを獲得するという循環

　収益化フィードバックループ（〔第10図〕②）：多くのユーザー基盤を持つ企業がユーザーからデータを収集することで，（例えばターゲティング広告の精度を向上させるなどにより）サービスを収益化し，そこで得た資金を活用して更に投資を行うことで，更に多くの新規ユーザーを獲得するという循環

第10図　データ駆動型ネットワーク効果と二つのフィードバックループ

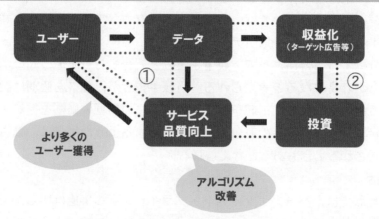

出典：ＯＥＣＤ(平成28年) "Big data: Bringing competition policy to the digital era"
p. 10 Figure 1.を研究会事務局において再構成

　このフィードバックループの特徴は，事業者が一定の規模（クリティカル・マス）を達成した後は，データ収集が持続的・増幅的に向上することを示唆しており，これが競争事業者に対する参入・拡大障壁となるとともに，特定の事業者への集中が生じやすくなり，独占・寡占に至りやすくなると考えられる。多面市場のネットワーク効果と同様に，このような特徴がある場合，市場の競争において一定の規模，一定のユーザー基盤を持つことが重要になる。このフィードバックループやネットワーク効果といった特徴は，逆に，競争事業者が一定の規模，一定のユーザー基盤を持った場合には，市場が競争事業者に有利に傾き，現在有力な事業者がその地位を急速に失うことになるため，現在市場支配力を有する事業者は，市場が競争事業者に有利に傾くことを恐れて，競争制限行為に及ぶ強いインセンティブとなり得ることが指摘されている。

データの競争上の重要性は従来から指摘されているところであるが，アルゴリズム／ＡＩを用いた競争においても，競争上重要なデータを保有・収集することによって競争優位が生じ，特にデータがアルゴリズム／ＡＩの性能を高めるという特徴から，一定のユーザー基盤を持つ事業者が更に多くの顧客を獲得できるという循環が働く場合もある。これらの特徴を背景にした競争制限行為についても注視が必要である。

(イ)　**ＡＩの技術階層**

　近年，画像認識，音声認識，機械翻訳，レコメンド，検索をはじめ様々な機械学習のＡＩのアプリケーションが開発され，利用されている。ＡＩも計算機の一種であり，従来のＩＴシステムの階層と近似したレイヤー（階層）構造を有しており，ＡＩのアプリケーションの開発の基盤には，ＡＩチップ，ＡＩフレームワーク（ＭＬライブラリとも呼ばれる。），ＡＩプラットフォームというレイヤーがある。

第11図　機械学習におけるレイヤー構造

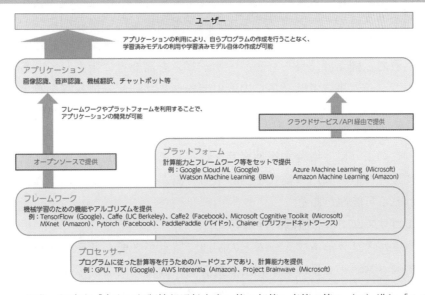

出典：総務省「令和元年版情報通信白書」第１部第１章第３節２（２）進む「ＡＩの民主化」

　ＡＩの利活用が競争において重要になっている中，ＡＩの競争力に影響を与え得る技術階層の市場動向を注視する必要性が高まっていると考えられる。当該市場の動向を注視するに当たっては，ある階層の市場において有力な地位を有する事業者が，その市場における地位を利用して，他の階層の市場の競争をゆがめていないか，複数の技術階層にまたがる垂直統合等により，ＡＩの技術階層の特性に起因する市場の閉鎖性・排他性等の独占禁止法上の問題が生じないかといった，技術階層を横断する観点からの注視も重要であると考えられる。また，ＡＩ技術には，画像認識技術，音声認識技術等，様々な技術が存在するところ，技術の用途や代替性等，技術の特性に着目することも重要である。このように，ＡＩの技術階層を巡っては，様々な切り口から，市場の動向を注視していく必要がある。

エ　デジタル・プラットフォームとアルゴリズム/ＡＩの課題

本研究会における議論のうち，特にデジタル・プラットフォームに関連すると考えられるものを改めて理論的に整理した。

(ｱ)　ランキング操作

オンラインショッピングモールや検索エンジンといったデジタル・プラットフォームにおいては，サービスにおいてアルゴリズムによるランキングが用いられている。多面市場においてサービスを提供するデジタル・プラットフォーム事業者は，一定の規模（クリティカル・マス）を達成した場合には，ネットワーク効果や規模の経済性等に支えられ独占・寡占的な地位を得ることがある。その場合，当該デジタル・プラットフォームが，商品やサービスを販売する利用事業者にとって需要者にアクセスするための重要な販路（ゲートウェイ）となり，当該デジタル・プラットフォームにおけるランキングが利用事業者の売上げや利用事業者間の競争に大きく影響する場合がある。

(ｲ)　パーソナライゼーション

アルゴリズムのパーソナライゼーションを利用した価格差別については，それによりデジタル・プラットフォーム事業者が自らの競争事業者を排除する場合が特に懸念される。例えば，自らも商品・サービスを需要者に販売しているデジタル・プラットフォーム事業者は，多くの取引データやユーザー情報等を収集できる立場を利用して，パーソナライゼーションの手法を用いて，どの顧客が他の利用事業者と奪い合いになりそうかをより精緻に分析することも理論上可能ではないかと考えられる。このように，競合する顧客等を特定して，選択的に略奪的な価格設定を行うことにより，他の利用事業者を排除する行為が，アルゴリズムやＡＩにより効率的に行われる可能性がある。

(ｳ)　アルゴリズムによる協調的行為等

デジタル・プラットフォームとの関連で留意が必要と考えられる類型としては，ハブアンドスポーク型による利用事業者間の価格の同調が挙げられる。オンラインショッピングモールのようなデジタル・プラットフォームにおいては，利用事業者に対し価格設定ツールが提供されている場合がある。特に，ネットワーク効果や規模の経済性等によって，市場が寡占化しやすいデジタル・プラットフォームについては，デジタル・プラットフォーム事業者が，利用事業者に自らが提供する価格設定アルゴリズムを採用させ，そのアルゴリズムによる協調的な価格設定により，市場における競争が制限される場合が懸念される。

(ｴ)　データの集積等による競争優位性の獲得

デジタル・プラットフォームについて，ネットワーク効果等に加えて，データ駆動型ネットワーク効果が働く場合には，一定の規模，一定のユーザー基盤を持つデジタル・プラットフォーム事業者へのデータの集中や利用者の集中が特に起こりやすくなり，競争事業者に対する参入・拡大障壁が非常に高くなると考えられる。この場合，市場の競争において一定の規模，一定のユーザー基盤を持つことが非常に

重要になるため，特に，デジタル・プラットフォーム事業者が，競合する事業者が必要な規模を達成することを不当に妨げるような行為がなされていないかを注視する必要性が高いと考えられる。

(カ) 小括

デジタル・プラットフォーム事業者は，革新的なビジネスや市場を生み出すイノベーションの担い手でもあり，利用事業者や需要者に多くの便益を提供している。他方で，ネットワーク効果等により顧客やデータが特定の事業者に集中しやすい特徴を有しており，独占・寡占に至ることもあり得る。このような特徴から，本研究会で議論した一部の問題が顕在化しやすい構造を有していると考えられる。

公正取引委員会においては，本研究会でのこのような理論的整理を踏まえ，デジタル・プラットフォームの実態を注視していく必要がある。

(4) まとめ

本報告書は，我が国において初めてアルゴリズム/AIと競争政策を巡る論点を幅広く検討したものであるが，あくまで現時点における本研究会の検討結果を取りまとめたものである。今後，アルゴリズム/AIの技術的な進展や，利活用の拡大に伴い，新たな競争政策上の課題が出てくることも十分考えられる。本研究会としては，本報告書を議論の出発点として，国内外における関係当局やデジタル分野等の専門家における議論が更に深まることを期待したい。

公正取引委員会においては，本報告書を踏まえつつ，アルゴリズム/AIに関連する独占禁止法上・競争政策上の問題に積極的に対処していくことを期待したい。そのためには，当委員会において，高度なアルゴリズム/AIが関わる問題にも的確に対処できるよう，外部の専門家との積極的な連携や内部職員の育成を行い，アルゴリズム/AIに関する専門的な知見の収集・蓄積に努める必要がある。デジタル分野における事業活動はグローバルに行われており，国際機関等や諸外国の競争当局においてもアルゴリズム/AIと競争政策に関する議論が行われていることを踏まえれば，本報告書を契機に，当委員会がこの分野の国際的な議論に継続的に参画するとともに，アルゴリズム/AIに関連する課題への対処において，諸外国の競争当局と積極的に連携していくことが望まれる。

本報告書が，アルゴリズム/AIを利用して行われるデジタル分野における公正かつ自由な競争環境の整備に寄与し，我が国の健全な経済発展の一助となることを期待したい。

6　人材獲得競争に関する取組

競争政策研究センターによる「人材と競争政策に関する検討会」報告書の公表（平成30年2月15日）以降，令和2年度においても引き続き，公正取引委員会は，人材の獲得を巡る競争が独占禁止法の適用対象となり得ること等について関係団体に対する周知活動を行うとともに，独占禁止法上問題となり得る具体的行為や慣行が存在するかどうかについて実態把握を行った。

　　こうした実態把握の結果も踏まえ，公正取引委員会は，前記第2の 3 の「フリーラン
スとして安心して働ける環境を整備するためのガイドライン」を，内閣官房，中小企業庁
及び厚生労働省と連名で策定し，令和3年3月26日に公表した。同ガイドラインの内容を
分かりやすく紹介したリーフレット等により，政府一体となって，その内容の周知を徹底
することとしている。

　　また，令和2年11月，厚生労働省において，フリーランスが契約上・仕事上のトラブル
について弁護士に無料で相談できる相談窓口（フリーランス・トラブル110番）が設置さ
れたところ，当該窓口の運営に当たっては，公正取引委員会も関係省庁として連携してい
る。

7 　携帯電話市場における競争政策上の課題について（令和3年度調査）

⑴　調査の背景・趣旨

　　携帯電話は，国民生活に必要不可欠なものであり，家計に占める携帯電話通信料の割
合はこれまで増加傾向にあった（注1）ことから，料金の低廉化・サービスの向上を図
るために競争環境を整備することは，政府の重要な課題となっている。

　　公正取引委員会は，平成28年8月と平成30年6月に「携帯電話市場における競争政策
上の課題について」実態調査報告書（以下，平成30年度公表の「携帯電話市場における
競争政策上の課題について」を「平成30年度報告書」という。）を公表したが，平成30
年度報告書の公表以降，携帯電話市場においては，通信料金と端末代金の完全分離等を
内容とする電気通信事業法の一部を改正する法律（以下「改正電気通信事業法」とい
う。）が令和元年10月1日に施行され，また，新たに楽天モバイル㈱（以下「楽天モバ
イル」という。）がMNO（Mobile Network Operator）（注2）として参入するなど，競
争環境に様々な変化が生じている。このため，携帯電話市場の競争状況を把握し，競争
政策上の問題を検討するため，平成30年度報告書のフォローアップを含めた調査を行っ
た。

　　本調査では，平成30年度報告書で取り上げた事項についてのフォローアップに加え，
消費者が最適な料金プランを選びやすい環境の整備に向けた課題，携帯電話端末に関す
る課題，MVNO（Mobile Virtual Network Operator）（注3）の競争環境の確保に向
けた課題，MNOと販売代理店との取引に関する課題等についての調査・検討を行った。

（注1）総務省「令和2年版情報通信白書」（8頁）図表1−1−1−5
（注2）MNOとは，電気通信役務としての移動体通信サービスを提供する電気通信事業を営む者であっ
　　　て，当該移動体通信サービスに係る無線局を自ら開設（開設された無線局に係る免許人等の地位の承継
　　　を含む。）又は運用している者である。
（注3）MVNOとは，①MNOの提供する移動体通信サービスを利用して，又はMNOと接続して，移動
　　　体通信サービスを提供する電気通信事業者であって，②当該移動体通信サービスに係る無線局を自ら開
　　　設しておらず，かつ，運用をしていない者である。

⑵　調査方法

　　MNO3社（注4）及びMVNO等（注5）の利用者各2,000名に対して，ウェブアン
ケート（消費者アンケート（注6））を実施した。また，中古端末取扱事業者，第三
者修理事業者等106社（回答数53社）に対して書面調査を実施するとともに，MNO，

MVNO，端末メーカー，中古端末取扱事業者，販売代理店を運営する事業者等29社に対してヒアリングを行った。このほか，有識者から意見を聴取するために「携帯電話分野に関する意見交換会」を開催した。

（注4）㈱NTTドコモ（以下「NTTドコモ」という。），KDDI㈱（以下「KDDI」という。），ソフトバンク㈱（以下「ソフトバンク」という。）の3社をいう。以下同じ。

（注5）NTTドコモ，KDDI，ソフトバンク以外の通信事業者（ただし，いわゆるサブブランド〔UQ mobile，Y!mobile〕を含む。）。以下同じ。

（注6）消費者アンケートの作成に当たっては，消費者庁及び総務省の協力を得ている。

⑶ 平成30年度報告書フォローアップ（通信役務及び端末の供給の現状と競争政策上の課題）

ア 通信と端末のセット販売

㈎ 現状

令和元年10月1日に施行された改正電気通信事業法等により，通信契約と端末のセット販売が条件となっている場合には，端末値引きの上限が2万円に制限されることになり，通信契約と端末のセット販売を条件とする端末の大幅な値引きは制度上行うことができなくなった。

現在，MNO3社は，自社と通信契約を新たに締結する者若しくは既に締結している者（以下「回線契約者」という。），又は自社と通信契約を締結していない者（以下「非回線契約者」という。）を問わず，割賦により購入した端末について，一定期間経過後に返却すること等を条件としてその残債の免除等をする端末購入サポートプログラムを提供しているが，同プログラムは，通信契約を条件としていないため，端末値引きの上限を2万円とする改正電気通信事業法等の規制の対象には該当しないことになる。

しかし，MNO3社の広告の表示の中には，通信契約を条件としていないことの記載が分かりづらいものがあるほか，KDDI及びソフトバンクでは，非回線契約者がオンラインで端末購入サポートプログラムを利用して端末を購入することができない（注7）。

また，消費者アンケートの結果では，端末購入サポートプログラムは通信契約を条件としていないことを知らない消費者が大半（MNO3社の利用者の87.1％）を占めた。

（注7）KDDIは令和3年夏まで，ソフトバンクは令和3年度末までにオンラインでの端末購入サポートプログラムを利用した端末購入に対応する予定との意向を示している。

㈏ 独占禁止法上・競争政策上の考え方

端末購入サポートプログラムが非回線契約者にとって利用しにくい状況となっていることを踏まえると，端末購入サポートプログラムは，事実上，回線契約者のみを対象とする2万円以上の端末値引きとして機能しているおそれがある。

端末購入サポートプログラムが，事実上，通信契約と端末のセット販売を条件として端末代金を大幅に値引く販売方法と評価される場合であって，当該販売方法により他の通信事業者の事業活動を困難にさせるときには，独占禁止法上問題となるおそれがある（私的独占等）。

　また，ＭＮＯ３社が端末購入サポートプログラムを提供する際には，非回線契約者であっても利用できることを分かりやすく積極的に周知するとともに，合理的な理由がないのであれば，非回線契約者に対しても回線契約者と同様に端末のオンライン購入を認めるなど，非回線契約者が端末購入サポートプログラムを回線契約者と同様に利用できるようにすることにより，通信契約を条件としない端末代金の値引きであることを明確に位置付け，通信料金と端末代金の分離を徹底することが競争政策上望ましい。

イ　期間拘束・自動更新付契約（いわゆる「２年縛り」）

⑺　現状

　改正電気通信事業法等の施行により，期間拘束契約の違約金の上限が1,000円に定められるなどした。

　これを受け，ＭＮＯ３社は，期間拘束契約の違約金の見直し（注８），期間拘束契約の撤廃（注９），期間拘束のない料金プランの料金の見直し（注10）（以下，改正電気通信事業法第27条の３の規律に適合する料金プランのことを「改正法適合プラン」という。）等を行った。

　しかし，改正電気通信事業法施行後１年３か月（令和２年12月末時点）で，同法施行日前に締結された通信契約（以下「既往契約」という。）数は減少しているものの，依然として，６割程度が残っている。また，消費者アンケートの結果では，期間拘束契約の違約金の上限が1,000円に定められたことを知らない消費者が過半数（ＭＮＯ３社の利用者の55.3%）を占めた。

（注８）ＮＴＴドコモ及びＫＤＤＩは，期間拘束契約の違約金を9,500円から1,000円に引き下げた。
（注９）ソフトバンクは，期間拘束契約を撤廃した。
（注10）ＮＴＴドコモ及びＫＤＤＩは，期間拘束契約を付けない料金プランについて，期間拘束を付けた料金プランとの価格差を170円に見直すこと等により料金プランの水準を引き下げ，ソフトバンクは，料金プランの水準を引き下げた。

⑷　競争政策上の考え方

　改正電気通信事業法等の施行により，期間拘束契約の違約金の上限が1,000円に定められるなど，通信事業者の乗換えに係る利用者のスイッチングコストが低減し，利用者が他の通信事業者への乗換えをしやすい環境が整備されつつあると考えられる。

　しかし，令和２年12月末時点において，改正電気通信事業法施行時点の既往契約数の６割程度が残っていること等を踏まえると，スイッチングコストの低減に係る通信事業者のこれまでの取組が不十分であると考えられる。

　そのため，ＭＮＯ３社は，既往契約を更新し続ける利用者に対し積極的に改正法適合プランへの移行を働きかけるとともに，利用者が改正法適合プランに移行するようなインセンティブが働く取組を行うこと等が競争政策上望ましい。

ウ　将来的な端末の下取りや同じプログラムへの加入等を前提としたプログラム

　　⑺　現状

　　　　改正電気通信事業法等の施行により，ＫＤＤＩ及びソフトバンクが回線契約者を対象に行っていた４年縛り（注11）等，通信役務の継続利用及び端末の購入等を条件として行う利益提供は一律禁止された。

　　　　その後，前記ア⑺のとおり，ＭＮＯ３社は，回線契約者，非回線契約者を問わず，割賦により購入した端末について，一定期間経過後に返却すること等を条件としてその残債を免除等する端末購入サポートプログラムを提供している。

　　　　ＭＮＯ３社による端末購入サポートプログラムの適用条件について，ＫＤＤＩ及びソフトバンクは，残債の免除を受ける場合，端末の再購入を条件として課している。

　　　　また，消費者アンケートの結果では，端末購入サポートプログラムを利用しているＭＮＯ３社の利用者のうち，同プログラムは通信契約を条件としていないことを知らない利用者が大半（75.8％）を占めた。

　　　　（注11）ＫＤＤＩ及びソフトバンクが回線契約者を対象に行っていた端末の残債を免除するプログラムであり，端末を４年（48回）の割賦払いとし，一定期間経過後，旧端末を下取りに出すこと，新端末についても同プログラムに加入すること等を条件に最大２年（24回分）の端末の残債を免除するプログラムのこと。

　　⑷　独占禁止法上・競争政策上の考え方

　　　　端末購入サポートプログラムについては，多くの利用者が，通信契約を結んでいなければ利用できないと認識しているおそれがあるなどの状況下において，端末購入サポートプログラムにおける残債免除の条件として端末の再購入を課すことは，消費者の通信契約の変更を妨げるおそれがあり，他の通信事業者に乗り換えるスイッチングコストになると考えられる。

　　　　ＭＮＯ３社による端末購入サポートプログラムが，消費者に契約変更を断念させることで消費者の選択権を事実上奪うものと判断される場合であって，他の通信事業者の事業活動を困難にさせるときは，独占禁止法上問題となるおそれがある（私的独占，取引妨害等）。また，残債免除の条件として端末の再購入を課しているＭＮＯは当該条件を削除することが競争政策上望ましい。

エ　ＳＩＭロック

　　⑺　現状

　　　　総務省による令和元年11月の「移動端末設備の円滑な流通・利用の確保に関するガイドライン」（ＳＩＭロックガイドライン）の改正を受けて，ＭＮＯ３社は，①端末購入時に一括払い又は信用確認措置に応じた場合であって，利用者から申出があった場合におけるＳＩＭロックの無料解除，②端末購入時以外に信用確認措置に応じた場合であって，利用者から申出があった場合等におけるＳＩＭロックの解除（オンラインでの解除：無料，店頭での解除：3,000円）等を行っている。

　　　　しかし，消費者アンケートの結果では，ＳＩＭロックを解除しない理由として「ＳＩＭロック解除の手続が面倒だから」と回答したＭＮＯ３社の利用者は24.2％，

通信事業者を乗り換えない理由として「ＳＩＭロックを解除するために手数料を支払う必要があるから」の項目に「よく当てはまる」又は「少し当てはまる」と回答したＭＮＯ３社の利用者は31.5%であった。

(イ)　**独占禁止法上・競争政策上の考え方**

消費者アンケートの結果，依然として，ＳＩＭロックはスイッチングコストになっていると考えられる。

このため，ＭＮＯ３社は，①不適切な行為を行う可能性が低いことが確認できた消費者に対しては，ＳＩＭロックを設定しないこと，②不適切な行為を行う可能性が低いことが確認できない消費者についても，原則として，ＳＩＭロックではなく，通信事業者間の乗換えを制限する効果がより低い他の代替的な手段等により，不適切な行為の防止を図ることが競争政策上望ましい。

ＭＮＯ３社が，不適切な行為を防止するための必要最小限の措置と認められる場合を超えて，ＳＩＭロックをかけることにより，他の通信事業者と消費者との契約の締結を不当に妨害する場合には，独占禁止法上問題となるおそれがある（私的独占，取引妨害等）。また，今後販売する携帯電話端末についてＳＩＭロックを設定せずに販売したとしても，現在消費者が所有している携帯電話端末のＳＩＭロックが解除されるわけではないこと等から，ＭＮＯ３社は，消費者が端末購入時以外に店頭でＳＩＭロックを解除する場合にも一律無料で解除に応じることが競争政策上望ましい。

オ　**中古端末の流通**（総務省との合同調査）

本調査において把握した中古端末の流通経路の概要は第12図のとおりである。

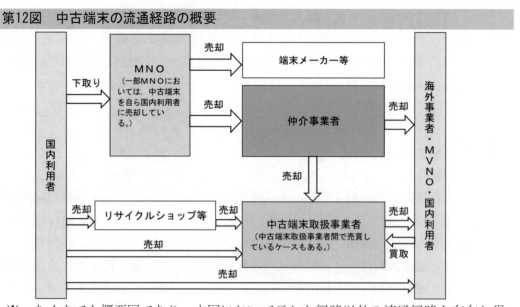

第12図　中古端末の流通経路の概要

※　あくまでも概要図であり，本図において示した経路以外の流通経路も存在し得る。

（ヒアリング等の結果を踏まえ，公正取引委員会において作成。）

(7)　ＭＮＯによる中古端末の国内流通制限等の有無等

本調査では，ＭＮＯ及び仲介事業者が，中古端末の販売先事業者に対して，販売先の制限や販売価格に関する指示を行うなどにより，国内における中古端末の流通を制限している実態は確認されなかったが，海外市場は国内市場と比較して中古端末を高額で大量に販売できるとのことであり，結果として，仲介事業者は海外市場に中古端末を多く販売している。また，消費者アンケートの結果では，新品端末利用者の8割以上は，今後も中古端末を利用しようと思わないと回答しており，その理由として，「バッテリーの持ちが悪そう」，「端末が衛生的でないイメージがある」といった機能面・衛生面への懸念が上位を占めていた。

(イ)　独占禁止法上・競争政策上の考え方

a　独占禁止法上の考え方

本調査では，ＭＮＯが，中古端末の流通制限を行っているという明確な実態は確認できなかったが，ＭＮＯが，以下のような行為を行った場合には，独占禁止法上問題となるおそれがある。

○　中古端末の売却先の事業者に対して，正当な理由がないのに販売価格を指定したり，不当に販売先を制限すること（再販売価格の拘束，拘束条件付取引）。

○　中古端末を販売する特定の事業者に対して，中古端末を不当に販売しない又は著しく不利な条件で販売すること（取引拒絶，差別取扱い）。

○　消費者から不当に高い価格で下取りしたり，正常な商慣習に照らして不当な利益を提供して競争者の顧客を自己と取引するよう誘引したりすること（不当な利益による顧客誘引）。

b　競争政策上の考え方

消費者が懸念なく中古端末を売却・購入できるよう，中古端末取扱事業者及び団体においては，中古端末内の利用者情報の確実な消去，販売時における中古端末の状態の格付の明確化等の取組，総務省においては，中古端末の購入場所・売却場所等について紹介するなどの取組を引き続き行うことが競争政策上望ましい。

カ　携帯電話端末の修理（総務省との合同調査）

(7)　第三者修理業者の状況

携帯電話端末の修理を行うに当たって，おおむね半数程度の第三者修理業者が，純正部品が必要である又はどちらかといえば必要であると書面調査に回答した。

(イ)　端末メーカーの純正部品の提供状況

現在，端末メーカーは，第三者修理業者から純正部品の供給に関する依頼がない，第三者修理業者による修理では製品の品質や安全性が担保できない懸念があるなどの理由により，第三者修理業者に純正部品を提供していない。Apple については，日本を含む多くの国と地域で「独立系修理プロバイダ（ＩＲＰ）プログラム」を開始することを公表したところ，ＩＲＰとして承認された修理業者は，Apple から純

正部品の提供を受けることができる。

(ｱ)　**独占禁止法上・競争政策上の考え方**

a　**独占禁止法上の考え方**

本調査においては明確な実態としては確認できていないものの，MNO等が新品の端末の価格を維持することを目的として，端末メーカーに対して第三者修理業者に純正部品を提供させないようにするなどして，端末メーカーの事業活動を不当に拘束する場合には，独占禁止法上問題となるおそれがある（拘束条件付取引）。

また，端末メーカーが，端末の修理市場において，自社と競合する修理業者を市場から排除すること等独占禁止法上不当な目的の手段として，合理的な理由なく，第三者修理業者に純正部品を提供しないようにするなどして，修理業者の事業活動を困難にさせるなどの場合には，独占禁止法上問題となるおそれがある（私的独占，取引拒絶）。

b　**競争政策上の考え方**

端末メーカーが技術面や体制面での基準が担保されていると確認できた第三者修理業者に対しては，求めに応じて純正部品を供給することが競争政策上望ましい。

また，Apple のIRPプログラムに係る取組は競争政策上望ましいものと考えられるが，純正部品が適正に第三者修理業者に供給されているかなど，その運用について注視していく。

キ　**MVNOの競争環境を確保するための制度上の対応等**

(ｱ)　**現状**

a　**接続料等の周波数割当への活用**

総務省は，令和２年10月に公表した「モバイル市場の公正な競争環境の整備に向けたアクション・プラン」において，接続料の低廉化に向けた取組等を今後の電波の割当ての審査項目とする旨を示し，基地局の開設に当たり電波法に基づく「第５世代移動通信システムの普及のための特定基地局の開設に関する指針」（令和３年２月12日施行）において，MVNOによる低廉で多様なサービスの提供を促進する取組として，接続料の低廉化に向けた取組を審査の対象としている。

b　**接続料の検証における一層の透明性の確保**

総務省において，令和元年度に適用される接続料から，その算定根拠について，情報通信審議会電気通信事業政策部会接続政策委員会への報告を行い，同委員会の場で委員から示された指摘等を踏まえ，二種指定事業者（注12）に対して改めて算定根拠を確認することを内容とする所要の制度改正について検討を行うなど，検証の充実が図られ，接続料の検証における透明性の確保が進んだ。

（注12）第二種指定電気通信設備（電気通信事業法第34条第１項で指定された電気通信設備）を設置する電気通信事業者

c　**接続料の推移における一層の予見性の確保**

総務省において，データ伝送交換機能について，令和２年度に適用される接続

料から将来原価方式により算定することとする第二種指定電気通信設備接続料規則等の改正が行われた。また，総務省が，MNO3社に対して，令和3年度以降に適用されるデータ接続料の算定について，より一層精緻な予測に基づく算定を改めて行うよう要請した結果，データ接続料は，令和2年度の予測値よりも更なる低廉化が進み，令和3年度の予測値は令和元年度の届出値と比較して半減した。

(イ) **競争政策上の考え方**

MNO3社は，引き続き総務省の審議会等での事後的な検証を踏まえ，将来原価方式による予測値の算定に当たって，予測値と実績値の乖離がなるべく小さくなるように努めることが競争政策上望ましい。また，接続料の低廉化に加え，総務省は，MNOがMVNOと積極的に取引，接続するインセンティブを持つような環境を整備することが競争政策上望ましい。

(4) 新たな競争政策上の課題
ア 消費者が最適な料金プランを選びやすい環境の整備に向けて
(ア) 条件付き最安値広告
a 現状

消費者庁は，令和2年12月から，消費者が自分のニーズに合ったプランを選ぶことができる分かりやすい表示になっているかという観点から，MNOの携帯電話の表示に関する総点検を実施し，割引適用後の最低価格の強調表示等について，各割引条件を満たすことにより，いくらずつ値下げされるのかを一覧性がある形で明瞭に表示すること等を求めた。

また，消費者アンケートにおいては，MNO3社の利用者，MVNO等の利用者の双方に対し，条件付きの最安値を強調する表示（第13図）と，条件付きの最安値を強調せずに料金計算を分かりやすくした表示（第14図）を示し，自らの使用状況を踏まえて料金計算を行ってもらうことにより，表示の内容を正しく理解できているか確認したところ，消費者は，条件付き最安値を強調する表示が示された場合は，実際に適用される料金よりも安い方向に間違える傾向にあった。

第13図　条件付きの最安値を強調する表示（例）

同居家族4人1人あたり **1,980円/月** （翌月から6ヵ月間） （7カ月目以降2,480円） ※「家族割（4人以上）」,「光回線セット割」,「半年割」適用時	
データ容量：〜3GBプラン	

月々のお支払い例

データ容量 ： 〜3GB	
お支払合計額 A〜D （光回線利用, 同居家族4人でご加入の場合：1人あたり）	**1,980円/月（翌月から6カ月間）** 7カ月目以降：2,480円/月

利用料金内訳		
A:ご利用料金 ※20円／30秒の国内通話料が別途発生します。		4,980円/月
B:家族割	4人以上でご加入時	−2,000円/月（翌月から永年）
	3人でご加入時	−1,000円/月（翌月から永年）
	2人でご加入時	−500円/月（翌月から永年）
C:光回線セット割		−500円/月（翌月から永年）
D:半年割		−500円/月（翌月から6カ月間）

電話をよくかける方に人気の通話オプション！

通話定額A 1回5分以内の国内通話が何度でもかけ放題	＋500円/月
通話定額B 国内通話が24時間かけ放題	＋1,500円/月

第14図　条件付きの最安値を強調せずに料金計算を分かりやすくした表示（例）

	データ容量	～3GB
①基本料金（全プラン契約者適用）	A：ご利用料金 ※20円／30秒の国内通話料（従量制）が別途かかります。	4,980円／月
②各種割引サービス（※該当者のみ適用） B：家族割	4人以上でご加入時	－2,000円／月（翌月から永年）
	3人でご加入時	－1,000円／月（翌月から永年）
	2人でご加入時	－500円／月（翌月から永年）
	C：光回線セット割	－500円／月（翌月から永年）
	D：半年割	－500円／月（翌月から6カ月間）
③通話オプション（※該当者のみ適用）	通話定額A （1回5分以内の国内通話が何度でもかけ放題）	＋500円／月
	通話定額B （国内通話が24時間かけ放題）	＋1,500円／月

【お支払い合計額　計算方法】
（①基本料金）－（②各種割引サービス）＋（③通話オプション）＝お支払い合計額
　　　　　　　　（家族割）（光回線セット割）（半年割）

b　競争政策上の考え方

　　消費者が最適な料金プランを選びやすい環境の整備を図る観点から，通信事業者は条件付きの最安値を強調せず，消費者が料金計算をしやすい表示を行うことが競争政策上望ましい。

(イ)　MNO3社からMVNO等への乗換えが進まない理由

a　消費者アンケート

　　MNO3社の利用者に現在契約している通信事業者（MNO3社）からMVNO等に乗り換えない理由を尋ねた22項目について，因子分析（注13）を行ったところ，第2表のとおり，因子①「MNOへの信頼性・満足度・愛着度」，因子②「乗換えによる金銭的負担・手続的負担（経済性・スイッチングコスト）」，因子③「セット割引等の各種特典（副次的な経済性）」，因子④「MNO端末の魅力（機能性・利便性）等」の四つの因子に分けられた。また，これらの四つの因子の乗り換えない理由としての影響度は，①＞②＞③＞④になっていると分析された（注14）。

（注13）各回答の相関関係を分析することにより，各回答に影響を与える共通要因（因子）を見つけ出す手法のこと。

(注14) ただし，因子③と④に関連する各質問において，「（全く，少し）当てはまらない」や「どちらでもない」と回答している割合が合わせて7～8割程度であること等から，因子③と④の影響度は，相対的に小さいものと推定される。

第2表　現在契約している通信事業者（MNO3社）からMVNO等に乗り換えない理由

因子①　MNOへの信頼性・満足度・愛着度

問番号	設問（概要）	因子負荷（注15）
22-2	MNOの通信品質に満足しているから	0.9
22-3	MNOのサポート体制を信頼しているから	0.7
22-4	MNOのブランドイメージは捨て難いから	0.6
22-1	MNOが提供する通信プランが適切だから	0.6
22-14	現在利用している携帯電話端末が使い慣れているから	0.5
22-18	乗換えにより長期利用者割引等が受けられなくなるから	0.5
22-17	乗換えには失敗のリスクがあるから	0.4

因子②　乗換えによる金銭的負担・手続的負担（経済性・スイッチングコスト）

問番号	設問（概要）	因子負荷
22-8	MNP手数料を支払う必要があるから	0.9
22-9	SIMロック解除手数料を支払う必要があるから	0.8
22-7	期間拘束契約による違約金を支払う必要があるから	0.7
22-6	乗換え手続がややこしくて面倒だから	0.6
22-5	MVNOが提供する通信プランが複雑だから	0.5
22-15	乗換えに当たって，新たな携帯電話端末を購入する必要があるから	0.4

因子③　セット割引等の各種特典（副次的な経済性）

問番号	設問（概要）	因子負荷
22-20	乗換えにより固定通信とのセット割引が受けられなくなるから	0.9
22-19	乗換えにより公共料金（電気・ガス）とのセット割引が受けられなくなるから	0.8
22-22	乗換えにより家族割などの複数回線割引が受けられなくなるから	0.5
22-21	乗換えによりポイントサービスが受けられなくなるから	0.5

因子④　MNO端末の魅力（機能性・利便性）等		
問番号	設問（概要）	因子負荷
22-12	ＳＩＭフリー端末は最新機種の発売が遅いから	0.9
22-11	ＭＶＮＯ等が販売する携帯電話端末には魅力がないから	0.7
22-13	乗換えにより使用できなくなるウェアラブル端末があるから	0.5
22-16	ＭＶＮＯ等の通信速度では不十分だから	0.4

※　因子①～④のいずれにも属していない項目として，「MNOとの間で携帯電話端末の割賦が残っているから」（22-10）がある。

(注15)　因子負荷とは，各質問項目が潜在的な因子とどれだけ密接に関わっているかを示す指標である。一般的に0.7～0.8以上あればその因子の影響が強いと評価され，逆に0.4未満だと弱いと評価されることが一般的である。

b　競争政策上の考え方

　因子分析の結果，ＭＮＯ３社からＭＶＮＯ等に乗り換えない理由として因子①「ＭＮＯへの信頼性・満足度・愛着度」が最も大きな要因であったことから，消費者は，通信事業者を選択する際に，ＭＮＯに対する信頼性等を重視していることがうかがえる。消費者の信頼を獲得するため，引き続き，各通信事業者が高品質のサービスを提供することが期待される。ＭＶＮＯの通信品質の向上に当たっては，ＭＮＯとＭＶＮＯとの間の公正な競争を促進する観点から，前記(3)キのとおり，接続料の一層の低廉化に向けた取組が求められると考えられる。

　また，次に大きな乗換えの障害要因となっている因子②「乗換えによる金銭的負担・手続的負担（経済性・スイッチングコスト）」については，前記(3)イの既往契約を付けた料金プランから改正法適合プランへの移行の促進，特に，既往契約の違約金9,500円を改正電気通信事業法に適合する違約金1,000円以下にする取組，前記(3)エのＳＩＭロックの原則禁止や無料解除に向けた取組を通じて改善できると考えられる。このほか，消費者が乗り換える際の手続の負担を減らすために，乗換え手続の全体の流れを消費者に分かりやすく説明するとともに，スマートフォン向けのｅＳＩＭ（後記ウ(イ)参照）の導入等，乗換え手続を簡略化する取組が必要であると考えられる。

イ　携帯電話端末に係る課題等

(7)　新たにＭＮＯとして参入した通信事業者のネットワーク及び周波数への対応についての独占禁止法・競争政策上の考え方

　本調査では，ＭＮＯ３社が新たにＭＮＯとして参入した通信事業者を排除するような行為は確認されなかったが，ＭＮＯ３社が，新たに参入してきた競争事業者を排除するために，端末メーカーに対して，当該新規参入事業者の通信役務に適合しないような端末を製造させることにより，新規参入事業者の事業活動を困難にさせるなどの場合には，独占禁止法上問題となるおそれがある（私的独占，拘束条件付

取引等）。

　端末メーカーは，新たにMNOとして参入した通信事業者が参入後に他のMNOと同等に事業活動を行える環境を整備する観点から，新規参入したMNOの周波数帯等にも対応する携帯電話端末を製造することが競争政策上望ましい。

(イ)　ＳＩＭフリー端末の普及についての独占禁止法上の考え方

　本調査では，MNO3社によるＳＩＭフリー端末の普及を阻害するような行為が行われている事実は確認されなかったが，MNO3社が，端末メーカーに対し，自社の販売する端末と同機種のＳＩＭフリー端末の発売時期を遅らせるように指示すること等によって，MVNO利用者がＳＩＭフリー端末を，MNO3社の発売時期と同じタイミングで購入できないようにすること等により，MVNOの事業活動を困難にさせるなどの場合には，独占禁止法上問題となるおそれがある（私的独占，拘束条件付取引）。

(ウ)　腕時計型ウェアラブル端末についての独占禁止法・競争政策上の考え方

　本調査では，そのような実態は確認されなかったが，MNO3社が，腕時計型ウェアラブル端末メーカーに対して，セルラー方式の腕時計型ウェアラブル端末について，他の通信事業者には供給しないように指示することによって，他の通信事業者の事業活動を困難にさせるなどの場合には，独占禁止法上問題となるおそれがある（私的独占，拘束条件付取引）。

　また，同じく本調査では，そのような実態は確認されなかったが，腕時計型ウェアラブル端末メーカーが，技術上の理由等正当な理由なく，セルラー方式の腕時計型ウェアラブル端末の価格維持等の目的の下，セルラー方式の腕時計型ウェアラブル端末について，MNO3社のみに供給し，MNO3社以外には供給しないなど，MNO3社とMNO3社以外の通信事業者との間で差別的な取扱いをした場合には，独占禁止法上問題となるおそれがある（差別取扱い，取引拒絶）。

　スイッチングコストの低減の観点からは，MNO3社以外の通信事業者に対してもMNO3社と同じように当該腕時計型ウェアラブル端末を利用できるようにすることが競争政策上望ましい。

ウ　MVNOの競争環境の確保に向けて

(ア)　新たな料金プランにおける公平性の確保についての独占禁止法・競争政策上の考え方

　MNOが自社の通信役務を提供するに当たり，MVNOがMNOに支払う接続料等を下回る料金プランを設定したり，卸料金について，自己又は自己の関係事業者に比べてMVNOに不利な取扱いをしたりすること等により，MVNOの事業活動を困難にさせるなどの場合には，独占禁止法上問題となるおそれがある（私的独占，差別対価）。

　また，通信品質も含めたMNOとMVNOとの間の公平性（イコールフッティング）を確保する観点から，前記(3)キのとおり，接続料の一層の低廉化を図ることが競争政策上望ましい。

(イ) ＲＳＰ機能の開放とｅＳＩＭの導入についての競争政策上の考え方

スマートフォン向けのｅＳＩＭ（注16）の提供によって，消費者はよりスムーズに通信事業者を乗り換えることができるようになるため，スイッチングコストの低減の観点からは，スマートフォン向けのｅＳＩＭを早期に導入することが競争政策上望ましい。

また，ＭＮＯがスマートフォン向けのｅＳＩＭの提供を開始する際には，ＲＳＰ機能を開放することにより，ＭＶＮＯがＭＮＯと同じ時期にスマートフォン向けのｅＳＩＭを提供できる環境を整備することが競争政策上望ましい。

（注16）Embedded ＳＩＭ。携帯電話ネットワークにアクセスするための情報（契約者情報等）をオンラインで書き込むことができるＳＩＭであって，携帯電話端末に組み込まれているもの。

(ウ) 音声卸料金の適正性の確保についての競争政策上の考え方

音声卸料金については，総務省が令和２年９月25日に公表した「指定設備卸役務の卸料金の検証の運用に関するガイドライン」に即して，適正に定められているか検証されることが競争政策上望ましい。

(エ) ５ＧをめぐるＭＮＯとＭＶＮＯの競争の適正性についての競争政策上の考え方

現状のＮＳＡ構成による５Ｇサービスの提供からＳＡ構成による本格的な５Ｇ時代への移行に当たっては，ＭＮＯ３社は，ＭＶＮＯもＭＮＯと同時期に利用者に対して５Ｇサービスを提供することができるよう機能開放を行うことが競争政策上望ましい。

エ　販売代理店

(7)　評価制度

a　現状

ＭＮＯ３社は，自社の定める評価基準によって，各販売代理店を一定期間ごとに評価し，当該評価に応じて，ＭＮＯが販売代理店に支払う手数料のランク等を決定する評価制度を設けている。また，ＭＮＯ３社の一部においては，評価制度において，最低評価を複数回受け続け，その間に改善のみられない店舗との契約を解除する仕組みが存在している。

b　独占禁止法上・競争政策上の考え方

販売代理店のＭＮＯに対する取引依存度や取引先であるＭＮＯの変更可能性，ＭＮＯ３社の市場における地位等を総合的に考慮すると，ＭＮＯ３社の取引上の地位が販売代理店に対し優越している場合があると考えられる。

ＭＮＯの取引上の地位が販売代理店に対し優越している場合に，その地位を利用して，販売代理店によるサービスを的確に実施するために必要な限度を超えて，販売代理店と契約条件に係る交渉を十分に行うことなく契約内容を一方的に変更すること等によって，販売代理店に対し不利益を与える場合には，独占禁止法上問題となるおそれがある（優越的地位の濫用）。

ＭＮＯは，独占禁止法違反行為を未然に防止する観点から，販売代理店と十分に協議することなく，一方的に，契約件数等の販売目標の引上げ，評価ランク・評価方法の不利益変更等を行っていないかといった点に留意した上で，契約内容

の変更を行う理由等について，根拠を示して十分な説明を行うとともに，販売代理店から意見が寄せられた場合には，同意見をできる限り考慮し，また，変更までの期間を十分設けることが望ましい。

　また，消費者によっては必要としない大容量プラン等の販売契約数を評価制度の評価基準において過度に重点的な項目として位置付けることは，販売代理店が当該プラン等を過度に勧誘してしまうおそれがあり，消費者が最適な料金プランを選びやすい競争環境を整備するという観点から望ましくない。

(ｲ) **携帯電話端末の販売価格の設定方法**

　a **現状**

　　ＭＮＯ３社仕様の携帯電話端末の販売に当たっては，通常，販売代理店が携帯電話端末の販売価格を決定する一方で，当該携帯電話端末を割賦払い（個別信用購入あっせん契約）で販売する場合，割賦払いの上限額の設定は，個別信用購入あっせん契約を提供する通信事業者によりなされることが一般的となっている。また，販売代理店の端末の仕入価格（注17）はＭＮＯ３社のオンライン直販価格（注18）及び割賦払いの上限額と同一の価格となっている。

　　（注17）ＭＮＯが販売代理店に販売する額
　　（注18）ＭＮＯ３社がウェブサイト上で消費者に直接販売する端末価格

　b **独占禁止法上・競争政策上の考え方**

　　ＭＮＯが販売代理店に対し，割賦払いの上限額を設定し，当該上限額とＭＮＯのオンライン直販価格及び販売代理店の仕入価格を同額とした上で，端末を割賦払いの上限額を上回る金額で販売しないよう要請している場合がある。また，販売代理店は，ＭＮＯのオンライン直販価格と販売代理店の仕入価格が同額とされている状況では，ＭＮＯから各種支援金等が支払われないとＭＮＯのオンライン直販価格を下回る価格で端末を販売することが困難であり，後日支払われる各種支援金等の額が予測できない場合においては，販売代理店はオンライン直販価格を下回る販売価格を設定することができないことが多いと考えられる。

　　ＭＮＯの行為が，独占禁止法上問題となるか否かは，個別具体的に判断されることとなるが，前記のような販売代理店に対する端末の取引方法を通じて，実質的にＭＮＯが販売代理店における端末の販売価格を拘束していると判断される場合には，独占禁止法上問題となるおそれがある（再販売価格の拘束等）。

　　ＭＮＯは，独占禁止法違反行為を未然に防止する観点から，販売代理店が携帯電話端末の販売価格を自由に決められることを販売代理店に対して周知することが望ましい。また，前記のような販売代理店の端末の販売価格を拘束することにつながるおそれがある取引方法について，見直しを行うことが望ましい。

(ｳ) **独自商材の取扱い**

　a **現状**

　　ＭＮＯ３社の一部の販売代理店契約書上，ＭＮＯの承認があれば，販売代理店は，携帯電話端末（充電器等の付属品を含む。）以外の商材（注19）をＭＮＯを通さずに独自に仕入れ，店舗で販売する（このとき取り扱う商材を以下「独自商材」という。）ことが，認められていた。

他方，ＭＮＯ３社の販売代理店にヒアリングを行ったところ，ＭＮＯに独自商材の取扱いを申請しても，それが認められることはないなどの指摘があった。

（注19）端末ケースやイヤホン等

b　独占禁止法上の考え方

ＭＮＯが，商品の安全性の確保，品質の保持，商標の信用の維持等合理的な理由なく，販売代理店に対し自己の商品と競争関係にある商品の取扱いを制限する条件を付けて取引することにより，販売代理店と取引を行っている商材メーカーが排除されたり，商材メーカーの取引機会が減少したりする場合等には，独占禁止法上問題となるおそれがある（排他条件付取引，拘束条件付取引）。

オ　ＭＮＯへの新規参入による競争の促進

⑺　現状

日本の通信市場においては，楽天モバイルが第４のＭＮＯとして本格参入し，競争環境に変化が生じてきている。

海外においても，競争当局（米国・ＥＵ等）が，競争自体の減少や通信料金の上昇等を防ぐため，ＭＮＯが４社から３社となるような合併等（注20）を承認しない，又は４社目のＭＮＯの参入を条件として合併等を承認するなどの事例が見受けられる。

（注20）合併のほか，株式取得を含む。以下同じ。

⑷　競争政策上の考え方

高度寡占体制では，通信市場の競争が活発化しにくいものの，ＭＮＯへの新規参入をさせるなど電波を割り当てられる通信事業者の数を増やしていくこと，スイッチングコストを下げるなどの競争環境を整備していくことが競争政策上望ましい。

⑸　公正取引委員会の今後の取組等

公正取引委員会は，引き続き，携帯電話市場における公正かつ自由な競争を促進するため，同市場における動向について注視するとともに，独占禁止法に違反する行為に対しては厳正に対処していく。

また，総務省及び消費者庁と連携し，引き続き，料金の低廉化，サービスの向上を図るために携帯電話市場における競争環境の整備に取り組んでいく。

8　フィンテックを活用した金融サービスの向上に向けた競争政策上の課題について

近年，銀行等を中心にサービスが提供されてきた金融分野において，フィンテックを活用する事業者が参入し，個人向けの家計簿サービス及び中小企業や個人事業主向けの会計サービス，ＱＲコード等を用いたキャッシュレス決済サービス等の金融サービスを提供する事例がみられる。このような新たなテクノロジーを活用する異業種を含む新規参入は，事業者間の競争を活性化し，新たなサービスの創出等のイノベーションの促進や利用者にとっての利便性の向上につながることが期待される。この点，このような事業者の新規参入や参入後の事業活動を妨げるような要因があれば，期待されるこれらの効果が限定されるおそれがある。

　このため，公正取引委員会は，①家計簿サービス等及び②QRコード等を用いたキャッシュレス決済について，競争政策上の課題を把握するため実態調査を実施するとともに，新規参入を促進し，公正かつ自由な競争を活発に行うことができる環境を整備する観点から，独占禁止法上及び競争政策上の論点整理を行い，令和2年4月21日，「フィンテックを活用した金融サービスの向上に向けた競争政策上の課題について」として，「家計簿サービス等に関する実態調査報告書」及び「QRコード等を用いたキャッシュレス決済に関する実態調査報告書」を取りまとめ，公表した（詳細は令和元年度年次報告第2部第5章第3 5 及び 6 を参照）。

第4　独占禁止法適用除外の見直し等

1　独占禁止法適用除外の概要

　独占禁止法は，市場における公正かつ自由な競争を促進することにより，一般消費者の利益を確保するとともに国民経済の民主的で健全な発達を促進することを目的とし，これを達成するために，私的独占，不当な取引制限，不公正な取引方法等を禁止している。他方，他の政策目的を達成する観点から，特定の分野における一定の行為に独占禁止法の禁止規定の適用を除外するという適用除外が設けられている。

　適用除外は，その根拠規定が独占禁止法自体に定められているものと独占禁止法以外の個別の法律に定められているものとに分けることができる。

(1)　独占禁止法に基づく適用除外

　独占禁止法は，知的財産権の行使行為（同法第21条），一定の組合の行為（同法第22条）及び再販売価格維持契約（同法第23条）をそれぞれ同法の規定の適用除外としている。

(2)　個別法に基づく適用除外

　独占禁止法以外の個別の法律において，特定の事業者又は事業者団体の行為について独占禁止法の適用除外を定めているものとしては，令和2年度末現在，保険業法等17の法律がある。

2　適用除外の見直し等

(1)　これまでの見直し等

　適用除外の多くは，昭和20年代から昭和30年代にかけて，産業の育成・強化，国際競争力強化のための企業経営の安定，合理化等を達成するため，各産業分野において創設されてきたが，個々の事業者において効率化への努力が十分に行われず，事業活動における創意工夫の発揮が阻害されるおそれがあるなどの問題があることから，その見直しが行われてきた。

　平成9年7月20日，私的独占の禁止及び公正取引の確保に関する法律の適用除外制度の整理等に関する法律（平成9年法律第96号）が施行され，個別法に基づく適用除外のうち20法律35制度について廃止等の措置が採られた。次いで，平成11年7月23日，私的

独占の禁止及び公正取引の確保に関する法律の適用除外制度の整理等に関する法律（平成11年法律第80号）が施行され，不況カルテル制度及び合理化カルテル制度の廃止，私的独占の禁止及び公正取引の確保に関する法律の適用除外等に関する法律の廃止等の措置が採られた。さらに，平成12年6月19日，私的独占の禁止及び公正取引の確保に関する法律の一部を改正する法律（平成12年法律第76号）が施行され，自然独占に固有の行為に関する適用除外の規定が削除された。

平成25年度においては，平成25年10月1日，消費税転嫁対策特別措置法が施行され，消費税の転嫁及び表示の方法の決定に係る共同行為に関する特別措置が設けられた。また，平成26年1月27日，特定地域における一般乗用旅客自動車運送事業の適正化及び活性化に関する特別措置法等の一部を改正する法律（平成25年法律第83号）が施行され，認可特定地域計画に基づく一般乗用旅客自動車運送事業（タクシー事業）の供給輸送力の削減等に関する適用除外の規定が設けられた。

その後，令和2年11月27日に，地域における一般乗合旅客自動車運送事業及び銀行業に係る基盤的なサービスの提供の維持を図るための私的独占の禁止及び公正取引の確保に関する法律の特例に関する法律（令和2年法律第32号）が施行され，地域一般乗合旅客自動車運送事業者及び地域銀行等（特定地域基盤企業等）の合併その他の行為について，適用除外の規定が設けられた。

あわせて，地域における一般乗合旅客自動車運送事業及び銀行業に係る基盤的なサービスの提供の維持を図るための私的独占の禁止及び公正取引の確保に関する法律の特例に関する法律の施行に伴い，事務総局の経済取引局調整課及び企業結合課の所掌事務の変更を内容とする公正取引委員会事務総局組織令の改正を行った（公正取引委員会事務総局組織令の一部を改正する政令〔令和2年政令第331号。令和2年11月26日公布，同月27日施行〕）。

これらの措置により，平成7年度末において30法律89制度存在した適用除外は，令和2年度末現在，18法律25制度となっている。

(2) 規制・制度改革における適用除外制度の見直し

「規制・制度改革に係る追加方針」（平成23年7月22日閣議決定）において，「国際航空協定に関する独占禁止法適用除外制度の見直し」の項目が盛り込まれ，「国土交通省は，諸外国の国際航空に関する独占禁止法適用除外制度に係る状況等を分析・検証し，我が国の同制度の在り方について，公正取引委員会と協議しつつ，引き続き検討を行う。＜平成24年度検討＞」とされており，平成26年度末に国土交通省に対し，当委員会と協議しつつ，引き続き検討を行うよう要請し，また，平成28年8月以降，国土交通省との間で協議に向けた検討を進めるための論点整理等を行ってきた。

前記の検討の参考とするため，平成30年1月以降，公正取引委員会は，提携深化協定（注）による競争への影響を確認することを目的として，国際航空のユーザーである旅行会社等へのヒアリングを実施するなどし，その結果を踏まえ，令和元年6月，独占禁止法適用除外制度による競争への弊害の懸念について，国土交通省に伝達した。

公正取引委員会は，今後も，提携深化協定についてフォローアップを行うことにより，

競争への影響について確認するとともに，その結果を踏まえ，必要に応じ，国際航空に係る独占禁止法適用除外制度の見直しについて，国土交通省と協議を行っていく。

(注) 協定に参加する航空会社間において，収入プール，共同運賃の設定，運航スケジュールの調整等の包括的な協力を実施することを目的とした協定であり，航空法（昭和27年法律第231号）に基づき，国土交通大臣の認可を受けることにより，独占禁止法の適用除外とされる。

3　適用除外カルテル等

(1)　概要

　独占禁止法は，公正かつ自由な競争を妨げるものとして，価格，数量，販路等のカルテルを禁止しているが，その一方で，他の政策目的を達成するなどの観点から，個々の適用除外ごとに設けられた一定の要件・手続の下で，特定のカルテルが例外的に許容される場合がある。このような適用除外カルテルが認められるのは，当該事業の特殊性のため（保険業法〔平成7年法律第105号〕に基づく保険カルテル），地域住民の生活に必要な旅客輸送（いわゆる生活路線）を確保するため（道路運送法〔昭和26年法律第183号〕等に基づく運輸カルテル）など，様々な理由による。

　個別法に基づく適用除外カルテルについては，一般に，公正取引委員会の同意を得，又は当委員会へ協議若しくは通知を行って，主務大臣が認可を行うこととなっている。

　また，適用除外カルテルの認可に当たっては，一般に，当該適用除外カルテルの目的を達成するために必要であること等の積極的要件のほか，当該カルテルが弊害をもたらしたりすることのないよう，カルテルの目的を達成するために必要な限度を超えないこと，不当に差別的でないこと等の消極的要件を充足することがそれぞれの法律により必要とされている。

　さらに，このような適用除外カルテルについては，不公正な取引方法に該当する行為が用いられた場合等には独占禁止法の適用除外とはならないとする，いわゆるただし書規定が設けられている。

　公正取引委員会が認可し，又は当委員会の同意を得，若しくは当委員会に協議若しくは通知を行って主務大臣が認可等を行ったカルテルの件数は，昭和40年度末の1,079件（中小企業団体の組織に関する法律〔昭和32年法律第185号〕に基づくカルテルのように，同一業種について都道府県等の地区別に結成されている組合ごとにカルテルが締結されている場合等に，同一業種についてのカルテルを1件として算定すると，件数は415件）をピークに減少傾向にあり，また，適用除外制度そのものが大幅に縮減されたこともあり，令和2年度末現在，40件となっている（内訳は附属資料3−2表を参照）。

(2)　個別法に基づく適用除外カルテル等の動向

　令和2年度において，個別法に基づき主務大臣が公正取引委員会の同意を得，又は当委員会へ協議若しくは通知を行うこととされている適用除外カルテル等の処理状況及びこのうち現在実施されている個別法に基づく適用除外カルテル等の動向は，第3表のとおりである。

第3表　令和2年度における適用除外カルテル等の処理状況

法律名	カルテル等の内容		根拠条項	適用除外規定	公取委との関係	処理件数	結　果
保険業法	損害保険会社の共同行為	航空保険	第101条第1項第1号，第102条	第101条	同意（第105条第1項）	0	所要の検討を行った結果，同意した。
		原子力保険				0	
		自動車損害賠償責任保険				2（変更2）	
		地震保険				1（変更1）	
		船舶保険	第101条第1項第2号，第102条			0	
		外航貨物保険				0	
		自動車保険（対人賠償，自損事故及び無保険車傷害保険部分）				0	
		住宅瑕疵担保責任保険				0	
損害保険料率算出団体に関する法律	基準料率の算出	自動車損害賠償責任保険	第7条の2第1項第2号，第9条の3	第7条の3	通知（第9条の3第3項）	1（変更1）	―
		地震保険				0	
酒税の保全及び酒類業組合等に関する法律	施設，容器その他の販売方法の規制		第42条第5号，第43条	第93条	協議（第94条第1項）	0	―
著作権法	商業用レコードの二次使用料等に関する取決め		第95条，第95条の3，第97条，第97条の3	第95条	通知（施行令第49条の2第2項）	10	―
生活衛生関係営業の運営の適正化及び振興に関する法律	料金，価格，営業方法の制限		第8条，第9条	第10条	協議（第13条第1項）	0	―
輸出入取引法	輸出取引における価格，数量，品質，意匠その他の協定等		第5条，第11条第2項，	第33条	通知（第34条第1項）	0	―
道路運送法	生活路線確保のための共同経営，旅客の利便向上に資する運行時刻の設定のための共同経営		第18条，第19条	第18条	協議（第19条の3第1項）	3（変更3）	所要の検討を行った結果，異議ない旨回答した。
航空法	＜国内＞生活路線確保のための共同経営		第110条第1号，第111条	第110条	協議（第111条の3第1項）	0	―

法律名	カルテル等の内容	根拠条項	適用除外規定	公取委との関係	処理件数	結　果
	<国際>公衆の利便を増進するための連絡運輸，運賃その他の運輸に関する協定	第110条第2号，第111条	第110条	通知（第111条の3第2項）	0	－
海上運送法	<内航>生活航路確保のための共同経営，利用者利便を増進する適切な運航時刻等を設定するための共同経営	第28条第1～3号，第29条	第28条	協議（第29条の3第1項）	1（変更1）	所要の検討を行った結果，異議ない旨回答した。
	<外航>運賃，料金その他の運送条件等を内容とする協定等	第28条第4号，第29条の2	第28条	通知（第29条の4第1項）	66（締結10）（変更56）	－
内航海運組合法	運賃，料金，運送条件，配船船腹，保有船腹等の調整等	第8条第1項第1～6号，第10条，第12条	第18条	協議（第65条第1項）	1（変更1）	所要の検討を行った結果，異議ない旨回答した。
特定地域及び準特定地域における一般乗用旅客自動車運送事業の適正化及び活性化に関する特別措置法	供給輸送力の削減等	第8条の2	第8条の4	通知（第8条の6第1項）	1（計画の作成1）	－
地域における一般乗合旅客自動車運送事業及び銀行業に係る基盤的なサービスの提供の維持を図るための私的独占の禁止及び公正取引の確保に関する法律の特例に関する法律	特定地域基盤企業等の合併等	第3条，第5条	第3条第1項	協議（第5条第2項）	0	－
	地域一般乗合旅客自動車運送事業者等による共同経営に関する協定の締結	第9条，第11条	第9条第2項	協議（第11条第2項）	2（締結2）	所要の検討を行った結果，異議ない旨等回答した。

ア　保険業法に基づくカルテル

　　保険業法に基づき損害保険会社は

①　航空保険事業，原子力保険事業，自動車損害賠償保障法（昭和30年法律第97号）に基づく自動車損害賠償責任保険事業若しくは地震保険に関する法律（昭和41年法

律第73号）に基づく地震保険事業についての共同行為

又は

②　①以外の保険で共同再保険を必要とするものについての一定の共同行為

を行う場合又はその内容を変更しようとする場合には，金融庁長官の認可を受けなければならない。金融庁長官は，認可をする際には，公正取引委員会の同意を得ることとされている。

　また，損害保険会社は，①及び②の保険について，共同行為を廃止した場合には，金融庁長官に届け出なければならない。金融庁長官は，届出を受理したときは，公正取引委員会に通知することとされている。

　令和２年度において，金融庁長官から同意を求められたものは３件であった。また，令和２年度末における同法に基づくカルテルは８件である。

イ　損害保険料率算出団体に関する法律に基づくカルテル

　損害保険料率算出団体は，自動車損害賠償責任保険及び地震保険について基準料率を算出した場合又は変更しようとする場合には，金融庁長官に届け出なければならない。金融庁長官は，届出を受理したときは，公正取引委員会に通知することとされている。

　令和２年度において，金融庁長官から通知を受けたものは１件であった。また，令和２年度末における同法に基づくカルテルは２件である。

ウ　著作権法に基づく商業用レコードの二次使用料等に関する取決め

　著作隣接権者（実演家又はレコード製作者）が有する商業用レコードの二次使用料等の請求権については，毎年，その請求額を文化庁長官が指定する団体（指定団体）と放送事業者等又はその団体間において協議して定めることとされており，指定団体は当該協議において定められた額を文化庁長官に届け出なければならない。文化庁長官は，届出を受理したときは，公正取引委員会に通知することとされている。

　令和２年度において，文化庁長官から通知を受けたものは10件であった。

エ　道路運送法に基づくカルテル

　輸送需要の減少により事業の継続が困難と見込まれる路線において地域住民の生活に必要な旅客輸送を確保するため，又は旅客の利便を増進する適切な運行時刻を設定するため，一般乗合旅客自動車運送事業者は，他の一般乗合旅客自動車運送事業者と，共同経営に関する協定を締結することができる。この協定の締結・変更に当たっては，国土交通大臣の認可を受けなければならない。国土交通大臣は，認可をする際には，公正取引委員会に協議することとされている。

　令和２年度において，国土交通大臣から協議を受けたものは３件であった。また，令和２年度末における同法に基づくカルテルは３件である。

オ　航空法に基づくカルテル

(7)　国内航空カルテル

航空輸送需要の減少により事業の継続が困難と見込まれる本邦内の各地間の路線において地域住民の生活に必要な旅客輸送を確保するため，本邦航空運送事業者は，他の航空運送事業者と，共同経営に関する協定を締結することができる。この協定の締結・変更に当たっては，国土交通大臣の認可を受けなければならない。国土交通大臣は，認可をする際には，公正取引委員会に協議することとされている。

令和2年度において，国土交通大臣から協議を受けたものはなかった。また，令和2年度末における同法に基づくカルテルはない。

(イ)　国際航空カルテル

本邦内の地点と本邦外の地点との間の路線又は本邦外の各地間の路線において公衆の利便を増進するため，本邦航空運送事業者は，他の航空運送事業者と，連絡運輸に関する契約，運賃協定その他の運輸に関する協定を締結することができる。この協定の締結・変更に当たっては，国土交通大臣の認可を受けなければならない。国土交通大臣は，認可をしたときは，公正取引委員会に通知することとされている。

令和2年度において，国土交通大臣から通知を受けたものはなかった。

カ　海上運送法に基づくカルテル

(7)　内航海運カルテル

本邦の各港間の航路において，地域住民の生活に必要な旅客輸送を確保するため，旅客の利便を増進する適切な運航日程・運航時刻を設定するため，又は貨物の運送の利用者の利便を増進する適切な運航日程を設定するため，定期航路事業者は，他の定期航路事業者と，共同経営に関する協定を締結することができる。この協定の締結・変更に当たっては，国土交通大臣の認可を受けなければならない。国土交通大臣は，認可をする際には，公正取引委員会に協議することとされている。

令和2年度において，国土交通大臣から協議を受けたものは1件であった。また，令和2年度末における同法に基づくカルテルは5件である。

(イ)　外航海運カルテル

本邦の港と本邦以外の地域の港との間の航路において，船舶運航事業者は，他の船舶運航事業者と，運賃及び料金その他の運送条件，航路，配船並びに積取りに関する事項を内容とする協定を締結することができる。この協定の締結・変更に当たっては，あらかじめ国土交通大臣に届け出なければならない。国土交通大臣は，届出を受理したときは，公正取引委員会に通知することとされている。

令和2年度において，国土交通大臣から通知を受けたものは66件であった。

キ　内航海運組合法に基づくカルテル

内航海運組合法（昭和32年法律第162号）に基づき内航海運組合が調整事業を行う場合には，調整規程又は団体協約を設定し，国土交通大臣の認可を受けなければならない。国土交通大臣は，認可をする際には，公正取引委員会に協議することとされている。

令和２年度において，国土交通大臣から協議を受けたものは１件であった。また，令和２年度末における同法に基づくカルテルは１件である。

ク　特定地域及び準特定地域における一般乗用旅客自動車運送事業の適正化及び活性化に関する特別措置法に基づくカルテル

　一般乗用旅客自動車運送事業が供給過剰であると認められる特定地域において，一般乗用旅客自動車運送事業者等により組織された協議会は，当該地域において削減すべき供給輸送力やその削減方法等を定める特定地域計画を作成し，当該計画に合意した一般乗用旅客自動車運送事業者はこれに従い，供給輸送力の削減を行わなければならない。この計画の作成・変更に当たっては，国土交通大臣の認可を受けなければならない。国土交通大臣は，認可をしたときは，公正取引委員会に通知することとされている。

　令和２年度において，国土交通大臣から通知を受けたものは１件であった。また，令和２年度末における同法に基づくカルテルは９件である。

ケ　地域における一般乗合旅客自動車運送事業及び銀行業に係る基盤的なサービスの提供の維持を図るための私的独占の禁止及び公正取引の確保に関する法律の特例に関する法律に基づく合併及び共同経営

⑺　特定地域基盤企業等の合併等

　特定地域基盤企業等が合併等を行う場合には，主務大臣の認可を受けなければならない。主務大臣は，認可をする際には，公正取引委員会に協議することとされている。

　令和２年度において，主務大臣から協議を受けたものはなかった。

⑷　地域一般乗合旅客自動車運送事業者等による共同経営に関する協定の締結

　地域一般乗合旅客自動車運送事業者等が，共同経営に関する協定の締結等を行う場合には，国土交通大臣の認可を受けなければならない。国土交通大臣は，認可をする際には，公正取引委員会に協議することとされている。

　令和２年度において，国土交通大臣から協議を受けたものは２件であった。

4　協同組合の届出状況

　独占禁止法第22条は，「小規模の事業者又は消費者の相互扶助を目的とすること」（同条第１号）等同条各号に掲げる要件を備え，かつ，法律の規定に基づいて設立された組合（組合の連合会を含む。）の行為について，不公正な取引方法を用いる場合又は一定の取引分野における競争を実質的に制限することにより不当に対価を引き上げることとなる場合を除き，同法を適用しない旨を定めている（一定の組合の行為に対する独占禁止法適用除外制度）。

　中小企業等協同組合法（昭和24年法律第181号。以下「中協法」という。）に基づいて設立された事業協同組合及び信用協同組合（以下「協同組合」という。）は，その組合員たる事業者が，①資本金の額又は出資の総額が３億円（小売業又はサービス業を主たる事業

とする事業者については5000万円，卸売業を主たる事業とする事業者については１億円）を超えない法人たる事業者又は②常時使用する従業員の数が300人（小売業を主たる事業とする事業者については50人，卸売業又はサービス業を主たる事業とする事業者については100人）を超えない事業者に該当するものである場合，独占禁止法の適用に際しては，同法第22条第１号の要件を備える組合とみなされる（中協法第７条第１項）。

　一方，協同組合が前記①又は②以外の事業者を組合員に含む場合には，公正取引委員会は，その協同組合が独占禁止法第22条第１号の要件を備えているかどうかを判断する権限を有しており（中協法第７条第２項），これらの協同組合に対し，当該組合員が加入している旨を当委員会に届け出る義務を課している（中協法第７条第３項）。

　この中協法第７条第３項の規定に基づく届出件数は，令和２年度において，214件であった（第４表及び附属資料３－11表参照）。

第４表　協同組合届出件数の推移

年度	23	24	25	26	27	28	29	30	元	2
協同組合届出件数	141	184	187	227	235	273	240	294	304	214

5　著作物再販適用除外の取扱いについて

　商品の供給者がその商品の取引先である事業者に対して再販売する価格を指示し，これを遵守させることは，原則として，独占禁止法第２条第９項第４号（再販売価格の拘束）に該当し，同法第19条に違反するものであるが，同法第23条第４項の規定に基づき，著作物６品目（書籍・雑誌，新聞及びレコード盤・音楽用テープ・音楽用ＣＤをいう。以下同じ。）については，例外的に同法の適用が除外されている。

　公正取引委員会は，著作物６品目の再販適用除外の取扱いについて，国民各層から意見を求めるなどして検討を進め，平成13年３月，当面同再販適用除外を存置することが相当であると考えるとの結論を得るに至った（第５表参照）。

　公正取引委員会は，著作物６品目の再販適用除外が消費者利益を不当に害することがないよう，著作物６品目の流通・取引慣行の実態を調査し，関係業界における弊害是正の取組の進捗を検証するとともに，関係業界における運用の弾力化の取組等，著作物６品目の流通についての意見交換を行うため，当委員会，関係事業者，消費者，学識経験者等を構成員とする著作物再販協議会を設け，平成13年12月から平成20年６月までの間に８回の会合を開催した。平成22年度からは，著作物再販協議会に代わって，関係業界に対する著作物再販ヒアリングを実施し，関係業界における運用の弾力化の取組等の実態を把握するとともにその取組を促している。

第5表　著作物再販制度の取扱いについて（概要）（平成13年3月23日）

(1)　著作物再販制度は，独占禁止法上原則禁止されている再販売価格維持行為に対する適用除外制度であり，競争政策の観点からは同制度を廃止し，著作物の流通において競争が促進されるべきであると考える。

　　しかしながら，国民各層から寄せられた意見をみると，著作物再販制度を廃止すべきとする意見がある反面，文化・公共面での影響が生じるおそれがあるとし，同制度の廃止に反対する意見も多く，なお同制度の廃止について国民的合意が形成されるに至っていない状況にある。

　　したがって，現段階において独占禁止法の改正に向けた措置を講じて著作物再販制度を廃止することは行わず，当面同制度を存置することが相当であると考える。

(2)　著作物再販制度の下においても，可能な限り運用の弾力化等の取組が進められることによって消費者利益の向上が図られるよう，関係業界に対し，非再販商品の発行・流通の拡大，各種割引制度の導入等による価格設定の多様化等の方策を一層推進することを提案し，その実施を要請する。また，これらの方策が実効を挙げているか否かを検証し，より効果的な方途を検討するなど，著作物の流通について意見交換をする場として，公正取引委員会，関係事業者，消費者，学識経験者等を構成員とする協議会を設けることとする。公正取引委員会としては，今後とも著作物再販制度の廃止について国民的合意が得られるよう努力を傾注するとともに，当面存置される同制度が硬直的に運用されて消費者利益が害されることがないよう著作物の取引実態の調査・検証に努めることとする。

(3)　また，著作物再販制度の対象となる著作物の範囲については，従来公正取引委員会が解釈・運用してきた6品目（書籍・雑誌，新聞及びレコード盤・音楽用テープ・音楽用CD）に限ることとする。

第5　競争評価に関する取組

1　競争評価の本格的実施

　平成19年10月以後，各府省が規制の新設又は改廃を行おうとする場合，原則として，規制の事前評価の実施が義務付けられ，規制の事前評価において，競争状況への影響の把握・分析（以下「競争評価」という。）についても行うこととされ，平成22年4月から試行的に実施されてきた。

　平成29年7月28日，「規制の政策評価の実施に関するガイドライン」が改正され，競争評価については，公正取引委員会が定める手法により把握すること，また，競争に影響を及ぼす可能性があるとの結果となった場合には，その旨を規制の事前評価書へ記載することが必要であるなどとされたことを受け，当委員会は，競争評価の手法として，同月31日

に「規制の政策評価における競争状況への影響の把握・分析に関する考え方について」及び競争評価の具体的な手法である「競争評価チェックリスト」を作成し，公表した。また，これらを補完するものとして「規制の政策評価における競争状況への影響の把握・分析に係る事務参考マニュアル」を同年９月26日に公表し，その後令和元年６月27日に，各府省における競争評価の実施状況を踏まえ，説明を追加する等の改訂を行った。改正された「規制の政策評価の実施に関するガイドライン」等が平成29年10月１日に施行されたことに伴い，競争評価も同日から本格的に実施された。規制の事前評価における競争評価において，各府省は，競争評価チェックリストを作成し，規制の事前評価書の提出と併せて総務省に提出し，総務省は，受領した競争評価チェックリストを当委員会へ送付することとされている。

公正取引委員会は，令和２年度においては，総務省から競争評価チェックリストを125件受領し，その内容を精査した。また，各府省における競争評価のより適切な実施の促進を目的として，競争評価の手法の改善等を検討するため，経済学や規制の政策評価の知見を有する有識者による競争評価検討会議を令和２年度において３回開催した。

2 競争評価の普及・定着に係る公正取引委員会の取組

公正取引委員会は，競争評価チェックリストに記入するに当たっての考え方や検討方法について，随時，相談を受け付けている。

第6 入札談合の防止への取組

公正取引委員会は，以前から積極的に入札談合の摘発に努めているほか，平成６年７月に「公共的な入札に係る事業者及び事業者団体の活動に関する独占禁止法上の指針」を公表し，入札に係るどのような行為が独占禁止法上問題となるかについて具体例を挙げながら明らかにすることによって，入札談合の防止の徹底を図っている。

また，入札談合の防止を徹底するためには，発注者側の取組が極めて重要であるとの観点から，独占禁止法違反の可能性のある行為に関し，発注官庁等から公正取引委員会に対し情報が円滑に提供されるよう，各発注官庁等において，公共入札に関する当委員会との連絡担当官として会計課長等が指名されている。

公正取引委員会は，連絡担当官との連絡・協力体制を一層緊密なものとするため，平成５年度以降，「公共入札に関する公正取引委員会との連絡担当官会議」を開催している。令和２年度においては，国の本省庁との連絡担当官会議を令和２年11月26日に開催するとともに，国の地方支分部局等との連絡担当官会議を全国９か所で開催した。

また，公正取引委員会は，地方公共団体等の調達担当者等に対する独占禁止法や入札談合等関与行為防止法の研修会を開催するとともに，国，地方公共団体等が実施する調達担当者等に対する同様の研修会への講師の派遣及び資料の提供等の協力を行っている。令和２年度においては，研修会を全国で35回開催するとともに，国，地方公共団体及び特定法人（注）に対して123件の講師の派遣を行った。

（注）国又は地方公共団体が資本金の２分の１以上を出資している法人及び特別の法律により設立された法人のうち，国又は地方公共団体が法律により，常時，発行済株式の総数又は総株主の議決権の３分の１以上に

当たる株式の保有を義務付けられている株式会社（政令で定めるもの等を除く。）をいう。

第7　独占禁止法コンプライアンスの向上に向けた取組

　市場における公正かつ自由な競争を一層促進していくためには，独占禁止法の厳正な執行とともに，企業におけるコンプライアンスの向上が重要であり，これに関連した企業の取組を促していく必要があると考えられることから，公正取引委員会では，これまで，企業における独占禁止法に関するコンプライアンス活動の状況を調査し，改善のための方策等と併せて，報告書の取りまとめ・公表を行うとともに，その周知に努めている。

　令和2年度においては，多種多様な協同組合や商工組合（以下単に「組合」という。）における独占禁止法コンプライアンスに関する取組状況及び独占禁止法や適用除外制度に関する認識の実態を把握・分析してその実態や課題を明らかにするとともに，改善に向けた方策を提示することにより，組合における独占禁止法コンプライアンスの促進を図ることを目的として，1,781組合（注）を対象に調査を行い，独占禁止法コンプライアンスの取組を推進するために有効と考えられる方策や留意点を取りまとめた報告書「協同組合等における独占禁止法コンプライアンスに関する取組状況について」を令和2年6月25日に公表した。

　調査結果を踏まえれば，組合における独占禁止法コンプライアンスの推進についての考え方等は，以下のとおりである。

(注)　①事業協同組合・協同組合連合会，②商工組合・同連合会，③漁業協同組合・同連合会，④農業協同組合・同連合会の4グループの中から無作為に抽出することにより選定（4グループに該当する組合であっても信用事業や共済事業等に特化した組合は調査対象から除外）しアンケート調査を実施するとともに，アンケート調査において他の組合にも参考になると思われる取組例を回答した22組合等に対してヒアリング調査を実施した。

1　独占禁止法コンプライアンスの必要性

　独占禁止法コンプライアンスに関する取組を行っている組合は4割強であり，本調査において，独占禁止法コンプライアンスに取り組んでいない組合が多いことが明らかになった。

　その理由として，問題が発生していないことや必要性を感じていないことを挙げる組合が多かったが，組合による独占禁止法違反事件等においては，販売事業に関するものが多く，本調査に回答した組合においてもその6割強が販売事業を行っていた。また，どのような行為が独占禁止法上問題になるか，どのような行為が適用除外になるかについて正確に認識している組合が少ないことも明らかになった。

　このような状況を踏まえれば，組合においても，独占禁止法コンプライアンスを推進していく必要があると考えられる。また，組合における独占禁止法コンプライアンスを推進するに当たって，適用除外制度について，同制度の対象とはならないケースも含めて，役職員等に正確に認識させることに留意して取組を進めていくことが重要である。

　一方，独占禁止法コンプライアンスに関する取組を行っていない理由として，人員・予算等の都合により取り組む体制がないこと，専門知識がないことを挙げる組合も多くみられた。また，組合ごとに事業内容や取り巻く環境が異なっており，取組を行うこと

の必要性の度合いも区々であると考えられる。

　そのため，全ての組合において一律に報告書で紹介した取組の全てを行う必要はないが，着手しやすいものから順次，無理のない方法で取組を進めていくことが望まれる。

2 **独占禁止法コンプライアンスのための効果的な取組**

　独占禁止法コンプライアンスを推進していくためには，独占禁止法違反行為の未然防止のための取組を実施すること（後記(1)），違反行為の早期発見・是正のための危機管理体制を整備すること（後記(2)）が有効であると考えられるが，まずは，独占禁止法違反行為の未然防止のための取組について，現時点で取組の必要性を認識していない組合においても着手しやすいものから順次取り組んでいくことが望ましく，その上で，違反行為の早期発見・是正のための危機管理体制の整備に努めていくことが望まれる。

(1) **違反行為の未然防止のための取組の実施**
　ア **代表者によるコンプライアンスに関するメッセージの発信**

　　　代表者においてコンプライアンスの重要性を認識した上で，組合役職員や組合員（以下「役職員等」という。）に対して，コンプライアンスの重要性に関するメッセージを明確かつ繰り返し発信していくことは，役職員等におけるコンプライアンスに関する意識の向上・変革を図っていく上で，有効な取組である。

　イ **法務・コンプライアンス担当部署等の設置**

　　　法務・コンプライアンス担当部署を設置して，独占禁止法に関する情報を集約・蓄積し，その知見を活かして各種取組を網羅的に進めていくことは，組織全体に独占禁止法コンプライアンスを浸透させていく上で，有効な取組である。

　　　また，独占禁止法の担当者を配置することも有効な取組であり，これにより専門性の向上を図ることができるほか，担当分野を定めることで役職員の所掌・責任の範囲が明確になって積極的な業務への参画にもつながる。

　ウ **法務相談窓口の設置**

　　　法務相談窓口を設置して，事業実施前の相談を徹底させるとともに，事業実施後においても相談を通じて問題事例の発見に努めていくことは，違反行為の未然防止や早期是正にもつながるため，有効な取組である。

　　　また，独占禁止法違反を懸念して過度に事業活動を委縮しているということであれば，当該窓口に相談することによって同法に関する疑問や不安が解消され，積極的な事業活動を行うことにもつながる。

　エ **独占禁止法コンプライアンス・マニュアルの策定・改定**

　　　どのような行為が独占禁止法に違反するのか，違反した場合にはどのようなリスクが発生するのかといったことや，コンプライアンス体制等を記載した独占禁止法コンプライアンス・マニュアルを策定することは，役職員等に独占禁止法に関する知識を効率的に習得させる上で，有効な取組である。

　　　マニュアルには，近隣の組合や類似の業界で発生した違反事例等役職員等にとって身近な事例を掲載した上で，当該事例に関する実務上の留意点を具体的に解説し

て，役職員等に独占禁止法違反が自らにも起こり得るリスクとして認識させること
が重要である。策定後においても，新規事例を追加したり，内容がより分かりやす
く充実したものになるよう定期的に改定していくことも重要である。

　また，独占禁止法違反事件等の中には，共同経済事業に関連したものがみられる
ところ，適用除外制度の対象とはならないケースも含めて記載することにより，同
制度について役職員等に正確に認識させることが重要である。

オ　独占禁止法研修の実施

　前記エのマニュアルと同様に，違反行為の内容や違反した場合のリスク等に関す
る研修を行うことは，役職員等に独占禁止法に関する知識を効率的に習得させる上
で，有効な取組である。

　独占禁止法に関する知識の定着には相応の時間を要するため，研修は1回行って
終わりにするのではなく，人事異動時，関係法令等の改正時，他の組合・類似の業
界における違反事件の発生時等のタイミングで行うなど，定期的に継続して行って
いくとともに，研修の都度，チェックテスト等により研修内容の理解度を計測する
ことも，同法に関する知識を定着させる上で有効である。

カ　懲戒ルールの整備

　違反行為に役職員が関与した場合に懲戒対象になる旨のルールを定めておくこと
は，役職員における違反行為への関与を抑止する上で，有効な取組である。

　懲戒ルールには，単に関係法令に違反した場合に懲戒対象になる旨を記載するだ
けでなく独占禁止法が対象になることを明記するとともに，どのような行為が懲戒
対象になるかを具体的に示しておくことが重要である。

(2)　違反行為の早期発見・是正のための危機管理体制の整備

ア　内部通報窓口の設置

　内部通報窓口を設置して，水面下で生じている独占禁止法違反のおそれのある行
為に関する情報を収集し，その解消に努めていくことは，有効な取組である。当該
窓口を有効に機能させるためには，通報者に関する情報の秘密保持を徹底したり，
通報したことによって不利益な取扱いとしないことを定めて周知することが必要で
あることに留意することも重要である。

イ　監査の実施

　監査を実施して，独占禁止法違反のおそれのある行為の発見に努めていくこと
は，有効な取組である。

　監査については，他の組合や類似の業界で発生した過去の違反事件等を踏まえて
独占禁止法上のリスクが高いと思われる事業について重点的に実施したり，業務監
査等の既存の仕組みの中に独占禁止法に関する項目も追加するなど，効率的に実施
することも重要である。

ウ　問題発生時の対応方針の策定

　独占禁止法違反の疑いが生じた場合（内部通報や監査等で問題事例を発見した場
合等）を想定して，あらかじめ採るべき対応方針を策定しておくことは，違反に

よって生じるリスクの最小化を図っていく上で，有効な取組である。

また，この対応方針の中には，課徴金減免制度や確約手続について，その制度概要や手続面についても盛り込み，これらも踏まえて対応していくことが望まれる。

3 公正取引委員会の対応

公正取引委員会としては，独占禁止法違反行為の未然防止や競争環境の整備を図っていく観点から，引き続き，独占禁止法コンプライアンスに関する取組状況の把握やそれを踏まえた提言を行っていくとともに，各種ガイドラインの策定，組合や中央会等の支援機関からの相談への対応，寄せられた相談事例の公正取引委員会ウェブサイト上での公表を行っていくほか，近時の独占禁止法改正の内容（確約手続の導入や課徴金減免制度の見直し）を含めて独占禁止法の内容全般の周知に努めていく。

第8 独占的状態調査

独占禁止法第8条の4は，独占的状態に対する措置について定めている。公正取引委員会は，同条の規定の適切な運用を図るため，「独占的状態の定義規定のうち事業分野に関する考え方について」（昭和52年公正取引委員会事務局）において，独占禁止法第2条第7項に規定する独占的状態に係る要件のうち市場構造要件（国内総供給価額要件及び事業分野占拠率要件）の考え方を明らかにしている。

市場構造要件に係る事業活動及び経済実態については，これまで国内向け供給価額及び供給量に関する独自調査を実施してきたが，統計調査に係る報告者負担の軽減と業務の見直し・効率化を図るとの政府方針（統計改革推進会議最終取りまとめ〔平成29年5月19日統計改革推進会議決定〕）も踏まえ，当該独自調査を実施しないこととした（平成30年11月13日公表）ところ，令和2年度においては，令和元年度に引き続き，政府統計情報等を活用しつつ，市場構造要件に係る事業活動及び経済実態に関する調査を実施した。

第6章　競争政策に関する理論的・実証的基盤の整備

1　はじめに

いわゆる経済の高度化，ボーダーレス化等が進展する中で，公正取引委員会における競争政策上の制度設計や法執行に関し，経済学的，あるいは法学的な分析の成果を取り入れる必要性がますます高まっている。

このような中，公正取引委員会は，平成15年6月，事務総局内に「競争政策研究センター」を発足させた。同センターでは，中長期的観点から，独占禁止法の運用や競争政策の企画・立案・評価を行う上での理論的・実証的な基礎を強化するため，独占禁止法や経済学等の専門家等の参画を得て，研究活動を行うほか各種セミナー等を開催している。

2　検討会の開催

公正取引委員会は，競争政策研究センター内において，競争政策上の課題について議論を行うため，検討会委員として有識者等の参画を得て，検討会を開催している。令和2年度においては，データ市場に関して，我が国における実情等を踏まえた上で，競争政策上の諸論点や課題について研究を行うことを目的として，「データ市場に係る競争政策に関する検討会」を開催した（検討会委員等は第1表参照）。同検討会では，令和2年11月以降，8回にわたって検討が行われ，報告書が取りまとめられた（令和3年6月25日公表。詳細は後記 3 参照）。

第1表　検討会委員等（令和2年度開催）

```
[検討会委員]
    生貝　直人　　　　一橋大学大学院法学研究科　准教授
    板倉　陽一郎　　　ひかり総合法律事務所　弁護士
    クロサカ　タツヤ　㈱企　代表取締役
    小林　慎太郎　　　㈱野村総合研究所
                    ICTメディアコンサルティング部パブリックポリシーグループマネージャー
                    ／上級コンサルタント
    伊永　大輔　　　　東京都立大学大学院法学政治学研究科　教授
【座長】松島　法明　大阪大学社会経済研究所　教授（競争政策研究センター所長）
    森川　博之　　　　東京大学大学院工学系研究科　教授
    渡辺　安虎　　　　東京大学大学院経済学研究科　教授
                    東京大学エコノミックコンサルティング㈱　取締役
[事務局]
    公正取引委員会競争政策研究センター事務局
                        （注）検討会委員の役職は令和3年5月24日時点のものである。
```

3 「データ市場に係る競争政策に関する検討会」報告書

⑴　はじめに

　　近年，データ（注1）は，「21世紀の石油」などと呼ばれ，デジタル時代における競争力の源泉であるとの認識が広がりつつある。このような中で，変化の激しいデジタル時代の競争の場は，いわゆるオンライン・プラットフォーム型の事業者が検索やSNS等のサービスを提供する「サイバー空間」から，今や「第2幕」に移りつつあり，サイバー空間で解析したデータを活用して，自動運転，医療・介護，農業等，フィジカル（現実）空間のビジネスの高度化を図る，「サイバーとフィジカルの融合」を競う場に移行するとの見方がなされている。

　　世界においては，欧州委員会がデータの重要性に着目した新たな戦略として「欧州データ戦略」を公表するなど，急速に変化するデジタル時代における競争を念頭に置いて，安全かつ高品質・大量のデータに容易にアクセスできるような場（データスペース）を創出するための取組が進められている。また，我が国政府においても，令和2年10月から，21世紀のデジタル国家にふさわしいデータ活用基盤の構築に向けたデータ戦略を策定するための検討を「データ戦略タスクフォース」において進め，令和3年6月に包括的データ戦略を策定したところである。

　　こうした状況を踏まえ，競争政策の観点からも，データを活用した事業における競争をより活発にし，イノベーションを推進する方策の検討を進めていくことは，デジタル時代における日本経済の発展を目指す上で大きな意義を有するものと考えられる。

　　このような認識の下，競争政策研究センターは，有識者の知見に基づき，我が国におけるデータ市場の実情等を踏まえた上で，競争政策上の諸論点や課題について研究を行うことを目的として，「データ市場に係る競争政策に関する検討会」（以下「本検討会」という。）を開催してきた。

　　本報告書は，計8回にわたり本検討会の会合を開催し，主にデータの利活用やそのための仕組みの構築等を検討するに当たり，競争政策の観点からどのようなことが望まれるかという点について検討を行った結果を取りまとめたものである。

　（注1）本報告書では，「データ」とは，客観的な事実を数値や文字，図形，画像，音声等で表したものとする。データは通常，機械的な処理が可能であると考えられる。

⑵　データ市場について
ア　市場の概観
⑺　データ利活用の現状

　　　これまでは，主にデジタル・プラットフォーム事業者（注2）等が，検索サービスやSNS（Social Networking Service），メールサービス，eコマース等，利便性の高いサービスをオンライン上で個人に提供し，サービスを利用する個人に係るデータを収集して，これをオンライン上の検索連動型広告等に活用するなどといったデータの利活用がみられた。近年では，スマートフォンの普及やセンサー技術，IoT機器の発展により，フィジカル（現実）空間のデータ，いわゆるリアルデータを，従

来のようなサイバー（仮想）空間だけでなく，フィジカル（現実）空間のビジネスにも活用する動きが広まっている。例えば，農業，海運，医療，放送，電力，モビリティ等の分野においては，様々なデータを共有の基盤に集積し，様々な事業者が当該データを新たなビジネス等のために利活用するなど，データから新たな価値を生み出す取組がなされている。さらに，工場やプラントの機械等から生成されるデータについても，データの提供者（売り手）とデータの利用者（買い手）をマッチングさせ，取引を成立させる場を提供するデータ取引市場や，個人から委託を受けて個人のデータを管理し，当該データを利用する事業者に提供した際には，その対価として，当該個人に何らかの便益を提供する情報銀行と呼ばれる取組も始まっている。

　このように近年，データ取引市場，情報銀行，特定分野におけるデータを集積するプラットフォーム（データ共有基盤）といった仲介者を介したデータの取引という新たな形でのデータの流通・利活用が現れ始めており，これらの事業には，データの生成者，提供者，利用者，政府，団体等，様々な利害関係者が参加する場合も多い。このような状況も踏まえ，本報告書においては，「データ市場」を，データの生成から利用に至るまでのプロセス（後記第1図参照）の各段階において行われる様々なデータに関わる取引の場だけではなく，最終的にデータを活用した商品・サービスがエンドユーザーに提供される場も含めたデータ流通の場と広く解した上で，競争政策上の諸論点や課題について考え方を整理した。

（注2）本報告書において，「デジタル・プラットフォーム」とは，情報通信技術やデータを活用して第三者にオンラインのサービスの「場」を提供し，そこに異なる複数の利用者層が存在する多面市場を形成し，いわゆる間接ネットワーク効果（多面市場において，一方の市場におけるサービスにおいて利用者が増えれば増えるほど，他方の市場におけるサービスの効用が高まる効果）が働くという特徴を有するものをいう。また，「デジタル・プラットフォーム事業者」とは，オンライン・ショッピング・モール，インターネット・オークション，オンライン・フリーマーケット，アプリケーション・マーケット，検索サービス，ＳＮＳ等で，前記の特徴を有するデジタル・プラットフォームを提供する事業者をいう。（「デジタル・プラットフォーム事業者と個人情報等を提供する消費者との取引における優越的地位の濫用に関する独占禁止法上の考え方」（令和元年12月17日公正取引委員会））

⑷　データ利活用の形態

　データが生成されてから利用されるまでには，一般的に第1図のようなプロセスを経る。

第1図　デジタルデータの生成から利用までのプロセス

生成　収集　蓄積　加工　分析　利用

（出典）総務省「令和元年版　情報通信白書」図表 2-1-1-1 を参考に検討会事務局作成

　そして，個人や事業者のデータを利活用する形態としては，データの収集から，蓄積・加工・分析して，その上でデータを活用した商品・サービスを提供することまでを1事業者単体で行っている場合がある（注3）。他方，様々な種類のデータの収集等を単独で行うことは難しい場合もあるため，データの収集・分析等を行うプラットフォームや，データの取引を行うための取引市場等の仕組みを構築して，データを調達し利活用につなげている場合がみられる。このようなプラットフォームや取引市場等においてデータの取引を集約することにより，個別に取引を行うよりも，データの提供者及び利用者双方における取引費用が抑えられるとともに，全体としてみると，プラットフォームにおける一方の側におけるユーザーが増えれば増えるほど，もう一方の側におけるユーザーの便益が高まるという間接ネットワーク効果から，データ流通は活発になると考えられる。以上のようなプラットフォームや取引市場を含め，データ利活用に係る仕組みをいくつか例として図示すると，おおむね以下のようになる。

（注3）例えば，IoTの分野では，A社の工場内にB社がセンサーを設置し，そこから収集した製造設備等に係るデータをB社で分析した上で，B社がA社に対して，同社の設備の管理等に役立てるサービスを提供する事例がこの場合に該当する。また，デジタル・プラットフォーム事業においては，デジタル・プラットフォーム事業者がその運営する検索サービスを通じて収集したユーザーの検索履歴等に係るデータを分析し，自社のデジタル広告サービスに役立てている事例もこの場合に該当する。

第2図　データプラットフォーム

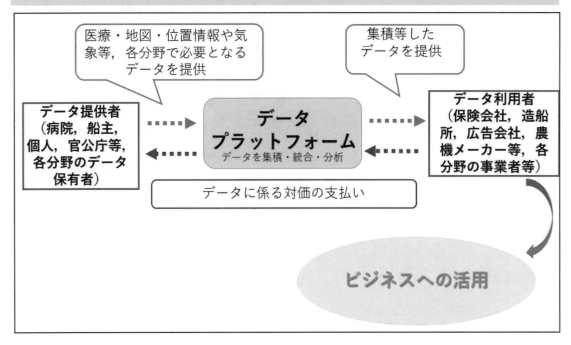

(出典）検討会事務局作成

第3図　データ取引市場

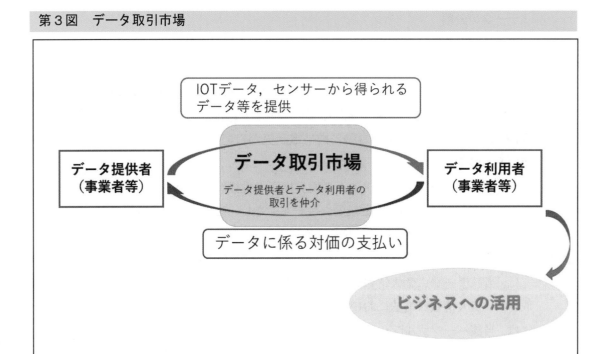

(出典）検討会事務局作成

第4図　情報銀行

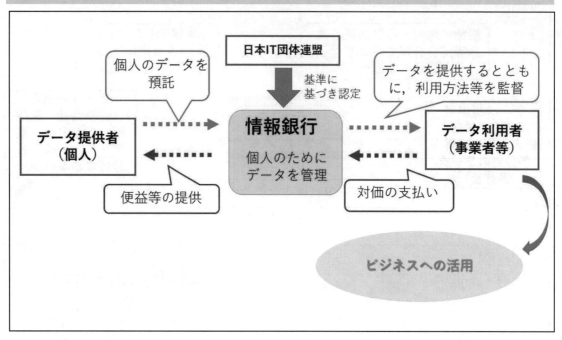

（出典）検討会事務局作成

(ｳ)　データの分類

　　データの分類としては様々あるが，事業者の事業活動等において生じるデータを産業データ，個人に関するデータをパーソナルデータと呼ぶことがある。産業データとしては，例えば工場やプラント，船舶，車両等の機器から生成され，それらに設置されたセンサーを通じて収集されるデータがあり，パーソナルデータとしては，電子カルテ情報やテレビの視聴履歴，携帯電話等から把握される位置情報，預金口座情報，ＳＮＳ等のユーザー情報等がある。

　　データは無体物であり，民法上の所有権等の物権の対象とならず，また，データに係る権利の帰属等について一般的なルールもない。このため，産業データの提供・利用については，知的財産権や不正競争防止法上の営業秘密として保護される場合を除き，当事者間の合意により行われる。一方，パーソナルデータの提供・利用については，当該データに個人情報保護法上の個人情報が含まれる場合には，本人の同意の取得等，個人情報保護法において要請される所要の手続を経た上で，それ以外の場合には，当該パーソナルデータを保有する事業者等が策定するポリシー等に沿って，個別に利用の有無や利用方法等について同意を取得するなどして行われる。

イ　データの特性

　　前記アのとおり，現在，データの利活用に係る様々な取組が進められているが，データは他の財と異なる特性を有しているといえる。この点については，過去に競争政策研究センターにおいて開催した検討会の報告書において言及されており，本検討会にお

いても追加的な言及があった。

⑺　**過去の検討会報告書における指摘**

　　「データと競争政策に関する検討会報告書」（平成 29 年 6 月 6 日公正取引委員会
競争政策研究センター。以下「データ検討会報告書」という。）及び「業務提携に関
する検討会報告書」（令和元年 7 月 10 日公正取引委員会競争政策研究センター。以下
「業務提携検討会報告書」という。）においては，データについての様々な特性が指
摘されているところ，競争政策の観点から，データ市場における競争をより活発にす
るための検討を行う上では，特に以下の点が重要と考えられる。

〔データ検討会報告書〕

○　複製が技術的に容易

○　一般的には排他的な占有を観念できない

○　一定種類のデータが一定量確保されてはじめて有意味な知識を得ることが可能となる
　場合がある

○　集積・解析によって，はじめてその利用価値が生じる

○　異なる種類のデータを組み合わせることによって，データの真実性の向上といった
　様々な相乗効果が認められる場合がある

○　ネットワーク効果が発生する商品の使用から得られるデータについては，当該商品の
　性能向上によって，更に多くの顧客が当該商品を使用するようになる結果，「データの集
　積→商品の機能向上→更なるデータの集積→更なる機能の向上」というメカニズムが働
　く可能性がある

〔業務提携検討会報告書〕

○　ネットワーク効果及び規模の経済性又は範囲の経済性によって，データの集積が持続
　的・増幅的に向上する可能性がある

○　データの量が増えれば増えるほど，また，その範囲が広がれば広がるほど，それに要す
　る平均費用が著しく低減する可能性がある

○　データは無体物でありその帰属・所有権については，考え方はまだ確立されておらず，
　現状，データが知的財産権として法的に保護されている場合，契約等により，当事者間の
　利用に係る権利義務が取り決められている場合，事実上，データへのアクセスや利用を
　コントロールできる地位にある場合，を除けば他者がデータにアクセス・利用すること
　は妨げられない

⑷　**本検討会における指摘**

　　いわゆるビッグデータは，「volume（量）」「variety（多様性）」「velocity（速度）」
により特徴付けられ，またこれらの特徴から「value（価値）」が生みだされるとして，
これらを合わせて「4 V」と表現されることがあり，データの価値創出や競争力の指

標となると考えられることもある。

　また，データは，公共財のように，ある消費者が利用しても他の消費者の消費可能な量が減少しないという非競合性を有するため，経済学的には可能な限り流通させた方が合理的である。

　他方，複数の者が保有するデータを組み合わせて利用する場合には，データに含まれる項目や項目の名称等がデータを保有している者によって異なっているとそのまま利用することができないため，形式をそろえるなど，利用できるように加工することが必要となることが多い。

　そのほか，パーソナルデータの利用がもたらす効果は置かれている状況によって異なる（文脈依存）ため，注目している市場環境や消費者のパーソナルデータ利用への態度等を考慮する必要がある。

⑶　競争政策の観点からの検討

　データ市場と競争政策については，これまでにも「データと競争政策に関する検討会」等において議論がなされてきたとおり，データの集積・利活用を行うデジタル・プラットフォーム事業者を含めた一部の事業者が，ネットワーク効果及び規模の経済又は範囲の経済により，更に多くのデータを集積し，市場における独占化・寡占化が進みつつあるとの指摘があり，このような事業者が，競争者の事業に不可欠であって代替的なデータの取得が困難なデータへのアクセスを競争者や顧客に認めないことにより，競争者の排除や新規参入の阻害につながるといった競争政策上の懸念がある。

　産業データについては，複数の分野において，関係する事業者間でデータを共有する取組が進んでいる一方で，前記⑵のイ⑺のとおり，データの帰属・所有権については，考え方は確立されておらず，知的財産権として法的に保護されている場合等を除き，個別に事業者間で契約等によりデータに係る権利義務について明確にすることが重要となる。この場合，一方の当事会社が，取引上の優位な力関係を利用して，中小企業等のもう一方の当事会社に対して，不当に不利益を与え得ることについて留意する必要がある。また，複数の事業者間でデータを共有する際に，他の特定の事業者へのデータの提供を拒否等することは，競争者の排除や新規参入の阻害につながる場合がある。他方で，複数事業者間のデータの共有に係る取組に関しては，自社のデータが競争事業者に渡ることに対する懸念から，当該共有事業者間でデータの提供が積極的に行われないことも考えられる。

　したがって，今後，産業データの利活用を促していくためには，以上のような視点も踏まえ，データの取引に係る事業者の懸念に対応した仕組み作りを行うことにより，データの流通を活発にするための環境を整備していくことが重要である。

　また，パーソナルデータが取り扱われるデータ市場に係る議論を行う際には，「Competition（競争）」，「Data Protection（データ保護）」及び「Consumer Protection（消費者保護）」の3つについて別個に議論するのではなく，三位一体での議論を行い，3つのバランスを欠かないようにすることが重要である。

具体的には，これら３つに関する取組を所管する省庁等が，対応が十分になされないような領域が発生しないように連携をするとともに，３つのいずれかにおいて過剰な規制が導入され，他の２つの目的と矛盾が生じないようにする必要がある。なぜなら，これら３つについては，それぞれ対立し得る領域があり，ある１つに対する問題解決策が別の１つについて悪影響を与えることも起こり得るからである。例えば，デジタル広告市場のプラットフォームを提供する巨大デジタル・プラットフォーム事業者が，広告の効果測定を行う事業者に対して，消費者のプライバシー保護を理由に，当該事業において重要な広告配信の効果分析を行うための情報等の提供を拒否しているため，このような巨大デジタル・プラットフォーム事業者の地位が更に高まっているという指摘がある。

　したがって，これら３つのバランスについて，全てを高水準で維持するのは困難なものであるが，これらのうち複数について，同時に解決することが可能な取組も存在する。例えば，データポータビリティは，消費者が自らの情報を十分にコントロールすることができるようになるという点において，データ保護につながるだけでなく，データの利活用を促し競争を促進することができる。

　他方で，データ保護や消費者保護に関する高水準な規制を一律に全ての事業者に課すと，対応できるのは巨大デジタル・プラットフォーム事業者等に限られることとなり得ると考えられるところ，それが巨大デジタル・プラットフォーム事業者による寡占の更なる強化につながるとも考えられる。

　そして，新型コロナウイルス感染症拡大以降のニューノーマル等の到来の中で，消費者のプライバシーに対する態度にも変化が生まれてきているところ，競争，データ保護及び消費者保護の３つが対立し得るデータ市場の構造を見極めながら，当該三位一体のフレームワークを意識して取組を進めていく必要があると考えられる。

　このような前提の下，本検討会においては，データの利活用やそのための仕組み構築等を検討するに当たり，三位一体のフレームワークも踏まえつつ，競争を促進していく観点から重要なポイントは何かを中心に検討を行った。

　総論としては，まず，データについては前記(2)のイのとおり様々な特性が挙げられるが，データ市場における競争を考える上では，そのうち，データの複製は技術的に容易であり，一般的には排他的な占有が観念できず，また，複数の者が利用してもその消費可能な量が減少しないという非競合性を有しているといった点が重要であると考えられる。すなわち，これらの性質からすれば，効率性の観点からはできる限りデータは流通させることが望ましいと考えられ，そのためには，特定の事業者がデータを囲い込んで外に出さないということにならないように，データへのアクセスを自由かつ容易にし，データを活用した事業への新規参入が可能となるような構造とし，その状態を保てるようにすることが重要であると考えられる。

　また，類似する内容であるが，データの特性のうち，ネットワーク効果が強く働くこと，データは組み合わされてはじめて価値が生じることがあること等を踏まえると，一定の十分なデータの種類・量がそろわないと参入が容易でない状況が生じることも考えられ

ることからも，データへのアクセスの確保といった点は重要と考えられる。

　このほか，本検討会では，データ市場においては，大量のデータを集積し利活用するためのプラットフォームを運営する仲介事業者や，オンライン上で人々の社会生活に必要なサービスを提供することにより多くの個人との接点を有し，それらの個人に係るデータを集積する巨大デジタル・プラットフォーム事業者に関して，データ市場における競争促進の観点から問題点が指摘され，そのような問題に対しては，既存の独占禁止法に加え，必要に応じてプラスアルファとなるルールについても検討を行うことが考えられるのではないかとの指摘があった。

　以上の点を踏まえた対応に当たっては，データの集積・利活用それ自体は競争を促進しイノベーションを生み出すものであることを踏まえ，イノベーションを阻害するような過度な介入とはならないように留意がなされることも重要である。

⑷　競争政策の観点から望ましいと考えられる事項

　本検討会における検討内容を整理すると，データの利活用やそのためのプラットフォームに係る仕組みの構築等を検討するに当たり，競争政策の観点から望ましいと考えられる事項は，後記ア～カのとおりである。

ア　多くの関係者の参加を得た仕組み構築等の検討

　産業データ，パーソナルデータを問わず，複数の事業者等が参画するデータ利活用に係る仕組みの構築等に当たっては，実際に運用に至った段階において，必要なデータが十分に集積されず，顧客事業者にとって魅力的な商品等の開発・提供が進まなくなるなどのつまずきが生じるといった事態に陥ることを避けるなどの観点から，当該関連市場における多くの関係者の参加を得て，各々のニーズも踏まえた上でルールの設計等を行うことが望ましい。

　特に，パーソナルデータについては，「信頼性のある自由なデータ流通（ＤＦＦＴ）」の考え方も踏まえながら，個人の安心・信頼を得られるような形で利活用に供することができるようになることが，データの流通量の増大につながると考えられる。加えて，今後，消費者との接点及び消費者の信頼が集中しているデジタル・プラットフォーム事業者以外の事業者も含めて，個人の安心・信頼を得られるような形でパーソナルデータの提供を受けられるように，政府等も関与して，より丁寧な検討を行って仕組みを構築していくことが，データを活用した事業における新規参入及び競争をより活発にする観点からも望ましいと考えられる。

　また，データを活用した事業に係る仕組みやルールについて検討を行うに際しては，新規参入の促進という点にも留意しながら，撤退することとなった場合に当該サービスの利用者が不利益を被ることにならないよう，事業撤退に関する何らかのルールを事前に策定しておくことが望ましいと考えられる。

イ　データへの自由かつ容易なアクセスの確保

データを活用した事業における新規参入及び競争を促進するといった観点から，事業者が積極的にデータを生成・集積等するためのインセンティブの確保にも留意しつつ，例えば，データ分析によって得られたノウハウ等の幅広い事業者間での活用が不当に妨げられることがなく，潜在的な新規参入事業者も含め，より多くの事業者が集積等されたデータに自由かつ容易にアクセスできるようになることが望ましい。加えて，同様の観点から，一方当事者が他方当事者からデータのアクセスに係る不当な取決めを強制されるという問題に対応するための契約ルールの整備等について検討を行うことも考えられる。

ウ　協調領域・競争領域それぞれにおける政府等による取組

　関係事業者間で協調領域と競争領域を整理した上で，データ利活用に係る取組が行われている例があるところ，データを活用した事業における新規参入及び競争を促進するといった観点から，協調領域については，事業者の取組を後押しすることが求められるのに対し，競争領域については，競争を阻害する行為を規制すること等が求められる。

　協調領域については，関連の制度改正・契約事項や条件等を網羅的に整理したガイドラインの作成や検討事例集の公表等の政府等の後押しが，取引費用削減にもつながると考えられることから，新規参入や競争を促進する観点からも有効である。また，行政保有データのオープン化等の取組についても，イノベーションの促進や新規事業の創出を後押しするものであり，当該取組を推進していくことが重要である。

　なお，協調領域における取組を行うに当たっては，独占禁止法上の問題が生じることを懸念して，事業者が取組を躊躇することもあり得るところ，公正取引委員会が，引き続き独占禁止法上の考え方や留意点等を示していくことは，当該取組を促進するために有効である。

エ　データポータビリティ・インターオペラビリティの確保

　産業データ，パーソナルデータともに，スイッチングやマルチホーミングがしやすいという状況にするために，データポータビリティの確保が重要である。特にパーソナルデータについては，データポータビリティの実効性を確保するため，例えば，仲介事業者が個人に代わってデータポータビリティを実現することが可能な仕組みとするなど，仲介事業者をどのように位置付けるかという点についても検討していくことが肝要である。

　さらに，データポータビリティの活用のためには，アイデンティティ・マネジメントに係る技術・システムやデータの取扱いについて，異なるシステム間でのインターオペラビリティの確保が肝要となる。他方で，確保の具体的な方策や対象等については，コストやイノベーションの観点も踏まえ，かえって競争を阻害する要因にならないよう，例えば，事業者の規模，産業データかパーソナルデータか，及び規律を設けようとする

分野・市場がどのような段階にあるかを区別して規律を検討するなど，丁寧な検討が必要である。

オ　プライバシーに対する懸念への対応

　事業者が個人の安心・信頼を得られるような形でパーソナルデータの提供を受けられるようにすることは，データを活用した事業における新規参入及び競争をより活発にする観点からも望ましい。そのため，個人情報保護法等の遵守の観点に加え，競争政策上の観点からも，事業者が，個人の安心・信頼を得られるようにパーソナルデータの取扱いについての説明の質を高め，適切に本人の同意を取得していくこと等が重要である。

　一方で，特に，デジタル・プラットフォーム事業者等により，消費者側が気付かない又は理解しているかに懸念がある中で，様々なデータが個人にほぼ固定的に付与される識別子で名寄せされ，統合されるといったような状況にある。このような状況を踏まえ，事業者がより個人の安心・信頼を得られるような形でパーソナルデータの提供を受けられるようにするために，個人に不利益をもたらさないよう配慮・取扱いを行う「データ・フィデューシャリー・デューティ」の考え方によるプラスアルファのルール等について検討していくことも考えられる。

カ　仲介事業者，デジタル・プラットフォーム事業者に対するルール

　データ取引市場や情報銀行等を運営する仲介事業者が提供する新たなデータ流通・利活用のプラットフォームサービスについては，そのサービスの構造上，独占化・寡占化が進みやすいと考えられるため，データポータビリティ等の仕組みの検討に加え，新規参入事業者を排除する等の行為が行われていないかを行政側でチェック等していくことも必要となる。

　また，仲介事業者が，自社のサービスにある程度付加価値を付けることでデータの流通が活発になることも考えられるが，プラットフォーム事業と付加価値サービスを一体として提供することを通じて市場支配力を獲得するまで成長すること等によって，競争政策の観点から弊害が生じてしまう場合もあることに留意が必要である。このようなプラットフォームの運営に関する競争政策上の問題については，必要に応じ，独占禁止法の枠組みに加えて，特にある程度市場として発展を遂げた段階においては付加価値を付けたサービスの提供について一定の責任を課すことや，新しく立ち上げられたベンチャー企業や他業界からの新規参入者のアクセスを公平な条件で確保する，公正な契約ルールを策定するといった点に関して，「事前規制」も含めた対応について検討を行うことも考えられる。

　他方，データ市場における競争を促進するという観点からは，デジタル・プラットフォーム事業者によるデータの囲い込みに対して，データポータビリティやインターオペラビリティの確保に加えて，ユーザーや他の事業者からのデータへの公平なアクセ

スを可能とすることについて検討することが考えられる。また，デジタル広告市場等ある程度市場として発展を遂げた段階において，デジタル・プラットフォーム事業者が，プラットフォームサービスを提供しつつ，自社においても付加価値のあるサービスを提供することについては，前記仲介事業者に対するルールと同様の観点から，競争政策上の対応を検討することも考えられる。そして，このようなデジタル・プラットフォーム事業者に対して，既存の独占禁止法による事後的な規制のみでは十分に対応できない場合もあると考えられることから，必要に応じてプラスアルファとなる「事前規制」を検討することも考えられる。

このような「事前規制」は，競争の観点からすれば，より多くのデータを流通させ，新規参入を活発にし，イノベーションを促進する効果をもたらすものであるべきである。また，必要な措置を適時に迅速に行うために適切なツールを用いる必要性や，なるべく経済活動を阻害せずに問題がある部分にだけ踏み込むことも重要である。まずは業界ごとの自主的な取組として，インターオペラビリティやデータポータビリティのルールを策定してもらい，行政は必要な場合に必要な形で介入するという在り方も検討に値すると考えられる。

その場合の規制の対象についても十分検討が必要であるが，特定の規模の大きな事業者にデータが集中することによる市場の競争への影響を考慮すると，一定の規模以上のデジタル・プラットフォーム事業者が対象となるのではないかと考えられる。

⑸　最後に

データの利活用は我が国の社会経済的発展にとって極めて重要であり，今般の新型コロナウイルス感染症の感染拡大下において，国民の生命を守り経済を再生するという目的が加わったこともあり，ますますその重要性は高まっている。

我が国においては，関係省庁や業界において，これまでもデータの流通・利活用の促進のために様々な取組が行われてきているところであるが，今後もデータを活用した事業における競争をより活発にするための方策を含め，様々な取組を引き続き行っていく必要がある。

本報告書は，本検討会における議論を踏まえ，最近の国内外の政府や民間企業・団体によるデータ流通・利活用の促進に係る取組状況及び課題を整理するとともに，主にデータの利活用やそのためのプラットフォームに係る仕組みの構築等を検討するに当たって，競争政策の観点からどのようなことが望まれるかという点について検討を行った結果を取りまとめたものである。

データの流通・利活用の促進をめぐる問題の全体的な解決は，前述のとおり，独占禁止法だけでなく，個人情報保護法，消費者保護法，各種の事業法等における規制及び政府等による後押しとなるような施策とも併せて議論を行い，バランスを取りながら実現されるべきものである。また，データの囲い込みの防止等の目的を達成するためには，従来の規制でカバーできない部分について，新たに「事前規制」を導入することも考えられる。

　　今後，データの流通・利活用をめぐる諸問題に対して，本報告書における提言も参考として，関係各省庁や業界において，積極的な取組がなされることを期待したい。

4　ディスカッション・ペーパーの公表

　　競争政策研究センターでは，競争政策上の先端的な課題について，学識経験者等が，公正取引委員会の担当部局と議論しながら，執筆者の名義・責任の下にディスカッション・ペーパーを公表してきている。令和2年度においては，5本のディスカッション・ペーパーを公表した（第2表参照）。その内容は競争政策研究センターのウェブサイト（https://www.jftc.go.jp/cprc/index.html）上に全文が掲載されている。

第2表　ディスカッション・ペーパー（令和2年度公表分）

	公表年月日	タイトル・執筆者（注）
1	2. 4. 7	「垂直取引関係が存在する下での川上企業による直接販路開設について」 潘　聡（京都産業大学経済学部助教・競争政策研究センター客員研究員） 松島　法明（大阪大学社会経済研究所教授・競争政策研究センター所長） 水野　倫理（神戸大学大学院経済学研究科准教授・競争政策研究センター客員研究員）
2	2. 5.26	「Detecting Collusions in Japanese Municipalities」 猪俣　賢太郎（秀明大学総合経営学部助教・元競争政策研究センター客員研究員） 川合　慶（カリフォルニア大学バークレー校経済学部助教授・元競争政策研究センター客員研究員） 中林　純（近畿大学経済学部准教授・競争政策研究センター主任研究官）
3	2. 6.30	「Labor Market Concentration on Wage, Employment, and Exit of Plants: Empirical Evidence with Minimum Wage Hike」 泉　敦子（公正取引委員会事務総局経済取引局企業結合課・競争政策研究センター研究員） 児玉　直美（日本大学経済学部教授・競争政策研究センター客員研究員） 権　赫旭（日本大学経済学部教授・競争政策研究センター客員研究員）
4	2. 8.21	「Horizontal Mergers in the Presence of Network Externalities」 佐藤　進（一橋大学経済研究所講師）
5	2. 9.30	「Innovation and Competition」 上續　高裕（公正取引委員会事務総局経済分析チーム経済分析メンバー・競争政策研究センター研究員） 大宮　俊吾（公正取引委員会事務総局経済分析チーム経済分析メンバー・競争政策研究センター研究員） 下津　秀幸（公正取引委員会事務総局経済分析チームストラテジスト・競争政策研究センター研究員）

（注）執筆者の役職は公表時点のものである。

5　イベントの開催

(1)　シンポジウム

　　競争政策研究センターでは，競争政策に関する国内外との交流拠点の機能を果たすため，海外の競争当局担当者や国内外の学識経験者を迎えたシンポジウムを開催している。令和2年度においては，2件のシンポジウムを開催した（第3表参照）。

第3表　シンポジウムの開催状況（令和2年度）

	開催年月日	主催者・共催者	テーマ・講演者（注）
1	2.11.6	［主催者］ 公正取引委員会 ［共催者］ 大阪弁護士会，(公社)関西経済連合会，大阪商工会議所，(一社)電子情報技術産業協会，神戸大学(科研・基盤研究(A)「プラットフォームとイノベーションをめぐる新たな競争政策の構築」，社会システムイノベーションセンター)	第3回大阪シンポジウム「業務提携：社会が変わるイノベーションをどう実現するか？～研究開発，異業種データ連携，そして独占禁止法～」 ［講演者］ 宮井　雅明（立命館大学法学部教授・競争政策研究センター主任研究官） 日高　洋祐（㈱MaaS Tech Japan 代表取締役 CEO） 藤本　哲也（公正取引委員会事務総局官房政策立案総括審議官・競争政策研究センター次長）
2	3.3.5	［主催者］ 公正取引委員会 ［共催者］ ㈱日本経済新聞社，(公財)公正取引協会	第19回国際シンポジウム「新時代の競争政策の在り方～経済格差・イノベーション～」 ［講演者］ Jonathan B. Baker（アメリカン大学ワシントンロースクール教授） Jason Furman（ハーバード大学ケネディスクール教授）

（注）講演者の役職は開催時点のものである。

⑵　公開セミナー

　競争政策研究センターは，国内外の学識経験者・有識者を講演者とし，主として学術関係者を対象として，アカデミックな議論を深めることを目的として，公開セミナーを開催している。令和2年度においては，2件の公開セミナーを開催した（第4表参照）。

第4表　公開セミナーの開催状況（令和2年度）

	開催年月日	主催者・共催者	テーマ・講演者（注）
1	2.9.7	［主催者］ 大阪大学社会経済研究所 ［共催者］ 公正取引委員会	第47回公開セミナー「デジタルプラットフォームの現状と未来」 ［講演者］ 松島　法明（大阪大学社会経済研究所教授・競争政策研究センター所長） 泉水　文雄（神戸大学大学院法学研究科教授・競争政策研究センター研究顧問） 武田　邦宣（大阪大学大学院法学研究科教授・競争政策研究センター研究顧問）
2	2.12.11	［主催者］ 公正取引委員会	第48回公開セミナー「Competition Overdose」 ［講演者］ Ariel Ezrachi（オックスフォード大学教授） Maurice E. Stucke（テネシー大学教授）

（注）講演者の役職は開催時点のものである。

⑶　ＣＰＲＣセミナー

　競争政策研究センターは，競争政策上の将来の研究課題の発掘等に資するために，有識

者による講演（ＣＰＲＣセミナー）を随時開催している。

⑷　ＢＢＬ（Brown Bag Lunch）ミーティング

　　競争政策研究センターは，将来の研究課題の発掘等に資するために，競争政策の観点か
ら注目すべき業界の動向等について，昼食時間等を利用して，有識者による講演（ＢＢＬ
ミーティング）を随時開催している。

⑸　研究成果発表会

　　競争政策研究センターは，研究員が執筆したディスカッション・ペーパー等の研究成果
について発表する研究成果発表会を随時開催している。

⑹　事件等解説会

　　競争政策研究センターは，公正取引委員会が実施した事件審査や実態調査等について
担当者が解説する事件等解説会を随時開催している。

第7章　株式取得，合併等に関する業務

第1　概説

　独占禁止法第4章は，事業支配力が過度に集中することとなる会社の設立等の禁止（同法第9条）及び銀行業又は保険業を営む会社の議決権取得・保有の制限（同法第11条）について規定しているほか，一定の取引分野における競争を実質的に制限することとなる場合及び不公正な取引方法による場合の会社等の株式取得・所有，役員兼任，合併，分割，共同株式移転及び事業譲受け等の禁止並びに一定の条件を満たす企業結合についての届出義務（同法第10条及び第13条から第16条まで）を規定している。公正取引委員会は，これらの規定に従い，企業結合審査を行っている。個別事案の審査に当たっては，必要に応じ経済分析を積極的に活用している。

　また，公正取引委員会は，いわゆる第2次審査を行って排除措置命令を行わない旨の通知をした場合等について，当該審査結果を公表するほか，届出を受理した事案等のうち，企業結合を計画している事業者の参考に資すると思われる事案については，一定の取引分野の画定の考え方や独占禁止法上の判断の理由等についてできるだけ詳細に記載し，その内容を公表している。

第2　独占禁止法第9条の規定による報告・届出

　独占禁止法第9条第1項及び第2項の規定は，他の国内の会社の株式を取得し，又は所有することにより事業支配力が過度に集中することとなる会社の設立・転化を禁止しており，当該会社及び子会社（注）の総資産合計額が，①持株会社については6000億円，②銀行業，保険業又は第一種金融商品取引業を営む会社（持株会社を除く。）については8兆円，③一般事業会社（①及び②以外の会社）については2兆円を超える場合には，(i)毎事業年度終了後3か月以内に当該会社及び子会社の事業報告書を提出すること（同条第4項），(ii)当該会社の新設について設立後30日以内に届け出ること（同条第7項）と義務付けている。

　令和2年度において，独占禁止法第9条第4項の規定に基づき提出された会社の事業報告書の件数は114件であり，同条第7項の規定に基づく会社設立届出書の件数は1件であった。

（注）会社がその総株主の議決権の過半数を有する他の国内の会社をいう。この場合において，会社及びその一若しくは二以上の子会社又は会社の一若しくは二以上の子会社がその総株主の議決権の過半数を有する他の国内の会社は，当該会社の子会社とみなす。

第3　銀行業又は保険業を営む会社の議決権取得・保有

　独占禁止法第11条第1項の規定では，銀行業又は保険業を営む会社が他の国内の会社の議決権をその総株主の議決権の5％（保険会社は10％）を超えて取得・保有してはならないとされている。ただし，あらかじめ公正取引委員会の認可を受けるなど一定の要件を満

たした場合は，同項の規定の適用を受けない（同条第1項ただし書，第2項）。

　令和2年度において，公正取引委員会が認可した銀行業又は保険業を営む会社の議決権取得・保有の件数は14件であった。このうち，独占禁止法第11条第1項ただし書の規定に基づくものが14件であり，いずれも銀行業を営む会社に係るものであった。同条第2項の規定に基づくものはなかった。また，外国会社に係るものはなかった（銀行又は保険会社の議決権取得・保有の制限に係る認可についての詳細は，附属資料4－1表参照）。

第4　株式取得・合併・分割・共同株式移転・事業譲受け等

1　概要

⑴　一定の条件を満たす会社が，株式取得，合併，分割，共同株式移転及び事業譲受け等（以下「企業結合」という。）を行う場合には，それぞれ独占禁止法第10条第2項，第15条第2項，第15条の2第2項及び第3項，第15条の3第2項又は第16条第2項の規定により，公正取引委員会に企業結合に関する計画を届け出ることが義務付けられている（ただし，合併等をしようとする全ての会社が同一の企業結合集団に属する場合等については届出が不要である。）。

　企業結合に関する計画の届出が必要な場合は，具体的には次のとおりである。

ア　株式取得の場合

国内売上高合計額が200億円を超える会社が，他の会社であって，その国内売上高と子会社（注1）の国内売上高を合計した額が50億円を超える会社の株式を取得する場合において，当該会社の属する企業結合集団に属する会社が所有することとなる株式に係る議決権の数の割合が20％又は50％を超えることとなる場合（注2）

（注1）会社が他の会社等の財務及び事業の方針の決定を支配している場合における当該他の会社等をいう。
（注2）ただし，あらかじめ届出を行うことが困難である場合として公正取引委員会規則で定める場合は，届出が不要である。

イ　合併の場合

国内売上高合計額200億円超の会社と国内売上高合計額50億円超の会社の場合

ウ　共同新設分割の場合

国内売上高合計額200億円超の全部承継会社と国内売上高合計額50億円超の全部承継会社の場合
国内売上高合計額200億円超の全部承継会社と承継対象部分に係る国内売上高が30億円超の重要部分承継会社の場合
承継対象部分に係る国内売上高が100億円超の重要部分承継会社と国内売上高合計額50億円超の全部承継会社の場合
承継対象部分に係る国内売上高が100億円超の重要部分承継会社と承継対象部分に係る国内売上高が30億円超の重要部分承継会社の場合

エ　吸収分割の場合

国内売上高合計額200億円超の全部承継会社と国内売上高合計額50億円超の被承継会社の場合

国内売上高合計額50億円超の全部承継会社と国内売上高合計額200億円超の被承継会社の場合
承継対象部分に係る国内売上高が100億円超の重要部分承継会社と国内売上高合計額50億円超の被承継会社の場合
承継対象部分に係る国内売上高が30億円超の重要部分承継会社と国内売上高合計額200億円超の被承継会社の場合

オ　共同株式移転の場合

国内売上高合計額200億円超の会社と国内売上高合計額50億円超の会社の場合

カ　事業譲受け等の場合

国内売上高合計額200億円超の譲受会社と国内売上高30億円超の全部譲渡会社の場合
国内売上高合計額200億円超の譲受会社と対象部分の国内売上高が30億円超の重要部分譲渡会社の場合

⑵　令和2年度において，独占禁止法第10条第2項等の規定に基づく企業結合に関する計画の届出を受理した件数は266件であった。

⑶　公正取引委員会は，企業結合により一定の取引分野における競争を実質的に制限することとなるかについて調査を行っている。

　　令和2年度に届出を受理した266件のうち，届出受理の日から独占禁止法第10条第9項（第15条第3項，第15条の2第4項，第15条の3第3項及び第16条第3項の規定により準用する場合を含む。）に規定する報告等の要請を行う日の前日まで（報告等の要請を行わない場合は，排除措置命令を行わない旨の通知を行う日まで）の期間に行う第1次審査で終了した件数は258件，第1次審査終了前に取下げがあった件数は7件，報告等の要請を行う日から意見聴取の通知を行う日まで（同通知をしない場合は，排除措置命令を行わない旨の通知を行う日まで）の期間に行う第2次審査に移行した件数は1件であった。

　　令和2年度に届出を受理した266件のうち，独占禁止法第10条第8項ただし書（第15条第3項，第15条の2第4項，第15条の3第3項及び第16条第3項の規定により準用する場合を含む。）の規定に基づき，企業結合をしてはならない期間を短縮した件数は199件であった。

⑷　令和2年度において，独占禁止法第10条第1項，第15条第1項，第15条の2第1項，第15条の3第1項又は第16条第1項の規定に違反するとして，同法第17条の2第1項の規定に基づき排除措置命令を行ったものはなかった。

⑸　令和2年度において，第2次審査が終了したもののうち，届出会社が一定の適切な措置（問題解消措置）を講ずることを前提に独占禁止法上の問題はないと判断したものは1件であった。

⑹　令和2年度において，産業競争力強化法（平成25年法律第98号）第27条第1項の規定に基づく協議を受けた件数は1件であった。

⑺　令和2年度において，農業競争力強化支援法（平成29年法律第35号）第20条第1項の規定に基づく協議を受けたものはなかった。

⑻　令和2年度において，地域における一般乗合旅客自動車運送事業及び銀行業に係る基盤的なサービスの提供の維持を図るための私的独占の禁止及び公正取引の確保に関する法律の特例に関する法律（令和2年法律第32号）第5条第2項の規定に基づく協議を受けたものはなかった。

第1表　過去3年度に受理した届出の処理状況

	平成30年度	令和元年度	令和2年度
届出件数	321	310	266
第1次審査で終了したもの	315	300	258
うち禁止期間の短縮を行ったもの	(240)	(217)	(199)
第1次審査終了前に取下げがあったもの	4	9	7
第2次審査に移行したもの	2	1	1

第2表　過去3年度における第2次審査の処理状況

	平成30年度	令和元年度	令和2年度
第2次審査で終了した件数	3	0	1
うち問題解消措置を前提に問題なしとした件数	2	0	1
排除措置命令を行った件数	0	0	0

（注）当該年度に受理したか否かにかかわらず，当該年度において処理したものについて記載している。

2　株式取得・合併・分割・共同株式移転・事業譲受け等の動向

　令和2年度における株式取得の届出受理件数は，223件であり，前年度の届出受理件数264件に比べ減少している（対前年度比15.5%減）。

　令和2年度における合併の届出受理件数は，16件であり，前年度の届出受理件数12件に比べ増加している（対前年度比33.3%増）。

　令和2年度における分割の届出受理件数は，7件であり，前年度の届出受理件数12件に比べ減少している（対前年度比41.7%減）。

　令和2年度における共同株式移転の届出受理件数は，0件であり，前年度の届出受理件数3件に比べ減少している（対前年度比100.0%減）。

令和２年度における事業譲受け等の届出受理件数は，20件であり，前年度の届出受理件数19件に比べ増加している（対前年度比5.3％増）。

令和２年度に届出を受理した企業結合を国内売上高合計額別，議決権取得割合別・態様別，業種別及び形態別でみると，次のとおりである（第３表から第９表まで）。

(1) 国内売上高合計額別

令和２年度の企業結合に関する計画の届出受理件数について，それぞれ国内売上高合計額別にみると，次のとおりである。

ア　株式取得

株式取得会社の国内売上高合計額が5000億円未満の会社による株式取得が過半を占めている（第３表参照）。

イ　合併

存続会社の国内売上高合計額が5000億円未満の会社による合併が過半を占めている（第４表参照）。

ウ　分割

(7) 共同新設分割

共同新設分割に関する計画の届出はなかった。

(イ) 吸収分割

事業を承継する会社の国内売上高合計額が5000億円未満のものが過半を占めている（第５表参照）。

エ　共同株式移転

共同株式移転に関する計画の届出はなかった。

オ　事業譲受け等

譲受会社の国内売上高合計額が5000億円未満の会社による事業譲受け等が過半を占めている（第６表参照）。

(2) 議決権取得割合別・態様別

ア　議決権取得割合別（注）

令和２年度の株式取得に関する計画の届出受理件数を議決権取得割合別にみると，総数223件のうち，20％超50％以下が47件（全体の21.1％），50％超が176件（同78.9％）であった（第７表参照）。

（注）議決権取得割合とは，株式発行会社の株式を取得しようとする場合において，届出会社が取得の後において所有することとなる当該株式発行会社の株式に係る議決権の数と届出会社の属する企業結合集団に属する当該届出会社以外の会社等が所有する当該株式発行会社の株式に係る議決権の数とを合計した議決権の数の株式発行会社の総株主の議決権の数に占める割合である。

イ　態様別

　　令和2年度の企業結合に関する計画の届出受理件数を態様別にみると，合併については，総数16件の全てが吸収合併であった。分割については，総数7件の全てが吸収分割であった。また，事業譲受け等については，総数20件のうち，17件が事業の譲受け（全体の85.0％），3件が事業上の固定資産の譲受け（同15.0％）であった。

⑶　業種別
　　令和2年度の企業結合に関する計画の届出受理件数を業種別にみると，次のとおりである（第8表参照）。
　ア　株式取得
　　その他を除けば，製造業が52件（全体の23.3％）と最も多く，以下，卸・小売業が36件（同16.1％），運輸・通信・倉庫業が13件（同5.8％）と続いている。
　　製造業の中では，機械業が23件と多くなっている。

　イ　合併
　　その他を除けば，製造業及び卸・小売業が各4件（全体の25.0％）と最も多く，以下，運輸・通信・倉庫業が2件（同12.5％）と続いている。
　　製造業は，全て機械業となっている。

　ウ　分割
　　その他を除けば，製造業，卸・小売業，運輸・通信・倉庫業，サービス業及び電気・ガス・熱供給・水道業が各1件（同14.3％）であった。

　エ　共同株式移転
　　令和2年度において，共同株式移転の届出はなかった。

　オ　事業譲受け等
　　製造業が11件（全体の55.0％）と最も多く，その他を除けば，以下，卸・小売業が5件（同25.0％）と続いている。
　　製造業の中では，化学・石油・石炭業が5件と多くなっている。

⑷　形態別
　　令和2年度の企業結合の形態別の件数は，次のとおりである（第9表参照）。
　　なお，形態別の件数については，複数の形態に該当する企業結合の場合，該当する形態を全て集計している。そのため，件数の合計は企業結合に関する計画の届出受理件数と必ずしも一致しない。
　ア　株式取得
　　水平関係が141件（全体の63.2％）と最も多く，以下，垂直関係（前進）が75件（同33.6％），垂直関係（後進）が57件（同25.6％）と続いている。

　イ　合併

水平関係が14件（全体の87.5%）と最も多く，以下，垂直関係（後進）が6件（全体の37.5%），混合関係（商品拡大）が4件（同25.0%）と続いている。

ウ　分割

共同新設分割に係る届出はなかった。

吸収分割に係る届出については，水平関係が6件（全体の85.7%）と最も多く，以下，垂直関係（前進）が3件（同42.9%），混合関係（商品拡大）が1件（同14.3%）と続いている。

エ　共同株式移転

共同株式移転に係る届出はなかった。

オ　事業譲受け等

水平関係が15件（全体の75.0%）と最も多く，以下，垂直関係（後進）が4件（同20.0%），混合関係（地域拡大）が2件（同10.0%）と続いている。

第3表　国内売上高合計額別株式取得届出受理件数

株式発行会社の国内売上高合計額／株式取得会社の国内売上高合計額	50億円以上200億円未満	200億円以上500億円未満	500億円以上1000億円未満	1000億円以上5000億円未満	5000億円以上	合計
200億円以上500億円未満	17	7	2	0	0	26
500億円以上1000億円未満	17	7	2	2	0	28
1000億円以上5000億円未満	54	16	9	7	2	88
5000億円以上1兆円未満	17	9	0	8	0	34
1兆円以上5兆円未満	15	9	10	5	2	41
5兆円以上	2	0	0	3	1	6
合計	122	48	23	25	5	223

第4表　国内売上高合計額別合併届出受理件数

消滅会社の 国内売上高 合計額 存続会社 の国内売上 高合計額	50億円以上 200億円未満	200億円以上 500億円未満	500億円以上 1000億円未満	1000億円以上 5000億円未満	5000億円以上	合計
50億円以上 200億円未満	0	0	0	0	0	0
200億円以上 500億円未満	1	0	2	1	0	4
500億円以上 1000億円未満	0	0	1	1	1	3
1000億円以上 5000億円未満	0	1	0	0	1	2
5000億円以上 1兆円未満	0	0	0	1	1	2
1兆円以上 5兆円未満	1	0	0	0	3	4
5兆円以上	1	0	0	0	0	1
合計	3	1	3	3	6	16

（注）　3社以上の合併，すなわち消滅会社が2社以上である場合には，国内売上高合計額が最も大きい消滅会社を基準とする。

第5表　国内売上高合計額別吸収分割届出受理件数

分割する会社の国内売上高合計額（又は分割対象部分に係る国内売上高）／承継する会社の国内売上高合計額	30億円以上200億円未満	200億円以上500億円未満	500億円以上1000億円未満	1000億円以上5000億円未満	5000億円以上	合計
50億円以上200億円未満	0 (0)	0 (0)	0 (0)	0 (0)	0 (0)	0 (0)
200億円以上500億円未満	0 (0)	0 (0)	0 (0)	0 (0)	0 (0)	0 (0)
500億円以上1000億円未満	0 (1)	0 (0)	0 (0)	0 (0)	0 (0)	0 (1)
1000億円以上5000億円未満	0 (2)	0 (0)	0 (0)	0 (1)	0 (0)	0 (3)
5000億円以上1兆円未満	0 (0)	0 (0)	0 (0)	0 (0)	0 (0)	0 (0)
1兆円以上5兆円未満	0 (0)	0 (0)	0 (2)	0 (0)	0 (0)	0 (2)
5兆円以上	0 (1)	0 (0)	0 (0)	0 (0)	0 (0)	0 (1)
合計	0 (4)	0 (0)	0 (2)	0 (1)	0 (0)	0 (7)

（注）（　）外は事業の全部を承継する会社に係る国内売上高合計額による届出受理の件数であり，（　）内は事業の重要部分を承継する会社の分割対象部分に係る国内売上高による届出受理の件数である（内数ではない。）。

第6表 国内売上高合計額別事業譲受け等届出受理件数

譲受 会社の国内 売上高合計額 ＼ 譲受け対象部分 に係る国内 売上高	30億円以上 200億円未満	200億円以上 500億円未満	500億円以上 1000億円未満	1000億円以上 5000億円未満	5000億円以上	合計
200億円以上 500億円未満	4	0	0	0	0	4
500億円以上 1000億円未満	5	1	0	0	0	6
1000億円以上 5000億円未満	2	2	0	0	0	4
5000億円以上 1兆円未満	3	1	0	0	0	4
1兆円以上 5兆円未満	2	0	0	0	0	2
5兆円以上	0	0	0	0	0	0
合計	16	4	0	0	0	20

(注) 2社以上からの事業譲受け等，すなわち譲渡会社が2社以上である場合には，譲受け対象部分に係る国内
売上高が最も大きい譲渡会社を基準とする。

第7表　議決権取得割合別の株式取得届出受理件数

20%超50%以下	50%超	合　計
47	176	223

第8表　業種別届出受理件数

業種別	株式取得	合併	分割	共同株式移転	事業譲受け等	合計
農林・水産業	0	0	0	0	0	0
鉱業	0	0	0	0	0	0
建設業	4	0	0	0	0	4
製造業	52	4	1	0	11	68
食料品	6	0	0	0	0	6
繊維	1	0	0	0	0	1
木材・木製品	0	0	0	0	0	0
紙・パルプ	5	0	0	0	1	6
出版・印刷	0	0	0	0	0	0
化学・石油・石炭	13	0	1	0	5	19
ゴム・皮革	0	0	0	0	0	0
窯業・土石	0	0	0	0	0	0
鉄鋼	0	0	0	0	0	0
非鉄金属	0	0	0	0	0	0
金属製品	1	0	0	0	1	2
機械	23	4	0	0	3	30
その他製造業	3	0	0	0	1	4
卸・小売業	36	4	1	0	5	46
不動産業	7	0	0	0	0	7
運輸・通信・倉庫業	13	2	1	0	2	18
サービス業	12	1	1	0	1	15
金融・保険業	6	0	0	0	0	6
電気・ガス 熱供給・水道業	3	0	1	0	0	4
その他	90	5	2	0	1	98
合　計	223	16	7	0	20	266

（注）業種は，株式取得の場合には株式を取得した会社の業種に，合併の場合には合併後の存続会社の業種に，分割の場合には事業を承継した会社の業種に，共同株式移転の場合には新設会社の業種に，事業譲受け等の場合には事業等を譲り受けた会社の業種によった。

第7章

株式取得，合併等に関する業務

第9表　形態別届出受理件数

形　態　別		株式取得	合併	共同新設分割	吸収分割	共同株式移転	事業譲受け等
水平関係		141	14	0	6	0	15
垂直関係	前進	75	2	0	3	0	0
	後進	57	6	0	0	0	4
混合関係	地域拡大	46	1	0	0	0	2
	商品拡大	40	4	0	1	0	1
	純粋	41	0	0	0	0	1
届出受理件数		223	16	0	7	0	20

（注1）企業結合の形態の定義については，附属資料4－2(3)参照。

（注2）形態別の件数については，複数の形態に該当する企業結合の場合，該当する形態を全て集計している。
　　　　そのため，形態別の件数の合計は，届出受理件数と必ずしも一致しない。

第5 主要な事例

　公正取引委員会は，令和2年8月にZホールディングス㈱及びLINE㈱の経営統合について，同年12月にDIC㈱によるBASFカラー＆エフェクトジャパン㈱の株式取得について，令和3年1月にグーグル・エルエルシー及びフィットビット・インクの統合について，審査結果を公表している。

　Zホールディングス㈱及びLINE㈱の経営統合並びにDIC㈱によるBASFカラー＆エフェクトジャパン㈱の株式取得は令和2年度中に届出を受理したものであり，後者は第2次審査に移行したものである。グーグル・エルエルシー及びフィットビット・インクの統合は，届出要件を満たさないが，買収に係る対価の総額が 400 億円を超えると見込まれ，かつ，国内の需要者に影響を与えると見込まれたことから，企業結合審査を行ったもの（注）である。

> （注）公正取引委員会は，令和元年12月17日に「企業結合審査の手続に関する対応方針」（平成23年6月14日公正取引委員会）を改定し，届出基準を満たさない（届出を要しない）企業結合計画であっても，買収に係る対価の総額が大きく，かつ，国内の需要者に影響を与えると見込まれる場合には，企業結合審査を行う旨を公表している。

事例1　Zホールディングス㈱及びLINE㈱による経営統合（令和2年8月4日公表）（注1）

> （注1）公表文が大部にわたることから，以下では公表文の概要を紹介する。全文は公表文を参照のこと。

1　当事会社グループ

　Zホールディングス㈱は子会社の経営管理等を行う会社である。また，Zホールディングス㈱の子会社であるヤフー㈱は主にEコマース事業等を営む会社である。LINE㈱は，主に広告事業等を営む会社である。両社は，オンライン・ショッピング・モールやコンテンツ（電子書籍等）配信サービス等を提供するいわゆるデジタルプラットフォーム事業者である。以降は下表の左欄の用語は右欄のとおり記載することとする。

左欄	右欄
ソフトバンク㈱	ソフトバンク
Zホールディングス㈱	ZHD
ソフトバンクの最終親会社であるソフトバンクグループ㈱と既に結合関係が形成されている企業の集団	SBK・ZHDグループ
ZHDを最終親会社として既に結合関係が形成されている企業の集団	ZHDグループ
ソフトバンクグループ㈱と既に結合関係が形成されている企業の集団であって，ZHDグループを除いたもの	SBKグループ
NAVER Corporation	NAVER
LINE㈱	LINE

NAVERと既に結合関係が形成されている企業の集団	NAVER・LINEグループ
LINE㈱を最終親会社として既に結合関係が形成されている企業の集団	LINEグループ
NAVERと既に結合関係が形成されている企業の集団であって，LINEグループを除いたもの	NAVERグループ
SBK・ZHDグループ及びNAVER・LINEグループを併せたもの	当事会社グループ

2 本件行為の概要及び関係法条

本件は，当事会社グループが，株式取得等によってZHD及びLINEの経営統合（以下「本件行為」という。）を計画しているものである。

関係法条は，独占禁止法第 10 条及び第 15 条である。

3 本件審査の経緯等

(1) 本件審査の経緯

ZHD及びLINEは，令和元年 11 月 18 日に，本件行為の計画について公表し，同日以降，本件行為が競争を実質的に制限することとなるとはいえないと考える旨の意見書及び資料を自主的に公正取引委員会に順次提出し，当委員会は，当事会社グループの求めに応じて，当事会社グループとの間で数次にわたり，意見交換を行った。

公正取引委員会は，当該意見書の内容や資料を精査したほか，競争事業者等に対するヒアリングを実施した。さらに，当委員会から当事会社グループに対し提出を求めた取締役会や経営会議等の各種会議資料・議事録や役員及び従業員のメール等の内部資料についても精査した。

その後，令和 2 年 7 月 14 日に，当事会社グループから，独占禁止法の規定に基づき本件行為に関する計画届出書が提出されたため，公正取引委員会はこれを受理し，第 1 次審査を開始した。当委員会は，前記計画届出書及びその他の当事会社グループから提出された意見や資料等のほか，競争事業者等に対するヒアリング，経済分析の結果等を踏まえて，本件行為が競争に与える影響について審査を進めた。

(2) 審査結果の概要

公正取引委員会は，当事会社グループが競合又は取引関係に立つ取引分野のうち，特に本件行為による影響を大きく受けると考えられる「ニュース配信事業」，「広告関連事業」及び「コード決済事業」を中心に重点的に審査を行った（注2）。

ニュース配信事業及び広告関連事業は，後記4及び5に記載のとおり，本件行為が競争を実質的に制限することとなるとはいえないと判断した。

また，コード決済事業については，後記6に記載のとおり，当事会社グループが公正取引委員会に申し出た措置を前提とすれば，本件行為が競争を実質的に制限することとなるとはいえないと判断した。

（注2）なお，「ニュース配信事業」，「広告関連事業」及び「コード決済事業」以外の各取引分野については，競争事業者からの競争圧力が認められるなどの事情があることから，いずれも本件行為により一定の取引分野における競争を実質的に制限することとなるとはいえないと判断した。

4　ニュース配信事業

⑴　一定の取引分野

ア　役務範囲

　　ニュース配信とは，一般的に報道機関（以下「メディア」という。）やメディアからニュースを仕入れた事業者が，消費者にインターネットを介してニュースを配信することをいう。当事会社グループが主に競合するのは，モバイル向けニュース配信事業である。このため，以下ではモバイル向けニュース配信に係る事業について検討した。

㈦　無料ニュース配信事業と有料ニュース配信事業との間の代替性

a　需要の代替性

　　無料ニュース配信事業の需要者は無料でニュースを閲覧でき，基本的に様々なメディアが制作したニュースを閲覧できる一方，有料ニュース配信事業の需要者は購読料を支払う必要があり，基本的には当該有料ニュース配信サービスを運営するメディアが制作したニュースしか閲覧できない。このため，需要者は，一定程度両サービスを使い分けていると考えられ，需要の代替性は限定的である。

b　供給の代替性

　　無料ニュース配信事業者又は有料ニュース配信事業者がそれぞれ他方事業に転換する場合には，大きくビジネスモデルを変更する必要があるため，供給の代替性は認められない。

㈥　ウェブサイトによる配信とモバイルアプリによる配信との間の需要の代替性

　　需要者は，スマートフォン等でウェブサイト，アプリどちらでもニュースを閲覧できるため，需要の代替性は認められる。

　　当事会社グループは，いずれも無料ニュース配信事業を行っているところ，以上のことから，本件の役務範囲を「無料ニュース配信事業」として画定した。

イ　地理的範囲

　　無料ニュース配信事業者は，日本全国でニュース配信が可能であり，需要者も日本全国でサービスを無料で利用できるため，本件の地理的範囲を「日本全国」として画定した。

⑵　競争の実質的制限の検討

　　当事会社グループはいずれも無料ニュース配信事業を営んでおり，同事業において競争関係にあることから，本件は，「無料ニュース配信事業に係る水平型企業結合」に該当する。

ア　当事会社グループ及び競争事業者の地位

ニュース配信サービスの月間利用者数の約60〜75％が当事会社グループのサービスをそれぞれ利用しているため，当事会社グループは非常に高い地位を有している。一方，約10〜20％の月間利用者数を有する有力な競争事業者も複数存在する。

イ　参入

無料ニュース配信事業者は，メディアから記事を仕入れることができれば，当事会社グループと同内容の記事を配信することができるなど，新規参入は比較的容易であると考えられる。

ウ　需要者からの競争圧力

無料ニュース配信事業者ごとにサービス内容に大きな違いはない。また，需要者のスイッチングコストもほぼ存在せず，複数の無料ニュース配信サービスを併用する（いわゆるマルチ・ホーミングを行っている）需要者も少なくないため，需要者からの競争圧力が認められる。

エ　隣接市場からの競争圧力

有料ニュース配信事業者は，一部のニュースを無料配信している場合があるため，隣接市場からの競争圧力として一定程度評価できる。

(3)　小括

以上のことから，本件行為により，無料ニュース配信事業における競争を実質的に制限することとなるとはいえない。

5　広告関連事業
(1)　一定の取引分野

ア　広告事業とは広告媒体を有する媒体社が自社の広告媒体上に表示される広告枠を広告主・広告代理店（以下「広告主等」という。）に販売する事業である。

そして，インターネット上で提供される広告（以下「デジタル広告」という。）は「検索連動型広告」並びに「非検索連動型広告」である「ディスプレイ広告（運用型）」（注3），「ディスプレイ広告（予約型）」（注4）及び「メッセージ型広告」等に大きく分類される。

（注3）広告を閲覧する消費者の属性に基づき，当該消費者をターゲットとして表示する広告
（注4）広告枠を一定の条件で事前に買い切る形で，不特定多数の消費者に対して表示する広告

(7)　役務範囲
　　a　「デジタル広告事業」と「デジタル広告事業以外の広告事業」との代替性
　　　(a)　需要の代替性

デジタル広告はそれ以外の広告と比較してターゲティングが容易であり，消費者による広告のクリック回数等を測定できるため，広告主等は両広告をある程度使い分けていることから，需要の代替性は限定的である。

⒝ 供給の代替性

広告事業者が，多大な追加的コスト等を負うことなく他方の広告事業へ切り替えることは困難であるため，供給の代替性は認められない。

b 「検索連動型広告事業」と「非検索連動型広告事業」との代替性

⒜ 需要の代替性

広告主等は，検索連動型広告を購入促進のための広告，非検索連動型広告を商品認知のための広告と認識しており，両広告をある程度使い分けていることから，需要の代替性は限定的である。

⒝ 供給の代替性

媒体社が「非検索連動型広告事業」から「検索連動型広告事業」に事業を転換するためには検索連動型広告システムを構築するなどのコストが必要となることから，供給の代替性は認められない。

c 「非検索連動型広告事業」のうち，「ディスプレイ広告（運用型）事業」，「ディスプレイ広告（予約型）事業」及び「メッセージ型広告事業」の間における代替性

⒜ 需要の代替性

非検索連動型広告には，ディスプレイ広告（運用型），ディスプレイ広告（予約型）及びメッセージ型広告等があるところ，いずれの広告も一定層の消費者に広告を展開できるため，需要の代替性は一定程度認められる。

⒝ 供給の代替性

媒体社が事業を転換するためには集客力の高いサイトやメッセージ配信システムを構築するコストが掛かるため，供給の代替性は限定的である。

⒞ 小括

以上のことから，それぞれの事業を異なる役務範囲と画定することも可能だが，ＬＩＮＥグループはメッセージ型広告事業が，ＺＨＤグループは「ディスプレイ広告（運用型)」，「ディスプレイ広告（予約型)」が主要なサービスの一つとなっているところ，それぞれのグループにおける主要なサービスを競合するものとして慎重な審査を行うために，これらの事業をまとめて同じ役務範囲（「非検索連動型広告事業」）として画定した。

d 以上のことから，本件の役務範囲を「非検索連動型広告事業」として画定した。

⑷ 地理的範囲

「非検索連動型広告事業」はインターネットサービスに表示される広告枠を販売する事業であることから，媒体社は日本全国で広告枠の販売が可能であり，地域による価格差もないため，本件の地理的範囲を「日本全国」として画定した。

イ　デジタル広告仲介事業

　　デジタル広告仲介事業とは広告主等と媒体社との間でデジタル広告枠の販売の仲介を行う事業のことである。デジタル広告仲介事業者は，広告主等及び媒体社の双方向を対象にして，アドネットワーク，デマンドサイド・プラットフォームやサプライサイド・プラットフォーム等のアドテクノロジー・サービスを提供している。そのため，デジタル広告仲介事業については，広告主等を需要者とする役務範囲及び媒体社を需要者とする役務範囲の両方の画定が必要となる。

　　また，当事会社グループや一部の媒体社は，基本的には自社のデジタル広告枠に広告を出稿するサービスとして，複数のアドテクノロジー・サービスを組み合わせることにより単独で仲介を行うことができる（以下「特定デジタル広告仲介事業」という。）。これに対し，その他のデジタル広告仲介事業は，基本的には広告主等と媒体社との間の仲介サービスの一部を担うものであり，複数の事業者が提供するサービスとの組合せによって仲介が完結することが多い。

(ｱ)　役務範囲

　a　広告主等を需要者とする「特定デジタル広告仲介事業」と「その他のデジタル広告仲介事業」との間の代替性

　　(a)　需要の代替性

　　　特定デジタル広告仲介事業は単独で完結して仲介を行うことができる一方，その他のデジタル広告仲介事業は単独では仲介を完結することができないため，需要の代替性は限定的である。

　　(b)　供給の代替性

　　　その他のデジタル広告仲介事業を営む事業者は多大な追加的コスト等を負うことなく特定デジタル広告仲介事業に事業を切り替えることは困難であるため，供給の代替性は限定的である。

　b　媒体社を需要者とする「特定デジタル広告仲介事業」と「その他のデジタル広告仲介事業」との間の代替性

　　前記ａと同様に需要の代替性及び供給の代替性は限定的である。

　c　小括

　　以上のことから，本件の役務範囲を「広告主等を需要者とする特定デジタル広告仲介事業」及び「媒体社を需要者とする特定デジタル広告仲介事業」と画定した。

(ｲ)　地理的範囲

　　特定デジタル広告仲介事業者は，日本全国で仲介を行うことができ，地域による価格差もないため，本件の地理的範囲をそれぞれ「日本全国」として画定した。

(2)　競争の実質的制限の検討

　　本件は，「非検索連動型広告事業に係る水平型企業結合」及び「広告主等及び媒体社の双方を需要者とした特定デジタル広告仲介事業に係る水平型企業結合」に該当する。

ア　当事会社グループ及び競争事業者の地位等

(ア)　非検索連動型広告事業

　　非検索連動型広告事業には，認知度の高い広告媒体を有する有力な競争事業者が複数存在しており，同競争事業者との取引割合が多いとする広告主等がいる。また，広告主等は十分な供給余力を有する競争事業者と取引を行うことができる。

(イ)　広告主等及び媒体社の双方を需要者とする特定デジタル広告仲介事業

　　特定デジタル広告仲介事業においても有力な競争事業者が複数存在する。また，認知度の高い広告媒体を有する競争事業者は特定デジタル広告仲介事業でも高い地位にあるといわれている。さらに，広告主等又は媒体社は，十分な供給余力を有する競争事業者と取引を行うことができる。

イ　データの競争上の評価について

　　当事会社グループは，それぞれデジタル広告事業及び特定デジタル広告仲介事業以外の他の事業も各種行っているが，以下のとおり，他事業から入手したデータを考慮しても，本件行為により，競争圧力が有効に働かなくなるほどに当事会社グループの事業能力が向上するとは認められない。

(ア)　当事会社グループが入手するデータの種類・量・範囲・収集頻度について

　　当事会社グループが有するデータの種類，量，範囲又は収集頻度は，有力な競争事業者と比較しても，当事会社グループに競争上優位な立場をもたらすほどのものとは考えられない。

(イ)　他方当事会社グループにおけるサービス等の向上への関連性

　　例えば，ＬＩＮＥグループがコミュニケーション事業を通じて入手・保有しているデータの利用には法律等による制約が及ぶため，このようなデータの入手が他方当事会社グループの競争上の地位に大きな影響を与えることにはならない。

(ウ)　その他の事情

　　当事会社グループは，本件行為以前でもそれぞれが有する他事業データを用いることが可能な立場にあったが，有力な競争事業者が複数存在していることからすれば，自らが保有するデータを競争に大きな影響を与えるほどに有利に用いるには至っていないと考えられる。

ウ　間接ネットワーク効果の存在について

　　当事会社グループがそれぞれ営む各コンテンツ事業とデジタル広告事業及び特定デジタル広告仲介事業との間には間接ネットワーク効果が働いているため，広告事業と関連した複数のコンテンツサービスが本件行為によって統合されることに伴い，当事会社グループのデジタル広告事業及び特定デジタル広告仲介事業における事業能力が向上し，競争上の地位に影響を与えるおそれがある。

　　しかし，有力な競争事業者も間接ネットワーク効果の働く有力なコンテンツサービスを有しているため，当事会社グループが，競争事業者の提供するサービスが有する間接ネットワーク効果を凌駕するほどに強い間接ネットワーク効果が働くサービスを有しているとまで判断できない。

⑶ 小括

以上のことから，本件行為により，非検索連動型広告事業並びに広告主等及び媒体社の双方を需要者とする特定デジタル広告仲介事業において競争を実質的に制限することとなるとはいえない。

6 コード決済事業

⑴ 一定の取引分野

キャッシュレス決済とは現金以外の決済手段を利用して決済を行うことをいい，①クレジットカード決済，②デビットカード決済，③カード型電子マネー決済，④モバイル型電子マネー決済，⑤コード決済等に大別される。ＳＢＫグループは「ＰａｙＰａｙ」を，ＮＡＶＥＲグループは「ＬＩＮＥ　Ｐａｙ」を提供している。これらは前記⑤に位置付けられる。

コード決済サービスは，バーコード又はＱＲコードを用いた電子的決済手段を消費者及び加盟店に提供するサービスであることから，消費者を需要者とする役務範囲及び加盟店を需要者とする役務範囲の両方の画定及び検討が必要となる。

ア 役務範囲（他のキャッシュレス決済事業との代替性）

⑺ 消費者を需要者としたコード決済事業

a 需要の代替性

消費者はコード決済サービスを無料で利用可能である一方，クレジットカードは一定の年会費が徴収されることもあるという違いがあり，コード決済より高額の支払に利用されることが多いため，クレジットカードとの需要の代替性は限定的である。

他方，クレジットカード以外のキャッシュレス決済サービスは基本的に無料で使用可能であり，決済金額の水準も共通しているため，これらの他のキャッシュレス決済サービスとの需要の代替性は一定程度認められる。

b 供給の代替性

コード決済サービスとそれ以外のキャッシュレス決済サービスは決済データの読取方法や決済システムが大きく異なっているため，供給の代替性は限定的である。

c 小括

以上に加え，当事会社グループの内部資料によれば，当事会社グループは専らコード決済事業者のみを競争相手と認識して事業戦略を決定していること等を踏まえ，本件の役務範囲を「消費者を需要者としたコード決済事業」として画定した。

⑷ 加盟店を需要者としたコード決済事業

a 需要の代替性

加盟店がキャッシュレス決済を導入する際には，初期費用及び決済手数料の支払が必要となる。キャッシュレス決済のうち，コード決済は，加盟店が提示したコードを消費者が読み取ることにより決済を行う方法（店舗提示方式）で

あれば初期費用がほぼ掛からない。また，ＰａｙＰａｙの加盟店手数料は，無料であるか又は徴収する場合でも他のキャッシュレス決済サービスよりも低く設定されている。したがって，コード決済事業とコード決済以外のキャッシュレス事業との間の需要の代替性は限定的である。

b　供給の代替性

消費者を需要者とした場合と同様にコード決済事業とコード決済以外のキャッシュレス事業との間の供給の代替性は限定的である。

c　小括

以上に加え，当事会社グループの内部資料によれば，当事会社グループは専らコード決済事業者のみを競争相手と認識して事業戦略を決定していること等を踏まえ，本件の役務範囲を「加盟店を需要者としたコード決済事業」として画定した。

イ　地理的範囲

コード決済事業は日本全国で営まれており，地域によって価格が異なることもないため，本件の地理的範囲を「日本全国」として画定した。

(2)　一定の取引分野におけるセーフハーバー基準の該当性

当事会社グループの合算市場シェア（令和２年１月時点）は約 60％（下表参照），本件行為後のＨＨＩ（注５）は約 4,025，ＨＨＩの増分は約 877 であることから，水平型企業結合のセーフハーバー基準（注６）には該当しない。

（注５）ハーフィンダール・ハーシュマン指数（市場の集中度を表す指標で，一定の取引分野における各事業者の市場シェアの二乗の総和によって算出される。）

（注６）「企業結合審査に関する独占禁止法の運用指針」（平成16年５月31日公正取引委員会）第４の１(3)において水平型企業結合が一定の取引分野における競争を実質的に制限することとなるとは通常考えられないものとして示している次の①から③までの基準

①　企業結合後のＨＨＩが1,500以下である場合

②　企業結合後のＨＨＩが1,500超2,500以下であって，かつ，ＨＨＩの増分が250以下である場合

③　企業結合後のＨＨＩが2,500を超え，かつ，ＨＨＩの増分が150以下である場合

会社名	市場シェア（注７）					
	平成 31 年 4 月	順位	令和元年 9 月	順位	令和２年 1 月	順位
ＳＢＫグループ	約50％	1位	約50％	1位	約55％	1位
ＮＡＶＥＲグループ	約25％	2位	約10％	4位	約5％	5位
Ａ社	約10％	3位	約15％	2位	約10％	3位
Ｂ社	約5％	4位	約10％	3位	約15％	2位
Ｃ社	約5％	5位	約5％	5位	約5％	4位
Ｄ社	約０‐５％	6位	約5％	5位	約5％	6位
Ｅ社	約０‐５％	6位	約０‐５％	7位	約０‐５％	7位
その他	約5％	‐	約5％	‐	約5％	‐

合計		100%		100%		100%	
合算市場シェア（HHI）	順位	約75%（5,850）	1位	約60%（4,025）	1位	約60%（4,025）	1位

（注7）市場シェアは5％単位で記載している。そのため，合計値は必ずしも100になるとは限らない。

⑶　競争の実質的制限の検討

本件行為が競争に与える影響については，消費者及び加盟店のそれぞれを需要者としたコード決済事業という二つの取引分野間で相互に間接ネットワーク効果が働く関係にあることを踏まえて検討した。

本件審査においては，特に，消費者側のコード決済事業の取引分野において当事会社グループが市場支配力を得て，消費者側からの間接ネットワーク効果を通じて，加盟店側のコード決済事業の取引分野において加盟店手数料の引上げが可能となるか否かを評価する観点から，公正取引委員会は，需要の価格弾力性及び間接ネットワーク効果の大きさを推定するための構造推定モデルを構築し，その分析に必要となるデータを当事会社グループに求めた。しかしながら，当事会社グループは，当該データの一部を所持していない旨を報告するとともに，その代替策として，当事会社グループは，民間のリサーチデータや所有するデータ等に関して集計・加工・分析を行い当委員会に提出したデータ（以下「本件提出データ」という。）を用いて，消費者側に焦点を当てた決済サービスの経済分析（以下「当事会社グループ経済分析」という。）を行い，当委員会に提出した。このため，当委員会は，本件審査に当たって，当事会社グループ経済分析の評価・検証を行う方法により，当委員会による経済分析を実施することとした。

ア　消費者を需要者としたコード決済事業

⑺　当事会社グループの地位

a　PayPayは令和2年1月には約55%の市場シェアを占めており，その総会員数や加盟店数は競争事業者を大きく上回っている。間接ネットワーク効果が働くことを踏まえれば，SBKグループの競争上の地位は極めて高い。

b　同月においてLINE Payが占める市場シェアは約5%まで低下していたが，後記①～③を踏まえると，その競争上の地位は，当該市場シェアに表れている以上に有力である。

① アクティブユーザー数・決済回数ベースでの利用が着実に伸びていること

② 潜在的利用者数は多いと考えられ，総会員数及び加盟店数で競争事業者を大きく上回っていること

③ 市場シェアの変動は還元キャンペーンの影響による部分が大きいこと

⑷　当事会社グループ間の競合の程度

当事会社グループの転換率（注8）分析によれば，当事会社グループ間の競争関係が強いわけではないとする当事会社グループの主張には合理性がある。ただし，転換率分析が対象とした時点においては既にLINE Payは大規模な還元キャンペーンを実施しなくなっていたため，LINE PayからPayPayへの転換率が低くなりやすい状況が既に生じていた可能性は排除できない。

（注8）転換率は，差別化されている二つの商品について，一方の商品の価格上昇に伴って失われた当該商品の需要のうち，もう一方の商品に移った需要の割合のことをいい，企業間あるいは商品間の競合の程度を定量的に評価する指標の一つである。

(ｳ) **競争事業者の地位**

　消費者を需要者としたコード決済事業においては有力な競争事業者が複数存在しており，一定程度の競争圧力は認められる。

　一方，当事会社グループはいずれも加盟店に排他的な取引条件（注9）を要請又は課している例が確認された。本件行為によって排他的な取引条件を要請又は課される加盟店数が多くなれば，競争事業者の加盟店数が少なくなる上，間接ネットワーク効果によっても，競争事業者の競争圧力が低下する。

（注9）他のコード決済事業者との間で加盟店契約を締結することを禁止する取引条件。以下同じ。

(ｴ) **参入**

　新規参入は，令和元年後半以降落ち着いている。また，コード決済市場で存在感を有するためには，大規模な還元キャンペーンを実施するなど非常に大きな資金力が必要なため，今後の新規参入は必ずしも容易ではない。

(ｵ) **隣接市場からの競争圧力**

　ａ　**クレジットカードの競争圧力**

　　本件提出データによれば，クレジットカードとコード決済サービスは互いに顧客を奪い合っておらず，競争圧力は強くない。

　ｂ　**他のキャッシュレス決済サービスの競争圧力**

　　クレジットカード以外の他のキャッシュレス決済は，無料使用できる点や決済金額の水準等においてコード決済と共通しているので一定程度の競合関係がある。

　　しかし，当事会社グループ経済分析をみると，他のキャッシュレス決済からＰａｙＰａｙへの転換が生じたことを示す結果は得られていないこと等から競合関係が強いとまでは評価できない。また，当事会社グループのコード決済サービスを利用する消費者は一定程度他のキャッシュレス決済を利用しているが，マルチ・ホーミングの程度は高くない。

　　したがって，競争圧力は一定程度認められるが，それほど強くない。

(ｶ) **需要者からの競争圧力**

　ａ　**取引先変更の容易性**

　　消費者がマルチ・ホーミングすることは比較的容易であるものの，本件提出データによれば，コード決済サービスの利用においては一定程度のロックイン効果が生じている様子も見受けられる。

　　したがって，競争圧力は一定程度働くが，その程度は必ずしも強くない。

　ｂ　**代替的決済手段としての現金の存在**

　　現金は消費者が自ら有する代替的な決済手段であるが，当事会社グループ経済分析による転換率分析の結果をみると，コード決済サービスが一方的に現金から利用者を獲得している状況にあり，現金の存在はコード決済サービスに対

する競争圧力として機能しているとは言い難く，今後とも現金利用率は低下することが予想されることから，競争圧力は更に低下していくことが予想される。

（注10）コード決済市場はここ１年で急激な成長を遂げており，平成31年（令和元年）の市場規模で平成30年比約2.3倍，平成31年（令和元年）のコード決済比率で平成30年比約６倍となっているほか，「ＪＰＱＲ」や「マイナポイント事業」が開始されること等の事情を踏まえれば，コード決済事業に係る市場は，引き続き大きく成長していくことが予想される。

イ　加盟店を需要者としたコード決済事業

㈦　当事会社グループの地位

加盟店は利用者数の多さを重視していることからすると，当事会社グループの地位は消費者を需要者とした市場と同様に極めて有力である。また，当事会社グループの加盟店数は競争事業者と比べても非常に多い状況にある。

㈡　競争事業者の地位

加盟店を需要者としたコード決済事業において有力な競争事業者が存在するが，前記ア㈦で述べた排他的な取引条件を要請又は課される加盟店の数が多くなれば，競争事業者の加盟店数が減少するため，競争事業者の競争圧力は低下する。

㈢　参入

前記ア㈣で述べたとおり，参入は落ち着いている上，新規参入は必ずしも容易ではない。

㈣　隣接市場からの競争圧力

前記ア㈭で述べたとおり，隣接市場からの競争圧力は一定程度認められるが，強いとまでは認められない。

㈭　需要者からの競争圧力

a　取引先変更の容易性

需要者である加盟店は，間接ネットワーク効果によって，総会員数で競争事業者を大きく上回る当事会社グループのサービスから他のサービスに切り替えることが困難である。また，加盟店手数料が一定程度値上げされたとしても，顧客のクレームを恐れて，決済サービスの解約は難しいと認識している。

したがって，需要者からの競争圧力は限定的である。

b　代替的決済手段としての現金の存在

前記ア㈭bで記載したとおり，現金による需要者からの競争圧力は低下していくことが予想される。

ウ　その他の考慮要素

㈦　内部資料の存在

当事会社グループが本件行為による競争事業者の減少に伴い加盟店手数料率を引き上げることを検討していると評価できる内部資料が確認された。

㈡　コード決済市場が未成熟であること等

コード決済市場は，十分に成熟しておらず，市場の成長や環境変化も極めて激しいため，現時点での審査資料を前提として将来的な市場の状況を正確に予想することは困難である。

(ｳ)　データに関する評価
  a　現状のデータの評価
    当事会社グループと競争事業者が有する地位には大きな開きがあるため，当事会社グループが入手することのできるデータの量や範囲，収集頻度という観点から，当事会社グループの有するデータが競争に影響を与える可能性を否定することはできない。
  b　統合後におけるデータの評価
    今後の市場の状況の変化に加えて，当事会社グループによるデータの統合・共有・活用方法によっては，当事会社グループの事業能力が向上する可能性は否定できない。

エ　独占禁止法上の評価
  以上のことからすれば，現時点において，本件行為が直ちに競争を実質的に制限することとなるとまではいえない。しかし，前記アないしウに記載のとおり，本件行為後における排他的な取引条件の取扱い，データの利活用等によっては，当事会社グループが，ある程度自由に，価格等の条件を左右することができる状態が容易に現出し得るおそれがあるという懸念を払拭しきれない。

(4)　当事会社グループによる措置の申出
  公正取引委員会が当事会社グループに前記(3)エのとおり指摘したところ，当事会社グループから，後記の措置（以下「本件措置」という。）の申出があった。
ア　定期報告及び必要な措置の検討
  当事会社グループは，本件行為後3年間，1年に1回，後記の内容を報告し，また，公正取引委員会より競争上の懸念に関する指摘を受けた場合，当委員会と協議し対応策を検討する。
  (ｱ)　市場規模，地位，競争状況等
  (ｲ)　加盟店手数料に関する事項
  (ｳ)　コード決済事業に関連するデータの利活用に関する事項

イ　排他的な取引条件の撤廃
  本件統合の実行日までに，加盟店との取引条件を排他的な取引条件を含まない内容とする。また，実行日から3年が経過するまで加盟店に排他的な取引条件を課さない。
  さらに，本件対応の実施状況に関して，前記アの報告と併せて報告する。

(5)　本件措置に対する評価
ア　定期報告及び必要な措置の検討について
  定期報告は公正取引委員会が統合後における当事会社グループの行動や今後の市場状況を把握できるため適切な措置と考えられる。また，データの利活用等に関する競争上の懸念への対応にも一定の実効性が担保されている。さらに，加盟店手数

料を０円とするキャンペーン期間を過ぎた後も一定の報告期間が確保されていること等を踏まえると，３年の期間も適切である。

イ　排他的な取引条件の撤廃について

排他的な取引条件の撤廃は，当事会社グループが将来的に市場支配力を行使することを防止するための措置として実効性があるので適切な措置である。

⑹　小括

以上のとおり，当事会社グループが本件措置を講ずることを前提とすれば，本件行為により，コード決済事業における競争を実質的に制限することとなるとはいえない。

7　結論

当事会社グループが本件措置を講ずることを前提とすれば，本件行為が一定の取引分野における競争を実質的に制限することとなるとはいえないと判断した。

事例2　ＤＩＣ㈱によるＢＡＳＦカラー＆エフェクトジャパン㈱の株式取得（令和２年 12 月 24 日公表）

1　当事会社グループ

ＤＩＣ㈱は，主に顔料の製造販売業を営む会社であり，ＢＡＳＦカラー＆エフェクトジャパン㈱は，主に顔料の販売業を営む会社である。

以下，ＤＩＣ㈱を「ＤＩＣ」といい，ＤＩＣと既に結合関係が形成されている企業の集団を「ＤＩＣグループ」という。また，ＢＡＳＦカラー＆エフェクトジャパン㈱を「ＢＣＥ」といい，ＢＣＥと既に結合関係が形成されている企業の集団（注１）を「ＢＣＥグループ」という。

さらに，ＤＩＣグループとＢＣＥグループを併せて「当事会社グループ」という。

（注１）ＤＩＣグループは，ＢＣＥの最終親会社であるビーエーエスエフ・エスイー（本社ドイツ）の傘下において顔料の製造販売業を営む全ての事業者を対象として発行済みの株式の全部を取得する計画であり，本件行為はその計画の一部をなすものである。本件では，ＢＣＥを含むビーエーエスエフ・エスイーの傘下において顔料の製造販売業を営む事業者をＢＣＥグループに含めて審査を行った。

2　本件の概要及び関係法条

本件は，ＤＩＣがＢＣＥの株式に係る議決権の全部を取得すること（以下「本件行為」という。）を計画しているものである。

関係法条は，独占禁止法第 10 条である。

3　本件審査の経緯等
⑴　本件審査の経緯

当事会社グループは，令和２年２月以降，本件行為が競争を実質的に制限することとはならないと考える旨の意見書及び資料を自主的に公正取引委員会に提出し，当委員会は，当事会社グループの求めに応じて，当事会社グループとの間で数次にわたり会合を持った。その後，同年４月 20 日に，ＤＩＣから，独占禁止法の規定に基づき本

件行為に関する計画届出書が提出されたため，当委員会はこれを受理し，第1次審査を開始した。当委員会は，前記届出書及び当事会社グループから提出されたそのほかの資料を踏まえつつ，第1次審査を進めた結果，より詳細な審査が必要であると認められたことから，同年5月20日にDICに対し報告等の要請を行い，第2次審査を開始するとともに，同日，第2次審査を開始したこと及び第三者からの意見書を受け付けることを公表した。

第2次審査において，公正取引委員会は，当事会社グループの求めに応じて，当事会社グループとの間で数次にわたり会合を持ち，論点等の説明及び議論を行った。また，DICから順次提出された報告等のほか，需要者，流通業者等に対するヒアリング，書面調査，経済分析の結果等を踏まえて，本件行為が競争に与える影響について審査を進めた。

なお，DICに対する報告等の要請については，令和2年11月27日に提出された報告等をもって，全ての報告等が提出された。

(2)　審査結果の概要

公正取引委員会は，当事会社グループが競合する各取引分野のうち，競争に与える影響が比較的大きいと考えられたカラーインデックス（注2）がPigment Red 179（注3）（以下「P.R.179」という。），Pigment Violet 29（注4）（以下「P.V.29」という。），Pigment Red 122（注5）（以下「P.R.122」という。），Pigment Red 202（注6）（以下「P.R.202」という。）及びPigment Violet 19（注7）（以下「P.V.19」という。）の顔料（以下「5顔料」という。）に係る取引分野を中心に審査を行った。そのうち，自動車用塗料等に使用されることから高い品質が求められる P.R.179，P.V.29 及び P.R.202 の顔料（以下「3顔料」という。）に係る取引分野については，後記4から8までのとおり，当事会社グループが当委員会に申し出た問題解消措置が講じられることを前提とすれば，本件行為が競争を実質的に制限することとはならないと判断した。

また，3顔料に係る取引分野以外の各取引分野については，いずれも本件行為により一定の取引分野における競争を実質的に制限することとはならないと判断した。

（注2）英国染料染色協会と米国繊維化学技術・染色技術協会が共同で管理するデータベースに登録された色にそれぞれ付された呼称をいう（例えば，「P.R.179（Pigment Red 179）」は，「顔料」の「赤」の「179番」の色に付された呼称である。）。
（注3）自動車用塗料等に用いられる赤色顔料
（注4）自動車用塗料，カーペット用の繊維等に用いられる紫色顔料
（注5）インキ等に用いられる赤色顔料
（注6）自動車用塗料，インキ等に用いられる赤色顔料
（注7）塗料，インキ等に用いられる紫色顔料

4　顔料
(1)　概要

顔料とは，物質に色を付ける着色剤であり，インキや塗料になる前段階の粉状の商品である。

顔料は，主に石油を原料として化学的に合成した有機顔料と，金属の化学反応等によって得られる無機顔料に分類される。これらの顔料は，化学構造の違いによって分

類され，さらに，それぞれの化学構造は，細部構造の違いによってカラーインデックスごとに分類される。

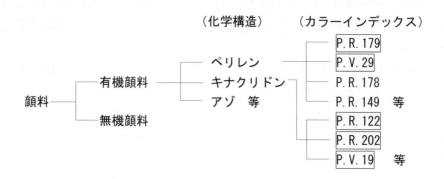

(2)　一定の取引分野

ア　商品範囲

(7)　**有機顔料と無機顔料**

有機顔料と無機顔料は，カラーバリエーションの豊富さ，着色性，色の鮮やかさといった特性が異なることから，同じ色に属するものであっても，需要の代替性は限定的である。また，有機顔料と無機顔料は，原材料，製造方法，製造設備等が異なり，製造を転換することは容易でないことから，供給の代替性は認められない。

したがって，有機顔料と無機顔料は，商品範囲が異なる。

(イ)　**異なる化学構造の有機顔料**

有機顔料は，化学構造によって耐候性や耐熱性といった特性が異なることから，需要者において，異なる化学構造の有機顔料を代替的に使用できない場合も多い。また，異なる化学構造の有機顔料は，原材料，製造方法，製造設備等が一定程度異なるため，供給の代替性は限定的である。

したがって，異なる化学構造の有機顔料は，商品範囲が異なる。

(ウ)　**同一化学構造における異なるカラーインデックスの有機顔料**

需要者ヒアリングにおいては，カラーインデックスごとに色味や透明性等の特性が異なるため，通常，異なるカラーインデックスの有機顔料を代替的に用いることはないとの意見があった。需要者の中には，あるカラーインデックスの有機顔料の代替品を検討する際には，まずは同じカラーインデックスの有機顔料の他メーカー品を検討しており，異なるカラーインデックスの有機顔料については検討対象にならない場合があると述べる者もいた。したがって，異なるカラーインデックスの有機顔料間の需要の代替性は限定的である。

また，異なるカラーインデックスの有機顔料は，同じ化学構造であったとしても細部構造が異なっており，それによって，原材料，製造方法，製造設備等が一定程度異なるため，供給の代替性は限定的である。

(エ)　**経済分析**

当事会社グループが競合する取引分野のうち，5顔料の間で，価格水準がどの程度異なるのか，また，価格及び価格比が同一の商品範囲といえるような推移をしているか確認するため，当事会社グループが提出した日本の需要者向けの販売実績データ（平成28年1月～令和元年12月）を用いて価格相関分析（注8），定常分析（注9）等の価格分析を行った（注10）。

まず，5顔料の間では，月次の平均販売価格が一定程度以上異なる水準で推移していることが確認された（注11）。続いて，月次の平均販売価格に係る価格相関分析については，異なる化学構造のカラーインデックスの有機顔料間では，一部，相関係数が一定程度以上高い値になり有意性も確認された（注12）が，対数差分を用いた価格相関分析も併せて行った（注13）ところ，頑健性までは確認されなかった（注14）。そのほかの組合せについては，相関係数は－0.142～0.260と低い値となり，その頑健性も確認された。以上から，異なる化学構造の有機顔料が同一の商品範囲に属する可能性は低いという結果となった。

他方，同一の化学構造のカラーインデックスの有機顔料間では，相関係数の値は，それほど高くはないものの有意性及び頑健性が確認された（注15）ため，これらの組合せについては，Augmented Dickey-Fuller（ADF）検定（注16）により定常分析を実施した。その結果，月次の平均販売価格の価格比が定常であると結論付けられるだけの頑健性を確認できなかった（注17）ことから，異なるカラーインデックスの有機顔料は異なる商品範囲に属する可能性が高いことが示唆された。

以上のとおり，経済分析からも前記(イ)及び(ウ)の定性的分析を裏付ける結果が得られた。

(注8) 市場画定における価格相関分析とは，分析の対象とする二つの商品の価格について相関係数を求め，両者に高い相関関係が観測される場合，市場の一体性が強いと判断する分析手法である。

(注9) 市場画定における定常分析とは，分析の対象とする二つの商品の価格比を用いて，両商品の価格比の定常性の有無（ある商品の価格が一時的に他方の商品からかい離したとしても，長期的には同一の価格水準に収れんするという関係がみられるか否か）を確認し，定常性が存在する場合には市場の一体性が強いと判断する分析手法である。

(注10) 当事会社グループの販売実績データに含まれる欧州及び米国の需要者向けの販売実績データそれぞれを用いた価格分析でもおおむね同様の結果が得られている。ただし，為替レートの変動が極めて大きい可能性が高いことがデータから見て取れたため，日本，欧州及び米国の需要者向けの販売実績データを同一の通貨単位に統一した上で合算することによって算定される，全世界の月次の平均販売価格を用いた価格分析は実施していない。

(注11) 特にP.V.29については，他のカラーインデックスの有機顔料と比較して約1.9～3.6倍ほどであり，価格水準が極めて高かった。

(注12) 有意性とは，統計上，推定結果が偶然とは考えにくく，意味があると考えられることをいい，ここでは，二つの商品の価格について統計的に無相関（相関係数がゼロ）ではなく，相関関係があるといえることを指す。

(注13) 対数差分とは，ある値x_1，x_0について自然対数の差分$\ln x_1 - \ln x_0$を採ることをいう。変化率が十分に小さい場合には対数差分は変化率の近似値であることが知られている（g_1をある値x_0からx_1への変化率，つまり，$g_1 = (x_1 - x_0)/x_0$とすると，$\ln x_1 - \ln x_0 = \ln(x_1/x_0) = \ln\{= \ln(1 + g_1) \approx g_1$となる。）ことから，対数差分による価格相関分析は月次の平均販売価格の変化率を用いた価格相関分析といえる。

(注14) 頑健性とは，条件や仮定を多少変更したとしても，推定結果に大きな違いが生じないことをいう。頑健性が確認されなかった組合せは，「P.V.29とP.R.122」及び「P.V.29とP.V.19」で，

相関係数は0.669〔0.183〕及び0.341〔0.017〕となった（〔　〕は，対数差分を用いた場合の相関係数）。また，P.V.29については，脚注11のとおり，価格水準も極めて高い。

(注15)　「P.R.179とP.V.29」，「P.R.122とP.R.202」及び「P.R.122とP.V.19」で，相関係数はそれぞれ0.492〔0.372〕，0.315〔0.356〕及び0.383〔0.327〕であった。

(注16)　ADF検定は，定常性の有無を統計的に判定するための標準的な方法として知られている。

(注17)　ADF検定に当たり，ラグ次数（例えば，1次のラグ次数とは，価格比Ptと$Pt-1$の差ΔPtの1期前の値である$Pt-1$と$Pt-2$の差$\Delta Pt-1$のことをいい，誤差項の系列相関の解消のために用いられる。）は1次から12次（1か月から12か月）までを使用している。観測数が少ないことに留意する必要はあるものの，ADF検定を行った組合せのうち「P.R.122とP.R.202」（いずれもキナクリドン）の価格比については，定常性が確認できたのはラグ次数が1次から4次までの場合に限って定常性が確認され，その他の組合せについては4次よりも小さいラグ次数に限って定常性が確認されたことから，定常性があるという結果は頑健性があるとはいえず，誤差項の系列相関によって定常性が確認されていた可能性がある。

(オ)　小括

　以上のとおり，有機顔料の商品範囲をカラーインデックスごとに画定し，5顔料をそれぞれ独立した商品範囲として画定した。

イ　地理的範囲

　顔料は，輸入に係る輸送費用の点から制約があるわけではない。

　また，供給者は需要者の所在する国を問わず取引しており，需要者も国内外の供給者を差別することなく取引している（注18）。

　したがって，地理的範囲を「世界全体」として画定する。

(注18)　地理的範囲の画定には，日本，欧州及び米国の需要者向けの販売実績データを同一の通貨単位に統一した上で，各地域における価格の推移を比較する価格分析の実施を検討した。しかし，注10に記載のとおり，為替レートの変動による影響が極めて大きい可能性が高いことが販売実績データから見て取れたため，Bishop, S. and M. Walker（2002）"The Economics of EC Competition Law － Concepts, Application and Measurement," London Sweet & Maxwell, Chapter11に倣い，地域間での比較分析は行わなかった。

5　本件行為が競争に与える影響

(1)　当事会社グループの地位及び競争状況

　当事会社グループは，いずれも5顔料を製造販売していることから，本件は，水平型企業結合に該当する。

　5顔料のうち，3顔料の市場シェアの状況は下表のとおりであり，本件行為後における各市場について，P.R.179のHHIは約2,800，HHIの増分は約900，当事会社グループの市場シェアは約40%（第1位），P.V.29のHHIは約3,300，HHIの増分は約300，当事会社グループの市場シェアは約35%（第1位），P.R.202のHHIは約3,500，HHIの増分は約200，当事会社グループの市場シェアは約20%（第3位）となり，いずれも，水平型企業結合のセーフハーバー基準には該当しない。

【令和元年におけるP.R.179の市場シェア】

順位	会社名	市場シェア （注19）
1	ＢＣＥグループ	約25％
2	Ａ社	約20％
3	Ｂ社	約20％
4	ＤＩＣグループ	約20％
5	Ｃ社	約15％
－	その他	0－5％
合計		100％

【令和元年におけるP.V.29の市場シェア】

順位	会社名	市場シェア
1	Ｄ社	約35％
2	Ｅ社	約35％
3	ＤＩＣグループ	約30％
4	ＢＣＥグループ	0－5％
5	Ｆ社	0－5％
合計		100％

【令和元年におけるP.R.202の市場シェア】

順位	会社名	市場シェア
1	Ｇ社	約50％
2	Ｈ社	約25％
3	ＢＣＥグループ	約15％
4	ＤＩＣグループ	約5％
－	その他	0－5％
合計		100％

（注19）22.5％以上27.5％未満を「約25％」とするなど，5％単位で記載している。そのため，合計値は必ずしも100になるとは限らない。

一方で，3顔料以外の本件行為後における各市場については，P.R.122のHHIは約1,200，HHIの増分は約100，P.V.19のHHIは約1,400，HHIの増分は約400となり，いずれも水平型企業結合のセーフハーバー基準に該当する。

⑵　独占禁止法上の評価

前記⑴のとおり，3顔料については，水平型企業結合のセーフハーバー基準に該当しない。また，需要者ヒアリングによれば，3顔料については，自動車用塗料等に使用されることから高い品質を求められ，前記⑴の市場シェア表に挙げられている当事会社グループ以外の競争事業者は，品質や供給安定性の面に不安があることから，当事会社グループ以外に選択肢が無いなどと述べる者もいた。

しかしながら，本件行為については，第2次審査開始後，当事会社グループから公正取引委員会に対して，ＤＩＣグループの顔料事業の一部を第三者に譲渡する予定であるとの申出があった。これを受けて，当委員会が審査を進めた結果，最終的には当事会社グループから，後記6のとおり問題解消措置の申出があったことから，その内容を踏まえて独占禁止法上の評価を行うこととした。

6　当事会社グループによる問題解消措置の申出

当事会社グループから，問題解消措置として次の①～④の申出があった。

① 　ＤＩＣグループのブッシーパーク工場（米国サウスカロライナ州）で行われている顔料の製造販売事業を当事会社グループ以外の他の事業者に譲渡する（以下，譲渡対象となっている事業を「本件譲渡対象事業」という。）。本件譲渡対象事業には，ブッシーパーク工場で製造されている顔料に係る有形資産（製造資産，建物等），無形資産（技術，研究開発成果等），従業員等が含まれる。

② 　譲渡先は，顔料分野における十分な経験及び能力を有し，当事会社グループから独立した資本上無関係な事業者であり，かつ，本件譲渡対象事業を維持し発展させるための財源，専門性及びインセンティブを有すること等を基準に選定し，具体的な譲渡先については，公正取引委員会に報告し，同意を得る。

③ 　当事会社グループは，本件措置の完了までの間，ＤＩＣグループが行う他の事業から本件譲渡対象事業を切り離し，販売に適した事業として管理されることを確保する。また，これらの点の実効性について，独立した第三者（監視受託者）（注20）が監視する。

④ 　当事会社グループが6か月以内に譲渡先との契約締結に至らなかった場合，独立した第三者（事業処分受託者）（注21）が当委員会の同意を得た上で譲渡先を指定し，当事会社グループは指定された相手方に本件譲渡対象事業を譲渡する。

現在，ＤＩＣグループは，P.R.179 をブッシーパーク工場でしか製造しておらず，P.V.29 及び P.R.202 については，そのほとんどをブッシーパーク工場で製造している。したがって，ＤＩＣグループは，ブッシーパーク工場を譲渡することにより，同グループの P.R.179 の製造販売事業の全て並びに P.V.29 及び P.R.202 の製造販売事業のほとんどを譲渡することとなる。

（注20）当事会社グループから独立した第三者として，事業譲渡が行われるまでの間，当事会社グループが譲渡対象事業の価値を毀損せずに適切に業務を行っているかを監視する者をいう。

（注21）一定期間の間に譲渡先が見つからないような場合，当事会社グループは独立した第三者である事業処分受託者を指名し，事業処分受託者の指名の効力発生後は，事業処分受託者のみが譲渡対象事業を売却する権限を有することになる。

7　問題解消措置に対する評価

前記6の問題解消措置が履行された場合，3顔料のうち P.R.179 の取引分野において，当事会社グループの一方であるＤＩＣグループの製造販売事業がそのまま当事会社グループ以外の他の事業者に譲渡されることから，本件行為により当事会社グループの市場シェアが増加することはない。また，P.V.29 及び P.R.202 の取引分野についても，ＤＩＣグループのほとんどの市場シェアに相当する事業が譲渡されることから，本件行為による当事会社グループの市場シェアの増加は僅かとなる。

本件譲渡対象事業の内容については，前記6の①のとおり，ブッシーパーク工場で製造に関与していた従業員も含め，これまでにＤＩＣグループが行ってきた3顔料を含む本件譲渡対象事業をそのまま切り離して譲渡するものであり，譲渡の内容としては十分なものであると考えられる。

さらに，譲渡先については，前記6の②の各要件を満たしていれば，3顔料の製造販売市場における独立した有力な競争事業者になると考えられるところ，実際の譲渡先が

当該要件を満たしているかについては，当事会社グループからの報告を受けた後，公正取引委員会において判断することとなる。

加えて，前記6の③のとおり，事業譲渡の実効性及び譲渡までの競争力等の確保のために，第三者（監視受託者）を関与させるとしており，また，前記6の④のとおり，本件行為後に事業譲渡が行われる場合であっても，最長でも6か月以内に事業譲渡を実行することとされており，仮にそれまでに譲渡先との契約締結に至らなかった場合，独立した第三者（事業処分受託者）が当委員会の同意を得た上で本件譲渡対象事業の譲渡先を指定することとされていることから，問題解消措置の実行期限は適切かつ明確に定められている。

前記のことから，当事会社グループから提出された本件問題解消措置は適切なものであると評価した。

8 結論

当事会社グループが本件問題解消措置を講ずることを前提とすれば，本件行為が一定の取引分野における競争を実質的に制限することとはならないと判断した。

事例3 グーグル・エルエルシー及びフィットビット・インクの統合（令和3年1月14日公表）（注1）

（注1）公表文が大部にわたることから，以下では公表文の概要を紹介する。全文は公表文を参照のこと。

1 当事会社

グーグル・エルエルシー（以下「Google」といい，Google の最終親会社であるアルファベット・インク〔本社米国〕と既に結合関係を有する企業の集団を「Google グループ」という。）は米国に本社を置き，Google グループは，主にデジタル広告事業，インターネット検索事業，クラウドサービス事業，ソフトウェア提供事業及びハードウェア提供事業を営んでいる。

フィットビット・インク（以下「Fitbit」といい，Fitbit と既に結合関係を有する企業の集団を「Fitbit グループ」という。さらに，Google グループと Fitbit グループを併せて「当事会社グループ」という。）は米国に本社を置き，主に腕時計型ウェアラブル端末の製造販売業を営んでいる。

2 本件の概要及び関係法条

本件は，Google と Fitbit が，①Google が新たに子会社を設立し，②当該子会社を消滅会社，Fitbit を存続会社として合併した後，③②の対価として Google が Fitbit の株式に係る議決権の全部を取得すること（以下「本件行為」という。）を計画したものである。

関係法条は，独占禁止法第10条及び第15条である。

3 本件審査の経緯等

(1) 本件審査の概要

　当事会社グループは，令和元年11月１日に，本件行為の計画について公表した。本件行為は，Fitbit グループの国内売上高合計額が50億円を超えないため，独占禁止法第10条第２項及び第15条第２項に規定する届出要件を満たさないが，本件行為はGoogle グループが Fitbit グループを実質的に買収するものであり，本件行為に係る対価の総額が400億円を超えると見込まれ，かつ，本件行為が国内の需要者に影響を与えると見込まれたことから，公正取引委員会は，本件行為に対する企業結合審査を行うこととし，当事会社グループに説明を求めた（注２）。

　それ以降，当事会社グループは，本件行為に係る具体的な計画並びに本件行為が競争を実質的に制限することとなるとはいえないと考える旨の意見書及び資料を，自主的に公正取引委員会に順次提出した。また，当委員会は，当事会社グループとの間で数次にわたり，意見交換を行った。当委員会は，当事会社グループから提出された本件行為に係る具体的な計画，意見，資料等のほか，競争事業者等の関係者からのヒアリング等を踏まえて，届出を要する企業結合の審査手続に準じて審査を行った。

　また，本件行為については，欧州委員会等の海外競争当局も審査を行っており，公正取引委員会は，これら海外競争当局との間で情報交換を行いつつ審査を進めた。

（注２）前記第５（注）を参照。

⑵　審査結果の概要

　Google グループの事業は多岐にわたるところ，公正取引委員会は，海外競争当局との情報交換も踏まえ，本件行為により競争上の懸念が生じ得る分野として，腕時計型ウェアラブル端末とOSとの接続性，健康関連データベースの健康アプリへの利用，Google グループが強みを持つデジタル広告関連事業への健康関連データの利用といった点に着目し，検討を行った。

【図１】

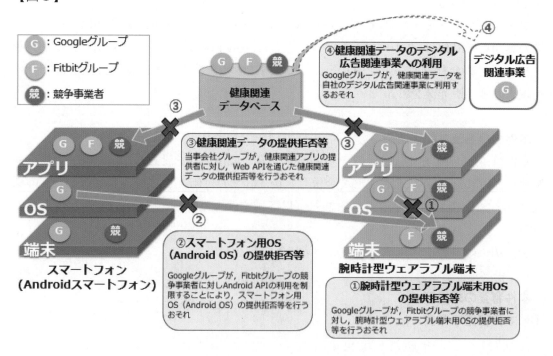

そして，【図1】の「①腕時計型ウェアラブル端末用ＯＳの提供拒否等」のおそれについては，垂直型企業結合の観点から検討し，競争上の問題はないと判断した。一方，【図1】の「②スマートフォン用ＯＳ（Android ＯＳ）の提供拒否等」及び「③健康関連データの提供拒否等」については垂直型企業結合の観点から，また，「④健康関連データのデジタル広告関連事業への利用」については混合型企業結合の観点から検討し，当事会社グループが申し出た問題解消措置が適切に履行されることを前提とすれば，競争上の問題はなくなると判断した。

4　関連する商品役務の概要
(1)　腕時計型ウェアラブル端末

ウェアラブル端末とは，身体に装着して利用するＩＣＴ端末であり，端末に搭載されたセンサーを通じ，装着者の心拍等の生体情報を取得する機能等を有する。その形態には，腕時計型，眼鏡型等がある。需要者である一般消費者は，腕時計型ウェアラブル端末をスマートフォンと接続することにより，様々なサービスの利用が可能になる。

(2)　ＯＳ

ＯＳ（Operating System）は，多くのアプリケーションソフトが共通して利用する基本機能を提供し，コンピュータシステム全体を管理するソフトウェアである。

Google グループは，腕時計型ウェアラブル端末用ＯＳを開発し，無償で腕時計型ウェアラブル端末メーカーにライセンスしている。他方，Fitbit グループは，自社製のＯＳを自社の腕時計型ウェアラブル端末にのみ搭載し，他社にライセンスしていない。

また，Google グループは，Android ＯＳを，ＡＯＳＰ（Android Open Source Project）にて「オープンソース」（注3）として公開し，スマートフォンメーカー等の事業者に無償でライセンスしている。スマートフォン用ＯＳとしては，Google グループが提供している Android ＯＳのほか，アップルインクが開発し同社のスマートフォンである iPhone に搭載している iＯＳ等がある。

（注3）オープンソースとは，世界中の誰もが，オンライン上で公開されている情報に無償でアクセスでき，自ら改良及び公開が可能とされているものをいう。

(3)　アプリ

各アプリは独自の機能を有し，各機能を要する需要者に訴求している。例えば，歩数や運動量の記録，フィットネス目標の提案等の機能を提供する「健康関連アプリ」等に分類できる。また，アプリは使用される端末に最適化されるように開発されるため，当該アプリが提供される端末のタイプによって分類できる。そして，各タイプの端末に存在する複数のＯＳごとに，アプリ開発環境・方法及び機能が異なることから，動作するＯＳによってもアプリを分類できる。

Google グループは，健康関連アプリとして Google Fit アプリを提供しているほか，数多くのアプリを提供している。Fitbit グループは，健康関連アプリとして Fitbit モ

バイルアプリ（注4）を提供しているほか，腕時計型ウェアラブル端末上で機能する複数のアプリを提供している。

（注4）Fitbitグループが製造販売する腕時計型ウェアラブル端末（以下「Fitbit端末」という。）とスマートフォンを接続・同期し，Fitbit端末を通じて収集した健康関連データ（後記⑸参照）及びその分析結果をスマートフォン上で閲覧可能とする。また，同アプリは，コンパニオンアプリとしての機能も有している。

⑷　ＡＰＩ

ＡＰＩ（Application Programming Interface）とは，あるソフトウェアの機能，データ等を他のソフトウェアからも利用可能とする手段である。

Googleグループは，Android ＯＳとのペアリング，接続及び同期をする腕時計型ウェアラブル端末のメーカーやAndroid ＯＳ上で作動するアプリの提供者に対し，前記⑵のＡＯＳＰ等の一環として，ＡＰＩを提供している（注5）（以下「Android ＡＰＩ」という。）。腕時計型ウェアラブル端末メーカーやアプリ提供者は，腕時計型ウェアラブル端末用ＯＳ，コンパニオンアプリ（注6）又は自社の腕時計型ウェアラブル端末用アプリを開発する際，Android ＡＰＩを利用する。現状，Android ＡＰＩによるアクセスは原則無料である。Android スマートフォンと腕時計型ウェアラブル端末の相互接続性を担保するために最低限必要な機能として，通知機能（注7）等がある。

また，ＡＰＩ利用者が，ソフトウェアの機能，データ等をインターネット経由で利用可能にする手段を，一般的にWeb ＡＰＩという。

（注5）一般に公開されており，所定の手続を踏めば誰もが自由に利用できる。
（注6）腕時計型ウェアラブル端末とスマートフォンとの接続を可能とするため，腕時計型ウェアラブル端末メーカーが提供するアプリ
（注7）通知機能は，コンパニオンアプリを通じ，スマートフォンへの通知（電話等），カレンダーに登録されたイベント等を腕時計型ウェアラブル端末上に表示させるものである。

⑸　健康関連データベース提供事業

腕時計型ウェアラブル端末や健康関連アプリがインストールされたスマートフォンを使用すると，各端末のセンサー又は手入力により，需要者である一般消費者の同意を条件に，需要者である一般消費者のデータが収集される。また，当該データは，前記⑷のWeb ＡＰＩを経由してサードパーティアプリ（自社以外の事業者〔以下「サードパーティ」という。〕が作成したアプリをいう。以下同じ。）等と同期することによっても収集される。健康に関連して収集されるデータとしては，心拍数，歩数，体温，睡眠，身長，体重，食事の記録，アクティビティを行った位置情報等がある（以下，これらを「健康関連データ」といい，健康関連データを収集・整理・保存・共有するためにデータベース化したものを「健康関連データベース」という。）。

Googleグループが有する「Google Fit プラットフォーム」にはGoogle Fit アプリがインストールされたスマートフォンのセンサー等から，Fitbit グループが有する「Fitbit プラットフォーム」には Fitbit 端末のセンサー等から，それぞれ取得した健康関連データが，需要者である一般消費者の同意を条件に，収集・整理・保存されている。また，当事会社グループは，需要者である一般消費者の同意を条件に，サー

ドパーティアプリ提供者に対し，それぞれの健康関連データベース上の一定の健康関連データを，当事会社グループが提供する Web API（Google グループは Google Fit API，Fitbit グループは Fitbit Web API）を介してサードパーティアプリ提供者に共有している。

(6) デジタル広告関連事業

インターネットサービス（検索ポータルサイト，動画共有サイト等）上で提供される広告を「デジタル広告」という。「デジタル広告事業」とは，デジタル広告媒体を有する媒体社が自社の広告媒体上の広告枠を広告主・広告代理店に販売する事業である。デジタル広告には，広告の表示方法・表示形態等に応じ，「検索連動型広告」（注8），「ディスプレイ広告」（注9）等がある。また，「デジタル広告仲介事業（アドプラットフォーム事業）」とは，広告主・広告代理店と媒体社との間でデジタル広告枠の販売仲介を行う事業である。以下，「デジタル広告事業」及び「デジタル広告仲介事業」を併せて「デジタル広告関連事業」という。

Google グループは，デジタル広告事業として，「検索連動型広告」及び「ディスプレイ広告」を提供し，また，デジタル広告仲介事業を，広告主・広告代理店及び媒体社の双方に提供し，かつ，自社のデジタル広告枠に広告を出稿するためにもサービスを提供している。

（注8）広告主・広告代理店が事前に登録した特定の検索ワードを閲覧者が検索エンジンで検索した場合，検索結果とともに表示される検索ワードに関連した広告
（注9）検索連動型広告以外の広告であって，PC，スマートフォン等で消費者がウェブサイトを閲覧又はアプリを使用する際に表示される画面上の一部に表示される広告

5 本件行為に係る企業結合審査で画定された一定の取引分野
(1) 腕時計型ウェアラブル端末
ア 商品役務範囲

装着形態の異なるウェアラブル端末は機能・効用が異なり，需要者は用途に応じて使い分けると考えられるため，需要の代替性は認められない。また，製造に要する技術，ノウハウ等がそれぞれ異なるため，装着形態の異なるウェアラブル端末の供給の代替性は認められない。よって，商品役務範囲を「腕時計型ウェアラブル端末」と画定した。

イ 地理的範囲

国内の需要者の多くは，日本語サイトでのインターネット販売や日本国内の実店舗での販売により腕時計型ウェアラブル端末を購入するため，日本の需要者が買い回る範囲は基本的に日本国内と考えられたことから，地理的範囲を「日本全国」と画定した。

(2) OS
ア 商品役務範囲
(7) 腕時計型ウェアラブル端末用OS

　　　　腕時計型ウェアラブル端末用ＯＳは，腕時計型ウェアラブル端末専用に開発・
　　搭載されるため，需要者である腕時計型ウェアラブル端末メーカーにとって，腕
　　時計型ウェアラブル端末用ＯＳと異なるタイプの端末用ＯＳとの間に需要の代替
　　性は認められない。また，開発に要する技術やノウハウが異なるため，腕時計型
　　ウェアラブル端末用ＯＳと異なるタイプの端末用ＯＳとの間に供給の代替性は認
　　められない。よって，商品役務範囲を「腕時計型ウェアラブル端末用ＯＳ」と画
　　定した。

　　(イ)　スマートフォン用ＯＳ
　　　　前記４(4)のとおり，腕時計型ウェアラブル端末メーカーは，各社のスマートフ
　　ォン用ＯＳとの相互接続性を確保するためにＡＰＩを利用しており，スマートフ
　　ォン用ＯＳの需要者である。腕時計型ウェアラブル端末メーカーが各スマートフ
　　ォン用ＯＳ向けのＡＰＩについて，自らが製造販売する端末で切り替えて利用す
　　ることは容易であることから，各社が提供するスマートフォン用ＯＳ間の需要の
　　代替性は認められる。よって，商品役務範囲を「スマートフォン用ＯＳ」として
　　画定し，本件ではGoogleグループが提供する「Android ＯＳ」について検討した。

　イ　地理的範囲
　　　世界中の需要者は，各ＯＳを世界中の供給者から無差別に調達している。また，
　　性質上，輸送費等も掛からず，ライセンス状況も国内外で変わらない。よって，各
　　ＯＳの地理的範囲を「世界全体」と画定した。

(3)　健康関連アプリ
　ア　商品役務範囲
　　　アプリの需要者である一般消費者は，用途に適したアプリを選択するため，用途
　　の異なるアプリ間に需要の代替性は認められず，各用途に関する専門知識等の習得
　　には時間と費用を要するため，用途の異なるアプリ間の供給の代替性は限定的であ
　　る。よって，アプリは用途別に市場が画定されると考えられる。本件行為の当事会
　　社グループは，いずれも「健康関連アプリ」を提供している。
　　　また，アプリの需要者である一般消費者は，自らが所有する端末で利用可能なア
　　プリを選択するため，異なるタイプの端末向けアプリ間の需要の代替性は認められ
　　ない。また，異なるタイプの端末向けアプリの開発は，開発ツール，ノウハウ等が
　　異なるため，供給の代替性は認められない。よって，異なるタイプの端末向けアプ
　　リは異なる商品役務範囲を構成すると考えらえる。
　　　一方，スマートフォン用及び腕時計型ウェアラブル端末用アプリの需要者である
　　一般消費者は，自らが所有する端末に搭載されたＯＳで利用可能なアプリを選択す
　　るため，異なるＯＳ（Android ＯＳ，iＯＳ等）向けアプリ間の需要の代替性は認
　　められないものの，スマートフォン用及び腕時計型ウェアラブル端末用アプリ提供
　　者の多くは，多大な追加的費用等を負うことなく異なるＯＳ向けのアプリ開発が可
　　能であるため，異なるＯＳ向けアプリ間の供給の代替性は認められる。

以上から，健康関連アプリについて，商品役務範囲を「腕時計型ウェアラブル端末用健康関連アプリ」及び「スマートフォン用健康関連アプリ」として画定した。

イ　地理的範囲

　　需要者である一般消費者は，特段所在地を意識せずアプリストアを通じて健康関連アプリを入手でき，アプリ提供者は，法規制等の事情から特定の国で提供できないという事情はない（注10）ものの，健康関連データの取扱いに関して国・地域ごとに一定の法規制への対応が必要な場合もあること（注11）等から，慎重な検討のため，地理的範囲を「日本全国」として画定した。

　（注10）例えば，医療機器に該当し得る機能（心電図機能等）を有するアプリは，各国の法規制によって提供できない場合もある。ただし，健康関連アプリは，収集するデータの内容（前記4(5)参照）及び精度に照らして医療機器に該当しない場合が多いと考えられる。
　（注11）例えば，欧州の一般データ保護規則（GDPR）等のように，健康関連データの取得や利用に係る需要者である一般消費者からの同意に関し，その取得方法等に関するルールが他国・地域よりも厳格な場合がある。既に厳格な同意取得プロセスをグローバルに適用している企業にとっては，こうした厳格な手続による健康関連アプリの提供の制約はないが，アプリ提供者によっては個別に国・地域ごとの対応が必要な場合も考えられる。

⑷　健康関連データベース提供事業
ア　商品役務範囲

　　腕時計型ウェアラブル端末メーカーやアプリ提供者の各社が健康関連データベース上に保有し，共有する健康関連データの種類，量，収集頻度等には特段の差異はないため，各社の健康関連データベース間に需要の代替性は認められることから，「健康関連データベース提供市場」を画定した。

イ　地理的範囲

　　健康関連データベースの需要者であるサードパーティアプリ提供者は，インターネットを通じ，地理的な制限なく健康関連データを共有される。また，供給側も，Web　APIを通じ，原則，地理的な制限なく健康関連データベースを提供できる。ただし，前記⑶イと同様，健康関連データの取扱いには国ごとに一定の法規制への対応が必要な場合があること等から，慎重な検討のため，地理的範囲を「日本全国」として画定した。

⑸　デジタル広告関連事業
ア　商品役務範囲

　　公正取引委員会による競争事業者へのヒアリング結果等によれば，デジタル広告関連事業の少なくとも幾つかの分類において，Google　グループは有力な地位にあると合理的に考えられるところ，後記6⑷ウのGoogle　グループによる広告関連事業全体に係る問題解消措置を踏まえ，商品役務範囲を「デジタル広告関連事業」として画定した。

イ　地理的範囲

　　　デジタル広告関連事業を提供する事業者は，需要者である広告主・広告代理店及び媒体社の所在地に依らず供給を行うことが可能であり，地域による価格差はない。また，デジタル広告関連事業は，言語の制約上，基本的に日本国内の一般消費者向けに広告を展開している。よって，地理的範囲を「日本全国」として画定した。

6　本件行為が競争に与える影響

　　　公正取引委員会は，本件行為により競争上の懸念が生じ得る分野について，当事会社グループと論点等に関し議論を行い，海外競争当局と情報交換を行いつつ審査を進めていたところ，当事会社グループから当委員会に対して問題解消措置【表1】及び措置の履行状況についての定期報告の申出があったことから，本件問題解消措置の効果が及ぶものについては当該効果を踏まえ，競争に与える影響を検討することとした。

【表1】競争上の懸念が生じ得る分野と本件問題解消措置の対応関係

		川上市場	川下市場	問題解消措置
垂直型企業結合	①	腕時計型ウェアラブル端末用OS提供事業（G）	腕時計型ウェアラブル端末製造販売業（F）	―
	②	スマートフォン用OS提供事業（G）	腕時計型ウェアラブル端末製造販売業（F）	Android API の提供拒否等（注13）に関するもの
	③	健康関連データベース提供事業（G，F）	健康関連アプリ提供事業（腕時計型ウェアラブル端末用，スマートフォン用）（G，F）	Web API の提供拒否等に関するもの

	川上市場	川下市場	問題解消措置
混合型企業結合	健康関連データベース提供事業（G，F）	デジタル広告関連事業（G）	デジタル広告へのデータ利用に関するもの

（注12）【表1】中，「G」はGoogleグループを，「F」はFitbitグループを意味する。
（注13）「提供拒否等」には，サービスの提供を拒否するだけでなく，企業結合がなかった場合の取引と比較して競争上不利な条件での取引を行うことも含まれる。

【表2】腕時計型ウェアラブル端末製造販売業　令和元年　日本市場（台数ベース）

順位	会社名	市場シェア（注14）
1	A社	約55％
2	B社	約20％
3	Fitbit グループ	約10％
4	C社	約5％
5〜11	D〜J社	0−5％

その他	0 – 5 %
合計	100%

(注14) 52.5%以上57.5%未満を「約55%」とするなど，5％単位で記載しているため，合計値は必ずしも100になるとは限らない。

(1) 垂直型企業結合①

ア 当事会社グループの地位

【表2】のとおり，「腕時計型ウェアラブル端末製造販売業」の当事会社グループの市場シェアは垂直型企業結合のセーフハーバー基準（注 15）に該当しない。また，本件行為後の「腕時計型ウェアラブル端末用OS提供事業」市場シェアが不明であるため，垂直型企業結合のセーフハーバー基準に該当しないものとして検討した。

(注15) 「企業結合審査に関する独占禁止法の運用指針」（平成16年5月31日公正取引委員会）第5の
1(2)において垂直型企業結合が一定の取引分野における競争を実質的に制限することとなるとは通
常考えられないものとして示している次の①又は②の基準を指す。
① 当事会社が関係するすべての一定の取引分野において，企業結合後の当事会社グループの市場
シェアが10%以下である場合
② 当事会社が関係するすべての一定の取引分野において，企業結合後のHHIが2,500以下の場
合であって，企業結合後の当事会社グループの市場シェアが25%以下である場合

イ 提供拒否等【図2】

川上市場には，当事会社グループ以外にも腕時計型ウェアラブル端末用OSを無償でライセンスする事業者が存在する。腕時計型ウェアラブル端末用OSの性質上，提供余力の不足は考え難いことから，仮にGoogle グループが提供拒否等を行ったとしても，Fitbit グループ以外の腕時計型ウェアラブル端末メーカーが，腕時計型ウェアラブル端末用OSの調達先を失うことはない。よって，Google グループが腕時計型ウェアラブル端末用OSの提供拒否等を行うことによる市場の閉鎖性・排他性の問題は生じないと認められた。

【図2】垂直型企業結合①

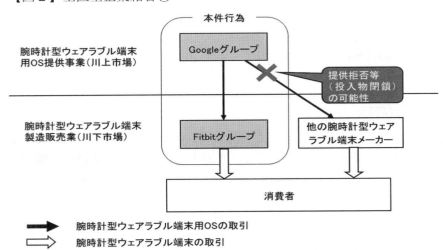

ウ　利用拒否等

　　現在，Fitbit グループは自社で開発した腕時計型ウェアラブル端末用ＯＳのみを自社の腕時計型ウェアラブル端末に搭載しているため，利用拒否等による市場の閉鎖性・排他性の問題は生じない。

⑵　垂直型企業結合②
　ア　当事会社グループの地位
　　　前記⑴アのとおり，「腕時計型ウェアラブル端末製造販売業」の当事会社グループの市場シェアは垂直型企業結合のセーフハーバー基準に該当しない。また，本件行為後の「スマートフォン用ＯＳ提供事業」は市場シェアが不明であるため，セーフハーバー基準に該当しないものとして検討する。

　イ　提供拒否等【図３】
　　　腕時計型ウェアラブル端末メーカーからは，本件行為により Google グループがAndroid スマートフォンとの相互接続性，全ての Android ＡＰＩへのアクセス，技術的サポート等について，差別的取扱いを行うのではないかという懸念が示された。

【図３】垂直型企業結合②

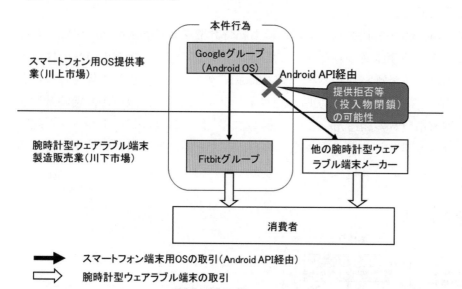

ウ　経済分析の結果及び評価
　　　公正取引委員会は，当事会社グループに対して，Android ＡＰＩ等を通じたAndroid スマートフォンと腕時計型ウェアラブル端末との間の相互接続性を低下させるインセンティブが無いことを示す定量的な証拠の提出を求めたところ，当事会社グループは，令和元年の日本市場に関する社内データ，公表データ等を用いて，垂直計算という手法に基づく経済分析を提出したことから，当委員会において，当該経済分析についての評価・検証を行った。

垂直計算とは「市場閉鎖によって得られる利益」と「市場閉鎖によって失うことになる利益」をそれぞれ算定して比較を行うことによって，当事会社グループに市場閉鎖を行うインセンティブがあるか否かを評価するという，垂直型企業結合における主要な経済分析手法の一つである。

(7) **当事会社グループ経済分析の概要**

当事会社グループは，この垂直計算において，「相互接続性の低下による利益」（注 16）と「相互接続性の低下によって失うことになる利益」（注 17）をそれぞれ算定した。その上で，相互接続性の低下を契機に，Android スマートフォンを使用する腕時計型ウェアラブル端末の需要者である一般消費者の一部が，Android スマートフォンを iPhone 等に切り替えること（以下「iPhone 等への切替え」という。）が生じ得るとし，当該切替えの結果として，それぞれの利益の大きさが変化することを踏まえつつ，比較分析を行った。そして，Fitbit への切替えに対する iPhone 等への切替えの割合が一定程度以上になれば，当事会社グループは利益を得られず相互接続性を低下させるインセンティブを失うところ，その閾値は非常に小さく，相互接続性を低下させるインセンティブが生じない可能性が高いことを主張した。

（注16）相互接続性の低下の影響を受けた腕時計型ウェアラブル端末を使用する一般消費者がFitbit端末に切り替える際の端末の販売利益等を指す。

（注17）iPhone等への切替えを行う一般消費者からもたらされていたGoogleグループの役務の利用によって生じる利益，Googleグループが製造販売するスマートフォンであるPixelの販売によって生じる利益等を指す。

(イ) **当事会社グループ経済分析の評価**

まず，当事会社グループが利益を得られなくなる，Fitbit への切替えに対する iPhone 等への切替えの割合の閾値は非常に小さいと述べているものの，大小を判断するための基準や根拠は何ら示されていない。

なお，iPhone 等への切替えは，スマートフォンやいわゆるエコシステムの切替えを伴うことから，一般消費者にとってはスイッチングコストが高いと思われ，相互接続性の低下による iPhone 等への切替えは，比較的生じにくいものと考えられる。

また，相互接続性の低下による利益については，一般消費者があるメーカーから製品を購入した後に将来の買換え等の際に再び同じメーカーから製品を購入する傾向（いわゆる粘着性）があることを踏まえているが，当該利益は，相互接続性の低下によって一般消費者にとって腕時計型ウェアラブル端末の選択肢が少なくなり，Fitbit グループに対する一般消費者の粘着性が高まる可能性があるのにもかかわらずそれを考慮に入れていないこと等により，過小評価されている可能性が高い。

さらに，垂直計算で用いられたデータの一部は，日本のデータを直ちに入手できないことを理由として，世界全体のもので代用している。このうちの一部については，世界全体と日本の実態が大きく乖離している可能性が高く，この影響により相互接続性の低下によって失うことになる利益を構成する一部の値は，過小評価されている可能性も過大評価されている可能性もある。

以上のように修正等を行うべきと考えられる点がいくつか存在するため，追加分析を実施するのが望ましく，現時点では相互接続性を低下させるインセンティブがないことを示す根拠として採用するべきではないと判断した。ただし，後記エで述べるとおり，当事会社グループからAndroid　ＡＰＩに関する問題解消措置の申出がなされたことから，当事会社グループに対して追加分析の提出は求めていない。

エ　Android　ＡＰＩの提供拒否等に関する問題解消措置及びその評価

当事会社グループは，腕時計型ウェアラブル端末メーカーに対し，次の(ｱ)及び(ｲ)について，本件行為実行日から10年間継続することを問題解消措置として申し出た。

(ｱ)　アクセス料無料で，ＡＯＳＰの一環として提供するその他全てのAndroid　ＡＰＩに適用されるものと同一のライセンス条件により，かつ，当事会社グループと非差別的に（注 18），一定の Android　ＡＰＩ（コア相互運用性ＡＰＩ）（注 19）を提供すること。

また，当事会社グループと比較して，Android　ＡＰＩの機能を低下することなく提供すること。

（注18）当事会社グループによれば，腕時計型ウェアラブル端末やコンパニオンアプリによるアクセスについて，当事会社グループかサードパーティかによって，その機能等を差別しないとのことである。

（注19）Android　ＡＰＩの提供拒否等に関する問題解消措置(ｱ)においては，Androidスマートフォンと腕時計型ウェアラブル端末との相互接続性を最低限担保するAndroid　ＡＰＩの機能を指す。電話への応答機能等が挙げられる。

(ｲ)　他の Android スマートフォン用アプリ開発者に対し，Android スマートフォン用アプリでの利用を目的として一般に提供する Android　ＡＰＩの機能について，腕時計型ウェアラブル端末メーカーによるアクセスを留保，拒否又は遅延することにより，腕時計型ウェアラブル端末メーカーを差別しないこと。

これらの問題解消措置により，一定期間，コア相互運用性ＡＰＩへのアクセスが当事会社グループと非差別的なものとして維持され，また，Android　ＡＰＩの機能の相互接続性が引き続き担保されることとなることから，適切と評価された。

(3)　垂直型企業結合③
ア　当事会社グループの地位

「健康関連データベース提供事業」，「腕時計型ウェアラブル端末用健康関連アプリ」及び「スマートフォン用健康関連アプリ」は市場シェアが不明であるため，垂直型企業結合のセーフハーバー基準に該当しないものとして検討する。

イ　提供拒否等（【図4】，【図5】）

Fitbit　Web　ＡＰＩの利用者であるアプリ提供者からは，本件行為により Fitbit　Web　ＡＰＩへのアクセスの有料化等，現在と異なる条件でFitbit　Web　ＡＰＩを利用することになるおそれがあるとの懸念が示された。

【図４】 川下市場が腕時計型ウェアラブル端末用健康関連アプリの場合

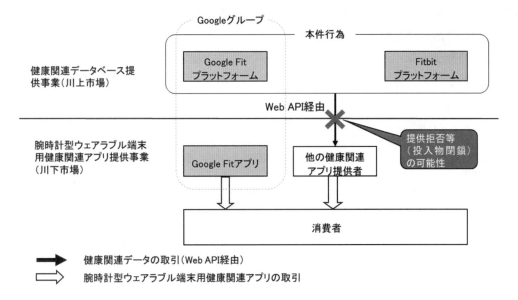

健康関連データの取引（Web API経由）
腕時計型ウェアラブル端末用健康関連アプリの取引

【図５】 川下市場がスマートフォン用健康関連アプリの場合

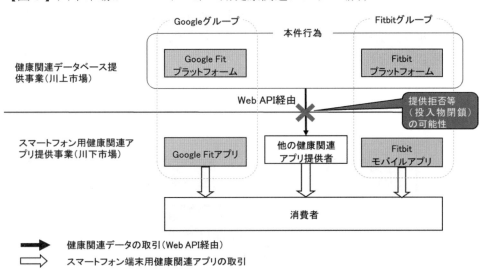

健康関連データの取引（Web API経由）
スマートフォン端末用健康関連アプリの取引

ウ　Ｗｅｂ ＡＰＩの提供拒否等に関する問題解消措置

　　当事会社グループは，当事会社グループが提供するＷｅｂ ＡＰＩを通じたGoogleグ
ループ以外の健康関連アプリ提供者に対する一定の健康関連データ（サポート対象
測定身体データ）（注 20）の提供を，需要者である一般消費者の同意を条件に，問
題解消措置に示した規約（注 21）に基づき，無料で，本件行為実行日から 10 年間
維持することを問題解消措置として申し出た。

　　この問題解消措置により，一定期間，当事会社グループが提供する健康関連デー
タベースへのアクセスが維持されることから，適切と評価された。

（注20）Ｗｅｂ ＡＰＩの提供拒否等に関する問題解消措置において，本件行為実行日現在，Fitbit Web
　　　　ＡＰＩを通じてサードパーティに提供される健康関連データを指す。
（注21）Fitbitプラットフォーム利用規約又はその後継サイトに掲載される関連Google ＡＰＩの利用
　　　　に適用される利用規約及びサービス・ユーザーデータポリシーを指す。

⑷ 健康関連データベース提供事業とデジタル広告関連事業の混合型企業結合

ア 当事会社グループの地位

「健康関連データベース提供事業」及び「デジタル広告関連事業」は市場シェアが不明であるため，混合型企業結合のセーフハーバー基準（注 22）に該当しないものとして検討する。

(注22) 「企業結合審査に関する独占禁止法の運用指針」（平成16年5月31日公正取引委員会）第6の1⑵において混合型企業結合が一定の取引分野における競争を実質的に制限することとなるとは通常考えられないものとして示している垂直型企業結合と同様に考えるとしている次の①又は②の基準を指す。
  ① 当事会社が関係するすべての一定の取引分野において，企業結合後の当事会社グループの市場シェアが10%以下である場合
  ② 当事会社が関係するすべての一定の取引分野において，企業結合後のHHIが2,500以下の場合であって，企業結合後の当事会社グループの市場シェアが25%以下である場合

イ 市場に与える影響【図6】

本件行為後，Google グループが，自身が保有する健康関連データ及び Fitbit グループから提供される健康関連データをデジタル広告関連事業に使用した場合，デジタル広告配信時のターゲティングの精度の向上を通じ，現在も有力な Google グループのデジタル広告関連事業における地位がさらに強化され，市場の閉鎖性・排他性の問題が生じる可能性がある。

【図6】

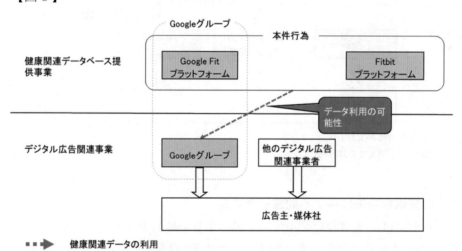

ウ デジタル広告へのデータ利用に関する問題解消措置及びその評価

当事会社グループは，次の㈠及び㈡について，本件行為実行日から 10 年間継続（最長で更に 10 年間延長）することを問題解消措置として申し出た。

㈠ 一定の健康関連データ（測定身体データ及び健康・フィットネス活動位置データ）（注 23）を Google グループのデジタル広告関連事業において使用しないこと。

(ｲ)　前記(7)の健康関連データについて，Google グループ内の他のデータセットから
の分離を維持すること。

これらの問題解消措置により，一定期間，当事会社グループが健康関連データに
ついて Google グループのデジタル広告関連事業に使用することはなくなることから，
適切と評価された。

7　結論

当事会社グループが問題解消措置を講ずることを前提とすれば，本件行為が一定の取
引分野における競争を実質的に制限することとはならないと判断した。

第8章　不公正な取引方法への取組

第1　概説

　独占禁止法は，第19条において事業者が不公正な取引方法を用いることを禁止しているほか，事業者及び事業者団体が不公正な取引方法に該当する事項を内容とする国際的契約を締結すること，事業者団体が事業者に不公正な取引方法に該当する行為をさせるようにすること，会社及び会社以外の者が不公正な取引方法により株式を取得し又は所有すること，会社が不公正な取引方法により役員の兼任を強制すること，会社が不公正な取引方法により合併すること等の行為を禁止している（第6条，第8条第5号，第10条第1項，第13条第2項，第14条，第15条第1項，第15条の2第1項第2号及び第16条第1項）。不公正な取引方法として規制される行為の具体的な内容は，公正取引委員会が告示により指定することとされてきたが，私的独占の禁止及び公正取引の確保に関する法律の一部を改正する法律（平成21年法律第51号。以下「平成21年独占禁止法改正法」という。）により，これまで不公正な取引方法（昭和57年公正取引委員会告示第15号）により指定されていたもののうち，共同の取引拒絶，差別対価，不当廉売，再販売価格の拘束及び優越的地位の濫用の全部又は一部が法定化され（第2条第9項第1号から第5号），新たに課徴金納付命令の対象となった（第20条の2から第20条の6）。

　不公正な取引方法に対する取組に関しては，前記規定に違反する事件の処理のほか，不公正な取引方法の指定に関する調査，不公正な取引方法に関する説明会の開催等の普及・啓発活動，不公正な取引方法を防止するための指導業務等がある。また，不公正な取引方法に関する事業者からの相談に積極的に応じることにより違反行為の未然防止に努めている。

第2　不当廉売に対する取組

　企業が効率化によって達成した低価格で商品を供給するのではなく，採算を度外視した低価格によって顧客を獲得しようとすることは，独占禁止法の目的からみて問題がある場合があり，公正な競争秩序に悪影響を与えるときは，不公正な取引方法の一つである不当廉売として規制される。

　公正取引委員会は，以前から，不当廉売に対し，厳正かつ積極的に対処することとしている。

1　不当廉売事案への対処

(1)　処理方針

　小売業における不当廉売事案については，①申告のあった事案に関しては，処理結果を通知するまでの目標処理期間を原則2か月以内として迅速処理（注）することとし，繰り返し注意を受ける事業者に対しては，事案に応じて，責任者を招致した上で直接注意を行うほか，②大規模な事業者による事案又は繰り返し行われている事案であって，

　周辺の販売業者に対する影響が大きいと考えられるものについて，周辺の販売業者の事業活動への影響等について個別に調査を行い，問題のみられる事案については厳正に対処することとしている。

　（注）申告のあった不当廉売事案に対し可能な限り迅速に処理する（原則2か月以内）という方針に基づいて行う処理をいう。

⑵　処理の状況

　令和2年度においては，酒類，石油製品，家庭用電気製品等の小売業に係る不当廉売の申告等に対し迅速処理を行い，不当廉売につながるおそれがあるとして合計136件の事案に関して注意を行った（第1表参照）。

　例えば，酒類について，供給に要する費用を下回る対価でオンライン販売した事業者の責任者に対し，直接注意した事例があった。また，石油製品について，他の事業者に対抗し，供給に要する費用を著しく下回る対価で販売した事業者の責任者に対し，直接注意した事例があった。

第1表　令和2年度における小売業に係る不当廉売事案の注意件数（迅速処理によるもの）

（単位：件）

	酒類	石油製品	家庭用電気製品	その他	合計
注意件数	9	115	0	12	136

2　規制基準の明確化

　公正取引委員会は，昭和59年に「不当廉売に関する独占禁止法上の考え方」を公表し，その後，個別の業種（酒類，ガソリン等及び家庭用電気製品）についてその取引実態を踏まえたガイドラインを順次公表することにより，不当廉売規制の考え方を明らかにしてきた。

　平成21年独占禁止法改正法により，不当廉売が新たに課徴金納付命令の対象となったこと等に伴い，公正取引委員会は，不当廉売の要件に関する解釈を更に明確化すること等により，法運用の透明性を一層確保し，事業者の予見可能性をより向上させるため，これらのガイドラインを改定し，平成21年12月18日に公表した。

第3　優越的地位の濫用に対する取組

　自己の取引上の地位が相手方に優越していることを利用して，取引の相手方に正常な商慣習に照らして不当に不利益を与える行為（優越的地位の濫用）は，自己と競争者間及び相手方とその競争者間の公正な競争を阻害するおそれがあるものであり，不公正な取引方法の一つとして禁止されている。

　公正取引委員会は，以前から，優越的地位の濫用行為に対し，厳正かつ効果的に対処することとしている。

1 **優越的地位の濫用への対処**

　公正取引委員会は，優越的地位の濫用行為に係る調査を効率的かつ効果的に行い，必要な是正措置を講じていくことを目的とした「優越的地位濫用事件タスクフォース」を設置し（平成21年11月），調査を行っているところ，令和２年度においては，47件の注意を行った。注意の内訳（行為類型）は第２表のとおりであり，従業員等の派遣の要請が23件，購入・利用強制が18件，減額が17件，返品が12件，その他経済上の利益の提供の要請が９件，支払遅延が９件，不当な給付内容の変更及びやり直しの要請が９件，協賛金等の負担の要請が８件，取引の対価の一方的決定が２件，受領拒否が１件，その他が２件となっている（注）。

（注）独占禁止法の不公正な取引方法の規制の補完法である下請法において勧告又は指導が行われた違反行為等は，後記第９章第２　**3**　違反行為類型別件数のとおりである。下請法においては，独占禁止法の優越的地位の濫用の規制とは異なり，支払遅延，減額及び買いたたきの３類型が違反類型別の実体規定違反件数の約８割を占めている。ただし，下請法の対象は，親事業者と下請事業者との間の一定の委託取引に限られており（後記第９章第１参照），そのような限定がない優越的地位の濫用規制とは異なる。

第２表　注意事案の行為類型一覧

（単位：件）

取引形態／行為類型	小売業者に対する納入取引	物流取引	宿泊業者に対する納入等取引	飲食業者に対する納入等取引	卸売業者に対する納入取引	冠婚葬祭業者に対する納入等取引	その他の取引	合計
購入・利用強制	7	5	3	1	0	1	1	18
協賛金等の負担の要請	5	0	1	0	1	0	1	8
従業員等の派遣の要請	18	0	1	1	1	0	2	23
その他経済上の利益の提供の要請	2	5	0	0	0	1	1	9
受領拒否	1	0	0	0	0	0	0	1
返品	10	0	0	0	1	0	1	12
支払遅延	2	7	0	0	0	0	0	9
減額	7	7	1	1	0	0	1	17
取引の対価の一方的決定	1	1	0	0	0	0	0	2
不当な給付内容の変更及びやり直しの要請	0	9	0	0	0	0	0	9
その他	0	1	0	0	1	0	0	2
合計	53	35	6	3	4	2	7	110

（注）一つの事案において複数の行為類型について注意を行っている場合があるため，注意件数（47件）と行為
　　類型の内訳の合計数（110件）とは一致しない。

2　中小事業者の取引の公正化を図る必要が高い分野に係る実態調査等

　公正取引委員会は，独占禁止法上問題となる個別の違反行為に対し，厳正に対処しているほか，中小事業者の取引の公正化を図る必要が高い分野について，実態調査等を実施し，普及・啓発に努めている。

荷主と物流事業者との取引に関する書面調査

　公正取引委員会は，荷主による物流事業者に対する優越的地位の濫用を効果的に規制する観点から，平成16年3月8日，特定荷主が物品の運送又は保管を委託する場合の特定の不公正な取引方法（平成16年公正取引委員会告示第1号。以下「物流特殊指定」という。）を指定し，荷主と物流事業者との取引の公正化を図っている。

　令和2年度においては，物流特殊指定の遵守状況及び荷主と物流事業者との取引状況を把握するため，荷主3万名及び物流事業者4万名を対象とする書面調査を実施した。当該調査の結果，物流特殊指定に照らして問題となるおそれがあると認められた644名の荷主に対して，物流事業者との取引内容の検証・改善を求める文書を発送した（令和3年3月）。

　当該644名の荷主のうち，業種について回答のあった635名を業種別にみると，製造業が最も多く（338名，53.2％），卸売業（128名，20.2％），小売業（43名，6.8％）がこれに続いている。これは，これらの業種に属する事業者が多いこと，及び，これらの業種において物流取引が多く行われていることが要因であると考えられる。

　また，問題となるおそれがある行為732件を類型別にみると，経済上の利益の提供要請が最も多く（310件，42.3％），代金の支払遅延（129件，17.6％），代金の減額（104件，14.2％）がこれに続いている。

3　優越的地位の濫用規制に係る講習会

　公正取引委員会は，過去に優越的地位の濫用規制に係る違反行為がみられた業種，各種の実態調査で問題がみられた業種等の事業者に対して一層の法令遵守を促すことを目的として，業種ごとの実態に即した分かりやすい具体例を用いて説明を行う業種別講習会を実施している。

　令和2年度においては，荷主・物流事業者向けに9回の講習会を実施した。

4　優越的地位の濫用規制に係る相談・指導

(1)　優越的地位の濫用規制に係る相談

　公正取引委員会は，地方事務所等を含めた全国の相談窓口において，年間を通して，優越的地位の濫用規制に係る相談を受け付けている。

　令和2年度においては，1,219件の相談に対応した。

(2)　中小事業者のための移動相談会の実施

公正取引委員会は，下請事業者を始めとする中小事業者からの求めに応じ，全国の当該中小事業者が所在する地域に職員を派遣し，優越的地位の濫用規制や下請法について基本的な内容を分かりやすく説明するとともに相談受付等を行う「中小事業者のための移動相談会」を実施している。

　令和２年度においては，３か所で実施した。

5　コンプライアンス確立への積極的支援

　公正取引委員会は，事業者等からの優越的地位の濫用規制に係る相談に応じるとともに，優越的地位の濫用規制の一層の普及・啓発を図るため，事業者団体が開催する研修会等に職員を講師として派遣している。

　令和２年度においては，事業者団体等へ４回講師を派遣した。

第9章 下請法に関する業務

第1 概説

下請法は，経済的に優越した地位にある親事業者が下請代金の支払を遅延するなどの行為を迅速かつ効果的に規制することにより，下請取引の公正化を図るとともに下請事業者の利益を保護する目的で，独占禁止法の不公正な取引方法の規制の補完法として昭和31年に制定された。

下請法は，親事業者が下請事業者に対し物品の製造・修理，プログラム等の情報成果物の作成及び役務の提供を委託する場合，親事業者に下請事業者への発注書面の交付（第3条）並びに下請取引に関する書類の作成及びその2年間の保存（第5条）を義務付けているほか，親事業者の禁止事項として，①受領拒否（第4条第1項第1号），②下請代金の支払遅延（同項第2号），③下請代金の減額（同項第3号），④返品（同項第4号），⑤買いたたき（同項第5号），⑥物の購入強制・役務の利用強制（同項第6号），⑦報復措置（同項第7号），⑧有償支給原材料等の対価の早期決済（同条第2項第1号），⑨割引困難な手形の交付（同項第2号），⑩不当な経済上の利益の提供要請（同項第3号），⑪不当な給付内容の変更・不当なやり直し（同項第4号）を定めており，これらの行為が行われた場合には，公正取引委員会は，その親事業者に対し，当該行為を取りやめ，下請事業者が被った不利益の原状回復措置等を講じるよう勧告する旨を定めている（第7条）。

第2 違反事件の処理

下請取引においては，親事業者の下請法違反行為により下請事業者が不利益を受けている場合であっても，その取引の性格から，下請事業者からの自発的な情報提供が期待しにくい実態にあるため，公正取引委員会は，中小企業庁と協力し，親事業者及びこれらと取引している下請事業者を対象として定期的に書面調査を実施するなど違反行為の発見に努めている（第1表及び附属資料5-1表参照）。

これらの調査の結果，違反行為が認められた親事業者に対しては，その行為を取りやめさせるほか，下請事業者が被った不利益の原状回復措置等を講じさせている（第2表及び附属資料5-2表参照）。

1 書面調査

公正取引委員会は，令和2年度において，資本金の額又は出資の総額が1000万円超の親事業者6万名（製造委託等（注1）3万6128名，役務委託等（注2）2万3872名）及びその下請事業者30万名（製造委託等19万6879名，役務委託等10万3121名）を対象に書面調査を実施した（第1表参照）。

（注1）製造委託及び修理委託をいう。以下同じ。
（注2）情報成果物作成委託及び役務提供委託をいう。以下同じ。

第1表　書面調査の実施状況の推移

（単位：名）

年度／区分	書面調査発送件数	
	親事業者調査	下請事業者調査
2	60,000	300,000
製造委託等	36,128	196,879
役務委託等	23,872	103,121
元	60,000	300,000
製造委託等	35,810	200,190
役務委託等	24,190	99,810
30	60,000	300,000
製造委託等	39,175	211,741
役務委託等	20,825	88,259
29	60,000	300,000
製造委託等	38,680	208,513
役務委託等	21,320	91,487
28	39,150	214,500
製造委託等	25,696	151,912
役務委託等	13,454	62,588

2　違反被疑事件の新規着手件数及び処理件数

(1)　新規着手件数

　令和2年度においては，新規に着手した下請法違反被疑事件は8,393件である。このうち，書面調査により職権探知したものは8,291件，下請事業者等からの申告によるものは101件，中小企業庁長官からの措置請求は1件である（第2表及び附属資料5－2表参照）。

(2)　処理件数

　令和2年度においては，公正取引委員会は，8,333件の下請法違反被疑事件を処理し，このうち，8,111件について違反行為又は違反のおそれのある行為（以下総称して「違反行為等」という。）があると認めた。このうち4件について同法第7条の規定に基づき勧告を行い，いずれも公表し，8,107件について指導の措置を採るとともに，親事業者に対して，違反行為等の改善及び再発防止のために，社内研修，監査等により社内体制を整備するよう指導した（第2表，第1図及び附属資料5－2表参照）。

第2表　下請法違反被疑事件の処理状況の推移

（単位：件）

区分 / 年度	新 規 着 手 件 数				処 理 件 数				
	書面調査	申告	中小企業庁長官からの措置請求	計	措　置			不　問	計
					勧告	指導	小　計		
2	8,291	101	1	8,393	4	8,107	8,111	222	8,333
製造委託等	5,450	59	1	5,510	3	5,340	5,343	139	5,482
役務委託等	2,841	42	0	2,883	1	2,767	2,768	83	2,851
元	8,360	155	0	8,515	7	8,016	8,023	292	8,315
製造委託等	5,725	100	0	5,825	7	5,524	5,531	179	5,710
役務委託等	2,635	55	0	2,690	0	2,492	2,492	113	2,605
30	7,757	141	0	7,898	7	7,710	7,717	382	8,099
製造委託等	5,276	84	0	5,360	7	5,250	5,257	256	5,513
役務委託等	2,481	57	0	2,538	0	2,460	2,460	126	2,586
29	7,173	97	1	7,271	9	6,752	6,761	307	7,068
製造委託等	5,033	61	1	5,095	9	4,718	4,727	205	4,932
役務委託等	2,140	36	0	2,176	0	2,034	2,034	102	2,136
28	6,477	112	0	6,589	11	6,302	6,313	290	6,603
製造委託等	4,554	82	0	4,636	9	4,447	4,456	193	4,649
役務委託等	1,923	30	0	1,953	2	1,855	1,857	97	1,954

第1図　下請法の事件処理件数の推移

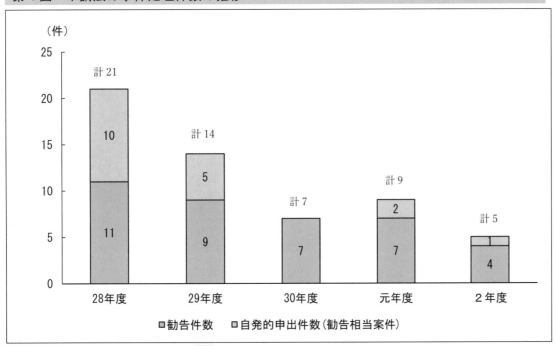

（注）自発的申出事案については後記 5 参照。

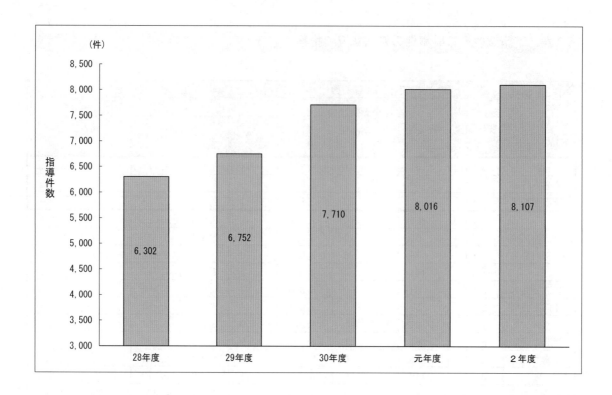

3　違反行為類型別件数

　令和2年度において勧告又は指導が行われた違反行為等を行為類型別にみると，手続規定違反（下請法第3条又は第5条違反）は6,937件（違反行為類型別件数の延べ合計の46.5%）である。このうち，発注時に下請代金の額，支払方法等を記載した書面を交付していない，又は交付していても記載すべき事項が不備のもの（第3条違反）が6,003件，下請取引に関する書類を一定期間保存していないもの（第5条違反）が934件である。また，実体規定違反（第4条違反）は，7,979件（違反行為類型別件数の延べ合計の53.5%）となっており，このうち，下請代金の支払遅延（同条第1項第2号違反）が4,738件（実体規定違反件数の合計の59.4%），下請代金の減額（同項第3号違反）が1,471件（同18.4%），買いたたき（同項第5号違反）が830件（同10.4%）となっている（第3表及び附属資料5-3表参照）。

第3表 下請法違反行為類型別件数の推移

(単位：件，（%）)

違反行為類型		2			元			30		
			製造委託等	役務委託等		製造委託等	役務委託等		製造委託等	役務委託等
実体規定違反	受領拒否 （第4条第1項第1号違反）	40 (0.5)	36 (0.7)	4 (0.1)	32 (0.5)	29 (0.6)	3 (0.1)	46 (0.7)	36 (0.7)	10 (0.5)
	下請代金の支払遅延 （第4条第1項第2号違反）	4,738 (59.4)	2,881 (54.7)	1,857 (68.5)	3,651 (52.8)	2,160 (45.7)	1,491 (68.1)	3,371 (49.4)	2,051 (42.2)	1,320 (67.2)
	下請代金の減額 （第4条第1項第3号違反）	1,471 (18.4)	1,072 (20.4)	399 (14.7)	1,150 (16.6)	867 (18.3)	283 (12.9)	834 (12.2)	642 (13.2)	192 (9.8)
	返品 （第4条第1項第4号違反）	15 (0.2)	15 (0.3)	0 (0.0)	14 (0.2)	11 (0.2)	3 (0.1)	19 (0.3)	14 (0.3)	5 (0.3)
	買いたたき （第4条第1項第5号違反）	830 (10.4)	497 (9.4)	333 (12.3)	721 (10.4)	533 (11.3)	188 (8.6)	1,487 (21.8)	1,195 (24.6)	292 (14.9)
	購入・利用強制 （第4条第1項第6号違反）	76 (1.0)	47 (0.9)	29 (1.1)	72 (1.0)	47 (1.0)	25 (1.1)	90 (1.3)	61 (1.3)	29 (1.5)
	報復措置 （第4条第1項第7号違反）	0 (0.0)	0 (0.0)	0 (0.0)	1 (0.0)	1 (0.0)	0 (0.0)	5 (0.1)	3 (0.1)	2 (0.1)
	有償支給原材料等の対価の早期決済 （第4条第2項第1号違反）	78 (1.0)	72 (1.4)	6 (0.2)	98 (1.4)	92 (1.9)	6 (0.3)	113 (1.7)	110 (2.3)	3 (0.2)
	割引困難な手形の交付 （第4条第2項第2号違反）	314 (3.9)	303 (5.8)	11 (0.4)	254 (3.7)	243 (5.1)	11 (0.5)	374 (5.5)	356 (7.3)	18 (0.9)
	不当な経済上の利益の提供要請 （第4条第2項第3号違反）	297 (3.7)	255 (4.8)	42 (1.5)	336 (4.9)	287 (6.1)	49 (2.2)	348 (5.1)	291 (6.0)	57 (2.9)
	不当な給付内容の変更・やり直し （第4条第2項第4号違反）	120 (1.5)	89 (1.7)	31 (1.1)	590 (8.5)	458 (9.7)	132 (6.0)	132 (1.9)	96 (2.0)	36 (1.8)
	小　計	7,979 (100)	5,267 (100)	2,712 (100)	6,919 (100)	4,728 (100)	2,191 (100)	6,819 (100)	4,855 (100)	1,964 (100)
手続規定違反	発注書面不交付・不備 （第3条違反）	6,003	4,181	1,822	5,864	4,202	1,662	5,964	4,183	1,781
	書類不保存等 （第5条違反）	934	612	322	745	458	287	778	520	258
	虚偽報告等 （第9条第1項違反）	0	0	0	0	0	0	0	0	0
	小　計	6,937	4,793	2,144	6,609	4,660	1,949	6,742	4,703	2,039
合　計		14,916	10,060	4,856	13,528	9,388	4,140	13,561	9,558	4,003

4 下請事業者が被った不利益の原状回復の状況

　令和2年度においては，下請事業者が被った不利益について，親事業者216名から，下請事業者6,354名に対し，下請代金の減額分の返還等，総額5億3992万円相当の原状回復が行われた。

　主なものとしては，①下請代金の減額事件において，親事業者は総額3億7155万円を下請事業者に返還し，②下請代金の支払遅延事件において，親事業者は遅延利息等として総額9364万円を下請事業者に支払い，③不当な経済上の利益の提供要請事件において，親事業者は総額5923万円の利益提供分を下請事業者に返還し，④返品事件において，親事業者は下請事業者から総額1168万円相当の商品を引き取った（第4表及び第2図参照）。

第4表　下請事業者が被った不利益の原状回復の状況

違反行為類型	年度	返還等を行った親事業者数 (注2)	返還等を受けた下請事業者数 (注2)	原状回復の金額 (注1)
減額	2年度	71名	3,858名	3億7155万円
	元年度	104名	4,087名	17億6191万円
	30年度	120名	4,593名	1億8367万円
	29年度	140名	7,659名	16億7800万円
	28年度	131名	4,060名	18億4452万円
支払遅延	2年度	126名	2,340名	9364万円
	元年度	132名	2,931名	3億2026万円
	30年度	165名	4,901名	4億2288万円
	29年度	138名	3,015名	1億9675万円
	28年度	144名	2,076名	6958万円
不当な経済上の利益の提供要請	2年度	10名	84名	5923万円
	元年度	8名	229名	2556万円
	30年度	7名	346名	1750万円
	29年度	8名	47名	633万円
	28年度	8名	98名	2190万円
返品	2年度	4名	33名	1168万円
	元年度	11名	106名	6億6438万円
	30年度	7名	59名	1911万円
	29年度	11名	107名	360万円
	28年度	2名	17名	3億3957万円
やり直し等	2年度	3名	37名	323万円
	元年度	2名	4名	49万円
	30年度	2名	3名	24万円
	29年度	一名	一名	一
	28年度	3名	3名	1498万円
有償支給原材料等の対価の早期決済	2年度	1名	1名	50万円
	元年度	3名	5名	6万円
	30年度	9名	95名	2088万円
	29年度	4名	19名	168万円
	28年度	5名	24名	58万円
受領拒否	2年度	1名	1名	5万円
	元年度	1名	1名	208万円
	30年度	1名	1名	162万円
	29年度	3名	162名	14億7624万円
	28年度	一名	一名	一

違反行為類型	年度	返還等を行った 親事業者数^(注2)	返還等を受けた 下請事業者数^(注2)	原状回復の金額^(注1)
割引困難な 手形の交付	2年度	-名	-名	-
	元年度	1名	10名	109万円
	30年度	2名	8名	5万円
	29年度	1名	5名	158万円
	28年度	1名	5名	44万円
購入等強制	2年度	-名	-名	-
	元年度	4名	94名	61万円
	30年度	5名	152名	225万円
	29年度	2名	10名	6万円
	28年度	7名	221名	2359万円
買いたたき	2年度	-名	-名	-
	元年度	2名	2名	3万円
	30年度	3名	14名	244万円
	29年度	1名	1名	289万円
	28年度	1名	10名	8411万円
合計	2年度	216名	6,354名	5億3992万円
	元年度	268名	7,469名	27億7651万円
	30年度	321名	10,172名	6億7068万円
	29年度	308名	11,025名	33億6716万円
	28年度	302名	6,514名	23億9931万円

（注1）違反行為類型ごとの返還等の金額は1万円未満を切り捨てているため，各金額の合計額と総額とは一致
しない場合がある。

（注2）親事業者数及び下請事業者数は延べ数である。

（注3）該当がない場合を「－」で示した。

第2図　原状回復の状況

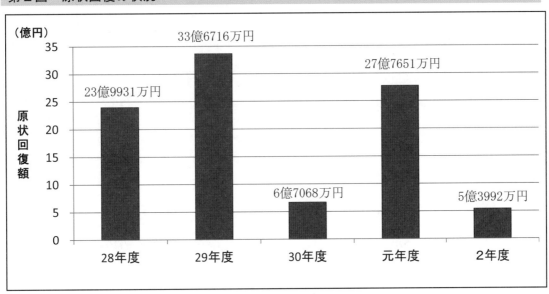

5 下請法違反行為を自発的に申し出た親事業者に係る事案

公正取引委員会は，親事業者の自発的な改善措置が下請事業者の受けた不利益の早期回復に資することに鑑み，当委員会が調査に着手する前に，違反行為を自発的に申し出，かつ，自発的な改善措置を採っているなどの事由が認められる事案については，親事業者の法令遵守を促す観点から，下請事業者の利益を保護するために必要な措置を採ることを勧告するまでの必要はないものとして取り扱うこととし，この旨を公表している（平成20年12月17日。詳細については，後記リンク先を参照）。

令和2年度においては，前記のような親事業者からの違反行為の自発的な申出は24件であった（第5表参照）。また，同年度に処理した自発的な申出は58件であり，そのうちの1件については，違反行為の内容が下請事業者に与える不利益が大きいなど勧告に相当するような事案であった。令和2年度においては，親事業者からの違反行為の自発的な申出により，下請事業者3,230名に対し，下請代金の減額分の返還等，総額1億4437万円相当の原状回復が行われた（注）。

https://www.jftc.go.jp/shitauke/shitauke_tetsuduki/081217.html

（注）前記 4 記載の金額に含まれている。

第5表 自発的な申出の件数

（単位：件）

28年度	29年度	30年度	元年度	2年度
61	47	73	78	24

6 勧告事件及び主な指導事件

令和2年度における勧告事件及び主な指導事件は次のとおりである。

(1) 勧告事件

事業内容	違反行為等の概要	関係法条
紳士靴，婦人靴等の製造販売業 (2.4.10勧告)	㈱リーガルコーポレーションは，下請事業者から商品等を受領した後，当該商品等に係る品質検査を行っていないにもかかわらず，当該商品等に瑕疵があることを理由として，下請事業者の責めに帰すべき理由がないのに，平成30年8月から令和元年10月までの間，当該商品等を引き取らせていた。 　返品した商品等の下請代金相当額は，下請事業者26名に対し，総額1147万4218円である。	第4条第1項第4号（返品の禁止）
食料品，日用雑貨品等の販売業 (2.6.18勧告)	㈱コモディイイダは，次のアからウまでの額を下請代金の額から差し引くことにより，下請金の額を減じていた。 ア　「リベート」の額（平成29年1月から平成30年7月までの間） イ　「POP代」の額（平成29年1月から平成30年1月までの間） ウ　下請代金を下請事業者の金融機関口座に振り込む際に，㈱コモディイイダが実際に金融機関に支払う振込手数料を超える額（平成29年1月から令和2年2月までの間） 　減額金額は，下請事業者14名に対し，総額1635万36円であり，同社は勧告前に減額分を下請事業者に返還している。	第4条第1項第3号（下請代金の減額の禁止）
家電製品の配送及び設置業 (2.7.30勧告)	㈱フジデンは，次のア及びイの額を下請代金の額から差し引くことにより，下請代金の額を減じていた。 ア　「CS管理費」の額（平成29年9月から平成30年11月までの間） イ　「防犯カメラ代」の額（平成29年9月から平成30年12月までの間） 　減額金額は，下請事業者12名に対し，総額2882万6725円であり，同社は勧告前に減額分を下請事業者に返還している。	第4条第1項第3号（下請代金の減額の禁止）
自動車等の製造販売業 (3.3.19勧告)	マツダ㈱は，次のア及びイの行為を行っていた。 ア　提供させる金銭の算出根拠及び使途について明確にせず，「手数料」として，平成30年11月から令和元年10月までの間，金銭を提供させ，当該金銭に対応する何らの給付又は役務を提供することなく，自社の事業に係る各種取引の支払等に充てていた。 イ　前記アの「手数料」を自社の指定する金融機関口座に振り込ませる方法で提供させた際に，振込手数料を支払わせていた。 　提供させた金額は，下請事業者3名に対し，総額5112万3981円であり，同社は勧告前に，下請事業者に対し，前記ア及びイの行為により提供させた金額を支払っている。	第4条第2項第3号（不当な経済上の利益の提供要請の禁止）

(2) 主な指導事件

違反行為等の概要	関係法条
衣料品の製造を下請事業者に委託しているA社は，販売状況に合わせて納入させることを理由に，あらかじめ定められた納期に下請事業者の給付を受領しなかった。	第4条第1項第1号（受領拒否の禁止）
除排雪業務を下請事業者に委託しているB社は，自社の中間決算対策を理由に，下請事業者に対し，あらかじめ定めた支払期日を経過して下請代金を支払っていた。	第4条第1項第2号（下請代金の支払遅延の禁止）
測量業務及び設計業務を下請事業者に委託しているC社は，下請事業者との間で，下請代金について下請事業者の銀行口座に振り込む際の手数料を下請事業者が負担する旨の合意をせずに，自社が実際に支払う振込手数料を下請代金の額から減じていた。	第4条第1項第3号（下請代金の減額の禁止）
ペット用品の製造を下請事業者に委託しているD社は，販売先から返品されたことを理由に，当該ペット用品を下請事業者に返品していた。	第4条第1項第4号（返品の禁止）

違　反　行　為　等　の　概　要	関係法条
電子機器部品の製造を下請事業者に委託しているE社は，下請事業者に対し，下請事業者が自社の休日に当たる日に作業を行う必要があるにもかかわらず，下請代金の額の見直しをせず，一方的に当初取り決めた単価を基に下請代金の額を定めていた。	第4条第1項第5号（買いたたきの禁止）
食品の製造を下請事業者に委託しているF社は，下請事業者に対し，中元及び歳暮の時期に，発注担当者を通じて自社が販売する商品の購入を要請していた。	第4条第1項第6号（購入・利用強制の禁止）
食品の製造を下請事業者に委託しているG社は，下請事業者に対し，有償で原材料を支給しているが，当該原材料の対価について，当該原材料を用いた給付に係る下請代金の支払期日よりも早い時期に，支払うべき下請代金の額から控除していた。	第4条第2項第1号（有償支給原材料等の対価の早期決済の禁止）
金属部品の加工を下請事業者に委託しているH社は，下請事業者に対し，手形期間が120日（繊維業以外の業種において認められる手形期間）を超える手形（125日）を交付していた。	第4条第2項第2号（割引困難な手形の交付の禁止）
プライベート・ブランド商品である食品の製造を下請事業者に委託しているI社は，自社で行うキャンペーンのため，下請事業者に対し，「協賛金」として一定額を提供させていた。	第4条第2項第3号（不当な経済上の利益の提供要請の禁止）
食品の製造を下請事業者に委託しているJ社は，下請事業者に対し，自社の都合により食品の包材の変更作業をさせたにもかかわらず，当該やり直しに伴って生じた費用を負担していなかった。	第4条第2項第4号（不当な給付内容の変更及び不当なやり直しの禁止）

第3 下請法の普及・啓発

　下請法の運用に当たっては，違反行為を迅速かつ効果的に排除することはもとより，違反行為を未然に防止することも重要である。このような観点から，公正取引委員会は，次のとおり各種の施策を実施し，違反行為の未然防止を図っている。

1 下請法等に係る講習会

(1) 基礎講習会

　企業のコンプライアンス意識の高まりや初心者向けの講習会開催に係る要望等を踏まえ，下請法及び優越的地位の濫用規制（以下「下請法等」という。）に関する基礎知識を習得することを希望する者を対象とした「基礎講習会」を実施している。

　令和2年度においては，59回の講習会を実施した。

(2) 下請取引適正化推進講習会

　公正取引委員会は，下請法の普及・啓発を図るため，中小企業庁と共同して，毎年11月を「下請取引適正化推進月間」と定め，下請法の概要等を説明する「下請取引適正化推進講習会」を全国各地で実施している。

　令和2年度においては，32回の講習会を実施した。

(3) 応用講習会

　企業のコンプライアンス意識の高まりや応用的な内容に関する講習会開催に係る要望等を踏まえ，下請法等に関する基礎知識を有する者を対象として，勧告事例等の説明，事例研究等を内容とする「応用講習会」を実施している。

　令和2年度においては，12回の講習会を実施した。

2 下請法に係る相談

(1) 下請法に係る相談

　公正取引委員会では，地方事務所等を含めた全国の相談窓口において，年間を通して，下請法に係る相談を受け付けている。

　令和2年度においては，9,619件に対応した。

(2) 中小事業者のための移動相談会（再掲）

　下請事業者を始めとする中小事業者からの求めに応じ，全国の当該中小事業者が所在する地域に公正取引委員会の職員が出向いて，下請法等について基本的な内容を分かりやすく説明するとともに相談受付等を行う「中小事業者のための移動相談会」を実施している。

　令和2年度においては，3か所で実施した。

(3) 独占禁止法相談ネットワーク

　公正取引委員会は，商工会議所及び商工会の協力の下，独占禁止法相談ネットワーク

を運営しており，独占禁止法及び下請法に関する中小事業者からの相談に適切に対応することができるように，全国の商工会議所及び商工会が有する中小事業者に対する相談窓口を活用し，相談を受け付けている。

令和2年度においては，相談窓口を利用する中小事業者の独占禁止法及び下請法に対する理解を助けるため，中小事業者向けリーフレット（「1分で分かる！独禁法」）等の参考資料を全国の商工会議所及び商工会へ配布した。

3 コンプライアンス確立への積極的支援

公正取引委員会は，事業者等からの下請法に係る相談に応じるとともに，下請法の一層の普及・啓発を図るため，事業者団体が開催する研修会等に講師を派遣している。

令和2年度においては，事業者団体等へ19回講師を派遣した。

4 親事業者に対する下請法遵守のための年末要請

特に年末にかけての金融繁忙期においては，下請事業者の資金繰り等について厳しさが増すことが懸念されることから，下請代金の支払遅延，下請代金の減額，買いたたき等の行為が行われることのないよう，公正取引委員会及び経済産業省は，下請法の遵守の徹底等について，公正取引委員会委員長及び経済産業大臣の連名の文書で要請している。

令和2年度においては，関係事業者団体約1,400団体に対し，11月13日に要請を実施した。

5 下請取引等改善協力委員

公正取引委員会は，下請法等の効果的な運用に資するため，各地域の下請取引等の実情に明るい中小事業者等に下請取引等改善協力委員を委嘱している。令和2年度における下請取引等改善協力委員（定員）は153名である。

令和2年度においては，6月以降3月末にかけて，下請取引等改善協力委員から下請取引の現状等について意見聴取を行うとともに，その概要を公表した（「令和2年度における下請法の運用状況及び企業間取引の公正化への取組」〔令和3年6月2日公表〕の別紙4「下請取引等改善協力委員から寄せられた主な意見」）。

6 「下請代金の支払手段について」の発出

公正取引委員会は，中小事業者の取引条件の改善を図る観点から，下請法等の一層の運用強化に向けた取組を進めており，その取組の一環として，中小企業庁との連名で，関係事業者団体約1,400団体に対して，おおむね3年以内を目途として可能な限り速やかに手形等のサイトを60日以内とすることなど，下請代金の支払の適正化に関する要請を令和3年3月31日に行った。

第10章　消費税転嫁対策特別措置法に関する業務

第1　概説

　消費税転嫁対策特別措置法は，消費税率の引上げに際し，消費税の円滑かつ適正な転嫁を確保することを目的として，平成25年6月5日に成立し，同年10月1日に施行された。

　消費税転嫁対策特別措置法は，消費税の転嫁拒否等の行為の是正に関する特別措置を定めており，平成26年4月1日以後に特定供給事業者から受ける商品又は役務の供給に関して，特定事業者の禁止行為として，①減額又は買いたたき（第3条第1号），②商品購入，役務利用又は利益提供の要請（第3条第2号），③本体価格での交渉の拒否（第3条第3号），④報復行為（第3条第4号）を定め，公正取引委員会は，その特定事業者に対し，これらの行為を防止し，又は是正するために必要な指導又は助言をする旨を定め（第4条），また，これらの消費税の転嫁拒否等の行為（以下「転嫁拒否行為」という。）が認められた場合には，速やかに消費税の適正な転嫁に応じることその他必要な措置を採るべきことを勧告する旨を定めている（第6条）。

　なお，消費税転嫁対策特別措置法は，令和3年3月31日をもって失効したが，同法附則第2条第2項の規定に基づき，失効前に行われた違反行為に対する調査，指導，勧告等の規定については，失効後もなお効力を有するとされていることから，失効前に行われた転嫁拒否行為に対しては，引き続き，同法に基づいて，迅速かつ厳正に対処していく。

第2　消費税の転嫁拒否等の行為の是正に関する特別措置

1　転嫁拒否行為に関する情報収集

(1)　相談窓口における対応

　公正取引委員会は，本局及び全国の地方事務所等に相談窓口を設置しており，当該窓口において転嫁拒否行為等に関する事業者からの相談や情報提供を一元的に受け付けている。

　令和2年度においては，553件の相談に対応した。

(2)　書面調査

　公正取引委員会は，転嫁拒否行為を受けた事業者にとって，自らその事実を申し出にくい場合もあると考えられることから，転嫁拒否行為を受けた事業者からの情報提供を受身的に待つだけではなく，書面調査を実施し，中小企業・小規模事業者等（売手側）から転嫁拒否行為に関する情報収集を積極的に行っている。

　令和2年度においても転嫁拒否行為を監視するため，令和2年5月以降，令和元年度に引き続き中小企業庁と合同で，中小企業・小規模事業者等（約280万名）に対する悉皆的な書面調査を実施した。また，令和2年10月以降，中小企業庁と合同で，個人事業者（約350万名）に対する悉皆的な書面調査を実施した。

　また，公正取引委員会は，前記の中小企業・小規模事業者等に対する書面調査とは別

に，転嫁拒否行為に関する情報収集の観点から，令和２年５月，大規模小売事業者・大企業等（買手側。約８万名）に対し，消費税転嫁対策特別措置法第15条第１項に基づく報告義務を課した書面調査を実施した。

(3)　事業者及び事業者団体に対するヒアリング調査

　　公正取引委員会は，令和２年度において，様々な業界における転嫁拒否行為に関する情報や取引実態を把握するため，1,430名の事業者及び892の事業者団体に対してヒアリング調査を実施した。

(4)　移動相談会

　　公正取引委員会は，事業者にとって，より一層相談しやすい環境を整備するため，全国各地で移動相談会を実施することとしており，令和２年度においては30回実施した。

(5)　下請法の書面調査の活用

　　公正取引委員会は，下請法の書面調査を通じて，転嫁拒否行為に関する情報も併せて収集し，転嫁拒否行為に関する情報が得られた場合には，速やかに調査を行った。

(6)　下請法との一体的な運用

　　公正取引委員会は，消費税転嫁対策特別措置法に基づく調査において，下請法に違反する事実（発注書面不交付・不備，受領拒否，割引困難な手形の交付等）が判明した場合には，下請法に基づき速やかに調査を行った。

2　転嫁拒否行為に対する調査・措置等

(1)　転嫁拒否行為に対する勧告及び指導件数

　　公正取引委員会は，様々な情報収集活動によって把握した情報を踏まえ，立入検査等の調査を積極的に実施し，転嫁拒否行為に対しては，指導により転嫁拒否行為に係る不利益の回復等の必要な改善措置を講ずるよう迅速かつ厳正に対処している。また，重大な転嫁拒否行為が認められた場合には勧告を行うとともに，違反行為を行った特定事業者の名称，違反行為の概要等を公表している。

　　令和２年度においては，５件について勧告を行い，280件について指導を行った（第１表参照）。

第1表　転嫁拒否行為に対する勧告及び指導件数

（単位：件）

	勧告	指導
令和2年度	5（2）	280（15）
令和元年度	6（0）	743（18）
累　計（注1）	59（13）	3,439（189）

（注1）平成25年10月から令和3年3月までの累計である。
（注2）（　）内の件数は，大規模小売事業者に対する勧告又は指導の件数で内数である。

第2表　勧告及び指導件数の内訳（業種別）

（単位：件）

業種	令和2年度			令和元年度			累計（注3）		
	勧告	指導	合計	勧告	指導	合計	勧告	指導	合計
建設業	0	40	40	1	85	86	5	409	414
製造業	1	48	49	0	107	107	2	786	788
情報通信業	1	26	27	2	53	55	9	289	298
運輸業（道路貨物運送業等）	1	11	12	0	26	26	2	180	182
卸売業	0	13	13	0	57	57	1	243	244
小売業	2	23	25	0	85	85	13	381	394
不動産業	0	21	21	1	68	69	9	192	201
技術サービス業（広告・建築設計業等）	0	12	12	1	18	19	1	155	156
学校教育・教育支援業	0	14	14	1	13	14	4	80	84
その他（注4）	0	72	72	0	231	231	13	724	737
合　計	5	280	285	6	743	749	59	3,439	3,498

（注3）平成25年10月から令和3年3月までの累計である。
（注4）「その他」は，娯楽業，金融・保険業等である。
（注5）複数の業種にわたる場合は，当該事業者の主たる業種により分類している。

⑵　行為類型別件数

　　令和2年度において勧告又は指導が行われた違反行為を行為類型別にみると，減額（消費税転嫁対策特別措置法第3条第1号前段）が40件，買いたたき（同法第3条第1号後段）が278件，本体価格での交渉の拒否（同法第3条第3号）が3件となっている（第3表参照）。

第3表　勧告及び指導件数の内訳（行為類型別）

(単位：件)

行為類型	令和2年度			令和元年度			累計（注6）		
	勧告	指導	合計	勧告	指導	合計	勧告	指導	合計
減額	0	40	40	2	216	218	6	384	390
買いたたき	5	273	278	4	664	668	57	3,020	3,077
役務利用又は利益提供の要請	0	0	0	0	21	21	0	70	70
本体価格での交渉の拒否	0	3	3	0	21	21	0	275	275
勧告・指導件数（注7）	5	280	285	6	743	749	59	3,439	3,498

（注6）平成25年10月から令和3年3月までの累計である。
（注7）1事業者に対して複数の行為について措置を採っている場合があるため，各行為類型の件数の合計値は，「勧告・指導件数」と一致しない。

⑶　特定供給事業者が被った不利益の原状回復の状況

　　令和2年度においては，転嫁拒否行為によって特定供給事業者が被った不利益について，特定事業者279名から，特定供給事業者4万6504名に対し，総額7億3257万円の原状回復が行われた。

第4表　特定供給事業者が被った不利益の原状回復の状況

	令和2年度	令和元年度	累計（注8）
原状回復を行った特定事業者数	279名	276名	2,039名
原状回復を受けた特定供給事業者数	46,504名	68,951名	276,515名
原状回復額（注9）	7億3257万円	38億2122万円	81億9461万円

（注8）平成26年4月から令和3年3月までの累計である。
（注9）原状回復額は1万円未満を切り捨てている。

3　勧告事件及び主な指導事例

　令和2年度における勧告事件及び主な指導事例は次のとおりである。

(1)　勧告事件

事業内容	違反行為の概要	関係法条
小売業 (2.6.10勧告)	衣料品等の小売業を営んでいた㈱はるやまホールディングスは，店舗等の賃貸人の一部に対し，平成26年4月分から平成29年1月分までの賃料について，消費税率の引上げ分を上乗せせずに据え置いて支払った。 　衣料品等の小売業を営むはるやま商事㈱は，店舗等の賃貸人の一部に対し， ① 　平成29年2月分以後の賃料について，㈱はるやまホールディングスが消費税率引上げ分を上乗せせずに据え置いた上記賃料と同額の賃料を支払った。 ② 　令和元年10月分以後の賃料について，消費税率引上げ分を上乗せせずに据え置いて支払った。	第3条第1号後段（買いたたき）
情報通信業 (2.6.26勧告)	ふるさと納税ポータルサイトの企画・運営等の事業を営む㈱さとふるは返礼品提供事業者の一部に対し，令和元年10月1日以後に供給を受けた返礼品の単価について，消費税率引上げ分を上乗せせずに支払った。	第3条第1号後段（買いたたき）
製造業 (2.8.3勧告)	足場等の仮設機材の製造販売，組立・解体工事業等を営む㈱ダイサンは，足場取付等業務を委託している個人事業者に対し，平成26年4月1日以後及び令和元年10月1日以後の当該業務の単価について，それぞれ同日前の単価にそれぞれ同日における消費税率引上げ分を上乗せした額から1円未満の端数を切り捨てた額に定め，当該単価に一定期間の施工数量等を乗じた額を支払うことにより，消費税率引上げ分を上乗せした額よりも低い額を当該業務の対価として支払った。	第3条第1号後段（買いたたき）
運輸業 (2.12.10勧告)	貨物自動車運送事業を営むカトーレック㈱は，配送業務を委託している委託配送業者に対し，平成26年4月1日以後及び令和元年10月1日以後の当該業務の報酬単価又は月額報酬について，それぞれ消費税率引上げ分を上乗せせずに当該業務の委託料を支払った。	第3条第1号後段（買いたたき）

(2)　主な指導事例

業種	違反行為の概要	関係法条
小売業	大規模小売事業者であり，衣料品等の通信販売業を営むA社は，商品の納入業者（特定供給事業者）に対し，仕入代金を本体価格で定めて月単位で支払うこととしているところ，平成26年4月以後，納品商品又は発注伝票ごとに本体価格に消費税率を乗じて1円未満の端数を切り捨てた額を消費税相当額として支払うことにより，支払対象期間の本体価格の合計額に消費税率を乗じて得られた消費税相当額から，その一部を減じていた。	第3条第1号前段（減額）
不動産業	不動産取引業等を営むB社は，建築工事を委託している事業者（特定供給事業者）に対し，委託代金を本体価格で定めているところ，平成31年4月から令和元年9月にかけて契約し，令和元年10月1日以後に引渡しを受けた工事について，本体価格に旧税率（8%）を適用して支払うことにより，本体価格に新税率（10%）を適用した消費税込みの金額から減じていた。	第3条第1号前段（減額）
娯楽業	スポーツチームを運営するC社は，イベント出演に係る業務を委託している事業者（特定供給事業者）に対し，委託代金を本体価格で定めているところ，令和元年10月以後，本体価格に消費税相当額を上乗せせず支払うことにより，消費税相当額を減じていた。	第3条第1号前段（減額）
サービス業	粗大ごみの回収・処理事業を行うD市は，粗大ごみの収集運搬業務を委託している事業者（特定供給事業者）に対し，令和元年10月1日以後の消費税込みの委託代金について，消費税率引上げ前の対価に消費税率引上げ分を上乗せした額よりも低く定めていた。	第3条第1号後段（買いたたき）

業 種	違 反 行 為 の 概 要	関係法条
情報通信業	システム開発業を営むE社は，システムの構築・運用支援等業務を委託している事業者（特定供給事業者）に対し，令和元年10月1日以後の消費税込みの委託代金について，消費税率の引上げ分を上乗せした額よりも低く定め，又は消費税率の引上げ分を上乗せすることなく，据え置いていた。	第3条第1号後段（買いたたき）
製造業	農業用機械の製造業を営むF社は，製品の組立て業務を委託している事業者（特定供給事業者）に対し，平成26年4月1日以後の消費税込みの委託代金について，消費税率の引上げ分を上乗せすることなく，据え置いていた。	第3条第1号後段（買いたたき）
運輸業	貨物自動車運送事業を営むG社は，運送業務を委託している事業者（特定供給事業者）に対し，委託代金とは別建てで支払うこととしている令和元年10月1日以後の消費税込みの有料道路の利用料について，消費税率引上げに伴う料金改定が行われたにもかかわらず反映することなく，据え置いていた。	第3条第1号後段（買いたたき）
教育・学習支援事業	法定講習等の実施機関であるH法人は，講師業務を委託している事業者（特定供給事業者）との価格交渉において，平成26年4月1日以後，消費税額の記載欄のない様式の請求書を指定すること，端数が出ないよう見積りは税込価格で提出することを求める文書を交付すること，及び特定供給事業者からの本体価格で交渉を行いたい旨の申出を断ることにより，本体価格での交渉を拒んでいた。	第3条第3号（本体価格での交渉の拒否）

第3 消費税の転嫁及び表示の方法の決定に係る共同行為に関する特別措置

1 制度の概要

消費税転嫁対策特別措置法は，令和3年3月31日までの消費税の円滑かつ適正な転嫁を確保するため，消費税の転嫁及び表示の方法の決定に係る共同行為について，公正取引委員会に事前に届け出ることにより独占禁止法に違反することなく行うことができるものとしていた。

2 届出の受付等

令和2年度においては，消費税の転嫁の方法の決定に係る共同行為（以下「転嫁カルテル」という。）1件の届出を受け付けた。消費税についての表示の方法の決定に係る共同行為（以下「表示カルテル」という。）の届出はなかった（転嫁カルテル及び表示カルテルの届出件数は第5表，業種別届出件数は第6表参照）。

また，届出の方法等について，令和2年度においては，2件の相談に対応した。

第5表　転嫁カルテル及び表示カルテルの届出件数

（単位：件）

	転嫁カルテル	表示カルテル	合　計
令和2年度	1	0	1
令和元年度	8	0	8
累計（注1）	203	140	343

（注1）平成25年10月から令和3年3月までの累計である。

第6表　業種別届出件数

（単位：件）

	転嫁カルテル			表示カルテル		
	令和2年度	令和元年度	累計（注2）	令和2年度	令和元年度	累計（注2）
製造業	0	1	96	0	0	79
卸売業	0	1	60	0	0	49
小売業	0	4	55	0	0	45
サービス業	1	3	52	0	0	22
その他（注4）	0	0	29	0	0	10
合計	1	9	292	0	0	205

（注2）平成25年10月から令和3年3月までの累計である。
（注3）複数の業種にわたる場合の届出があるので，合計の数字は第5表に記載の届出件数と一致しない。
（注4）「その他」の業種は，運輸業，建設業等である。

第4　消費税転嫁対策特別措置法の普及・啓発

　公正取引委員会は，消費税の円滑かつ適正な転嫁を確保することを目的として，消費税転嫁対策特別措置法の周知等の転嫁拒否行為を未然に防止するための各種の施策を実施している。

1　消費税転嫁対策特別措置法に係る説明会等

(1)　公正取引委員会主催説明会

　公正取引委員会は，消費税転嫁対策特別措置法等の内容を広く周知するため，事業者及び事業者団体を対象として，当委員会主催の説明会を実施しており，令和2年度においては30回実施した。

(2)　講師派遣

　公正取引委員会は，商工会議所，商工会，事業者団体等が開催する説明会に，当委員会事務総局の職員を講師として派遣しており，令和2年度においては，職員を1回派遣した。

(3)　消費税転嫁対策特別措置法に係るeラーニング資料の公開

　　新型コロナウイルス感染拡大防止の観点から，前記(1)の説明会への参加を見合わせざるを得ない事業者が存在する可能性等を考慮し，事業者がいつでも消費税転嫁対策特別措置法の内容を学ぶ機会を提供するため，同法に係る e ラーニング資料（音声解説付）を作成し，ウェブサイト上に公開した。

2　消費税転嫁対策特別措置法に係る広報等

(1)　パンフレットの配布

　　公正取引委員会は，消費税転嫁対策特別措置法等の内容を分かりやすく説明したパンフレット「消費税の円滑かつ適正な転嫁のために」を関係省庁と協力して改訂し，転嫁拒否行為のよくある違反事例の概要等を紹介したパンフレット「消費税の転嫁拒否に関する主な違反事例」と併せて，全国の商工会議所，商工会，地方公共団体等に約40万部配布した。

(2)　ウェブサイトの活用

ア　「消費税の転嫁拒否等の行為に関するよくある質問」の掲載

　　公正取引委員会は，前記(1)の事業者等向けパンフレット等の各種資料のほか，消費税転嫁対策特別措置法の運用を踏まえて，「消費税の転嫁拒否等の行為に関するよくある質問」を作成の上，当委員会ウェブサイトの「消費税転嫁対策コーナー」に掲載している。

　　令和2年度においては，「消費税の転嫁拒否等の行為に関するよくある質問」に請負単価（税込み）の端数処理（四捨五入）に関する質問を追記した。

イ　インターネットによる申告の対応

　　新型コロナウイルス感染拡大防止の観点から，事業者が，いつでも電子的手段により消費税転嫁対策特別措置法の違反被疑情報を申し出ることができるよう，電子申告窓口を開設した。

(3)　マスメディアを利用した集中的な広報

　　公正取引委員会は，転嫁拒否行為が禁止されていること，転嫁拒否行為に対して当委員会が厳しく監視していること及び転嫁拒否行為に関する積極的な情報提供を求めていることを広く周知するため，各種媒体を利用した事業者向け広報を実施している。令和2年度においては，令和元年度に引き続き，新聞，雑誌，バナー広告等を活用した事業者向け広報を実施し（6月），転嫁拒否行為が禁止されていること等を積極的に周知した。

3　消費税転嫁対策特別措置法の失効に関する取組

　　消費税転嫁対策特別措置法は，令和3年3月31日をもって失効したが，同法の失効後における転嫁拒否行為に関して，特に注意すべき点について，独占禁止法及び下請法の

考え方をＱ＆Ａ形式で示した「消費税転嫁対策特別措置法の失効後における消費税の転嫁拒否等の行為に係る独占禁止法及び下請法の考え方に関するＱ＆Ａ」を作成し，消費税転嫁対策コーナーに掲載した。

第11章　国際関係業務

第1　独占禁止協力協定等

　近年，複数の国・地域の競争法に抵触する事案，複数の国・地域の競争当局が同時に審査を行う必要のある事案等が増加するなど，競争当局間の協力・連携の強化の必要性が高まっている。このような状況を踏まえ，公正取引委員会は，二国間独占禁止協力協定等に基づき，関係国の競争当局に対し執行活動等に関する通報を行うなど，外国の競争当局との間で緊密な協力を行っている。

1　独占禁止協力協定

(1)　日米独占禁止協力協定

　日本国政府は，米国政府との間で，平成11年10月7日に「反競争的行為に係る協力に関する日本国政府とアメリカ合衆国政府との間の協定」に署名し，同協定は同日に発効した。同協定は，両政府の競争当局間における執行活動に係る通報，協力，調整，執行活動の要請，重要な利益の考慮等を規定している。

(2)　日欧州共同体独占禁止協力協定

　日本国政府は，欧州共同体との間で，平成15年7月10日に「反競争的行為に係る協力に関する日本国政府と欧州共同体との間の協定」に署名し，同協定は同年8月9日に発効した。同協定は，前記日米独占禁止協力協定とほぼ同様の内容となっている。

　なお，我が国及び欧州連合（EU）の双方は，競争分野における日EU間の協力関係をより一層強化するために同協定を改正することとしており，平成29年10月19日及び20日に改正交渉第1回会合を開催して以降，改正交渉を継続して行っている。

(3)　日加独占禁止協力協定

　日本国政府は，カナダ政府との間で，平成17年9月6日に「反競争的行為に係る協力に関する日本国政府とカナダ政府との間の協定」に署名し，同協定は同年10月6日に発効した。同協定は，前記日米独占禁止協力協定とほぼ同様の内容となっている。

2　競争当局間の協力に関する覚書

　令和元年度に署名した中国の競争当局である中国国家市場監督管理総局との協力に関する覚書に続き，令和2年度も引き続き外国の競争当局との覚書の署名に向けた交渉を行った。

第2　競争当局間協議

　公正取引委員会は，我が国と経済的交流が特に活発な国・地域の競争当局等との間で競争政策に関する協議を定期的に行っている。令和2年度における協議の開催状況は，第1

表のとおりである。

第1表　令和2年度における競争当局間協議の開催状況

	期日及び場所	相手当局
EU	令和3年2月12日　東京（ウェブ会議）	欧州委員会
オーストラリア	令和3年3月4日　東京（ウェブ会議）	オーストラリア競争・消費者委員会

第3　経済連携協定への取組

　近年における経済のグローバル化の進展と並行して，地域貿易の強化のため，現在，多くの国が，経済連携協定や自由貿易協定の締結又は締結のための交渉を行っている。我が国は，令和2年度，中国・韓国，トルコ等との間で経済連携協定等の締結交渉を行い，英国との間では日英包括的経済連携協定を令和2年10月23日に署名し，同協定は，令和3年1月1日に発効した。また，令和2年11月15日に地域的な包括的経済連携（RCEP：Regional Comprehensive Economic Partnership）協定が我が国を含む15か国により署名された。

　競争政策の観点からは，経済連携協定等が市場における競争を一層促進するものとなることが重要であり，公正取引委員会は，このような観点から我が国の経済連携協定等の締結に関する取組に参画している。我が国がこれまでに署名・締結した経済連携協定のうち，第2表に掲げるものには，競争に関する規定が設けられ，両国が反競争的行為に対する規制の分野において協力することが盛り込まれている。

第2表　我が国が署名・締結した発効済み経済連携協定のうち競争に関する規定が設けられているもの

協定名	状況
日・シンガポール経済連携協定	平成14年1月署名 平成14年11月発効（注1）
日・メキシコ経済連携協定	平成16年9月署名 平成17年4月発効
日・マレーシア経済連携協定	平成17年12月署名 平成18年7月発効
日・フィリピン経済連携協定	平成18年9月署名 平成20年12月発効
日・チリ経済連携協定	平成19年3月署名 平成19年9月発効
日・タイ経済連携協定	平成19年4月署名 平成19年11月発効
日・インドネシア経済連携協定	平成19年8月署名 平成20年7月発効
日・ASEAN包括的経済連携協定	平成20年4月署名（注2） 平成20年12月発効（注3）
日・ベトナム経済連携協定	平成20年12月署名 平成21年10月発効
日・スイス経済連携協定	平成21年2月署名 平成21年9月発効

協定名	状況
日・インド包括的経済連携協定	平成23年2月署名 平成23年8月発効
日・ペルー経済連携協定	平成23年5月署名 平成24年3月発効
日・オーストラリア経済連携協定	平成26年7月署名 平成27年1月発効
日・モンゴル経済連携協定	平成27年2月署名 平成28年6月発効
環太平洋パートナーシップに関する包括的及び先進的な協定（ＴＰＰ11協定）（注4）	平成30年3月署名 平成30年12月発効
日・ＥＵ経済連携協定	平成30年7月署名 平成31年2月発効
日・英包括的経済連携協定	令和2年10月署名 令和3年1月発効
地域的な包括的経済連携協定（ＲＣＥＰ協定）（注5）	令和2年11月署名

（注1）平成19年3月に両国間で見直しのための改正議定書が署名され，同年9月に発効した。競争に関する章については，実施取極において，シンガポール側における競争法導入及び競争当局設立に伴う修正が行われた。

（注2）平成20年4月に日本及び全ＡＳＥＡＮ構成国の署名が完了した。

（注3）日本とシンガポール，ラオス，ベトナム及びミャンマーとの間では平成20年12月に，ブルネイとの間では平成21年1月に，マレーシアとの間では同年2月に，タイとの間では同年6月に，カンボジアとの間では同年12月に，インドネシアとの間では平成22年3月に，フィリピンとの間では同年7月に発効した。

（注4）平成28年2月に，我が国のほか，オーストラリア，ブルネイ，カナダ，チリ，マレーシア，メキシコ，ニュージーランド，ペルー，シンガポール，米国及びベトナムにより環太平洋パートナーシップ（Trans-Pacific Partnership）協定が署名された。その後，米国が離脱を表明したことを受けて，平成30年3月，米国を除く11か国によりＴＰＰ11協定（Comprehensive and Progressive Agreement for Trans-Pacific Partnership）が署名され，同年12月に発効した。

（注5）令和2年11月に，我が国のほか，ブルネイ，カンボジア，インドネシア，ラオス，マレーシア，ミャンマー，フィリピン，シンガポール，タイ，ベトナム，中国，韓国，オーストラリア及びニュージーランドによりＲＣＥＰ協定が署名された。

第4　多国間関係

1　国際競争ネットワーク（ＩＣＮ：International Competition Network）

⑴　ＩＣＮの概要

ＩＣＮは，競争法執行における手続面及び実体面の収れんを促進することを目的として平成13年10月に発足した各国競争当局を中心としたネットワークであり，令和2年度末現在，130か国・地域から141の競争当局が加盟している。また，国際機関，研究者，弁護士等の非政府アドバイザー（ＮＧＡ：Non-Governmental Advisors）もＩＣＮに参加している。

ＩＣＮは，主要な21の競争当局の代表者で構成される運営委員会（Steering Group）により，その全体活動が管理されている。公正取引委員会委員長は，ＩＣＮの設立以来，運営委員会のメンバーとなっている。

ＩＣＮは，運営委員会の下に，テーマごとに，①カルテル作業部会，②企業結合作業部会，③単独行為作業部会，④アドボカシー作業部会及び⑤当局有効性作業部会の五つの作業部会並びにＩＣＮの組織及び運営等に関する作業部会を設置している。これらの作業部会においては，ウェブ会議，質問票，各国競争当局からの書面提出等を通じて，

それぞれの課題に対する検討が行われているほか，テーマごとにワークショップが開催されている。公正取引委員会は，これらの活動に積極的に取り組んでおり，平成23年5月から平成26年4月までカルテル作業部会の共同議長を，平成26年4月から平成29年5月まで同作業部会サブグループ（SG1）の共同議長を，平成29年5月から令和2年5月まで企業結合作業部会の共同議長を務め，令和2年5月からは単独行為作業部会の共同議長を務めている。

また，ICNは，これらの作業部会の成果の報告，次年度のワークプランの策定等のため，年次総会を開催している。第19回年次総会は，令和2年9月14日から同月17日にかけてウェブ会議形式で開催され，公正取引委員会委員がスピーカーとして参加した。

令和2年度における主な会議の開催状況は，第3表のとおりである。

第3表　令和2年度におけるICNの主な会議の開催状況

会議	期日	形式
第19回年次総会	令和2年9月14日〜17日	ウェブ会議（米国司法省及び連邦取引委員会主催）
企業結合ワークショップ	令和3年3月30日	ウェブ会議（英国競争・市場庁主催）

⑵　各作業部会の活動状況

令和2年度における各作業部会の活動状況は，次のとおりである。

ア　カルテル作業部会

カルテル作業部会は，反カルテル執行における国内的及び国際的な諸問題に対処することを目的として設置された作業部会である。同作業部会には，ハードコア・カルテルの定義等の基本的な概念について検討を行う一般的枠組みサブグループ（SG1）及び個別の審査手法に関する情報交換等を通じてカルテルに対する法執行の効率性を高めることを目的とした審査手法サブグループ（SG2）が設置されている。

第19回年次総会以降，SG1においては，過去10年間の反カルテル執行の動向に関する調査が実施されたほか，「弁護士の視点からのリニエンシー」，「カルテル事件における損害賠償請求」，「入札談合の探知・評価方法」，「新型コロナウイルス感染症拡大の状況下におけるカルテル審査の実務上の課題」，「ハブアンドスポークカルテル事件」及び「新型コロナウイルス感染症拡大の状況下における企業間の水平的協調に対する評価方法」をテーマとしたオンラインセミナーが開催された。このうち「新型コロナウイルス感染症拡大の状況下における企業間の水平的協調に対する評価方法」をテーマとしたオンラインセミナーでは，公正取引委員会事務総局の職員がスピーカーを務めた。このほか，当委員会は，アジア太平洋地域に所在する競争当局が参加しやすい時間帯に2回のオンラインセミナーを主催し，これらのオンラインセミナーにおいて，当委員会事務総局の職員がスピーカー等を務めた。

SG2においては，公正取引委員会の主導により，平成27年に設立された「非秘密情報の交換を促進するためのフレームワーク」について，当委員会は引き続きその運用を行うとともに，独立行政法人国際協力機構（JICA）の枠組みによる集団研修

（後記第5の 1 (4)参照）において同フレームワークを紹介することなどにより，同フレームワークの周知広報を行った。

イ　企業結合作業部会

　　企業結合作業部会は，企業結合審査の効率性を高めるとともに，その手続面及び実体面の収れんを促進し，国際的企業結合の審査を効率化することを目的として設置された作業部会である。

　　第19回年次総会以降，同作業部会においては，ジョイント・ベンチャーに関する企業結合規制に係る調査が実施されたほか，ＩＣＮ企業結合届出・手続テンプレートの改定の準備作業が行われた。また，新型コロナウイルス感染症に係る対応に関する経験共有を目的とした一連の地域オンラインセミナーが開催され，公正取引委員会はアジア太平洋地域向けセミナーを主催し，当委員会事務総局の職員がモデレーターを務めた。さらに，当委員会は，平成24年に当委員会の主導により同作業部会の下に設立された「企業結合審査に係る国際協力のためのフレームワーク」について，引き続き運用を行うとともに利用促進を図っている。

　　加えて，令和3年3月，「企業結合における問題解消措置」をテーマとした企業結合ワークショップがウェブ会議形式で開催された。

ウ　単独行為作業部会

　　単独行為作業部会は，事業者による反競争的単独行為に対する規制の在り方等について議論することを目的として設置された作業部会である。

　　第19回年次総会以降，同作業部会においては，前年に実施された「デジタル時代における市場支配的地位の評価」に係る調査の結果を踏まえ，「デジタル市場における市場シェア」及び「デジタル市場における参入障壁」をテーマとしたオンラインセミナーが開催されたほか，「健康分野における不当な高価格設定行為」をテーマとしたオンラインセミナーが開催された。

エ　アドボカシー作業部会

　　アドボカシー作業部会は，競争唱導活動の有効性を向上させることを目的として設置された作業部会である。

　　第19回年次総会以降，同作業部会においては，競争唱導ツールキットの更新に向けた各競争当局の競争唱導活動に関する調査及び競争コンプライアンス文化に関する調査が実施された。

　　また，「危機時における競争唱導」，「コンプライアンス文化の促進」及び「競争唱導ツールキットの再考」をテーマとしたオンラインセミナーが開催され，このうち「危機時における競争唱導」及び「コンプライアンス文化の促進」をテーマとしたオンラインセミナーでは，公正取引委員会事務総局の職員がスピーカーを務めた。

　　さらに，同作業部会においては，世界銀行との共催で，各競争当局の競争唱導の成功例に関する2021年アドボカシーコンテストが開催された。

オ 当局有効性作業部会

当局有効性作業部会は，競争政策の有効性に関する諸問題とその有効性を達成するために最もふさわしい競争当局の組織設計を検討することを目的として設立された作業部会である。

第19回年次総会以降，同作業部会においては，デジタル化に対応するための競争当局の様々な戦略（組織編制，調査手法，人材採用，職員研修，情報管理）について議論及び検討するためのデジタル化，イノベーションと当局有効性に関する調査が実施された。また，「デジタル化，イノベーションと当局有効性」をテーマとしたオンラインセミナーが開催された。

さらに，同作業部会においては，チーフ／シニアエコノミストワークショップの開催に向けた作業が行われている。

2 経済協力開発機構（OECD）・競争委員会（COMP：Competition Committee）

(1) 競争委員会は，OECDに設けられている各種委員会の一つであり，昭和36年12月に設立された制限的商慣行専門家委員会が昭和62年に競争法・政策委員会に改組され，平成13年12月に現在の名称に変更されたものである。我が国は，昭和39年のOECD加盟以来，その活動に参加してきており，公正取引委員会は，同年10月の会合以降，これに参加してきている。競争委員会は，本会合のほか，その下に各種の作業部会を設け，随時会合を行っている。また，競争委員会の各種会合に加え，OECD加盟国以外の国・地域の参加が可能な競争に関するグローバルフォーラムや，アジア太平洋地域の競争当局を対象としたハイレベル会合も随時開催されている。令和2年度における会議の開催状況は，後記(2)及び(3)のとおり（第4表参照）であり，当委員会からは，委員及び事務総局の職員数名が出席し，我が国の経験を紹介するなどして，議論に貢献した。

第4表 令和2年度における競争委員会の開催状況

期日	会議
令和2年6月8日～同月16日	第133回本会合，第69回第2作業部会（競争と規制），第131回第3作業部会（協力と執行）
令和2年7月15日	第4回アジア太平洋競争当局ハイレベル会合
令和2年11月30日～12月10日	第134回本会合，第70回第2作業部会（競争と規制），第132回第3作業部会（協力と執行），第19回競争に関するグローバルフォーラム
令和2年12月16日	第5回アジア太平洋競争当局ハイレベル会合

（注）前記会議は，全てウェブ会議である。

(2) 令和2年6月の第133回本会合においては，①企業結合の混合的効果に係るラウンドテーブル，②スタートアップ，キラーアクイジション及び企業結合届出規制に係るラウンドテーブル，③消費者のデータに関する権利と競争への影響に係るラウンドテーブル，④新型コロナウイルス感染症状況下の競争政策に係るラウンドテーブル等が行われた。また，同年12月の第134回本会合においては，①持続可能性と競争に係るラウンドテーブル，②経済回復の促進における競争政策の役割に係るラウンドテーブル及び③デジタルエコシステムにおける競争経済に係るヒアリングが行われた。

(3) 競争委員会に属する各作業部会，競争に関するグローバルフォーラム及びアジア太平洋競争当局ハイレベル会合の令和2年度における主要な活動は，次のとおりである。

ア 第2作業部会では，令和2年6月の会合においては，基幹事業の規制に係るヒアリング等が行われた。また，同年11月の会合においては，デジタル広告市場に係るラウンドテーブルが行われた。

イ 第3作業部会では，令和2年6月の会合においては，カルテル及び談合の犯罪化に係るラウンドテーブルが行われた。また，同年12月の会合においては，IoT（Internet of Things）時代の標準必須特許に関するプレゼンテーション等のほか，同年6月の本会合に引き続き，「公共調達における入札談合撲滅に関する理事会勧告」の改定に関する議論が行われた。

ウ 競争に関するグローバルフォーラムでは，令和2年12月の会合においては，①デジタル市場における市場支配的地位の濫用に係るラウンドテーブル，②企業結合審査における経済分析に係るラウンドテーブル，③新たな競争上の課題に対処するための市場調査の活用に係るラウンドテーブル等が行われた。

エ アジア太平洋競争当局ハイレベル会合では，令和2年7月の会合においては，新型コロナウイルス感染症の危機下における競争当局の対応に関する議論が行われた。また，同年12月の会合においては，新型コロナウイルス感染症がもたらした危機からの回復を支援するための競争当局の活動に関する議論が行われた。

3　東アジア競争政策トップ会合及び東アジア競争法・政策カンファレンス

　東アジア競争政策トップ会合は，東アジア地域における競争当局のトップ等が一堂に会し，その時々の課題や政策動向等について率直な意見・情報交換を行うことにより，東アジア地域における競争当局間の協力関係を強化することを目的とするものである。同会合においては，競争法・政策の執行に係る課題，効果的・効率的な技術支援のための協力・調整等のテーマについて議論が行われている。

　東アジア競争法・政策カンファレンスは，競争当局に加え，学界，産業界等からの出席者を交えて，競争法・政策に係るプレゼンテーション・質疑応答等を行い，東アジア地域における競争法・政策の普及・広報に寄与することを主要な目的とするものである。

　公正取引委員会は，東アジア競争政策トップ会合及び東アジア競争法・政策カンファレンスにおいて主導的な役割を果たしている。

　令和2年度の東アジア競争政策トップ会合及び東アジア競争法・政策カンファレンスは，新型コロナウイルス感染症の影響のため，令和3年度に延期とされた。

4　アジア太平洋経済協力（APEC）

　APECにおいては，APEC域内における競争政策についての理解を深め，貿易及び投資の自由化及び円滑化に貢献することを目的として，貿易投資委員会の下部組織として

競争政策・規制緩和グループ（ＣＰＤＧ）が平成８年に設置された。同グループは，平成19年に貿易投資委員会の下部組織から経済委員会（ＥＣ）の下部組織に移行し，平成20年には競争政策・競争法グループ（ＣＰＬＧ）に改称した。公正取引委員会は，平成17年から平成24年12月までＣＰＬＧ（改称前においてはＣＰＤＧ）の議長を務め，平成28年１月からはＣＰＬＧの副議長を務めるなど，ＡＰＥＣにおける競争政策に関する取組に対して積極的に貢献を行っている。

令和２年度においては，公正取引委員会事務総局の職員が，令和３年２月にウェブ会議形式で開催されたＣＰＬＧ会合において，独占禁止法の改正，デジタル分野における取組等の我が国の競争政策の動向について報告を行った。

5 国連貿易開発会議（ＵＮＣＴＡＤ）

昭和55年，ＵＮＣＴＡＤ主催による制限的商慣行国連会議において，「制限的商慣行規制のための多国間の合意による一連の衡平な原則と規則」（以下「原則と規則」という。）が採択された。また，原則と規則は，同年の第35回国連総会において，国連加盟国に対する勧告として採択された。原則と規則は，国際貿易，特に開発途上国の国際貿易と経済発展に悪影響を及ぼす制限的商慣行を特定して規制することにより，国際貿易と経済発展に資することを目的としている。その後，このような制限的商慣行についての調査研究，情報収集等を行うために，昭和56年，制限的商慣行政府間専門家会合が設置され，平成８年のＵＮＣＴＡＤ第９回総会において競争法・政策専門家会合と名称変更された後，平成９年12月の国連総会の決議により，競争法・政策に関する政府間専門家会合と名称が再変更された。また，同会合のほか，原則と規則の全ての側面についてレビューを行う国連レビュー会合が５年に１回開催されている。

令和２年度においては，同年10月19日から同月23日にかけてスイス・ジュネーブにおいて第８回競争法・政策に関する原則と規則のレビュー会合が開催され，公正取引委員会事務総局の職員が同会合にウェブ会議の方式で参加した。

また，平成28年７月からＵＮＣＴＡＤ競争消費者政策課に公正取引委員会事務総局の職員１名を派遣するなど，海外の競争当局等に対する技術支援の分野でＵＮＣＴＡＤと協力を進めている。

第5 海外の競争当局等に対する技術支援

近年，東アジア地域等の開発途上国において，競争法・政策の重要性が認識されてきていることに伴い，既存の競争法制を強化する動きや新たに競争法制を導入する動きが活発化しており，これらの国に対する技術支援の必要性が高まってきている。公正取引委員会は，独立行政法人国際協力機構（ＪＩＣＡ）を通じて，これら諸国の競争当局等に対し，当委員会事務総局の職員の派遣や研修の実施等による競争法・政策分野における技術支援活動を行っている。また，平成28年９月から，東南アジア諸国連合（ＡＳＥＡＮ）競争当局者フォーラム及びインドネシアの競争当局の協力の下，当委員会は，日・ＡＳＥＡＮ統合基金（ＪＡＩＦ）を活用した新たな技術支援プロジェクトを開始しており，我が国における研修やＡＳＥＡＮ加盟国における現地ワークショップを開催している。

公正取引委員会による開発途上国に対する具体的な技術支援の概要は，次のとおりである。

1　JICAの枠組みによる技術支援

(1)　ベトナムに対する技術支援

　　ベトナムに対して，公正取引委員会は，令和元年11月から，当委員会事務総局の職員1名をJICA長期専門家としてベトナムの競争当局に派遣し，現地における技術支援を実施している。また，当委員会は，令和2年10月27日及び28日，同年11月5日並びに同年12月17日に，ベトナムの競争当局の職員等に対してオンライン研修を実施した。

(2)　モンゴルに対する技術支援

　　モンゴルに対して，公正取引委員会は，令和2年8月21日，25日及び28日，同年9月18日並びに令和3年3月25日及び26日に，モンゴルの競争当局の職員に対してオンライン研修を実施した。

(3)　マレーシアに対する技術支援

　　マレーシアに対して，公正取引委員会は，令和3年1月から，当委員会事務総局の職員1名をJICA長期専門家としてマレーシアの競争当局に派遣し，現地における技術支援を実施している。また，当委員会は，令和2年9月30日，同年10月26日及び同年11月24日に，マレーシアの競争当局の職員に対してオンライン研修を実施した。

(4)　集団研修

　　公正取引委員会は，平成6年度以降，競争法制を導入しようとする国や既存の競争法制の強化を図ろうとする国の競争当局等の職員を我が国に招へいし，競争法・政策に関する研修を実施している。令和2年度においては，開発途上国11か国から19名の参加を得て，令和3年2月15日から同月19日及び同年3月1日から同月5日にかけてオンライン研修を実施した。

(5)　その他の開発途上国に対する技術支援

　　公正取引委員会は，令和2年10月1日，同年11月13日及び令和3年3月12日にタイの競争当局の職員に対して，令和2年9月29日及び令和3年2月5日にミャンマーの競争当局の職員等に対して，それぞれオンライン研修を実施した。

2　JAIFを活用した技術支援

(1)　ASEAN加盟国における競争法に係るピアレビュー

　　公正取引委員会は，平成31年1月以降，日本，ASEAN加盟国及び国際機関出身の専門家と共に，ASEAN加盟国における競争法に係るピアレビュー指針の共同開発を行い，ASEAN加盟国における競争法に係るピアレビューを実施している。

(2)　ASEAN加盟国における競争認知度指標の共同開発

　　公正取引委員会は，平成31年１月以降，日本及びＡＳＥＡＮ加盟国の専門家と共同で，ＡＳＥＡＮ加盟国における競争法・政策の認知度を調査して指標にまとめるプロジェクトを実施した。

⑶　**国際的な競争法違反事件における審査協力のための推奨手続に係る共同研究**
　　公正取引委員会は，平成31年１月以降，ＡＳＥＡＮ加盟国の専門家と共に，国際的な競争法違反事件における審査協力のための推奨手続に係る共同研究を実施した。

3 開発途上国に対するその他の技術支援

　　公正取引委員会は，開発途上国に対する技術支援として，ＯＥＣＤ等の国際機関や外国政府等が主催する東アジアにおける競争法・政策に関するセミナーに当委員会事務総局の職員や学識経験者を積極的に派遣している。

第6　海外調査

　　公正取引委員会は，競争政策の企画・運営に資するため，諸外国・地域の競争政策の動向，競争法制及びその運用状況等について情報収集や調査研究を行っている。令和２年度においては，米国，ＥＵ，その他主要なＯＥＣＤ加盟諸国やアジア各国を中心として，競争当局の政策動向，競争法関係の立法活動等について調査を行い，その内容の分析とウェブサイト等による紹介に努めた。

　　また，競争法の改正がなされた国を中心に，在外日本商工会議所所属の事業者等に対する現地の競争法の説明会・意見交換会を開催している。具体的には，令和２年度においては，ＪＩＣＡ長期専門家として派遣されている公正取引委員会事務総局の職員が，マレーシア及びベトナムにおいて，それぞれ説明会・意見交換会を開催した。

第7　海外への情報発信

　　我が国の競争政策の状況を広く海外に周知することにより公正取引委員会の国際的なプレゼンスを向上させるため，報道発表資料や所管法令・ガイドライン等を英訳し，当委員会の英文ウェブサイトに掲載している。令和２年度においては，前年度に引き続き，英語版報道発表資料の一層の充実及び速報化に努めた。

　　このほか，外国の競争当局，弁護士会等が主催するセミナー等に積極的に公正取引委員会委員及び事務総局の職員を派遣したり，海外のメディアに寄稿を行ったりするなどの活動を行っている。令和２年度においては，同年９月にウェブ会議形式で開催されたジョージタウン大学国際反トラスト法執行シンポジウムに，当委員会委員がスピーカーとして参加した。

　　また，令和２年４月にウェブ会議形式で開催された世界銀行主催のマレーシアの競争当局向けセミナー，同月にウェブ会議形式で開催された香港の競争当局主催のセミナー，同年９月にウェブ会議形式で開催された第９回ＧＣＲ（Global Competition Review）アジア太平洋年次会合等に，公正取引委員会事務総局の職員がスピーカーとして参加した。

第12章　広報・広聴等に関する業務

第1　広報・広聴

1　概要

　公正取引委員会は，独占禁止法等に対する企業関係者の理解を深めて同法等の違反行為の未然防止を図るとともに，今後の競争政策の有効かつ適切な推進に資するため，広く国民に情報提供を行い，国民各層からの意見，要望の把握，小中学生を含めた幅広い国民各層の競争政策に対する理解の増進に努めているところである。広報・広聴業務の主なものは，次のとおりである（海外向け広報については第11章第7参照）。

2　記者会見

　事務総長定例記者会見を毎週水曜日に開催している。

3　報道発表

　公正取引委員会は，独占禁止法違反事件に対する法的措置，企業結合に係る審査結果，独占禁止法を始めとする関係法令に係る各種ガイドライン，実態調査報告書等の内容について，幅広く報道発表を行っている。令和2年度においては，213件の報道発表を行った。
　なお，特定のテーマについては，報道発表のほか政府広報を利用した広報を行っている。

4　講師派遣

　事業者団体等の要請に対応して，講演会，研修会等に職員を講師として派遣し，独占禁止法等について広報を行った。

5　各委員制度等及びその運用状況

(1)　独占禁止政策協力委員制度

　競争政策への理解の促進と地域の経済社会の実状に即した政策運営に資するため，平成11年度から，独占禁止政策協力委員制度を設置し，公正取引委員会に対する独占禁止法等の運用や競争政策の運営等に係る意見・要望の聴取等を行い，施策の実施の参考としている。令和2年度においては，各地域の有識者150名に委員を委嘱した。

(2)　消費者アドバイザー

　競争政策は，一般消費者に多様な選択肢を提供することを通じ，最終的には一般消費者の利益を確保することを目的とするものであることを踏まえ，平成30年5月以降，主要消費者団体の推薦を得て，消費者アドバイザーを委嘱している。消費者アドバイザーからは，最近の消費者問題の動向や独占禁止法及び競争政策に関連すると思われる消費者問題に関する知見を聴取すること等によって，公正取引委員会の行政運営等に活かすこととしている。

(3)　その他の制度

　　公正取引委員会は，独占禁止政策協力委員制度のほか，下請取引等改善協力委員制度，独占禁止法相談ネットワーク制度等を通じて，事業者等に対して当委員会の活動状況等について広報を行うとともに，意見・要望等を聴取し，施策の実施の参考としている。

6　各種懇談会等の実施

(1)　独占禁止懇話会

ア　概要

　　経済社会の変化に即応して競争政策を有効かつ適切に推進するため，公正取引委員会が広く各界の有識者と意見を交換し，併せて競争政策の一層の理解を求めることを目的として，昭和43年度以降，毎年開催している。

イ　開催状況

　　令和2年度においては，独占禁止懇話会を3回開催した。

(2)　地方有識者との懇談会

ア　概要

　　地方有識者と公正取引委員会の委員等との懇談会及び講演会を通して，競争政策についてより一層の理解を求めるとともに，幅広く意見及び要望を把握し，今後の競争政策の有効かつ適切な推進を図るため，昭和47年度以降，毎年，全国各地において開催している。

　　令和2年度においては，新型コロナウイルス感染症対策として，主にウェブ会議等の非対面形式を活用して開催した。

イ　開催状況

　　令和2年度においては，新型コロナウイルス感染症の影響により，全国各地における現地開催は中止とし，代替策として，全国8都市（札幌市，秋田市，宇都宮市，岐阜市，奈良市，松江市，高知市及び長崎市）の主要経済団体，学識経験者，報道関係者等の有識者と公正取引委員会委員等との間で，公正取引委員会の最近の活動状況等について，意見交換をウェブ会議により行った。

　　このほか，地方事務所長等の公正取引委員会事務総局の職員と有識者との懇談会（全国各地区）を，ウェブ会議等により50回開催した。

(3)　弁護士会との懇談会等

　　独占禁止法等に対する弁護士等の認知度を向上させるとともに，その相談・情報収集体制を強化することを目的として，平成23年度から本格的に行っている。

　　令和2年度においては，弁護士会との懇談会（全国各地区）を19回開催した。

7　一日公正取引委員会

(1)　概要

　　本局及び地方事務所等の所在地以外の都市における独占禁止法等の普及啓発活動や相談対応の一層の充実を図るため，独占禁止法講演会，消費税転嫁対策特別措置法説明会，下請法基礎講習会，入札談合等関与行為防止法研修会，消費者セミナー，独占禁止法教室，報道機関との懇談会，相談コーナー等を1か所の会場で開催している。

　　令和2年度においては，新型コロナウイルス感染症の感染拡大防止の観点から，本局は開催中止とした。また，地方事務所等は各地区の感染状況を踏まえて，開催の可否を判断した上で開催した。

(2)　開催状況

　　令和2年度においては，山口県下関市及び佐賀市において，合計2回の一日公正取引委員会を開催した。

8　消費者セミナー

　　一般消費者に独占禁止法の内容や公正取引委員会の活動について，より一層の理解を深めてもらうため，対話型・参加型のイベントとして開催している。

　　令和2年度においては，新型コロナウイルス感染症対策として，ウェブ会議等の非対面形式も活用して，合計49回開催した。

9　独占禁止法教室（出前授業）

　　中学校等の授業に職員を講師として派遣し，市場経済の基本的な考え方における競争の必要性等について授業を行っている。また，大学（短期大学等を含む。）における独占禁止法等の講義等に職員を講師として派遣し，競争法の目的，公正取引委員会の最近の活動状況等について講義を行っている。

　　令和2年度においては，新型コロナウイルス感染症対策として，ウェブ会議等の非対面形式も活用して，中学生向けに合計29回，高校生向けに合計9回，大学生等向けに合計96回開催した。

10　庁舎訪問学習

　　中学校等からの要請を受けて，公正取引委員会の庁舎において，市場経済の基本的な考え方における競争の必要性についての説明を行うとともに，職場見学に対応している。

　　令和2年度においては，新型コロナウイルス感染症対策を講じて対応した。

11　広報資料の作成・配布

(1)　パンフレット

　　独占禁止法等や公正取引委員会に対する一般の理解を深めるため，「知ってなっとく独占禁止法」，「知るほどなるほど下請法」等を作成し，事業者，一般消費者等に広く配布しているほか，中学生向け副教材として「わたしたちの暮らしと市場経済」を作成し，中学校等に配布している。

(2)　広報用ＤＶＤ等

　　独占禁止法及び下請法に関する広報用ＤＶＤを作成しており，事業者団体，消費者団体等に対してこれらの貸出しを行っている。

　　また，独占禁止法及び下請法の概要を紹介する動画を公正取引委員会のウェブサイト上（https://www.jftc.go.jp/houdou/douga.html）及び公正取引委員会 YouTube 公式チャンネル（https://www.youtube.com/c/JFTCchannel/）に掲載し，配信している。

　　令和2年度においては，独占禁止法と公正取引委員会の役割を紹介する動画「公正で自由な競争を目指して」を新たに制作した（令和3年度から配信開始）。

(3)　ウェブサイト，メールマガジン及びソーシャルメディアによる情報発信

　　ウェブサイトにおいて報道発表資料を含む各種の情報を掲載しており，また，公正取引委員会の活動状況を適切なタイミングで国民の幅広い層に対し積極的に発信することを目的として，平成20年3月からメールマガジンの発行を行っている。

　　さらに，平成26年6月から Twitter 及び Facebook の運用を開始し，報道発表等の公正取引委員会に関連する様々な情報を発信しているほか，平成27年5月から YouTube の運用を開始し，独占禁止法及び下請法の概要を紹介する動画を配信している。

第2　政策評価等

1　政策評価

　公正取引委員会は，行政機関が行う政策の評価に関する法律（平成13年法律第86号）に基づき政策評価を実施している。

　令和2年度は，「中小事業者を取り巻く取引の公正化」，「下請法違反行為に対する措置」及び「競争政策の広報・広聴」の計3件の事後評価を実績評価の方法により実施し，政策評価書を公表した。

2　証拠に基づく政策立案

　我が国の経済社会構造が急速に変化する中，限られた資源を有効に活用し，国民により信頼される行政を展開するためには，合理的証拠の活用等を通じて政策課題を迅速かつ的確に把握して，有効な対応策を選択し，その効果を検証することが必要である。そのため，政府全体で証拠に基づく政策立案（ＥＢＰＭ）が推進されており，公正取引委員会においても，その実践に取り組んでいる。

　令和2年度は，平成30年度及び令和元年度に参画した総務省の実証的共同研究を通じた広報活動の効果測定で得られた示唆の活用，個別事案の事後検証に係る報告書の公表，予算検討プロセスにおけるロジックモデルの作成・活用等の取組を行った。

第13章　景品表示法に関する業務

第1　概説

　景品表示法は，平成21年９月，消費者の利益の擁護及び増進，商品及び役務の消費者による自主的かつ合理的な選択の確保並びに消費生活に密接に関連する物資の品質の表示に関する事務を一体的に行うことを目的として消費者庁が設置されたことに伴い，公正取引委員会から消費者庁に移管された。消費者庁への移管に伴い，景品表示法の目的は，「商品及び役務の取引に関連する不当な景品類及び表示による顧客の誘引を防止するため、一般消費者による自主的かつ合理的な選択を阻害するおそれのある行為の制限及び禁止について定めることにより、一般消費者の利益を保護すること」とされた。

1　景品表示法違反被疑事件の調査

　景品表示法は，不当な顧客の誘引を防止するため，景品類の提供について，必要と認められる場合に，内閣府告示（注）により，景品類の最高額，総額，種類，提供の方法等について制限又は禁止し（第４条），また，商品又は役務の品質，規格その他の内容又は価格その他の取引条件について一般消費者に誤認される不当な表示を禁止している（第５条）。

　公正取引委員会は，消費者庁長官から景品表示法違反被疑事件に係る調査権限の委任を受け，景品表示法の規定に違反する行為について必要な調査等を行っている。

　調査の結果，景品表示法の規定に違反する行為があるときは，消費者庁長官は措置命令を行う（第７条第１項）ほか，違反のおそれのある行為等がみられた場合には関係事業者に対して指導を行っている。

　また，事業者が，同法第５条の規定に違反する行為（同条第３号に該当する表示に係るものを除く。以下「課徴金対象行為」という。）をしたときは，消費者庁長官は，当該事業者に対し，当該課徴金対象行為に係る商品又は役務の売上額に３％を乗じて得た額に相当する額の課徴金を国庫に納付することを命じなければならない（第８条第１項）。

　さらに，消費者庁長官は，同法第26条第１項の規定に基づき事業者が講ずべき措置に関して，その適切かつ有効な実施を図るため必要があると認めるときは，当該事業者に対し，その措置について必要な指導及び助言をすることができる（第27条）。また，消費者庁長官は，事業者が正当な理由がなくて同法第26条第１項の規定に基づき事業者が講ずべき措置を講じていないと認めるときは，当該事業者に対し，景品類の提供又は表示の管理上必要な措置を講ずべき旨の勧告をすることができるとともに（第28条第１項），勧告を行った場合において当該事業者がその勧告に従わないときは，その旨を公表することができる（同条第２項）。

　(注)　消費者庁及び消費者委員会設置法の施行に伴う関係法律の整備に関する法律による改正前の景品表示法に基づく従来の公正取引委員会告示は，経過措置により引き続き効力を有する。

2　公正競争規約制度

　景品表示法第31条の規定に基づき，事業者又は事業者団体は，景品類又は表示に関する事項について，公正取引委員会及び消費者庁長官の認定を受けて，不当な顧客の誘引を防止し，一般消費者による自主的かつ合理的な選択と，事業者間の公正な競争を確保するため，協定又は規約を締結し，又は設定することができる。当委員会は，協定又は規約（以下これらを総称して「公正競争規約」という。）の認定に当たり，事業者間の公正な競争の確保等の観点から審査を行っている。

第2　景品表示法違反被疑事件の処理状況

　令和2年度において，消費者庁が措置命令を行った33件のうち，公正取引委員会及び消費者庁による調査の結果を踏まえたものは5件であり，消費者庁が指導を行った176件のうち，公正取引委員会及び消費者庁による調査の結果を踏まえたものは34件である（第1表及び第2表参照）。

　また，令和2年度において，消費者庁が課徴金納付命令を行った15件（11億7238万円）のうち，公正取引委員会及び消費者庁による調査の結果を踏まえたものは1件（5180万円）である（第1表及び第3表参照）。

　さらに，令和2年度において，同法第26条第1項の規定に基づき事業者が講ずべき措置に関して，消費者庁が行った勧告は0件であり，消費者庁が指導を行った109件のうち，公正取引委員会及び消費者庁による調査の結果を踏まえたものは30件である。

第1表　令和2年度において公正取引委員会が調査に関わった景品表示法違反被疑事件の処理状況

事件	措置命令	指導	合計	課徴金納付命令	
				件数	課徴金額
表示事件	5　(33)	31　(166)	36　(199)	1　(15)	5180万円　(11億7238万円)
景品事件	0　(0)	3　(10)	3　(10)		
合計	5　(33)	34　(176)	39　(209)	1　(15)	5180万円　(11億7238万円)

（注）（　）内は消費者庁が行った措置件数の総数・課徴金の総額

第2表　令和2年度に消費者庁により措置命令が行われた事例のうち公正取引委員会が調査に関わったもの

一連番号	措置口（事業者名）	事件概要	違反法条
1	令和2年6月26日 (有)ファミリア薬品)	(有)ファミリア薬品は，「朱の実」と称する商品（以下1において「本件商品」という。）を一般消費者に販売するに当たり ①　平成30年8月28日，平成31年1月16日及び令和元年7月1日に，自社ウェブサイトにおいて，「年齢のせいにしていた，そのシミ…　老斑が消えた！？」，「そして…今すでに出来ているシミを薄くする。」等と表示するなど ②　例えば，平成29年6月24日に配布された「いただきます！」と称する情報紙に掲載した広告において，顔にシミのある人物の画像と共に，「目尻や頬のおばぁちゃんジミが消えた…！？」，「エッ？洗顔で老斑やシミが薄くなる？」及び「濃く，落ちにくい60代以上のシミ（老斑）に劇的実感力！」等と表示するなど あたかも，本件商品を使用することで，シミを消す又は薄くすることができるかのように示す表示をしていた。 　消費者庁が，同社に対し，期間を定めて，当該表示の裏付けとなる合理的な根拠を示す資料の提出を求めたところ，同社から資料が提出されたが，当該資料は当該表示の裏付けとなる合理的な根拠を示すものとは認められなかった。	第5条第1号（第7条第2項適用）
2	令和2年12月22日 (Salute.Lab(株))	Salute.Lab(株)は，「イオニアカード PLUS」と称する商品（以下2において「本件商品」という。）を一般消費者に販売するに当たり，自社ウェブサイトにおいて，例えば，令和2年7月16日に，「検証結果で分かるイオニアカードの確かな効果」と記載のあるウェブページにおいて，本件商品の画像と共に，「検証結果で分かるイオニアカードの確かな効果」，「スギ花粉　84.5%除去」及び円グラフの画像，「ヒノキ花粉　77.6%除去」及び円グラフの画像，並びに「PM2.5 90.1%除去」及び円グラフの画像，「カードを身につけるだけで空気のトラブルからあなたを守る」，「花粉」，「アレル物質」，「ウイルス」，「PM2.5」，「タバコのニオイ」及び「これらは，ぜんそくや鼻水・鼻詰まり，目のかゆみなどの原因に。インフルエンザには，二次感染のリスクもあります。『イオニアカード』は，そんな"空気のトラブル"からイオンの力であなたを守ります。」等と表示するなど，あたかも，本件商品を身に着ければ，本件商品から発生するイオンの作用により，本件商品から半径1.5メートルから2メートル程度又は半径1.5メートル程度の身の回りの空間における花粉及びPM2.5を除去し，本件商品を身に着けた者にウイルス，菌等を寄せ付けない効果が得られるかのように示す表示をしていた。 　消費者庁が，同社に対し，期間を定めて，当該表示の裏付けとなる合理的な根拠を示す資料の提出を求めたところ，同社から資料が提出されたが，当該資料は当該表示の裏付けとなる合理的な根拠を示すものとは認められなかった。	第5条第1号（第7条第2項適用）

一連番号	措置日（事業者名）	事件概要	違反法条
3	令和3年3月23日（ティーライフ㈱）	ティーライフ㈱は，「メタボメ茶」と称するポット用ティーバッグ30個入りの食品（以下3において「本件商品」という。）を一般消費者に販売するに当たり，例えば，平成30年4月3日ないし同月7日，同月9日及び同月10日に配布された㈱ベルーナが通信販売の方法により販売する商品に同梱して配布した冊子において，「中年太り解決読本」と題し，体型が異なる2名の人物のイラストと共に，「もう一度，あの頃のスリムな私に！」，飲料の入ったティーカップの画像と共に，「漫画でわかる！　日本一※売れている中年太りサポート茶とは！？」及び「2年半で-43kg！！　その方法を公開中！」，並びに飲料を飲む様子の複数の人物のイラストと共に，「スリムも！健康も！自信も！家族の絆も！取り戻す　これはあなたの物語です。」，「健康にうれしい成分が桁違い！　雲南省ハニ族のプーアール茶」，並びにダイエットプーアール茶の茶葉における重合カテキンの含有量を示すグラフ及びダイエットプーアール茶と緑茶における没食子酸の含有量の割合を比較して示すグラフと共に，「お茶のルーツでもある中国雲南省の少数山岳民族であるハニ族が栽培する特別なプーアール茶。その茶葉には，とってもうれしい〝重合カテキン″や〝没食子酸″などが存在することがわかりました。」，並びに「他にはない中年太りのためのブレンドだから！」，体験談として，人物の前後比較の画像と共に，「メタボメ茶を飲む前の　　　さん」，「96kg▶53kg　-43kg減」及び「4ヶ月で5kg減！　2年半で43kg減！！　　　　さん153cm」，並びに飲料の入ったコップを手にする人物の画像と共に，「全然大変じゃありませんでした！」等と表示するなど，あたかも，本件商品を摂取することにより，本件商品に含まれる成分の作用による著しい痩身効果が得られるかのように示す表示をしていた。 　消費者庁が，同社に対し，期間を定めて，当該表示の裏付けとなる合理的な根拠を示す資料の提出を求めたところ，同社から資料が提出されたが，当該資料は当該表示の裏付けとなる合理的な根拠を示すものとは認められなかった。	第5条第1号（第7条第2項適用）
4	令和3年3月30日（高知県農業協同組合）	高知県農業協同組合は，「特別栽培米　仁井田米」と称する内容量30kgの袋詰玄米及び内容量5kgの袋詰精米，「特別栽培米　仁井田米　にこまる」と称する内容量10kgの袋詰玄米並びに「特別栽培米　仁井田米　香米入り」と称する内容量5kgの袋詰精米の各商品（以下4において，これらを併せて「本件4商品」という。）を一般消費者に販売するに当たり，例えば，「特別栽培米　仁井田米」と称する内容量30kgの袋詰玄米について，令和元年11月8日頃から令和2年10月20日までの間，当該商品の容器包装において，「特別栽培米」，「農林水産省新ガイドラインによる表示」欄に「特別栽培米」及び「節減対象農薬：当地比5割減　化学肥料（窒素成分）：当地比5割減」並びに「農薬・化学肥料を高知県慣行栽培より50%以下に抑えたお米です」と表示するなど，あたかも，本件4商品には，農林水産省のガイドラインにのっとった，その生産地の一般的な栽培方法に比して使用する農薬及び化学肥料を5割減らした栽培方法により生産された特別栽培米が使用されているかのように示す表示をしていた。 　実際には，本件4商品には，その全部又は一部について，農林水産省が定める「特別栽培農産物に係る表示ガイドライン」（平成4年10月1日4食流第3889号）にのっとった栽培方法により生産された特別栽培米ではなく，高知県内における一般的な栽培方法により生産された慣行栽培米（高知県知事が策定した「高知県農作物栽培慣行基準」[平成29年6月28日策定]の水準で生産された米をいう。）が使用されていた。	第5条第1号

一連番号	措置日 (事業者名)	事件概要	違反法条
5	令和3年3月31日 (㈱GSD)	㈱GSDは，「GSD-208」と称する型式の「ION MEDIC O-RELA」と称する商品（以下5において「オーリラ208」という。）及び「GSD-209N」と称する型式の「ION MEDIC O-RELA」と称する商品（以下5において「オーリラ209N」という。）の各商品（以下5において，これらを併せて「本件2商品」という。）を一般消費者に販売するに当たり， ① 平成31年4月1日から令和2年2月29日までの間に配布したパンフレットにおいて，「空気中に浮遊するウィルス・菌・ダニの死骸やフンなどのアレル物質を分解し不活性化！」と表示するなど，あたかも，本件2商品を使用すれば，本件2商品によって発生するマイナスイオンの作用により，オーリラ208は50畳の空間，オーリラ209Nは20畳から30畳の空間において，空気中に浮遊するウイルス，菌，ダニの死骸やフンなどのアレルギー物質を分解し不活性化する効果，浮遊するインフルエンザウイルスを99.9%除去する効果，浮遊するカビ菌の分解，除去及び付着したカビ菌の成長の抑制をする効果，並びに衣類等の付着臭を分解，除去する効果が得られるかのように示す表示をしていた。 ② 「ION MEDIC O-RELA」と称する自社ウェブサイトにおいて，令和2年2月14日に，「インフルエンザウィルス・ノロウィルスに効果絶大！」，「新型コロナウイルスについて、皆さんはどのような予防策をご存知ですか？」，「マイナスイオンは、空気中に浮遊したウイルスを包み込み、分解して活動を『不活性化』します！」と表示するなど，あたかも，オーリラ208のマイナスイオンの発生量は2000万個／cm³以上，オーリラ209Nのマイナスイオンの発生量は1000万個／cm³以上であって，本件2商品を使用すれば，本件2商品によって発生するマイナスイオンの作用により，オーリラ208は50畳の空間，オーリラ209Nは20畳から30畳の空間において，PM2.5，花粉，黄砂等を分解する効果，黄色ブドウ球菌，腸炎ビブリオ菌，サルモネラ菌及びレジオネラ菌を不活性化する効果，ウイルス感染を予防する効果，浮遊するインフルエンザウイルスを99.9%除去する効果，脱臭効果，並びに新型コロナウイルス感染を予防する効果が得られるかのように示す表示をしていた。 ③ 「Ameba」と称するウェブサイトにおける「PockyBear」と称する自社ブログにおいて，令和2年2月14日に，「今一番欲しい一台　話題のマイナスイオン発生器　新型コロナウィルスにも有効」と表示するなど，あたかも，本件2商品を使用すれば，本件2商品によって発生するマイナスイオンの作用により，新型コロナウイルスを不活性化する効果，空気中に浮遊するウイルス，菌，ダニの死骸やフンなどのアレルギー物質を分解し不活性化する効果，及び浮遊するインフルエンザウイルスを99.9%除去する効果が得られるかのように示す表示をしていた。 　消費者庁が，同社に対し，期間を定めて，当該表示の裏付けとなる合理的な根拠を示す資料の提出を求めたところ，同社から資料が提出されたが，当該資料は当該表示の裏付けとなる合理的な根拠を示すものとは認められなかった。	第5条第1号（第7条第2項適用）

第3表　令和２年度に消費者庁により課徴金納付命令が行われた事例のうち公正取引委員会が調査に関わったもの

一連番号	命令日（事業者名）	事件概要	課徴金額
1	令和2年12月23日（㈱ジャパネットたかた）	㈱ジャパネットたかたは，エアコン4商品を一般消費者に販売するに当たり，例えば，平成29年5月19日に配布した会員カタログにおいて，「ジャパネット通常税抜価格　79,800円」，「2万円値引き」，「さらに！会員様限定2,000円値引き」及び「値引き後価格　会員様特価57,800円」と記載するなど，あたかも，「ジャパネット通常税抜価格」等と称する価額は，同社においてエアコン4商品について通常販売している価格であり，「値引き後価格」等と称する実際の販売価格が当該通常販売している価格に比して安いかのように表示していた。 　実際には，「ジャパネット通常税抜価格」等と称する価額は，同社において，エアコン4商品について最近相当期間にわたって販売された実績のないものであった。	5180万円

第3　公正競争規約の認定

1　概要

　令和３年３月末現在，102件（景品関係37件，表示関係65件）の公正競争規約が認定されている（附属資料６参照）。これらの公正競争規約に参加する事業者又は事業者団体により，公正競争規約の運用団体として公正取引協議会等が組織されているところ，公正取引協議会等は，公正競争規約の運用上必要な事項について，公正競争規約の定めるところにより，施行規則，運用基準等を設定している。公正取引委員会は，公正取引協議会等がこれらの施行規則等の設定・変更を行うに際しても，事業者間の公正な競争の確保等の観点から審査を行い，問題があれば指導を行っている。

2　新たに認定した公正競争規約

　特定保健用食品の表示に関する公正競争規約の新設の認定を行った（令和２年６月９日認定。令和２年公正取引委員会・消費者庁告示第４号）。

3　公正競争規約の変更

　令和２年度においては，アイスクリーム類及び氷菓の表示に関する公正競争規約の一部変更の認定（令和２年６月23日認定。令和２年公正取引委員会・消費者庁告示第５号）のほか，もろみ酢の表示に関する公正競争規約の一部変更の認定（令和２年９月８日認定。令和２年公正取引委員会・消費者庁告示第６号），はちみつ類の表示に関する公正競争規約の一部変更の認定（令和２年９月８日認定。令和２年公正取引委員会・消費者庁告示第７号）を行った。

第14章　相談その他の業務

第1　独占禁止法及び関係法令に関する相談等

　事業者，事業者団体，一般消費者等から寄せられる独占禁止法及び関係法令に関する質問に対しては，文書又は口頭により回答している。また，ウェブサイトでも意見等の受付を行っている（https://www.jftc.go.jp/cgi-bin/formmail/formmail.cgi?d=goiken）。

　また，平成12年度から申告の処理に関する疑問，苦情等の申出を受け付けるため，官房総務課（地方事務所・支所においては総務課，沖縄総合事務局公正取引室においては総務係）に申出受付窓口を設置し，公正取引委員会が指名する委員等をもって構成する審理会において，当該処理が適正であったかどうかを点検している。

第2　事業活動に関する相談状況

1　概要

　公正取引委員会は，以前から，独占禁止法及び下請法違反行為の未然防止を図るため，事業者及び事業者団体が実施しようとする具体的な行為に関する相談に対応し，実施しようとする行為に関して，独占禁止法及び下請法の考え方を説明している。

2　事前相談制度

　公正取引委員会は，平成13年10月から当委員会が所管する法律全体を対象として整備された「事業者等の活動に係る事前相談制度」を実施している。

　本制度は，事業者及び事業者団体が実施しようとする具体的な行為が，前記法律の規定に照らして問題がないかどうかの相談に応じ，原則として，事前相談申出書を受領してから30日以内に書面により回答し，その内容を公表するものである。

3　独占禁止法に係る相談の概要

　令和2年度に受け付けた相談件数は，事業者の行為に関するもの1,966件，事業者団体の行為に関するもの144件の計2,110件である（第1図参照）。

第1図　独占禁止法に係る相談件数の推移（企業結合に関する相談を除く。）

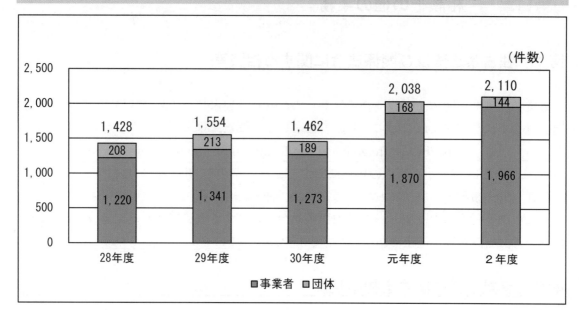

4　相談事例集

　公正取引委員会は，事業者等から寄せられた相談のうち，他の事業者等の参考になると思われるものを相談事例集として取りまとめ，公表している（令和元年度に寄せられた相談〔令和元年度相談事例集〕について，令和2年6月23日公表。令和2年度に寄せられた相談〔令和2年度相談事例集〕について，令和3年6月9日公表。）。

　令和2年度相談事例集に掲載された相談としては，新型コロナウイルス感染症に関連するものとして，医療用物資の卸売業者の団体による医療機関に対する供給可能会員の紹介に関する相談があるほか，事業者の活動に関するものとして，産業用機械メーカーによる基礎技術に係る共同研究の実施に関する相談，事業者団体の活動に関するものとして，パテントプールの管理運営者による特許権者に対するライセンス料の分配方法の変更に関する相談等がある。

5　下請法に係る相談の概要

　令和2年度に下請法に関して事業者等から受け付けた相談件数は，9,619件である（第2図参照）。

　この中には，例えば，下請法の適用範囲に関する相談，発注書面の記載方法に関する相談，下請代金の支払期日に関する相談等がある。

第2図　下請法に係る相談件数の推移

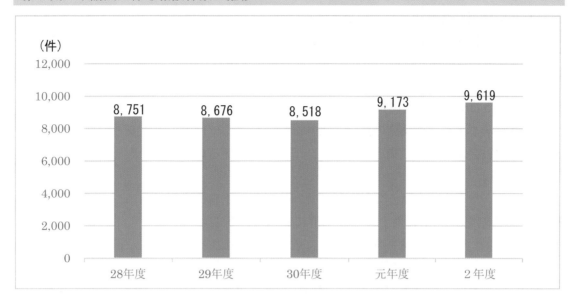

6　独占禁止法相談ネットワーク

　公正取引委員会は，商工会議所及び商工会の協力の下，独占禁止法相談ネットワークを運営しており，独占禁止法及び下請法に関する中小事業者からの相談に適切に対応することができるように，全国の商工会議所及び商工会が有する中小事業者に対する相談窓口を活用し，独占禁止法及び下請法に関する相談を受け付けている。また，令和2年度においては，全国の商工会議所及び商工会へのリーフレットの配布等を行った。

第3　新型コロナウイルス感染症に係る対応

　新型コロナウイルス感染症の世界的な拡大に伴って，企業等の活動に様々な影響が出ており，また，関連物資の供給に関しても影響が出ている。
　公正取引委員会は，独占禁止法等を運用する立場から，こうした事態を踏まえ次の取組を行った。

1　新型コロナウイルス感染症への対応のための取組に係る独占禁止法に関するQ＆Aの公表等

　事業者等による新型コロナウイルス感染症への対応のための取組について独占禁止法上の考え方を紹介するため，「新型コロナウイルス感染症への対応のための取組に係る独占禁止法に関するQ＆A」を公表した（令和2年4月23日公表）。
　同Q＆Aでは，新型コロナウイルス感染症の感染拡大が進む中でマスクのような商品について，小売業者が不当な高価格を設定しないよう期間を限定して，メーカー等が小売業者に対して一定の価格以下で販売するよう指示する行為は，通常，当該商品の購入に関して消費者の利益となり，正当な理由があると認められるので，独占禁止法上問題とはならない旨を明らかにしている。
　また，公正取引委員会は，事業者等から寄せられた相談のうち，他の事業者等の参考に

なると思われるものを相談事例集として取りまとめ，毎年公表しているところ，令和3年6月9日に公表した令和2年度相談事例集において，「新型コロナウイルス感染症関連の取組に関する相談」という項目を設け，医療用物資の卸売業者の団体による医療機関に対する供給可能会員の紹介に関する相談等3件の事例を掲載した。

2　新型コロナウイルス感染症拡大に関連する下請取引Q＆Aの公表等

　新型コロナウイルス感染症の拡大により影響を受ける下請等中小企業との取引に関して，公正取引委員会及び中小企業庁の連名で，下請法等に係るQ＆Aを公表した（令和2年5月13日公表）。

　また，公正取引委員会は，令和2年4月28日以降，下請法違反行為について改善指導を行った親事業者7,834名に対し，当該指導に加えて，新型コロナウイルス感染症による取引への影響について，下請事業者に対して適切な配慮をするとともに，適正な費用負担なしに一方的に契約を変更・解除するなどの下請法違反行為を行わないよう注意喚起を行ったほか，同年6月，親事業者6万名に対し，定期調査を行う際に，同様の注意喚起を行った。

3　新型コロナウイルス感染症に関連する事業者等の取組に対する公正取引委員会の対応についての公表

　新型コロナウイルス感染症の世界的な感染拡大に伴って，企業等の活動に様々な影響が出ており，また，関連物資の供給に関しても影響が出ていることを踏まえ，公正取引委員会は，独占禁止法等を運用する立場からの対応について取りまとめ公表した（令和2年4月28日公表）。

　この中では，物資の円滑な供給等に関して同業者が共同して行う取組への対応について，供給量が不足している物資の円滑・公正な流通を確保するためには，同業者で協力し合って対応に当たることが必要となる場面も想定され，今回のような事態下において，このような物資の不足を回避するために行われる必要かつ一時的な行為は独占禁止法上問題となるものではないと考えている旨を明らかにするなど，新型コロナウイルス感染症の感染拡大に際して行われる事業者等の取組について公正取引委員会の対応を明らかにしている。

　また，新型コロナウイルス感染症の感染拡大に伴う需要減少等を理由として，中小・下請事業者に不当に不利益をもたらす行為や，需給のひっ迫に便乗した価格カルテル等の消費者の利益を損なう行為に対しては厳正に対処していく旨も併せて明らかにしている。

附属資料

令和２年度年次報告　附属資料編の目次

1 組織・予算関係

1－1表　公正取引委員会の構成

（令和2年4月1日現在）

委員長	杉本　和行（注）
委　員	山本　和史
委　員	三村　晶子
委　員	青木　玲子
委　員	小島　吉晴

（注）令和2年9月12日退任。後任として，令和2年9月16日，古谷一之氏が就任。

1－2表　公正取引委員会の予算額（令和2年度補正後）

（単位：千円）

事　項	予　算　額
（組織）公正取引委員会	11,399,061
（項）公正取引委員会	11,339,016
（事項）公正取引委員会に必要な経費	9,602,707
（事項）独占禁止法違反行為に対する措置等に必要な経費	386,772
（事項）下請法違反行為に対する措置等に必要な経費	233,591
（事項）競争政策の普及啓発等に必要な経費	192,638
（事項）消費税の円滑かつ適正な転嫁の確保に必要な経費	923,308
（項）公正取引委員会施設費	60,045
（事項）公正取引委員会施設整備に必要な経費	60,045

2　審決・訴訟関係等

2－1表　審決一覧（令和2年度）

番号	事件番号	件　名	内　　容	関係法条	審決年月日
1〜12	22（判）17〜28	三和シヤッター工業㈱ほか3名に対する件	【違反行為に係る認定】 　被審人ら3名が，共同して，特定シャッターの需要者向け販売価格について引き上げることを合意（全国合意）することにより，公共の利益に反して，我が国における特定シャッターの販売分野における競争を実質的に制限していたと認めた。 被審人ら4名が，共同して，近畿地区における特定シャッター等について，受注予定者を決定し，受注予定者が受注できるようにするとともに，受注予定者以外の者も受注することとなった場合には受注予定者が建設業者に対して提示していた見積価格と同じ水準の価格で受注するようにする（近畿合意）ことにより，公共の利益に反して，近畿地区における特定シャッター等の取引分野における競争を実質的に制限していたと認めた。	独占禁止法66条3項，66条2項（3条後段，7条の2）（注）	2.8.31（3名に対する排除措置命令及び1名に対する課徴金納付命令に係る審判請求を棄却する審決並びに3名に対する課徴金納付命令の一部を取り消す審決）

番号	事件番号	件　名	内　　容	関係法条	審決年月日
			【課徴金額に係る認定】 　55億2164万円→53億7620万円（被審人4名合計） 　被審人らが上記全国合意に係る違反行為により販売した特定シャッター及び近畿合意に係る違反行為により販売した近畿地区における特定シャッター等の売上額を課徴金の対象として認めた。ただし，近畿合意に基づく売上額と全国合意に基づく売上額のうち，重複した売上額は全国合意に係る課徴金の計算の基礎から控除すべきものとし，また，近畿合意において，被審人文化が受注した物件1件につき，受注調整が行われたとは認められないとして課徴金の対象とは認めなかった。		
13・14	23（判）82・83	㈱山陽マルナカに対する件	【排除措置命令】 　本件排除措置命令書の理由記載に不備があり，独占禁止法第49条第1項に違反するものであるから，全部取り消されるべきである。 【課徴金納付命令】 　本件課徴金納付命令書の理由記載に不備があり，独占禁止法第50条第1項に違反するものであるから，全部取り消されるべきである。	独占禁止法66条3項（19条〔2条9項5号〕，20条の6）	3.1.27 （排除措置命令及び課徴金納付命令の全部を取り消す審決）

附属資料

番号	事件番号	件　名	内　　容	関係法条	審決年月日
15 〜 150	26 (判) 3 〜 138	レンゴー㈱ほか36名に対する件	【違反行為に係る認定】 　被審人ら32名が，他の事業者と共同して，特定段ボールシートの販売価格を引き上げることを合意（本件シート合意）することにより，公共の利益に反して，特定段ボールシートの販売分野における競争を実質的に制限していたと認めた。 　被審人ら37名が，他の事業者と共同して，特定段ボールケースの販売価格を引き上げることを合意（本件ケース合意）することにより，公共の利益に反して，特定段ボールケースの販売分野における競争を実質的に制限していたと認めた。	独占禁止法66条3項，66条2項（3条後段，7条の2）	3.2.8（37名に対する排除措置命令及び33名に対する課徴金納付命令に係る審判請求を棄却する審決並びに4名に対する課徴金納付命令の一部を取り消す審決）

・ 356 ・

番号	事件番号	件　名	内　　容	関係法条	審決年月日
			【課徴金額に係る認定】 　88億8235万円→88億7058万円 （被審人37名合計） 　被審人らが本件シート合意及び本件ケース合意に係る違反行為により販売した特定段ボールシート及び特定段ボールケースの売上額を課徴金の対象として認めた。ただし，被審人らの以下の売上額等は，特定段ボールシート及び特定段ボールケースの売上額ではない等の理由から，これを課徴金の計算の基礎から除外すべきものと認めた。 ・被審人王子コンテナー及び被審人北海道森紙業の「当て紙」の売上額 ・被審人王子コンテナーが加工委託のため別のメーカーに有償支給した段ボールシートの売上額 ・被審人福野段ボール工業が訂正伝票により「特値」（通常より低い価格での受注）で代金の支払いを受けていた段ボールシートの当該訂正後の売上額と訂正前の売上額との差額 ・被審人浅野段ボールが東日本地区に交渉担当部署が所在しない取引先に納入した段ボールケースの売上額		

番号	事件番号	件　名	内　　容	関係法条	審決年月日
151〜154	26（判）139〜142	レンゴー㈱ほか1名に対する件	【違反行為に係る認定】 　被審人ら2名が，他の事業者と共同して，特定ユーザー向け段ボールケースの販売価格又は加工賃を引き上げることを合意（本件合意）することにより，公共の利益に反して，特定ユーザー向け段ボールケースの取引分野における競争を実質的に制限していたと認めた。 【課徴金額に係る認定】 　16億7445万円→16億7121万円（被審人2名合計） 　被審人らが本件合意に係る違反行為により販売した特定ユーザー向け段ボールケースの売上額等を課徴金の対象として認めた。ただし，被審人レンゴー及び被審人トーモクが特定ユーザーに対して支払った割戻金について，当該割戻金を支払うことを定めた「覚書」等の書面作成日以降の取引に対応する割戻金額について，課徴金の計算の基礎となる売上額から控除すべきものと認めた。	独占禁止法66条3項，66条2項（3条後段，7条の2）	3.2.8（2名に対する排除措置命令に係る審判請求を棄却する審決及び2名に対する課徴金納付命令の一部を取り消す審決）

（注）「独占禁止法」とは，平成25年独占禁止法改正法による改正前の独占禁止法をいう。以下，2－1表において同じ。

２－２表　手続別審決等件数推移

(1) 平成17年独占禁止法改正法による改正前の独占禁止法における手続

分類 ＼ 年度	22	23	24	25	26	27	28	29	30	31	32	33	34	35	36	37	38	39	40	41	42	43	44	45	46	47	48	49	50
審判審決	0	0	1	10	8	8	2	3	5	1	0	0	0	0	0	1	1	0	1	0	1	3	4	0	0	5	1	4	1
勧告審決	0	0	2	4	4	3	5	0	5	5	7	2	2	1	3	7	24	30	26	17	11	28	26	43	37	27	67	(注4)47(6)	(注4)31(7)
同意審決	5	2	11	45	6	4	5	2	1	0	0	0	0	0	0	5	11	0	0	0	0	0	1	1	0	1	1	0	2
課徴金の納付を命ずる審決等	−	−	−	−	−	−	−	−	−	−	−	−	−	−	−	−	−	−	−	−	−	−	−	−	−	−	−	−	−
独占禁止法第49条第2項に基づく審決	0	0	0	0	0	0	0	0	0	0	0	0	0	0	0	0	0	0	0	0	0	0	0	0	0	0	0	0	0
独占禁止法第65条に基づく審決	0	0	0	0	0	0	0	0	0	0	0	0	0	0	0	0	0	0	0	0	0	0	0	0	0	0	0	9	0
独占禁止法第66条に基づく審決	0	0	0	0	0	0	0	0	0	0	0	0	0	0	0	0	0	0	0	0	0	0	0	0	0	0	0	0	0
景品表示法第9条第2項に基づく審決	0	0	0	0	0	0	0	0	0	0	0	0	0	0	0	0	0	0	0	0	0	0	0	0	0	0	0	0	0
景品表示法第10条第6項に基づく審決	−	−	−	−	−	−	−	−	−	−	−	−	−	−	−	0	0	0	0	0	0	0	1	0	0	1	0	0	0
計	5	2	14	59	18	15	12	5	11	6	7	2	2	1	3	13	36	30	27	17	12	31	32	44	37	34	69	60	34

（注１）平成25年度の審決により，平成17年独占禁止法改正法による改正前の独占禁止法における手続は全て終了した。

（注２）「分類」欄の独占禁止法第49条第2項，第65条及び第66条並びに景品表示法第9条第2項及び第10条第6項は，平成17年独占禁止法改正法による改正前の独占禁止法及び景品表示法の条文番号である。

（注３）審判審決とあるのは，過去の年次報告において「正式審決」と分類していたものである（平成5年度から正式審決の呼称を審判審決に変更）。

（注４）（　）内の数字は，中小企業等協同組合法第107条に基づく審決件数で内数である。

（注５）平成11年度の課徴金の納付を命ずる審決等には，課徴金の納付を命じなかった審決が1件含まれている。

（注６）平成20年度の課徴金の納付を命ずる審決等には，課徴金の納付を命じなかった審決が4件含まれている。

（注７）平成25年度の課徴金の納付を命ずる審決等には，課徴金の納付を命じなかった審決が2件含まれている。

（注８）平成14年度及び平成15年度の独占禁止法第49条第2項及び景品表示法第9条第2項に基づく審決は審判手続開始請求を却下する審決である。

51	52	53	54	55	56	57	58	59	60	61	62	63	元	2	3	4	5	6	7	8	9	10	11	12	13	14	15	16	17
0	4	0	2	2	1	0	0	1	1	1	0	0	0	0	2	1	2	3	1	1	3	1	3	3	4	1	2	1	2
24	13	7	12	12	12	18	10	7	10	4	6	5	10	17	27	37	27	21	18	23	25	23	27	21	37	38	19	28	18
1	1	1	1	1	0	1	1	1	0	0	0	1	0	0	0	0	0	1	1	1	0	0	1	2	0	0	4	11	8
-	0	0	0	0	0	0	1	0	6	0	0	0	0	0	0	0	1	0	0	5	1	1	(注5) 2	24	1	7	14	32	14
0	0	0	0	0	0	0	0	0	0	0	0	0	0	0	0	0	0	0	0	0	0	0	0	0	0	(注8) 1	0	0	0
0	0	0	0	0	0	0	0	0	0	0	0	0	0	0	0	0	0	0	0	0	0	0	0	0	0	0	0	0	0
0	0	0	0	0	0	0	0	0	0	0	0	0	0	0	0	0	3	0	0	0	0	0	0	0	0	0	0	0	0
0	0	0	0	0	0	0	0	0	0	0	0	0	0	0	0	0	0	0	0	0	0	0	0	0	0	(注8) 1	(注8) 1	0	0
0	0	0	0	1	0	1	0	0	0	0	0	0	0	0	0	0	0	0	0	0	0	0	0	0	0	0	0	0	0
25	18	8	15	16	13	20	12	9	17	5	6	6	10	17	29	38	33	25	20	30	29	25	33	50	42	48	40	72	42

年度 分類	18	19	20	21	22	23	24	25	計
審判審決	14	3	5	8	3	-	-	-	135
勧告審決	-	-	-	-	-	-	-	-	(注4) 1,020 (13)
同意審決	42	21	5	0	3	-	-	-	212
課徴金の納付を命ずる審決等	46	10	(注6)37	21	13	0	5	(注7)7	248
独占禁止法第49条第2項に基づく審決	0	0	0	0	0	0	0	0	1
独占禁止法第65条に基づく審決	0	0	0	0	0	0	0	0	9
独占禁止法第66条に基づく審決	0	0	0	0	0	0	0	0	3
景品表示法第9条第2項に基づく審決	0	0	0	0	0	-	-	-	2
景品表示法第10条第6項に基づく審決	0	0	0	0	0	-	-	-	4
計	102	34	47	29	19	0	5	7	1,634

(2) 平成17年独占禁止法改正法による改正後平成25年独占禁止法改正法による改正前の独占禁止法における手続

分類		17(注2)	18	19	20	21	22	23	24	25	26	27(注5)	28(注5)	29(注5)	30(注5)	元(注5)	2(注5)	計
独占禁止法関係	排除措置命令（審判開始）（注1）	2	12	22	16	26	12	22	20	18	10	2	−	−	−	−	−	162
		(1)	(0)	(1)	(5)	(5)	(3)	(10)	(7)	(4)	(4)	(0)	(−)	(−)	(−)	(−)	(−)	(40)
	課徴金納付命令（審判開始）（注1）	171	56	121	39	73	100	255	108	176	128	0	−	−	−	−	−	1227
		(8)	(0)	(1)	(8)	(7)	(12)	(61)	(13)	(6)	(70)	(0)	(−)	(−)	(−)	(−)	(−)	(186)
	審決 排除措置命令に係る審決	0	0	0	3	0	3	4	4	3	15	7	6	33	8	5	77	168
	課徴金納付命令に係る審決	0	0	1	8	0	3	8	4	5	18	9	8	33	7	6	77	187
	課徴金納付命令に係る課徴金の一部を控除する審決	0	0	0	0	3	0	0	0	0	0	0	0	0	0	0	0	3
景品表示法関係	排除命令（審判開始）（注1）	28	32	56	52	6(注3)	−	−	−	−	−	−	−	−	−	−	−	174
		(0)	(5)	(3)	(9)		−	−	−	−	−	−	−	−	−	−	−	(17)
	排除命令に係る審決	0	0	0	0	11	−(注4)	−	−	−	−	−	−	−	−	−	−	11

（注1）（　）内の数字は，当該年度の命令件数のうち，命令後に審判手続が開始されたもの（次年度に開始されたものを含む。）の数で内数である（その後審判請求の取下げのあったもの及び審判手続打切決定を行ったものを含む。）。

（注2）平成17年度における独占禁止法関係の件数については，平成18年1月4日から同年3月31日までの期間である。

（注3）平成21年8月31日までの排除命令件数である。

（注4）平成22年8月6日，㈱ウインズインターナショナルに対する件の審判手続が打ち切られたことにより，景品表示法関係の審判手続は全て終結した。

（注5）審判制度は平成25年独占禁止法改正法により廃止されたが，同法の施行日（平成27年4月1日）前に，改正前の独占禁止法第49条第5項の規定に基づく排除措置命令等に係る事前通知等が行われた場合は，なお従前の例により，審判手続が行われる。平成27年度における命令の件数は，平成27年度中に行われた命令のうち，平成25年独占禁止法改正法の施行日前に前記の事前通知が行われたものの件数である。平成28年度以降，前記の事前通知は行われていない。

(3) 平成25年独占禁止法改正法による改正後の独占禁止法における手続

分類		27	28	29	30	元	2	計
排除措置命令（訴訟提起）（注1）		7	11	13	8	11	9	59
		(2)	(3)	(1)	(0)	(3)	(2)	(11)
課徴金納付命令（訴訟提起）（注1）		31	32(注2)	32	18	37	4	154
		(4)	(2)	(0)	(2)	(4)	(1)	(13)
第一審判決	排除措置命令及び課徴金納付命令に係る判決	0	0	0	3	0	0	3
	排除措置命令に係る判決	0	0	0	1	2	0	3
	課徴金納付命令に係る判決	0	0	0	1	2	0	3
第二審判決	排除措置命令及び課徴金納付命令に係る判決	0	0	0	0	0	1	1
	排除措置命令に係る判決	0	0	0	0	1	1	2
	課徴金納付命令に係る判決	0	0	0	0	1	1	2
第三審判決	排除措置命令及び課徴金納付命令に係る判決	0	0	0	0	0	0	0
	排除措置命令に係る判決	0	0	0	0	0	1	1
	課徴金納付命令に係る判決	0	0	0	0	0	0	0

（注1）（　）内の数字は，当該年度の命令件数のうち，命令後に訴訟が提起されたもの（次年度に開始されたものを含む。）の数で内数である（その後訴えの取下げ，請求の放棄のあったものを含む。）。平成27年度における命令の件数は，平成27年度中に行われた命令のうち，平成25年独占禁止法改正法の施行日後に独占禁止法第50条第1項の規定に基づく意見聴取の通知が行われたものの件数である。

（注2）課徴金納付命令後に刑事事件裁判が確定した1名の事業者に対して，独占禁止法第63条第2項の規定に基づき，課徴金納付命令を取り消す決定を行った結果，対象となった課徴金納付命令の件数である。

２－３表　関係法条別審決件数推移

法令＼年度	22	23	24	25	26	27	28	29	30	31	32	33	34	35	36	37	38	39	40	41	42	43	44	45	46	47	48	49	50	51	52	53	54
独占禁止法 3条前段	−	−	−	−	−	−	−	−	−	−	−	−	−	−	−	−	−	−	−	−	−	−	−	−	−	−	−	−	−	−	−	−	−
3条後段	−	−	−	−	−	−	−	−	−	−	−	−	−	−	−	−	−	−	−	−	−	−	−	−	−	−	−	−	−	−	−	−	−
7条の2	−	−	−	−	−	−	−	−	−	−	−	−	−	−	−	−	−	−	−	−	−	−	−	−	−	−	−	−	−	−	−	−	−
19条	−	−	−	−	−	−	−	−	−	−	−	−	−	−	−	−	−	−	−	−	−	−	−	−	−	−	−	−	−	−	−	−	−
20条の6	−	−	−	−	−	−	−	−	−	−	−	−	−	−	−	−	−	−	−	−	−	−	−	−	−	−	−	−	−	−	−	−	−
51条	−	−	−	−	−	−	−	−	−	−	−	−	−	−	−	−	−	−	−	−	−	−	−	−	−	−	−	−	−	−	−	−	−
66条1項	−	−	−	−	−	−	−	−	−	−	−	−	−	−	−	−	−	−	−	−	−	−	−	−	−	−	−	−	−	−	−	−	−
独占禁止法 3条前段（旧審判手続）	2	0	0	1	0	0	0	0	0	1	1	0	0	0	0	0	0	1	0	0	1	0	0	0	0	0	0	1	0	0	0	0	0
3条後段（旧審判手続）	4	2	5	25	4	8	2	1	5	1	2	0	0	0	0	0	0	2	9	2	0	2	6	3	3	10	35	31	12	14	2	1	3
4条（旧審判手続）	1	1	3	9	4	7	1	−	−	−	−	−	−	−	−	−	−	−	−	−	−	−	−	−	−	−	−	−	−	−	−	−	−
5条（旧審判手続）	3	0	1	0	0	0	0	0	−	−	−	−	−	−	−	−	−	−	−	−	−	−	−	−	−	−	−	−	−	−	−	−	−
6条（旧審判手続）	0	0	1	21	0	2	1	0	0	0	0	0	0	0	0	0	0	0	0	0	0	0	0	1	0	0	6	0	0	0	0	0	0
7条の2（旧審判手続）	−	−	−	−	−	−	−	−	−	−	−	−	−	−	−	−	−	−	−	−	−	−	−	−	−	−	−	−	−	−	0	0	0
8条（旧審判手続）	−	−	−	−	−	−	4	1	2	2	4	2	1	1	2	10	25	20	22	15	6	22	24	40	34	11	33	11	10	6	9	2	10
10条（旧審判手続）	0	0	1	6	2	0	0	0	0	0	0	0	0	0	0	0	0	0	0	0	0	0	0	0	1	0	0	0	0	0	0	0	0
11条（旧審判手続）	0	0	0	2	0	0	0	0	0	0	0	0	0	0	0	1	0	0	0	0	0	0	0	0	0	0	0	0	0	0	0	0	0
13条（旧審判手続）	0	0	0	2	1	0	0	0	0	0	0	0	0	0	0	0	0	0	0	0	0	0	0	0	1	0	0	0	0	0	0	0	0
14条（旧審判手続）	0	0	0	5	2	0	0	0	0	0	0	0	0	0	0	0	0	0	0	0	0	0	0	0	0	0	0	0	0	0	0	0	0
15条（旧審判手続）	0	0	0	0	0	0	0	0	0	0	0	0	0	0	0	0	0	0	0	0	0	0	0	1	0	0	0	0	0	0	0	0	0
16条（旧審判手続）	0	0	0	1	0	0	0	0	0	0	0	0	0	0	0	0	0	0	0	0	0	0	0	0	0	0	0	0	0	0	0	0	0
17条（旧審判手続）	0	0	0	4	0	0	0	0	0	1	0	0	0	0	0	0	0	0	0	0	0	0	0	0	0	0	0	0	0	0	0	0	0
19条（旧審判手続）	0	0	2	20	1	2	3	4	4	2	1	0	1	0	0	2	9	1	3	2	5	3	1	1	0	2	0	1	5	4	6	4	4
49条（旧審判手続）	0	0	0	0	0	0	0	0	0	0	0	0	0	0	0	0	0	0	0	0	0	0	0	0	0	0	0	0	0	0	0	0	0
65条（旧審判手続）	0	0	0	0	0	0	0	0	0	0	0	0	0	0	0	0	0	0	0	0	0	0	0	0	0	0	0	9	0	0	0	0	0
66条（旧審判手続）	0	0	0	0	0	0	0	0	0	0	0	0	0	0	0	0	0	0	0	0	0	0	0	0	0	0	0	0	0	0	0	0	0
事業者団体法（旧審判手続）	0	0	9	20	13	8	4	−	−	−	−	−	−	−	−	−	−	−	−	−	−	−	−	−	−	−	−	−	−	−	−	−	−
景品表示法 4条	−	−	−	−	−	−	−	−	−	−	−	−	−	−	−	−	−	−	−	−	−	−	−	−	−	−	−	−	−	−	−	−	−
景品表示法 3条（旧審判手続）	−	−	−	−	−	−	−	−	−	−	−	−	−	−	−	0	0	0	0	0	0	0	0	1	0	0	2	0	0	0	1	1	0
4条（旧審判手続）	−	−	−	−	−	−	−	−	−	−	−	−	−	−	−	0	0	0	0	0	0	0	0	0	0	0	1	0	2	1	0	1	0
9条（旧審判手続）	0	0	0	0	0	0	0	0	0	0	0	0	0	0	0	0	0	0	0	0	0	0	0	0	0	0	0	0	0	0	0	0	0
10条（旧審判手続）	−	−	−	−	−	−	−	−	−	−	−	−	−	−	−	0	0	0	0	0	0	0	0	0	0	1	0	0	1	0	0	0	0
中小企業等協同組合法107条（旧審判手続）	−	−	0	0	0	0	0	0	0	0	0	0	0	0	0	0	0	0	0	0	0	0	0	0	0	0	0	6	7	0	0	0	0
審決件数 （注2）	5	2	14	59（注3）	18	15（注3）	12	5	11	6	7	2	2	1	3	13	36	30	27	17	12	31	32	44	37	34	69	60	34	25	18	8	15

（注１）本表において「旧審判手続」とあるのは，平成17年独占禁止法改正法による改正前の独占禁止法による審判手続を経てなされた審決である。

（注２）本表に掲げる数字が審決件数より多いのは，同一事件に２以上の法条を適用した場合があるからである。

（注３）昭和25年度審決のうち１件及び昭和27年度審決のうち４件は，審決をもって審判開始決定を取り消したものである。

55	56	57	58	59	60	61	62	63	元	2	3	4	5	6	7	8	9	10	11	12	13	14	15	16	17	18	19	20	21	22	23	24	25	26	27	28	29	30
–	–	–	–	–	–	–	–	–	–	–	–	–	–	–	–	–	–	–	–	–	–	–	–	–	–	–	0	0	0	0	0	1	0	0	0	0	0	0
–	–	–	–	–	–	–	–	–	–	–	–	–	–	–	–	–	–	–	–	–	–	–	–	–	–	–	0	3	0	2	4	3	3	15	6	6	33	5
–	–	–	–	–	–	–	–	–	–	–	–	–	–	–	–	–	–	–	–	–	–	–	–	–	–	–	1	8	0	3	8	4	5	18	8	8	33	5
–	–	–	–	–	–	–	–	–	–	–	–	–	–	–	–	–	–	–	–	–	–	–	–	–	–	–	–	0	0	1	0	0	0	0	1	0	0	3
–	–	–	–	–	–	–	–	–	–	–	–	–	–	–	–	–	–	–	–	–	–	–	–	–	–	–	–	–	0	0	0	0	0	0	1	0	0	2
–	–	–	–	–	–	–	–	–	–	–	–	–	–	–	–	–	–	–	–	–	–	–	–	–	–	–	0	0	0	0	3	0	0	0	0	0	0	0
–	–	–	–	–	–	–	–	–	–	–	–	–	–	–	–	–	–	–	–	–	–	–	–	–	–	–	0	0	0	0	7	0	0	0	0	0	0	0
0	0	0	0	0	0	0	0	0	0	0	0	0	0	0	0	1	2	1	1	0	0	0	0	1	1	2	0	0	0	0	0	0	0	0	0	0	0	0
4	6	5	5	4	1	3	0	5	4	4	12	23	22	8	11	15	15	14	23	17	37	36	21	29	24	54	21	7	8	6	0	0	0	0	0	0	0	0
–	–	–	–	–	–	–	–	–	–	–	–	–	–	–	–	–	–	–	–	–	–	–	–	–	–	–	–	–	–	–	–	–	–	–	–	–	–	–
–	–	–	–	–	–	–	–	–	–	–	–	–	–	–	–	–	–	–	–	–	–	–	–	–	–	–	–	–	–	–	–	–	–	–	–	–	–	–
0	0	0	0	0	0	0	0	0	0	0	0	0	0	0	0	0	0	0	0	0	0	0	0	0	0	0	0	0	0	0	0	0	0	0	0	0	0	0
0	0	0	1	0	6	0	0	0	0	0	0	0	1	0	0	5	1	1	2	24	1	7	14	32	14	42	10	37	21	13	0	5	7	0	0	0	0	0
8	4	7	2	5	3	1	5	0	3	7	6	11	2	14	5	8	3	2	3	3	0	0	1	2	0	0	0	0	0	0	0	0	0	0	0	0	0	0
0	0	0	0	0	0	0	0	0	0	0	0	0	0	0	0	0	0	0	0	0	0	0	0	0	0	0	0	0	0	0	0	0	0	0	0	0	0	0
0	0	0	0	0	0	0	0	0	0	0	0	0	0	0	0	0	0	0	0	0	0	0	0	0	0	0	0	0	0	0	0	0	0	0	0	0	0	0
0	0	0	0	0	0	0	0	0	0	0	0	0	0	0	0	0	0	0	0	0	0	0	0	0	0	0	0	0	0	0	0	0	0	0	0	0	0	0
0	0	0	0	0	0	0	0	0	0	0	0	0	0	0	0	0	0	0	0	0	0	0	0	0	0	0	0	0	0	0	0	0	0	0	0	0	0	0
0	0	0	0	0	0	0	0	0	0	0	0	0	0	0	0	0	0	0	0	0	0	0	0	0	0	0	0	0	0	0	0	0	0	0	0	0	0	0
0	0	0	0	0	0	0	0	0	0	0	1	0	0	0	0	0	0	0	0	0	0	0	0	0	0	0	0	0	0	0	0	0	0	0	0	0	0	0
3	3	7	4	0	7	0	1	1	3	6	9	4	5	1	4	1	8	7	3	6	3	3	3	8	3	0	1	3	0	0	0	0	0	0	0	0	0	0
0	0	0	0	0	0	0	0	0	0	0	0	0	0	0	0	0	0	0	0	0	0	0	0	0	0	0	0	0	0	1	0	0	0	0	0	0	0	0
0	0	0	0	0	0	0	0	0	0	0	0	0	0	0	0	0	0	0	0	0	0	0	0	0	0	0	0	0	0	0	0	0	0	0	0	0	0	0
0	0	0	0	0	0	0	0	0	0	0	0	0	3	0	0	0	0	0	0	0	0	0	0	0	0	0	0	0	0	0	0	0	0	0	0	0	0	0
–	–	–	–	–	–	–	–	–	–	–	–	–	–	–	–	–	–	–	–	–	–	–	–	–	–	–	–	–	–	–	–	–	–	–	–	–	–	–
–	–	–	–	–	–	–	–	–	–	–	–	–	–	–	–	–	–	–	–	–	–	–	–	–	–	–	0	0	0	0	4	0	0	0	0	0	0	0
0	0	0	0	0	0	0	0	0	0	0	0	0	0	0	0	0	0	0	0	0	0	0	0	0	0	0	0	0	0	0	0	0	0	0	0	0	0	0
0	0	0	0	0	0	1	0	0	0	0	1	0	0	2	0	0	0	0	1	0	1	0	0	0	0	4	2	0	0	0	0	0	0	0	0	0	0	0
0	0	0	0	0	0	0	0	0	0	0	0	0	0	0	0	0	0	0	0	0	0	0	0	1	1	0	0	0	0	0	0	0	0	0	0	0	0	0
1	0	1	0	0	0	0	0	0	0	0	0	0	0	0	0	0	0	0	0	0	0	0	0	0	0	0	0	0	0	0	0	0	0	0	0	0	0	0
0	0	0	0	0	0	0	0	0	0	0	0	0	0	0	0	0	0	0	0	0	0	0	0	0	0	0	0	0	0	0	0	0	0	0	0	0	0	0
16	13	20	12	9	17	5	6	6	10	17	29	38	33	25	20	30	29	25	33	50	42	48	40	72	42	102	35	58	43	25	12	13	15	33	16	14	66	15

元	2	計
0	0	1
3	76	159
4	76	181
2	1	8
2	1	6
1	0	4
0	0	(注4) 7
0	0	17
0	0	641
–	–	26
–	–	4
0	0	32
0	0	(注5) 244
0	0	434
0	0	10
0	0	3
0	0	4
0	0	7
0	0	1
0	0	1
0	0	6
0	0	200
0	0	(注6) 1
0	0	9
0	0	3
–	–	54
0	0	4
0	0	5
0	0	17
0	0	(注6) 2
0	0	4
0	0	13
12	154	2004

（注４）独占禁止法66条１項に基づく審決は，審判請求を却下する審決である。
（注５）独占禁止法７条の２（旧審判手続）の審決件数には，課徴金の納付を命じなかった審決が７件含まれており，また，独占禁止法８条の３により当該条項が準用されている審決が含まれている。
（注６）独占禁止法49条（旧審判手続）及び景品表示法９条（旧審判手続）に基づく審決は，審判手続開始請求を却下する審決である。

２－４表　告発事件一覧

件　名	告発年月日	起訴年月日	判決年月日	判決内容	事　件　の　概　要	関係法条	備　　考
農林連絡協議会ほか 21 名（役員）	24.4.28	25.6.16（農林連絡協議会ほか2名を起訴）	東京高裁26.2.27	罰金各1万円	閉鎖機関に指定され清算中であったところ，購買及び販売の営業に従事する等禁止規定を免れる行為をした。	事業者団体法第5条第1項第13，第14号，第2項，第14条第1項第1号，第3項	協議会委員長，常任委員は26.3.11上告したが，前者は死亡したため，35.3.15控訴棄却，後者は36.12.5上告棄却
大川 (合)ほか1名（役員）	24.5.21	25.11.25	東京高裁27.5.12	免訴（講和条約による大赦のため）	解散及び清算計画書，株式の処分に関する計画書を期限までに提出しなかった。	独占禁止法第105条，第107条，第108条，第109条，第111条，第112条	
山一証券㈱	24.11.28	26.12.28（不起訴）			許可を受けないで営業を譲り受けた。	独占禁止法第16条，第91条の2第6項	
㈱三愛土地ほか1名（役員）	45.4.3	45.5.26	東京高裁46.1.29	被告会社に20万円の罰金，被告人に懲役1年（執行猶予3年），罰金10万円	審決に違反して不当表示を行った。	独占禁止法第90条第3号，第95条第1項，景品表示法第4条第1号，第2号	
出光興産㈱ほか26名（法人及び15役員）	49.2.15	49.5.28	東京高裁55.9.26	被告会社に150万円から250万円の罰金，被告人に4月から10月の懲役（執行猶予つき）	出光興産㈱ほか11名の石油元売会社は，石油製品の販売価格を，昭和48年1月，2月，8月，10月及び11月に引き上げることを共同して決定し実施した。	独占禁止法第3条後段，第89条第1項第1号，第95条第1項	日本石油㈱及び同社常務は確定昭和石油㈱常務は死亡したため55.11.19公訴棄却
			最高裁59.2.24	太陽石油㈱，九州石油㈱及び太陽石油㈱取締役に関する部分を破棄無罪，その他の被告会社及び被告人につき上告棄却			丸善石油㈱専務は57.10.21及び三菱石油㈱取締役は57.5.27それぞれ死亡につき公訴棄却

件　名	告発年月日	起訴年月日	判決年月日	判決内容	事　件　の　概　要	関係法条	備　　考
石油連盟ほか4名（4役員）	49.2.15	49.5.28（石油連盟ほか2名を起訴，残り2名を不起訴）	東京高裁55.9.26	被告人に違法の認識がなかったとして無罪	石油連盟は昭和47年度下期及び昭和48年度上期の会員の原油処理量を決定し実施した。	独占禁止法第8条第1項第1号，第89条第1項第2号，第95条第2項	
三井東圧化学㈱ほか22名（8社，役員15名）	3.11.6（3.12.19追加告発）	3.12.20	東京高裁5.5.21	被告会社に600万円から800万円の罰金，被告人に懲役6月から1年（執行猶予2年）	三井東圧化学㈱ほか7社は，塩化ビニル製業務用ストレッチフィルムの販売価格を平成2年9月及び同年11月出荷分から引き上げること等を共同して決定し実施した。	独占禁止法第3条後段，第89条第1項第1号，第95条第1項	
トッパン・ムーア㈱ほか3名	5.2.24	5.3.31	東京高裁5.12.14	被告会社に400万円の罰金	トッパン・ムーア㈱ほか3社は，社会保険庁が発注する支払通知書等貼付用シールの受注予定者及び受注予定価格を決定し実施していた。	独占禁止法第3条後段，第89条第1項第1号，第95条第1項	
㈱日立製作所ほか26名（9社及び受注業務に従事していた者17名並びに発注業務に従事していた者1名）	7.3.6（7.6.7追加告発）	7.6.15	東京高裁8.5.31	被告会社に4000万円から6000万円の罰金，被告会社の受注業務に従事していた者に懲役10月（執行猶予2年）日本下水道事業団の発注業務に従事していた者に懲役8月（執行猶予2年）	㈱日立製作所ほか8社は，平成5年度における日本下水道事業団発注に係る電気設備工事の受注予定者を決定するとともに，受注予定者が受注できるようあらかじめ定められた価格で入札することを合意し実施していた。	独占禁止法第3条後段，第89条第1項第1号，第95条第1項，刑法第62条第1項	
㈱金門製作所ほか58名（25社及び受注業務に従事していた者34名）	9.2.4	9.3.31	東京高裁9.12.24	被告会社に500万円から900万円の罰金，被告会社の受注業務に従事していた者に懲役6月から9月（執行猶予2年）	㈱金門製作所ほか24社は，平成6年度，平成7年度及び平成8年度の各年度における東京都発注に係る水道メーターについて，受注予定者を決定するとともに，受注予定者が受注できるようあらかじめ定められた価格で入札することを合意し実施していた。	独占禁止法第3条後段，第89条第1項第1号，第95条第1項，刑法第60条	富士水道工業㈱は10.1.6，㈱東京量水器工業所及び同社管理部長兼工場長は10.1.7それぞれ上告したが，いずれも12.9.25上告棄却

件　　名	告発年月日	起訴年月日	判決年月日	判決内容	事件の概要	関係法条	備　　考
㈱クボタほか12名（3社及び受注業務に従事していた者10名）	11.2.4（11.3.1追加告発）	11.3.1	東京高裁12.2.23	被告会社に3000万円から1億3000万円の罰金，被告会社の受注業務に従事していた者に懲役6月から10月（執行猶予2年）	㈱クボタほか2社は，平成8年度及び平成9年度の各年度に日本国内において需要のあるダクタイル鋳鉄管直管の3社のシェア配分協定に合意し実施していた。	独占禁止法第3条後段，第89条第1項第1号，第95条第1項，刑法第60条	
コスモ石油㈱ほか19名（11社，個人9名）	11.10.13（11.11.9追加告発）	11.11.9	東京高裁16.3.24	被告会社に300万円から8000万円の罰金，被告人に懲役6月から1年6月（執行猶予2年から3年）	コスモ石油㈱ほか10社は，防衛庁調達実施本部が平成10年度に調達する，ガソリン，軽油，灯油，重油及び航空タービン燃料の各石油製品の発注に係る6回の指名競争入札のうち前4回において，各入札前に会合を開催し，前年度の受注実績を勘案して受注予定者を決定するとともに受注予定者が受注できるような価格で入札を行う旨合意した上，同合意に従って受注予定者を決定し，もって，被告発会社が共同して，その事業活動を相互に拘束し，遂行することにより，公共の利益に反して，前記石油製品の受注に係る取引分野における競争を実質的に制限した。	独占禁止法第3条後段，第89条第1項第1号，第95条第1項，刑法第60条	3社及び4名について，それぞれ16.3.31，16.4.2，16.4.5に上告したが，17.11.21上告棄却決定（17.11.26，17.11.29，17.12.20確定）
愛知時計電機㈱ほか8名（4社，個人5名）	15.7.2	15.7.23	東京高裁16.3.26（1社，個人2名）16.4.30（2社，個人2名）16.5.21（1社，個人1名）	被告会社に2000万円から3000万円の罰金，被告人に懲役1年から1年2月（執行猶予3年）	4社及びこれら4社の東京都発注に係る水道メーターの受注業務に従事していた者等5名は，同水道メーターの受注業務に従事する他の水道メーターの製造業者等14社の従業員らとともに，それぞれの所属する会社の業務に関し，東京都が一般競争入札の方法により発注する水道メーターのうち，口径13ミリ，同20ミリ及び同25ミリのものについて，受注予定者を決定するとともに，受注予定者が受注できるような価格で入札を行う旨合意した上，同合意に従って受注予定者を決定し，もって，被告発会社が共同して，その事業活動を相互に拘束し，遂行することにより，公共の利益に反して，前記水道メーターの受注に係る取引分野における競争を実質的に制限した。	独占禁止法第3条後段，第89条第1項第1号，第95条第1項（平成14年法律第47号による改正前）	

件　　名	告発年月日	起訴年月日	判決年月日	判決内容	事　件　の　概　要	関係法条	備　　　考
㈱横河ブリッジほか33名（26社，個人8名）	17.5.23（17.6.15追加告発）	17.6.15	東京高裁18.11.10（23社，個人7名及び日本道路公団元理事1名）19.9.21（3社，個人2名）	被告会社に1億6000万円から6億4000万円の罰金，被告人に懲役1年から2年6月（執行猶予3年から4年）	26社は，平成15年度にあっては他の鋼橋上部工事業者23社とともに，平成16年度にあっては他の鋼橋上部工事業者21社とともに，国土交通省関東地方整備局，東北地方整備局及び北陸地方整備局が競争入札により発注する鋼橋上部工事について，受注予定者を決定するとともに，受注予定者が受注できるような価格等で入札を行う旨合意した上，同合意に従って受注予定者を決定し，もって，被告発会社が共同して，その事業活動を相互に拘束し，遂行することにより，公共の利益に反して，前記鋼橋上部工事の受注に係る取引分野における競争を実質的に制限した。	独占禁止法第3条後段，第89条第1項第1号，第95条第1項第1号，刑法第60条，第62条第1項	
㈱横河ブリッジほか12名（6社，個人4名，日本道路公団元理事1名，同副総裁1名及び同理事1名）	17.6.29（17.8.1，17.8.15追加告発）	17.8.1（6社，受注業務に従事していた者4名及び日本道路公団元理事1名）17.8.15（日本道路公団副総裁1名）17.8.19（日本道路公団理事1名）	東京高裁19.12.7（日本道路公団理事1名）20.7.4（日本道路公団副総裁1名）	日本道路公団理事（当時）に懲役2年（執行猶予3年），日本道路公団副総裁（当時）に懲役2年6月（執行猶予4年）※併合罪	6社は，平成15年度にあっては他の鋼橋上部工事業者43社とともに，平成16年度にあっては他の鋼橋上部工事業者41社とともに，日本道路公団が競争入札により発注する鋼橋上部工事について，受注予定者を決定するとともに，受注予定者が受注できるような価格等で入札を行う旨合意した上，同合意に従って受注予定者を決定し，もって，被告発会社が共同して，その事業活動を相互に拘束し，遂行することにより，公共の利益に反して，前記鋼橋上部工事の受注に係る取引分野における競争を実質的に制限した。	独占禁止法第3条後段，第89条第1項第1号，第95条第1項第1号，刑法第60条，第65条第1項	日本道路公団理事（当時）1名及び日本道路公団副総裁（当時）1名は，独占禁止法違反の事実とは別に背任罪の事実も認定されている。日本道路公団理事（当時）については，19.12.17に上告したが，22.7.20上告棄却決定。日本道路公団副総裁（当時）については，20.7.4に上告したが，22.9.22上告棄却決定。

件　　名	告発年月日	起訴年月日	判決年月日	判決内容	事　件　の　概　要	関係法条	備　　　考
㈱クボタ　ほか21名（11社，個人11名）	18.5.23（18.6.12追加告発）	18.6.12	大阪地裁19.3.12（1社，個人1名）19.3.15（1社，個人1名）19.3.19（1社，個人1名）19.3.22（2社，個人2名）19.3.29（3社，個人3名）19.4.23（2社，個人2名）19.5.17（1社，個人1名）	被告会社に7000万円から2億2000万円の罰金，被告人に罰金140万円から170万円又は懲役1年4月から2年6月（執行猶予3年から4年）	11社は，市町村等が競争入札により発注するし尿処理施設の新設及び更新工事について，受注予定者を決定するとともに，受注予定者が受注できるような価格等で入札を行う旨合意した上，同合意に従って受注予定者を決定し，もって，被告発会社が共同して，その事業活動を相互に拘束し，遂行することにより，公共の利益に反して，し尿処理施設の新設及び更新工事の受注に係る取引分野における競争を実質的に制限した。	独占禁止法第3条後段，第89条第1項第1号，第95条第1項第1号，刑法第60条	被告会社の受注業務に従事していた者のうち1名について，独占禁止法違反の事実とは別に贈賄罪の事実も認定されている。
㈱大林組　ほか9名（5社，個人5名）	19.2.28（19.3.20追加告発）	19.3.20	名古屋地裁19.10.15	被告会社に1億円から2億円の罰金，被告人に懲役1年6月から3年（執行猶予3年から5年）	5社は，名古屋市交通局が一般競争入札の方法により特別共同企業体に発注する地下鉄第6号線野並・徳重間延伸事業に係る土木工事について，受注予定の特別共同企業体を決定するとともに，受注予定特別共同企業体が受注できるような価格で入札を行う旨を合意した上，同合意に従って受注予定特別共同企業体を決定し，もって，被告発会社等が共同して，その事業活動を相互に拘束し，遂行することにより，公共の利益に反して，前記土木工事の受注に係る取引分野における競争を実質的に制限した。	独占禁止法第3条後段，第89条第1項第1号，第95条第1項第1号，刑法第60条	被告会社の受注業務に従事していた者のうち1名について，独占禁止法違反の事実とは別に談合罪の事実も認定されている。

件　　名	告発年月日	起訴年月日	判決年月日	判決内容	事　件　の　概　要	関係法条	備　　考
㈶林業土木コンサルタンツほか10名（4法人，個人5名，独立行政法人緑資源機構元理事1名及び同機構元課長1名）	19.5.24（19.6.13追加告発）	19.6.13	東京地裁19.11.1	被告会社に4000万円から9000万円の罰金，被告人に懲役6月から8月（執行猶予2年から3年），独立行政法人緑資源機構の元役職員であった者に懲役1年6月から2年（執行猶予3年から4年）	4法人は，地質調査・調査測量設計業務を営む他の事業者とともに，独立行政法人緑資源機構が平成17年度及び平成18年度において指名競争入札等の方法により発注する緑資源幹線林道事業に係る地質調査・調査測量設計業務について，独立行政法人緑資源機構の意向に従って受注予定業者を決定するとともに受注予定業者が受注できるような価格で入札を行う旨を合意した上，同合意に従って受注予定者を決定し，もって，被告発会社が共同して，その事業活動を相互に拘束し，遂行することにより，公共の利益に反して，前記地質調査・調査測量設計業務の受注に係る取引分野における競争を実質的に制限した。	独占禁止法第3条後段，第89条第1項第1号，第95条第1項第1号，刑法第60条，第65条第1項	
日鉄住金鋼板㈱ほか8名（3社，個人6名）	20.11.11（20.12.8追加告発）	20.12.8	東京地裁21.9.15	被告会社に1億6000万円から1億8000万円の罰金，被告人に懲役10月から1年（執行猶予3年）	3社は，不特定多数の需要者向け溶融55パーセントアルミニウム亜鉛合金めっき鋼板及び鋼帯の平成18年7月1日以降出荷分の販売価格を引き上げる旨を合意し，もって，被告発会社が共同して，その事業活動を相互に拘束し，遂行することにより，公共の利益に反して，前記めっき鋼板及び鋼帯の販売に係る取引分野における競争を実質的に制限した。	独占禁止法第3条後段，第89条第1項第1号，第95条第1項第1号，刑法第60条	

附属資料

件　　名	告発年月日	起訴年月日	判決年月日	判決内容	事　件　の　概　要	関係法条	備　　考
日本精工㈱ほか9名（3社，個人7名）	24.6.14	24.6.14	東京地裁24.12.28（1社，個人2名）25.2.25（1社，個人3名）27.2.4（1社，個人2名）	被告会社に1億8000万円から4億円の罰金，被告人に懲役1年から1年6月（執行猶予3年）	3社等は，産業機械用軸受について，平成22年7月1日以降に納入する産業機械用軸受の販売価格を，同年6月時点における被告発会社等の販売価格から，一般軸受につき8パーセントを，大型軸受につき10パーセントをそれぞれ引き上げることを販売先等に申し入れるなどして，軸受の原材料である鋼材の仕入価格の値上がり分を産業機械用軸受の販売価格に転嫁することを目途に引き上げること，並びに，具体的な販売価格引上げ交渉に当たっては，販売地区及び主要な販売先ごとに3社等の従業員らが連絡，協議しながら行うことを各合意し，もって，被告発会社等が共同して，その事業活動を相互に拘束することにより，公共の利益に反して，産業機械用軸受の販売に係る取引分野における競争を実質的に制限した。 また，2社等は，自動車用軸受について，平成22年7月1日以降に納入する自動車用軸受の販売価格を，同年6月時点における被告発会社等の販売価格から，軸受の原材料である鋼材の投入重量1キログラム当たり20円を目途に引き上げることを合意し，もって，被告発会社等が共同して，その事業活動を相互に拘束することにより，公共の利益に反して，自動車用軸受の販売に係る取引分野における競争を実質的に制限した。	独占禁止法第3条後段，第89条第1項第1号，第95条第1項第1号，刑法第60条	1社及び2名については，27.2.4に控訴したが，28.3.22控訴棄却判決。同日，上告したが，29.12.5上告棄却決定。（29.12.12確定）

件　名	告発年月日	起訴年月日	判決年月日	判決内容	事件の概要	関係法条	備　考
高砂熱学工業㈱ほか15名（8社，個人8名）	26.3.4	26.3.4	東京地裁 26.9.30 （1社，個人1名） 26.10.2 （2社，個人2名） 26.10.3 （1社，個人1名） 26.10.6 （1社，個人1名） 26.11.12 （1社，個人1名） 26.11.13 （1社，個人1名） 26.11.14 （1社，個人1名）	被告会社に1億2000万円から1億6000万円の罰金，被告人に懲役1年2月から1年6月（執行猶予3年）	8社等は，平成23年10月以降に，独立行政法人鉄道建設・運輸施設整備支援機構が条件付一般競争入札の方法により発注する北陸新幹線融雪・消雪基地機械設備工事について，受注予定事業者を決定するとともに当該受注予定事業者が受注できるような価格で入札を行うことなどを合意した上，同合意に従って，前記工事についてそれぞれ受注予定事業者を決定するなどし，もって，8社等が共同して，前記工事の受注に関し，相互にその事業活動を拘束し，遂行することにより，公共の利益に反して，前記工事の受注に係る取引分野における競争を実質的に制限した。	独占禁止法第3条後段，第89条第1項第1号，第95条第1項第1号，刑法第60条	
㈱NIPPOほか20名（10社，個人11名）	28.2.29	28.2.29	東京地裁 28.9.7 （3社，個人3名） 28.9.15 （1社，個人1名） 28.10.6 （2社，個人3名） 28.10.11 （1社） 28.10.25 （個人1名） 28.10.27 （2社，個人2名） 28.11.1 （1社，個人1名）	被告会社に1億2000万円から1億8000万円の罰金，被告人に懲役1年2月から1年6月（執行猶予3年）	10社等は，平成23年7月以降に，東日本高速道路㈱東北支社が条件付一般競争入札の方法により発注する東日本大震災に係る舗装災害復旧工事について，受注予定事業者を決定すること及び当該受注予定事業者が受注できるような価格で入札を行うことなどを合意した上，同合意に従って，前記工事についてそれぞれ受注予定事業者を決定するなどし，もって，10社等が共同して，前記工事の受注に関し，相互にその事業活動を拘束し，遂行することにより，公共の利益に反して，前記工事の受注に係る取引分野における競争を実質的に制限した。	独占禁止法第3条後段，第89条第1項第1号，第95条第1項第1号，刑法第60条	

附属資料

件　　名	告発年月日	起訴年月日	判決年月日	判決内容	事件の概要	関係法条	備　　考
大成建設㈱ほか5名（4社，個人2名）	30.3.23	30.3.23	東京地裁30.10.22（2社）3.3.1（2社，個人2名，3.3.10控訴申立て）	被告会社に1億8000万円から2億5000万円の罰金，被告人に懲役1年6月（執行猶予3年）	4社は，平成26年4月下旬頃から平成27年8月下旬頃までの間，東海旅客鉄道㈱が4社を指名して競争見積の方法により順次発注する品川駅・名古屋駅間の中央新幹線に係る地下開削工法によるターミナル駅新設工事について，受注予定事業者を決定すること及び当該受注予定事業者が受注できるような価格で見積りを行うことなどを合意した上，同合意に従って，前記工事についてそれぞれ受注予定事業者を決定するなどし，もって4社が共同して，前記工事の受注に関し，相互にその事業活動を拘束し，遂行することにより，公共の利益に反して，前記工事の受注に係る取引分野における競争を実質的に制限した。	独占禁止法第3条後段，第89条第1項第1号，第95条第1項第1号，刑法第60条	
アルフレッサ㈱ほか9名（3社，個人7名）	2.12.9	2.12.9			3社等は，平成28年及び平成30年それぞれにおいて，独立行政法人地域医療機能推進機構が一般競争入札を実施した同機構が運営する57病院における医薬品購入契約について，3社等それぞれの受注予定比率を設定し，同比率に合うように受注予定事業者を決定するとともに当該受注予定事業者が受注できるような価格で入札を行うことなどを合意した上，同合意に従って，前記契約について受注予定事業者を決定するなどし，もって被告発会社3社等が共同して，前記契約の受注に関し，相互にその事業活動を拘束し，遂行することにより，公共の利益に反して，前記契約の受注に係る取引分野における競争を実質的に制限した。	独占禁止法第3条後段，第89条第1項第1号，第95条第1項第1号，刑法第60条	

2－5表　緊急停止命令一覧

件名	当委員会申立年月日	決定年月日（注）	決定内容（注）	事件の内容	関係法条	処理結果 決定年月日（注）	処理結果 決定内容	備　考
㈱朝日新聞社ほか153名に対する件	30.3.16 30.7.27（停止命令の取消し）	30.4.6	申立一部容認一部却下	㈱朝日新聞社，㈱読売新聞社，㈱毎日新聞社による千葉新聞の供給を受けないことを条件とする販売店との取引及び販売店による千葉新聞不買の申合せ	独占禁止法第19条（旧一般指定1，7）	30.7.29	当事者の和解により違反事実の消滅（停止命令の取消し）	
伊藤勲に対する件	30.7.4 30.12.10（停止命令の取消し）	30.7.29	申立容認	毎日新聞販売店（伊藤勲）による毎日新聞購読者に対する物品の供与	独占禁止法第19条（旧一般指定6）	30.12.23	営業廃止により違反事実の消滅（停止命令の取消し）	停止命令違反に対する過料（1万円）決定（30.10.12）
㈱大阪読売新聞社に対する件	30.10.5	30.11.5	申立容認	㈱大阪読売新聞社による読売新聞購読者に対する物品の供与	独占禁止法第19条（旧一般指定6）			同意審決（30.12.8）
㈱北国新聞社に対する件	31.12.21	32.3.18	申立容認	㈱北国新聞社の販売する富山新聞の差別対価	独占禁止法第19条（新聞業特殊指定3）	33.7.11	違反事実の自発的排除（停止命令の取消し）	被申立人による停止命令の執行免除の申立て（32.3.29申立棄却）
八幡製鉄㈱ほか1名に対する件	44.5.7 取下げ44.5.30			八幡製鉄㈱及び富士製鉄㈱の合併	独占禁止法第15条第1項			被申立人が，合併期日を延期したので取下げ
㈱中部読売新聞社に対する件	50.3.25	50.4.30	申立容認	中部読売新聞の不当廉売	独占禁止法第19条（旧一般指定5）			同意審決（52.11.24）被申立人は，特別抗告したが，最高裁はこれを却下（50.7.17）
㈱有線ブロードネットワークスほか1社に対する件	16.6.30 取下げ16.9.14			有線音楽放送事業における私的独占又は差別対価若しくは取引条件等の差別取扱い	独占禁止法第3条前段，第19条（一般指定3，4）			被申立人が，申立てに係る行為を取りやめたので取下げ
楽天㈱に対する件	2.2.28 取下げ2.3.10			楽天㈱による出店事業者に対する優越的地位の濫用	独占禁止法第19条（第2条第9項第5号ハ）			被申立人が，申立てに係る行為を変更したので取下げ

(注) 平成25年独占禁止法改正法の施行日（平成27年4月1日）前は，緊急停止命令等の非訟事件は東京高等裁判所の専属管轄とされていたが，同改正法の施行後は，東京地方裁判所の専属管轄とされている。

2−6表 注意の対象となった行為の業種・行為類型別分類

業種	件数	行為類型
農業	2	その他
水産養殖業	1	価格カルテル
総合工事業	3	優越的地位濫用
食料品製造業	3	優越的地位濫用
飲料・たばこ・飼料製造業	2	不当廉売
繊維工業	1	優越的地位濫用
家具・装備品製造業	1	再販売価格の拘束
パルプ・紙・紙加工品製造業	1	優越的地位濫用
化学工業	2	再販売価格の拘束，優越的地位濫用
ゴム製品製造業	1	再販売価格の拘束
窯業・土石製品製造業	2	再販売価格の拘束，優越的地位濫用
生産用機械器具製造業	1	優越的地位濫用
その他の製造業	2	再販売価格の拘束，不当廉売
電気業	1	優越的地位濫用
道路旅客運送業	3	私的独占，その他のカルテル
飲食料品卸売業	3	取引妨害，優越的地位濫用，不当廉売
機械器具卸売業	1	優越的地位濫用
その他の卸売業	3	優越的地位濫用，不当廉売
各種商品小売業	8	優越的地位濫用
織物・衣服・身の回りの品小売業	3	優越的地位濫用
飲食料品小売業	5	優越的地位濫用，その他の不公正取引，その他
機械器具小売業	2	優越的地位濫用
その他の小売業	7	取引妨害，優越的地位濫用
物品賃貸業	1	優越的地位濫用
専門サービス業（他に分類されないもの）	1	優越的地位濫用
宿泊業	3	優越的地位濫用
飲食店	3	優越的地位濫用
その他の生活関連サービス業	1	優越的地位濫用
協同組合（他に分類されないもの）	5	その他の拘束・排他条件付取引，取引妨害，その他の不公正取引，その他
その他の事業サービス業	1	取引妨害

(注) 業種は，「日本標準産業分類」を参考にしている。

3 独占禁止法適用除外関係

(1) 独占禁止法に基づくもの（3制度）

（令和3年3月末現在）

法律名	適用除外制度の内容 （根拠条項）	適用除外制度の 制定年次
私的独占の禁止及び公正取引の確保に関する法律（昭和22年法律第54号）	知的財産権の行使行為（第21条）	昭和22年
	一定の組合の行為（第22条）	昭和22年
	再販売価格維持契約（第23条）	昭和28年

独占禁止法第22条各号要件に係るみなし規定のあるもの

　　たばこ耕作組合法（昭和33年法律第135号）

　　信用金庫法（昭和26年法律第238号）

　　農業協同組合法（昭和22年法律第132号）

　　水産業協同組合法（昭和23年法律第242号）

　　森林組合法（昭和53年法律第36号）

　　中小企業等協同組合法（昭和24年法律第181号）

　　商店街振興組合法（昭和37年法律第141号）

　　労働金庫法（昭和28年法律第227号）

(2) 個別法に基づく適用除外（17法律・22制度）

（令和3年3月末現在）

所管官庁	法律名 （法律番号）	適用除外の対象	適用除外制度 の制定年次
公正取引委員会	消費税の円滑かつ適正な転嫁の確保のための消費税の転嫁を阻害する行為の是正等に関する特別措置法（平成25年法律第41号）	転嫁カルテル	平成25年
		表示カルテル	平成25年
金融庁	保険業法（平成7年法律第105号）	保険カルテル	昭和26年
	損害保険料率算出団体に関する法律（昭和23年法律第193号）	基準料率の算出（自賠責・地震）	平成10年
法務省	会社更生法（平成14年法律第154号）	更生会社の株式取得	昭和27年
財務省	酒税の保全及び酒類業組合等に関する法律（昭和28年法律第7号）	合理化カルテル	昭和34年
文部科学省	著作権法（昭和45年法律第48号）	商業用レコードの二次使用料等に関する取決め	昭和45年

所管官庁	法律名 （法律番号）	適用除外の対象	適用除外制度 の制定年次
厚生労働省	生活衛生関係営業の運営の適正化及び振興に関する法律 （昭和32年法律第164号）	過度競争防止カルテル	昭和32年
農林水産省	農業協同組合法 （昭和22年法律第132号）	農事組合法人が行う一定の事業	平成11年
経済産業省	輸出入取引法 （昭和27年法律第299号）	輸出カルテル	昭和27年
	中小企業団体の組織に関する法律 （昭和32年法律第185号）	共同経済事業	昭和32年
	中小企業等協同組合法 （昭和24年法律第181号）	中小企業団体中央会が行う一定の事業	平成11年
国土交通省	海上運送法 （昭和24年法律第187号）	海運カルテル（内航）	昭和24年
		海運カルテル（外航）	昭和24年
	道路運送法 （昭和26年法律第183号）	運輸カルテル	昭和26年
	航空法 （昭和27年法律第231号）	航空カルテル（国内）	昭和27年
		航空カルテル（国際）	昭和27年
	内航海運組合法 （昭和32年法律第162号）	内航海運カルテル	昭和32年
		共同海運事業	昭和32年
	特定地域及び準特定地域における一般乗用旅客自動車運送事業の適正化及び活性化に関する特別措置法 （平成21年法律第64号）	供給輸送力削減カルテル	平成25年
金融庁 国土交通省	地域における一般乗合旅客自動車運送事業及び銀行業に係る基盤的なサービスの提供の維持を図るための私的独占の禁止及び公正取引の確保に関する法律の特例に関する法律 （令和2年法律第32号）	特定地域基盤企業等の合併等	令和2年
		地域一般乗合旅客自動車運送事業者等による共同経営に関する協定の締結	

3－2表　年次別・適用除外法令別カルテル件数（注1）の推移

	根　拠　法　令	適用業種等	平成30年	令和元年	令和2年	令和3年
1	保険業法 平成8年4月1日施行	特定事業に係る共同行為	4	4	4	4
		その他の事業に係る共同行為	5	5	5	4
2	損害保険料率算出団体に関する法律 昭和23年7月29日施行	地震保険に係る基準料率及び自動車損害賠償責任保険に係る基準料率の算出	2	2	2	2
3	酒税の保全及び酒類業組合等に関する法律 昭和28年3月1日施行	酒類製造業	0	0	0	0
		酒類販売業	0	0	0	0
		（小　計）	0	0	0	0
4	著作権法 昭和45年5月6日施行	商業用レコードの二次使用料等に関する取決め（注2）	10	10	10	10
5	生活衛生関係営業の運営の適正化及び振興に関する法律 昭和32年9月2日施行	特定生活衛生関係サービス業，販売業	0	0	0	0
6	輸出入取引法 昭和27年9月1日施行	輸出業者の輸出取引	0	0	0	0
7	道路運送法 昭和26年7月1日施行	道路運送業（注3）	3 (1)	3 (1)	3 (1)	3 (1)
8	航空法 昭和27年7月15日施行	航空運送事業（国内）	0	0	0	0
		航空運送事業（国際）（注4）	〔4〕	〔2〕	〔1〕	〔0〕
9	海上運送法 昭和24年8月25日施行	海運カルテル（内航）	5	5	5	5

	根 拠 法 令	適用業種等	平成30年	令和元年	令和2年	令和3年
		海運カルテル（外航）（注4）	〔381〕	〔223〕	〔109〕	〔66〕
10	内航海運組合法 昭和32年10月1日施行	内航海運業	1	1	1	1
11	特定地域及び準特定地域における一般乗用旅客自動車運送事業の適正化及び活性化に関する特別措置法 平成26年1月27日施行	一般乗用旅客自動車運送事業	20	25	21	9
12	地域における一般乗合旅客自動車運送事業及び銀行業に係る基盤的なサービスの提供の維持を図るための私的独占の禁止及び公正取引の確保に関する法律の特例に関する法律 令和2年11月27日施行	特定地域基盤企業等の合併等	－	－	－	0
		地域一般乗合旅客自動車運送事業	－	－	－	2
合　　　計			50（48）	55（53）	51（49）	40（38）

（注1）件数は，公正取引委員会の同意を得，又は当委員会に協議若しくは通知を行って主務大臣が認可等を行ったカルテル等の件数である。

（注2）著作権法に基づく商業用レコードの二次使用料等に関する取決めの数は，当該取決めの届出を受けた文化庁長官による公正取引委員会に対する通知の件数である。

（注3）道路運送法に基づくカルテルについては路線ごとにカルテルが実施されているが，実施主体が同じカルテルを1件として算定した場合の数を（　）で示した。

（注4）航空法に基づく航空運送事業カルテル（国際）及び海上運送法に基づく海運カルテル（外航）に関する〔　〕内の数は，各年3月末日に終了する年度において締結，変更又は廃止の通知を受けた件数であり，外数である。

3－3表　保険業法に基づくカルテル

(1)　保険業法第101条第1項第1号に基づく共同行為

（令和3年3月末現在）

対象種目	主体	制限事項	最初の発効日	有効期限
航空保険	日本航空保険プール	再保険における料率及び条件の決定（注），再保険の出再割合の決定，再保険手数料率の決定，配分再保険の配分割合及び再保険手数料率の決定，再々保険の禁止，海外再々保険の相手方，出再割合，料率その他条件及び再保険手数料率の決定，損害査定	平成9年6月20日	期限の定めなし
原子力保険	日本原子力保険プール	保険約款の内容の決定，保険料率及びその他の条件の決定，元受保険及び受再保険の引受割合の決定，元受保険の共同処理（募集を含む。），再保険の共同処理，損害査定の審査及び決定	平成9年6月20日	期限の定めなし
自賠責保険	損害保険会社	契約の引受け及び契約規定の作成方法，募集方法，事業方法書，普通保険約款，保険料及び責任準備金算出方法書の内容の決定，再保険取引に関する相手方又は数量の決定，損害査定方法の決定	平成9年4月30日	期限の定めなし
地震保険	損害保険会社	契約引受方法の決定，事業方法書，普通保険約款，保険料及び責任準備金算出方法書の内容の決定，損害査定方法の決定，再保険取引に関する事項の決定，地震保険の普及拡大に関する事項の決定	平成9年6月20日	期限の定めなし

（注）日本航空保険プールの共同行為では，保険料率の決定は明示的に行われていないが，①出再割合を100％としていること，②再保険について，会員は全て元受会社の契約内容に従って責任を負担することとなっているため，保険料率＝再保険料率となり，各社保険料率が同一となっている。

(2)　保険業法第101条第1項第2号に基づく共同行為

（令和3年3月末現在）

対象種目	主体	制限事項	最初の発効日	有効期限
船舶保険	日本船舶保険再保険プール	再保険約款の決定，再保険に関する損害査定方法の決定，再保険の取引に関する相手方又は数量の決定，再保険料率及び手数料の決定	平成10年4月1日	期限の定めなし

外航貨物保険	外航貨物再保険プール	再保険約款及び再保険料率の決定，再保険の出再割合の決定，再保険手数料の決定，配分再保険の配分割合及び再保険手数料率の決定，再々保険の禁止，再保険に係る損害査定	平成10年4月1日	期限の定めなし
自動車保険（対人賠償，自損事故及び無保険者傷害保険部分）	自動車対人賠償保険超過損害額再保険プール	再保険約款の決定，再保険に関する損害査定方法の決定，再保険の取引に関する相手方又は数量の決定，再保険料率及び手数料の決定	平成10年4月1日	期限の定めなし
住宅瑕疵担保責任保険	住宅瑕疵担保責任超過損害額再保険プール	再保険約款の決定，再保険に関する損害査定方法の決定，再保険の取引に関する相手方又は数量の決定，再保険料率の決定	平成21年4月1日	期限の定めなし

3－4表　損害保険料率算出団体に関する法律に基づくカルテル

（令和3年3月末現在）

対　象	主　体	内　容	最初の発効日	有効期限
自動車損害賠償責任保険	損害保険料率算出団体	自動車損害賠償責任保険に係る基準料率を算出し，会員の利用に供すること	平成10年7月1日	期限の定めなし
地震保険	損害保険料率算出団体	地震保険に係る基準料率を算出し，会員の利用に供すること	平成10年7月1日	期限の定めなし

3－5表　著作権法に基づく商業用レコードの二次使用料等に関する取決め

（令和3年3月末現在）

対　象	主　体	内　容	最初の発効日	有効期限
商業用レコードの二次使用料等	文化庁長官が指定する団体（指定団体）	商業用レコードの二次使用料等の額に関する指定団体と放送事業者等又はその団体間における協議	協議によって定められた期日	協議によって定められた期日

3－6表　道路運送法に基づくカルテル

（令和3年3月末現在）

主　体	路　線	内　容	最初の発効日	有効期限
一般乗合旅客自動車運送事業者	北部支線（沖縄）	生活路線維持のための共同経営	平成14年10月8日	令和3年9月30日

一般乗合旅客自動車運送事業者	読谷線・糸満線（沖縄）	適切な運行時刻設定のための共同経営	平成14年10月8日	令和3年9月30日
一般乗合旅客自動車運送事業者	名護西線・名護西空港線（沖縄）	適切な運行時刻設定のための共同経営	平成14年10月8日	令和3年9月30日

3－7表　海上運送法に基づくカルテル（内航）

（令和3年3月末現在）

主　体	航　路	内　容	最初の発効日	有効期限
一般旅客定期航路事業者	松山／宇品	適切な運航時刻の設定のための共同経営（旅客）	平成12年7月19日	令和3年7月1日
一般旅客定期航路事業者	岡山／土庄	適切な運航時刻の設定のための共同経営（旅客）	平成12年7月21日	令和6年2月17日
一般旅客定期航路事業者	竹原／垂水・白水	適切な運航時刻の設定のための共同経営（旅客）	平成12年8月10日	令和3年7月26日
貨物定期航路事業者	大阪・神戸／那覇	適切な運航日程の設定のための共同経営（貨物）	平成12年7月8日	令和3年6月30日
貨物定期航路事業者	鹿児島／那覇	適切な運航日程の設定のための共同経営（貨物）	平成12年7月23日	令和3年7月22日

3－8表　内航海運組合法に基づくカルテル

（令和3年3月末現在）

対　象	主　体	内　容	最初の発効日	有効期限
船　舶	日本内航海運組合総連合会	船腹の過剰に対処するための，保有船舶を解撤等する者に対する交付金の交付及び船舶の新規建造者からの納付金の徴収	平成10年5月15日	期限の定めなし

3－9表　特定地域及び準特定地域における一般乗用旅客自動車運送事業の適正化及び活性化に関する特別措置法に基づくカルテル

（令和3年3月末現在）

主　体	交　通　圏	内　容	最初の発効日	有効期限（注1）
特定地域協議会，一般乗用旅客自動車運送事業者	長野交通圏（特定地域指定日：平成27年8月1日）	供給輸送力の削減等	平成28年12月2日	令和3年7月31日（注2）

特定地域協議会，一般乗用旅客自動車運送事業者	仙台市（特定地域指定日：平成27年6月1日）	供給輸送力の削減等	平成29年3月2日	令和3年5月31日（注2）
特定地域協議会，一般乗用旅客自動車運送事業者	長崎交通圏（特定地域指定日：平成27年8月1日）	供給輸送力の削減等	平成29年3月29日	令和3年7月31日（注2）
特定地域協議会，一般乗用旅客自動車運送事業者	福岡交通圏（特定地域指定日：平成27年11月1日）	供給輸送力の削減等	平成29年3月29日	令和3年10月31日（注2）
特定地域協議会，一般乗用旅客自動車運送事業者	北九州交通圏（特定地域指定日：平成27年8月1日）	供給輸送力の削減等	平成29年5月25日	令和3年7月31日（注2）
特定地域協議会，一般乗用旅客自動車運送事業者	南多摩交通圏（特定地域指定日：平成28年7月1日）	供給輸送力の削減等	平成29年6月23日	令和4年6月30日（注2）
特定地域協議会，一般乗用旅客自動車運送事業者	広島交通圏（特定地域指定日：平成27年7月1日）	供給輸送力の削減等	平成29年7月26日	令和3年6月30日（注2）
特定地域協議会，一般乗用旅客自動車運送事業者	新潟交通圏（特定地域指定日：平成27年8月1日）	供給輸送力の削減等	平成30年3月26日	令和3年7月31日（注2）
特定地域協議会，一般乗用旅客自動車運送事業者	河北交通圏（特定地域指定日：平成30年9月1日）	供給輸送力の削減等	令和2年3月25日	令和3年8月31日

（注1）特定地域の指定期間の終了日。ただし，指定期間は，原則として1回に限り延長することができる。
（注2）指定期間が延長されたもの。

3－10表　地域一般乗合旅客自動車運送事業者等による共同経営に関する協定の締結

（令和3年3月末現在）

主　　体	地　域	内　　容	認可日	共同経営の実施期間
地域一般乗合旅客自動車運送事業者	熊本市	基盤的サービスの提供のために行う共同経営に関する協定の締結	令和3年3月19日	令和3年4月1日～令和6年3月31日
地域一般乗合旅客自動車運送事業者	岡山市	基盤的サービスの提供のために行う共同経営に関する協定の締結	令和3年3月25日	令和3年4月1日～令和8年3月31日

3－11表　業種別事業協同組合及び信用協同組合の届出件数

（令和3年3月末現在）

業種等			届出件数
事業協同組合		農業，林業，漁業	0
		鉱業，採石業，砂利採取業	0
		建設業	1
	製造業	食料品，飲料・たばこ・飼料	1
		繊維	0
		木材・木製品，家具・装備品	0
		パルプ・紙・紙加工品	0
		印刷・同関連業	0
		化学	0
		石油・石炭	0
		プラスチック	0
		ゴム製品，なめし革・同製品・毛皮	0
		窯業・土石	1
		鉄鋼	0
		非鉄金属	0
		金属製品	0
		はん用機械器具，生産用機械器具，業務用機械器具	0
		電子部品・デバイス・電子回路，電気機械器具，情報通信機械器具	0
		輸送用機械器具	0
		その他	0
		小計	2
		電気・ガス・熱供給・水道業	0
		情報通信業	0
		運輸業，郵便業	4
		卸売業	1

業種等		届出件数
	小売業	4
	金融業，保険業	0
	不動産業，物品賃貸業	0
	サービス業	13
	その他	171
	小計	196
	信用協同組合	18
	合計	214

（注１）組合員の資格となる業種が複数にまたがる協同組合は，「その他」としている。
（注２）業種は，「日本標準産業分類」を参考にしている。

4　株式取得，合併等関係

4－1表　銀行又は保険会社の議決権取得・保有の制限に係る認可一覧

(1)　独占禁止法第11条第１項ただし書の規定に基づく認可

認可年月日	認可銀行又は保険会社名	株式発行会社名	保有経緯等
2.4.15	㈱広島銀行ほか１行（注）	ドリームベッド㈱	無議決権株式の普通株式への転換に伴う議決権取得
2.6.29	㈱みずほ銀行	㈱J.Score	銀行業高度化等会社の議決権取得
2.9.25	㈱親和銀行	福江空港ターミナルビル㈱	合併に伴う議決権取得
2.9.25	㈱親和銀行	㈱長崎新聞社	合併に伴う議決権取得
2.9.25	㈱親和銀行	㈱長崎ケーブルメディアほか３社	合併に伴う議決権取得
2.9.25	㈱親和銀行	長崎綜合警備㈱ほか４社	合併に伴う議決権取得
2.10.29	㈱きらぼし銀行	㈱フィンクロス・デジタル	銀行業高度化等会社の議決権取得
2.11.13	㈱中国銀行	㈱せとのわ	銀行業高度化等会社の議決権取得
2.12.18	㈱宮崎銀行	㈱Withみやざき	銀行業高度化等会社の議決権取得
2.12.24	㈱第四銀行	長岡ニュータウン・センター㈱	合併に伴う議決権取得
2.12.24	㈱第四銀行	柳都振興㈱ほか18社	合併に伴う議決権取得
3.1.5	㈱阿波銀行	阿波銀コネクト㈱	銀行業高度化等会社の議決権取得

| 3.3.24 | ㈱秋田銀行 | 詩の国秋田㈱ | 銀行業高度化等会社の議決権取得 |

(注) 認可は「㈱広島銀行ほか1行」の各行それぞれに対して行われている。

⑵ 独占禁止法第11条第2項の規定に基づく認可

令和2年度において,認可した案件はなかった。

4−2 統計資料（4−3表及び4−4表）について

⑴ この統計資料は,令和2年4月1日から令和3年3月31日までの間に,公正取引委員会が受理した会社の株式取得,合併,分割,共同株式移転及び事業譲受け等（以下「企業結合」という。）の届出等に関する指標を取りまとめたものである。

⑵ 会社がどの業種に属するかは,株式取得においては株式取得会社の業種,合併においては合併後の存続会社の業種,共同新設分割においては分割する会社の業種,吸収分割においては事業を承継する会社の業種,共同株式移転においては新設会社の業種,事業譲受け等においては事業等を譲り受ける会社の業種によった。また,事業を行っていない会社についてはその他に分類した。

⑶ 4−3表の分類のうち,「水平」とは,当事会社グループ同士が同一の一定の取引分野において競争関係にある場合をいう。

「垂直」とは,当事会社グループ同士が取引段階を異にする場合をいう。「垂直」のうち,「前進」とは,株式取得会社,存続会社,被承継会社又は譲受会社が最終需要者の方向にある会社と企業結合を行う場合をいい,「後進」とは,その反対方向にある会社と企業結合を行う場合をいう。

「混合」とは,「水平」,「垂直」のいずれにも該当しない場合をいう。「混合」のうち,「地域拡大」とは,同種の商品又は役務を異なる市場へ供給している場合をいい,「商品拡大」とは,生産あるいは販売面での関連性のある異種の商品又は役務を供給している場合をいい,「純粋」とは,前記「地域拡大」及び「商品拡大」のいずれにも該当しない場合をいう。

なお,形態別の件数については,複数の形態に該当する企業結合の場合,該当する形態を全て集計している。そのため,件数の合計は,届出件数と必ずしも一致しない。

4－3表　形態別・業種別件数（令和2年度）

形態／株式取得会社の業種	水平関係	垂直関係		混合関係			届出件数
		前　進	後　進	地域拡大	商品拡大	純　粋	
農 林 ・ 水 産 業							
鉱　　　　　業							
建　設　業	3	1	1		3		4
製　造　業	51	24	27	1	8	1	68
食　料　品	6	5	6		3		6
繊　　　維	1						1
木 材 ・ 木 製 品							
紙 ・ パ ル プ	4	2	2				6
出 版 ・ 印 刷							
化 学・石 油・石 炭	15	10	3		2	1	19
ゴ ム ・ 皮 革							
窯 業 ・ 土 石							
鉄　　　鋼							
非 鉄 金 属							
金 属 製 品	2						2
機　　　械	20	5	16	1	2		30
そ の 他 製 造 業	3	2			1		4
卸 ・ 小 売 業	39	26	15	21	10	3	46
不　動　産　業	6			3			7
運輸・通信・倉庫業	16	7		3			18
サ ー ビ ス 業	12		1	3			15
金 融 ・ 保 険 業	4	1	2			2	6
電 気 ・ ガ ス 熱供給・水道業	2			2			4
そ　の　他	43	21	1	16	2	37	98
合　計	176	80	47	49	23	43	266

(注) 形態別の件数については，複数の形態に該当する企業結合の場合，該当する形態を全て集計している。そのため，形態別の件数の合計は，届出受理件数と必ずしも一致しない。

4－4表　企業結合関係の届出・報告件数

年度	第9条の事業報告書（注2）	第9条の設立届出書（注2）	株式取得届出（注3）	役員兼任届出（注4）	会社以外の者の株式所有報告書（注5）	合併届出（注6）	分割届出（注7）	共同株式移転届出（注8）	事業譲受け等届出（注9）
22			(2)		(0)	(23)			(22)
23			(31)		(0)	(309)			(192)
24			(13)		(0)	(123)			(53)
			2,373		0	448			143
25			3,840		0	420			207
26			4,546		0	331			182
27			4,795		0	385			124
28			3,863	268	0	344			126
29			2,827	328	0	325			167
30			3,033	268	0	338			143
31			3,080	457	0	381			209
32			3,069	375	0	398			140
33			3,316	557	0	381			118
34			3,170	466	0	413			139
35			2,991	644	0	440			144
36			3,211	675	1	591			162
37			3,231	804	0	715			193
38			3,844	758	0	997			223
39			3,921	527	4	864			195
40			4,534	487	1	894			202
41			4,325	462	0	871			264
42			4,075	458	2	995			299
43			4,069	480	3	1,020			354
44			4,907	647	0	1,163			391
45			4,247	543	2	1,147			413
46			5,832	552	0	1,178			449
47			5,841	501	1	1,184			452
48			6,002	874	0	1,028			443
49			5,738	794	0	995			420
50			5,108	754	9	957			429
51			5,229	925	6	941			511
52			5,085	916	1	1,011			646
53			5,372	1,394	0	898			595
54			5,359	3,365	0	871			611
55			5,759	2,556	2	961			680
56			5,505	2,958	1	1,044			771
57			6,167	2,477	1	1,040			815
58			6,033	3,389	4	1,020			702
59			6,604	3,159	2	1,096			790
60			6,640	3,504	6	1,113			807
61			7,202	2,944	1	1,147			936
62			7,573	3,776	1	1,215			1,084
63			6,351	3,450	0	1,336			1,028
元			8,193	4,420	0	1,450			988
2			8,075	4,312	0	1,751			1,050
3			8,034	6,124	2	2,091			1,266
4			8,776	5,675	0	2,002			1,079
5			8,036	6,330	3	1,917			1,153
6			8,954	5,137	18	2,000			1,255
7			8,281	5,897	1	2,520			1,467
8			9,379	5,042	0	2,271			1,476
9	0	0	8,615	5,955	7	2,174			1,546
10	2	0	7,518	447	0	1,514			1,176
11	1	1	1,029			151			179
12	5	1	804			170			213
13	7	7	898			127	20		195
14	16	7	899			112	21		197
15	76	4	959			103	21		175
16	79	1	778			70	23		166
17	80	5	825			88	17		141
18	87	2	960			74	19		136
19	93	2	1,052			76	33		123
20	92	4	829			69	21		89
21	93	5	840			48	15	3	79
22	92	2	184			11	11	5	54
23	100	0	224			15	10	6	20
24	99	1	285			14	15	5	30
25	100	0	218			8	14	3	21
26	103	0	231			12	20	7	19
27	104	2	222			23	17	6	27
28	108	2	250			26	16	3	24
29	105	0	259			9	13	3	22
30	107	2	259			16	15	2	29
元	112	0	264			12	12	3	19
2	114	1	223			16	7	0	20

（注１）括弧内は認可件数である。

（注２）独占禁止法第９条の規定に基づく事業報告書の提出及び設立の届出制度は，平成９年独占禁止法改正法により新設されたものであり，それ以前の件数はない。

　なお，平成14年独占禁止法改正法による改正前の独占禁止法では，一定の総資産額基準を超える持株会社について事業報告及び設立の届出を行わなければならないこととされていたが，改正後の独占禁止法では，持株会社に加え，一定の総資産額基準を超える金融会社及び一般事業会社についても事業報告及び設立の届出を行わなければならないこととされた。

（注３）株式所有報告書の裾切り要件（総資産額）は次のとおり改正されている。

改正年	裾切り要件（総資産額）
昭和24	500万円超
28	1億円超
40	5億円超
52	20億円超

　平成10年独占禁止法改正法による改正前の独占禁止法では，総資産が20億円を超える国内の会社（金融業を営む会社を除く。）又は外国会社（金融業を営む会社を除く。）は，国内の会社の株式を所有する場合には，毎事業年度終了後３か月以内に株式所有報告書を提出しなければならないこととされていたが，改正後の独占禁止法では，総資産が20億円を超えかつ総資産合計額が100億円を超える会社が，総資産が10億円を超える国内の会社又は国内売上高が10億円を超える外国会社の株式を10％，25％又は50％を超えて取得し，又は所有することとなる場合には，株式所有報告書を提出しなければならないこととされた。

　また，平成21年独占禁止法改正法による改正によって届出基準が見直され，国内売上高合計額が200億円を超える会社が，子会社の国内売上高を含む国内売上高が50億円超の会社の株式を取得しようとする場合であって，議決権保有割合が20％，50％（２段階）を超えるものについて，合併等と同様にあらかじめ届け出なければならないこととされた。

（注４）平成10年独占禁止法改正法による改正前の独占禁止法では，会社の役員又は従業員は，国内において競争関係にある国内の会社の役員の地位を兼ねる場合において，いずれか一方の会社の総資産が20億円を超えるときは届け出なければならないこととされていたが，改正後の独占禁止法では廃止された。

（注５）平成10年独占禁止法改正法による改正前の独占禁止法では，会社以外の者は，国内において相互に競争関係にある２以上の国内の会社の株式をそれぞれの発行済株式総数の10％を超えて所有することとなる場合には株式所有報告書を提出しなければならないこととされていたが，改正後の独占禁止法では廃止された。

（注６）平成10年独占禁止法改正法による改正前の独占禁止法では，会社が合併しようとする場合には，全てあらかじめ届け出なければならないこととされていたが，改正後の独占禁止法では，当事会社の中に総資産合計額が100億円を超える会社と総資産合計額が10億円を超える会社がある場合等に届け出なければならないこととされた。

　また，平成21年独占禁止法改正法による改正によって届出基準が見直され，国内売上高合計額が200億円超の会社と同50億円超の会社の合併について届け出なければならないこととされた。

（注７）分割の届出は，平成12年商法改正に伴い新設されたものであり，平成12年度までの件数はない。

　また，平成21年独占禁止法改正法による改正によって届出基準が見直され，当事会社の中に国内売上高合計額が200億円を超える全部承継会社（事業の全部を承継させようとする会社をいう。）と国内売上高合計額が50億円を超える事業を承継しようとする会社がある場合等には，分割に関する計画について届け出なければならないこととされた。

（注８）共同株式移転の届出は，平成21年独占禁止法改正法により新設されたものであり，平成20年度までの件数はない。

（注９）平成10年独占禁止法改正法による改正前の独占禁止法では，会社が事業の全部又は重要部分の譲受け等をしようとする場合には，全てあらかじめ届け出なければならないこととされていたが，改正後の独占禁止法では，総資産合計額が100億円を超える会社が，総資産額10億円超の国内会社の事業の全部を譲り受ける場合等に届け出なければならないこととされた。

　また，平成21年独占禁止法改正法による改正によって届出基準が見直され，国内売上高合計額が200億円を超える会社が，国内売上高30億円超の会社の事業の全部を譲り受ける場合等に事業譲受け等に関する計画について届け出なければならないこととされた。

5 下請法関係

5－1表 書面調査発送件数の推移

年度 区分	定期調査発送件数		特別調査発送件数	
	対象親事業者数	対象下請事業者数	対象親事業者数	対象下請事業者数
	（事業所・名）	（名）	（事業所・名）	（名）
31	304			
32	723			
33	769			
34	986			
35	1,214			
36	1,514			
37	1,803			
38	1,800			
39	2,004			
40	2,554			
41	2,631			
42	5,512			
43	6,030			
44	6,684			
45	7,214			
46	8,451			
47	8,751			
48	10,039	2,915		
49	10,045	3,808		
50	12,007	4,861		
51	12,171	6,325		
52	12,315	7,247		
53	10,973	10,663		
54	12,007	11,546		
55	13,490	21,785		
56	13,668	18,091		
57	16,026	20,532		
58	16,346	23,138		
59	15,959	66,579	16,095	
60	9,574	48,031		
61	9,559	52,105		
62	10,121	59,535		
63	13,854	70,968		
元	13,537	73,320		
2	12,889	72,030		
3	12,680	71,603		
4	14,234	74,334		10,027
5	13,781	75,864		10,786
6	13,235	72,784		10,559
7	13,261	75,202		
8	13,857	70,453		
9	13,648	71,860	1,000	5,000
10	13,869	70,182	1,736	
11	14,453	70,554		
12	15,964	75,859		
13	16,417	93,483	1,673	1,003
14	17,385	99,481		
15	18,295	108,395		
16	30,932	170,517		
17	30,991	170,878		
18	29,502	162,521		
19	30,268	168,108		
20	34,181	160,230		
21	36,342	201,005		
22	38,046	210,166		
23	38,503	212,659		
24	38,781	214,042		
25	38,974	214,044		
26	38,982	213,690		
27	39,101	214,000		
28	39,150	214,500		
29	60,000	300,000		
30	60,000	300,000		
元	60,000	300,000		
2	60,000	300,000		

（注）親事業者調査は昭和59年度までは事業所ベース，昭和60年度以降は企業ベースの数字である。また，下請事業者調査は企業ベースの数字である。

5－2表　下請法違反事件新規着手件数及び処理件数の推移

区分 年度	新規着手件数				処理件数			
	書面調査	申告	中小企業庁長官 からの措置請求	計	措置		不問	計
					勧告	指導		
	(事業所・名)	(名)	(名)	(事業所・名)	(名)	(事業所・名)	(事業所・名)	(事業所・名)
31	61	20	0	81	0	19	46	65
32	130	21	0	151	13	73	37	123
33	161	21	0	182	5	110	39	154
34	97	3	0	100	7	82	37	126
35	105	5	0	110	0	38	20	58
36	156	10	0	166	0	62	33	95
37	261	33	0	294	12	149	35	196
38	219	17	0	236	22	182	55	259
39	218	17	14	249	14	180	104	298
40	417	23	31	471	15	193	93	301
41	541	15	19	575	14	299	111	424
42	669	12	10	691	5	459	97	561
43	414	7	0	421	9	416	171	596
44	525	6	0	531	26	447	231	704
45	430	5	2	437	52	354	80	486
46	609	9	5	623	56	432	56	544
47	690	2	0	692	41	485	99	625
48	707	2	0	709	17	569	130	716
49	739	5	5	749	4	542	296	842
50	1,029	10	18	1,057	6	686	269	961
51	1,220	15	18	1,253	12	906	255	1,173
52	1,391	38	59	1,488	15	1,097	191	1,303
53	1,050	35	80	1,165	7	916	406	1,329
54	1,242	16	9	1,267	2	746	146	894
55	1,126	20	35	1,181	0	921	436	1,357
56	1,158	9	8	1,175	1	932	252	1,185
57	1,331	19	4	1,354	4	1,014	271	1,289
58	1,413	15	13	1,441	0	1,119	317	1,436
59	1,458	24	0	1,482	0	1,224	693	1,917
60	(3,008) 1,570	－ 31	－ 0	(3,039) 1,601	－ 0	(2,243) 1,512	－ 159	－ 1,671
61	1,426	51	0	1,477	0	1,242	155	1,397
62	1,498	52	0	1,550	0	1,273	197	1,470
63	2,112	61	0	2,173	0	1,474	85	1,559
元	1,928	29	0	1,957	0	2,419	160	2,579
2	2,001	23	1	2,025	1	2,186	127	2,314
3	1,534	15	0	1,549	0	1,492	101	1,593
4	2,191	18	0	2,209	0	1,933	132	2,065
5	2,844	38	0	2,882	0	2,428	279	2,707
6	1,590	21	0	1,611	1	1,632	186	1,819
7	1,548	23	0	1,571	0	1,544	148	1,692
8	1,516	10	0	1,526	2	1,439	106	1,547
9	1,330	13	1	1,344	3	1,348	60	1,411
10	1,329	22	0	1,351	1	1,271	69	1,341
11	1,135	26	0	1,161	3	1,101	66	1,170
12	1,153	52	1	1,206	6	1,134	50	1,190
13	1,308	59	0	1,367	3	1,311	44	1,358
14	1,357	70	0	1,427	4	1,362	60	1,426
15	1,341	67	1	1,409	8	1,357	71	1,436
16	2,638	72	0	2,710	4	2,584	75	2,663
17	4,009	65	0	4,074	10	4,015	41	4,066
18	2,983	100	1	3,084	11	2,927	121	3,059
19	2,964	145	1	3,110	13	2,740	307	3,060
20	3,168	152	4	3,324	15	2,949	273	3,237
21	3,728	105	2	3,835	15	3,590	254	3,859
22	4,509	145	4	4,658	15	4,226	369	4,610
23	4,494	56	4	4,554	18	4,326	292	4,636
24	4,819	50	1	4,870	16	4,550	316	4,882
25	5,418	59	1	5,478	10	4,949	466	5,425
26	5,723	83	1	5,807	7	5,461	376	5,844
27	6,210	95	0	6,305	4	5,980	287	6,271
28	6,477	112	0	6,589	11	6,302	290	6,603
29	7,173	97	1	7,271	9	6,752	307	7,068
30	7,757	141	0	7,898	7	7,710	382	8,099
元	8,360	155	0	8,515	7	8,016	292	8,315
2	8,291	101	1	8,393	4	8,107	222	8,333

(注) 数字は昭和59年度までは事業所ベースの件数，昭和60年度以降は企業ベースの件数である。
　　　なお，昭和60年度の（　）内の数字は事業所ベースの数字である。

5-3表　下請法違反行為類型別件数の推移

（　）内は%

違反行為類型＼年度	事業所ベース 49	50	51	52	53	54	55	56	57	58	59	（注1）60	企業ベース（注1）60	61	62	63	元	2	3	4	5	6	7	8	9	10	11	12	13	14	15	16	17	18	19	20	21	22	23	24	25	26	27	28	29	30	元	2
下請代金の支払遅延（第4条第1項第2号違反）	243 (45.5)	283 (37.1)	358 (42.3)	386 (43.7)	251 (40.5)	172 (38.9)	217 (34.2)	189 (31.4)	196 (29.7)	212 (29.6)	233 (24.8)	321 (22.6)	230 (21.7)	163 (19.3)	160 (17.6)	200 (19.9)	469 (29.0)	393 (29.4)	236 (28.5)	310 (30.0)	363 (27.5)	270 (26.45)	227 (24.5)	226 (25.9)	269 (31.4)	226 (32.3)	234 (33.9)	230 (31.0)	335 (35.1)	307 (35.1)	392 (44.7)	751 (57.2)	1,344 (65.0)	701 (57.7)	701 (59.7)	866 (63.0)	790 (51.5)	1,281 (65.5)	1,328 (58.1)	1,250 (56.4)	1,488 (66.1)	2,843 (62.8)	3,131 (66.7)	3,375 (58.0)	3,129 (54.2)	3,371 (49.4)	3,651 (52.8)	4,738 (59.4)
有償支給原材料等の対価の早期決済（第4条第2項第1号違反）	38 (7.1)	35 (4.6)	19 (2.2)	24 (2.7)	56 (9.1)	16 (3.6)	40 (6.3)	38 (6.3)	96 (14.5)	77 (10.8)	74 (7.9)	20 (1.4)	13 (1.2)	25 (3.0)	15 (1.7)	37 (3.7)	55 (3.5)	92 (6.9)	60 (7.2)	86 (8.3)	85 (6.4)	61 (6.0)	40 (4.3)	40 (4.6)	58 (6.8)	45 (6.4)	36 (5.2)	45 (6.1)	36 (3.8)	51 (5.8)	51 (5.0)	37 (2.8)	43 (3.0)	29 (2.5)	15 (1.1)	42 (2.7)	20 (1.0)	45 (2.0)	56 (2.5)	44 (2.0)	60 (1.3)	56 (1.2)	59 (1.0)	92 (1.6)	113 (1.7)	98 (1.4)	78 (1.0)
割引困難な手形の交付（第4条第2項第2号違反）	235 (44.0)	438 (57.4)	465 (54.9)	445 (50.4)	287 (46.4)	240 (54.3)	359 (56.6)	297 (49.4)	306 (46.3)	302 (42.2)	355 (37.8)	681 (48.0)	553 (52.1)	352 (41.6)	311 (34.3)	424 (42.1)	778 (49.5)	617 (46.1)	375 (45.3)	417 (40.3)	412 (31.3)	284 (27.7)	254 (27.4)	235 (27.0)	205 (23.9)	218 (31.2)	191 (27.7)	203 (27.3)	225 (23.6)	210 (24.0)	184 (21.0)	144 (11.0)	190 (14.0)	170 (14.0)	147 (12.5)	221 (16.1)	300 (19.5)	224 (11.5)	280 (12.2)	246 (11.1)	208 (9.2)	253 (5.6)	210 (4.5)	365 (6.3)	324 (5.6)	374 (5.5)	254 (3.7)	314 (3.9)
不当な経済上の利益の提供要請（第4条第2項第3号違反）	(-)	(-)	(-)	(-)	(-)	(-)	(-)	(-)	(-)	(-)	(-)	(-)	(-)	(-)	(-)	(-)	(-)	(-)	(-)	(-)	(-)	(-)	(-)	(-)	(-)	(-)	(-)	(-)	(-)	10 (0.8)	10 (0.5)	5 (0.4)	26 (2.2)	19 (1.4)	49 (3.2)	47 (2.4)	52 (2.3)	57 (2.6)	29 (1.3)	135 (3.0)	161 (3.4)	208 (3.6)	261 (4.5)	348 (5.1)	336 (4.9)	297 (3.7)
不当な給付内容の変更・やり直し（第4条第2項第4号違反）	(-)	(-)	(-)	(-)	(-)	(-)	(-)	(-)	(-)	(-)	(-)	(-)	(-)	(-)	(-)	(-)	(-)	(-)	(-)	(-)	(-)	(-)	(-)	(-)	(-)	47 (4.4)	90 (4.7)	57 (4.1)	48 (2.4)	26 (1.9)	22 (3.0)	38 (2.8)	68 (3.0)	50 (2.2)	45 (0.7)	27 (0.6)	33 (0.8)	49 (1.0)	45 (0.8)	132 (1.9)	590 (8.5)	120 (1.5)
実体規定 受領拒否（第4条第1項第1号違反）								0 (-)	1 (0.2)	1 (0.1)	13 (1.4)	23 (1.6)	13 (1.2)	28 (3.3)	34 (3.8)	33 (3.3)	20 (1.3)	12 (0.9)	10 (1.2)	14 (1.4)	74 (5.6)	54 (5.3)	59 (6.4)	86 (9.9)	60 (7.0)	42 (6.0)	21 (3.0)	27 (3.6)	25 (3.3)	29 (0.90)	8 (2.1)	28 (1.5)	10 (1.1)	13 (2.0)	23 (0.4)	6 (1.6)	25 (0.4)	8 (1.7)	38 (2.8)	61 (2.9)	42 (0.7)	32 (0.4)	19 (0.6)	34 (0.4)	23 (0.7)	46 (0.5)	32 (0.5)	40 (0.5)
下請代金の減額（第4条第1項第3号違反）	18 (3.4)	7 (0.9)	5 (0.6)	28 (3.2)	25 (4.0)	14 (3.2)	18 (2.8)	73 (12.1)	55 (8.3)	116 (16.2)	201 (21.4)	277 (19.6)	188 (17.7)	157 (18.6)	198 (21.8)	160 (15.9)	153 (9.7)	130 (9.7)	67 (8.1)	89 (8.6)	165 (12.5)	177 (17.1)	165 (17.8)	123 (14.1)	141 (14.1)	134 (13.9)	97 (19.1)	132 (10.2)	135 (11.0)	168 (15.7)	137 (15.3)	211 (10.8)	134 (9.5)	110 (7.1)	107 (9.0)	176 (8.3)	189 (12.0)	284 (10.1)	373 (8.5)	489 (8.4)	834 (16.6)	1,150 (16.6)	1,471 (18.4)
返品（第4条第1項第4号違反）								2 (0.3)	3 (0.5)	4 (0.6)	36 (3.8)	12 (0.8)	8 (0.8)	21 (2.2)	26 (2.6)	17 (1.1)	21 (1.3)	11 (1.1)	11 (1.3)	23 (2.0)	20 (2.0)	20 (2.2)	32 (3.7)	22 (4.2)	23 (1.5)	29 (2.4)	11 (3.6)	23 (3.8)	23 (3.7)	22 (4.0)	23 (4.9)	15 (0.5)	9 (1.5)	6 (00)	14 (0.4)	9 (1.5)	34 (1.6)	44 (0.4)	20 (1.7)	15 (2.8)	14 (1.9)	15 (00)	20 (1.0)	19 (1.6)	14 (1.5)	15 (0.2)
買いたたき（第4条第1項第5号違反）								2 (0.3)	1 (0.2)	2 (0.3)	2 (0.2)	29 (2.0)	20 (1.9)	51 (6.0)	121 (13.3)	93 (9.2)	36 (2.4)	32 (5.1)	42 (5.5)	57 (5.7)	97 (7.4)	98 (9.5)	95 (10.0)	65 (7.5)	48 (5.6)	31 (4.4)	27 (5.8)	43 (3.8)	36 (3.8)	32 (3.7)	36 (2.7)	44 (2.1)	28 (2.3)	39 (4.9)	68 (7.4)	113 (4.8)	93 (7.3)	166 (4.4)	98 (3.8)	86 (16.2)	735 (13.4)	631 (19.7)	1,143 (28.4)	1,179 (21.8)	1,487 (10.4)	721 (10.4)	830 (10.4)
購入・利用強制（第4条第1項第6号違反）								0 (-)	4 (0.6)	3 (0.4)	24 (2.6)	55 (3.9)	36 (3.4)	51 (6.0)	47 (5.2)	33 (3.3)	44 (2.8)	39 (2.9)	27 (4.8)	50 (4.8)	99 (7.5)	60 (5.8)	66 (7.1)	64 (7.3)	74 (8.6)	28 (4.0)	20 (2.9)	49 (6.6)	106 (11.1)	79 (5.1)	53 (7.2)	95 (3.6)	75 (5.1)	62 (3.5)	41 (4.4)	50 (3.0)	67 (3.8)	59 (0.6)	86 (2.7)	72 (1.0)	60 (1.5)	46 (1.3)	69 (1.6)	78 (1.3)	34 (0.5)	90 (1.3)	72 (1.0)	76 (1.0)
報復措置（第4条第1項第7号違反）								0 (-)	0 (-)	0 (-)	0 (-)	0 (-)	0 (-)	0 (-)	1 (0.1)	1 (0.0)	0 (-)	1 (0.1)	0 (-)	0 (-)	0 (-)	0 (-)	0 (-)	0 (-)	0 (-)	0 (-)	0 (-)	0 (-)	0 (-)	0 (-)	0 (-)	0 (-)	0 (-)	0 (-)	0 (-)	0 (-)	0 (-)	0 (-)	0 (-)	0 (-)	0 (-)	0 (-)	0 (-)	0 (-)	5 (0.1)	1 (0.0)	0 (-)
小　計	534 (100.0)	763 (100.0)	847 (100.0)	883 (100.0)	619 (100.0)	442 (100.0)	634 (100.0)	601 (100.0)	661 (100.0)	716 (100.0)	938 (100.0)	1,418 (100.0)	1,061 (100.0)	846 (100.0)	907 (100.0)	1,006 (100.0)	1,573 (100.0)	1,337 (100.0)	828 (100.0)	1,034 (100.0)	1,318 (100.0)	1,024 (100.0)	926 (100.0)	871 (100.0)	857 (100.0)	699 (100.0)	690 (100.0)	743 (100.0)	954 (100.0)	874 (100.0)	876 (100.0)	1,313 (100.0)	2,068 (100.0)	1,215 (100.0)	1,175 (100.0)	1,374 (100.0)	1,535 (100.0)	1,955 (100.0)	2,286 (100.0)	2,218 (100.0)	2,250 (100.0)	4,529 (100.0)	4,697 (100.0)	5,815 (100.0)	5,778 (100.0)	6,819 (100.0)	6,919 (100.0)	7,979 (100.0)
手続規定 発注書面不交付・不備（第3条違反）	399	346	869	1,279	876	618	686	655	702	814	667	1,381	879	719	759	1,008	1,762	1,550	1,063	1,425	1,912	1,189	1,142	1,080	1,064	1,039	826	843	1,067	1,127	1,125	2,235	3,633	2,603	2,453	2,608	3,300	3,833	3,813	3,987	4,186	4,067	4,507	4,806	5,222	5,964	5,864	6,003
書類不保存等（第5条違反）								55	87	135	114	12	10	45	71	66	88	88	87	132	172	119	129	112	135	102	134	121	167	135	142	321	645	487	553	297	384	724	715	824	839	484	470	629	649	778	745	934
虚偽報告等（第9条第1項違反）								20	11	2	6	2	1	1	1	3	0	0	0	0	0	0	0	0	0	0	0	0	0	0	0	0	0	0	0	0	0	0	0	0	0	0	0	0	0	0	0	0
小　計	399	346	869	1,279	876	618	686	730	800	951	787	1,395	890	765	831	1,077	1,850	1,638	1,150	1,557	2,084	1,308	1,271	1,202	1,199	1,141	960	964	1,234	1,262	1,267	2,556	4,278	3,090	3,006	2,905	3,684	4,557	4,528	4,811	5,125	4,551	4,977	5,435	5,971	6,742	6,609	6,937
合　計　（注3）	933	1,109	1,716	2,162	1,495	1,060	1,320	1,331	1,461	1,667	1,725	2,813	1,951	1,611	1,738	2,083	3,423	2,975	1,978	2,591	3,402	2,332	2,197	2,073	2,056	1,840	1,650	1,707	2,188	2,136	2,143	3,869	6,346	4,305	4,181	4,279	5,219	6,512	6,814	7,029	7,375	9,080	9,674	11,250	11,749	13,561	13,528	14,916

（注1）数字は昭和59年度までは事業所ベースの件数，昭和60年度以降は企業ベースの件数である。

なお，昭和60年度は，事業所ベースの件数と企業ベースの件数を併記した。

（注2）1件の勧告又は指導において複数の行為を問題としている場合があるので，違反行為類型別件数の合計欄の数字と5-2表の「措置」件数とは一致しない。

（注3）（　）内の数値は，実体規定違反全体に占める比率であり，小数点以下第2位を四捨五入したため，合計は必ずしも100.0とならない。

6 景品表示法に基づく協定又は規約及び運用機関の一覧（令和３年３月末現在）

No	協定又は規約の運用機関の名称	協定又は規約の名称（景品関係）	協定又は規約の名称（表示関係）
1	全国飲用牛乳公正取引協議会	―	飲用乳の表示に関する公正競争規約
2	発酵乳乳酸菌飲料公正取引協議会	―	発酵乳・乳酸菌飲料の表示に関する公正競争規約
3	チーズ公正取引協議会	―	ナチュラルチーズ、プロセスチーズ及びチーズフードの表示に関する公正競争規約
4	アイスクリーム類及び氷菓公正取引協議会	アイスクリーム類及び氷菓業における景品類の提供の制限に関する公正競争規約	アイスクリーム類及び氷菓の表示に関する公正競争規約
5	（一社）全国はちみつ公正取引協議会	―	はちみつ類の表示に関する公正競争規約
6	（一社）全国ローヤルゼリー公正取引協議会	―	ローヤルゼリーの表示に関する公正競争規約
7	全国辛子めんたいこ食品公正取引協議会	―	辛子めんたいこ食品の表示に関する公正競争規約
8	全国削節公正取引協議会	―	削りぶしの表示に関する公正競争規約
9	全国食品缶詰公正取引協議会	―	食品缶詰の表示に関する公正競争規約
10	全国トマト加工品業公正取引協議会	トマト加工品業における景品の提供の制限に関する公正競争規約	トマト加工品の表示に関する公正競争規約
11	全国粉わさび公正取引協議会	―	粉わさびの表示に関する公正競争規約
12	全国生めん類公正取引協議会	―	生めん類の表示に関する公正競争規約
13	日本即席食品工業公正取引協議会	即席めん製造業における景品類の提供の制限に関する公正競争規約	即席めんの表示に関する公正競争規約
14	全国ビスケット公正取引協議会	ビスケット業における景品類の提供の制限に関する公正競争規約	ビスケット類の表示に関する公正競争規約
15	全国チョコレート業公正取引協議会	チョコレート業における景品類の提供の制限に関する公正競争規約	・チョコレート類の表示に関する公正競争規約 ・チョコレート利用食品の表示に関する公正競争規約
16	全国チューインガム業公正取引協議会	チューインガム業における景品類の提供の制限に関する公正競争規約	チューインガムの表示に関する公正競争規約
17	凍豆腐製造業公正取引協議会	凍り豆腐製造業における景品類の提供の制限及び凍り豆腐の表示に関する公正競争規約	
18	全国味噌業公正取引協議会	みそ業における景品類の提供の制限に関する公正競争規約	みその表示に関する公正競争規約
19	醤油業中央公正取引協議会	しょうゆ業における景品類の提供の制限に関する公正競争規約	しょうゆの表示に関する公正競争規約
20	日本ソース業公正取引協議会	ソース業における景品の提供の制限に関する公正競争規約	―
21	全国食酢公正取引協議会		食酢の表示に関する公正競争規約
22	カレー業全国公正取引協議会	カレー業における景品類の提供の制限に関する公正競争規約	―
23	果実飲料公正取引協議会	―	果実飲料等の表示に関する公正競争規約
24	全国コーヒー飲料公正取引協議会	―	コーヒー飲料等の表示に関する公正競争規約
25	全日本コーヒー公正取引協議会	―	レギュラーコーヒー及びインスタントコーヒーの表示に関する公正競争規約
26	日本豆乳公正取引協議会	―	豆乳類の表示に関する公正競争規約
27	マーガリン公正取引協議会	―	マーガリン類の表示に関する公正競争規約

No	協定又は規約の運用機関の名称	協定又は規約の名称（景品関係）	協定又は規約の名称（表示関係）
28	全国観光土産品公正取引協議会	―	観光土産品の表示に関する公正競争規約
29	ハム・ソーセージ類公正取引協議会	―	ハム・ソーセージ類の表示に関する公正競争規約
30	日本パン公正取引協議会	―	包装食パンの表示に関する公正競争規約
31	全国食肉公正取引協議会	―	食肉の表示に関する公正競争規約
32	全国ドレッシング類公正取引協議会	―	ドレッシング類の表示に関する公正競争規約
33	もろみ酢公正取引協議会	―	もろみ酢の表示に関する公正競争規約
34	食用塩公正取引協議会	―	食用塩の表示に関する公正競争規約
35	鶏卵公正取引協議会	―	鶏卵の表示に関する公正競争規約
36	日本ワイナリー協会	果実酒製造業における景品類の提供の制限に関する公正競争規約	―
37	ビール酒造組合	ビール製造業における景品類の提供の制限に関する公正競争規約	ビールの表示に関する公正競争規約
38	日本洋酒輸入協会	酒類輸入販売業における景品類の提供の制限に関する公正競争規約	・輸入ウイスキーの表示に関する公正競争規約 ・輸入ビールの表示に関する公正競争規約
39	日本洋酒酒造組合	洋酒製造業における景品類の提供の制限に関する公正競争規約	ウイスキーの表示に関する公正競争規約
40	日本酒造組合中央会	・清酒製造業における景品類の提供の制限に関する公正競争規約 ・単式蒸留しょうちゅう製造業における景品類の提供の制限に関する公正競争規約	・単式蒸留焼酎の表示に関する公正競争規約 ・泡盛の表示に関する公正競争規約
41	日本蒸留酒酒造組合	合成清酒及び連続式蒸留しょうちゅうの製造業における景品類の提供の制限に関する公正競争規約	―
42	全国小売酒販組合中央会	―	酒類小売業における酒類の表示に関する公正競争規約
43	全国帯締め羽織ひも公正取引協議会	―	帯締め及び羽織ひもの表示に関する公正競争規約
44	眼鏡公正取引協議会	―	眼鏡類の表示に関する公正競争規約
45	（公社）全国家庭電気製品公正取引協議会	家庭電気製品業における景品類の提供に関する公正競争規約	・家庭電気製品製造業における表示に関する公正競争規約 ・家庭電気製品小売業における表示に関する公正競争規約
46	医療用医薬品製造販売業公正取引協議会	医療用医薬品製造販売業における景品類の提供の制限に関する公正競争規約	―
47	医療用医薬品卸売業公正取引協議会	医療用医薬品卸売業における景品類の提供の制限に関する公正競争規約	―
48	化粧品公正取引協議会	―	化粧品の表示に関する公正競争規約
49	化粧石けん公正取引協議会	化粧石けん業における景品類の提供の制限に関する公正競争規約	化粧石けんの表示に関する公正競争規約
50	洗剤・石けん公正取引協議会	家庭用合成洗剤及び家庭用石けん製造業における景品類の提供の制限に関する公正競争規約	家庭用合成洗剤及び家庭用石けんの表示に関する公正競争規約
51	歯磨公正取引協議会	歯みがき業における景品類の提供の制限に関する公正競争規約	歯みがき類の表示に関する公正競争規約
52	防虫剤公正取引協議会	―	防虫剤の表示に関する公正競争規約
53	新聞公正取引協議会	新聞業における景品類の提供の制限に関する公正競争規約	―

No	協定又は規約の運用機関の名称	協定又は規約の名称（景品関係）	協定又は規約の名称（表示関係）
54	出版物小売業公正取引協議会	出版物小売業における景品類の提供の制限に関する公正競争規約	—
55	雑誌公正取引協議会	雑誌業における景品類の提供の制限に関する公正競争規約	—
56	（一社）自動車公正取引協議会	自動車業における景品類の提供の制限に関する公正競争規約	・自動車業における表示に関する公正競争規約 ・二輪自動車業における表示に関する公正競争規約
57	タイヤ公正取引協議会	タイヤ業における景品類の提供の制限に関する公正競争規約	タイヤの表示に関する公正競争規約
58	農業機械公正取引協議会	農業機械業における景品類の提供の制限に関する公正競争規約	農業機械の表示に関する公正競争規約
59	不動産公正取引協議会連合会	不動産業における景品類の提供の制限に関する公正競争規約	不動産の表示に関する公正競争規約
60	（一社）北海道不動産公正取引協議会		
61	東北地区不動産公正取引協議会		
62	（公社）首都圏不動産公正取引協議会		
63	北陸不動産公正取引協議会		
64	東海不動産公正取引協議会		
65	（公社）近畿地区不動産公正取引協議会		
66	中国地区不動産公正取引協議会		
67	四国地区不動産公正取引協議会		
68	（一社）九州不動産公正取引協議会		
69	旅行業公正取引協議会	旅行業における景品類の提供の制限に関する公正競争規約	募集型企画旅行の表示に関する公正競争規約
70	全国銀行公正取引協議会	銀行業における景品類の提供の制限に関する公正競争規約	銀行業における表示に関する公正競争規約
71	指定自動車教習所公正取引協議会	指定自動車教習所業における景品類の提供の制限に関する公正競争規約	指定自動車教習所業における表示に関する公正競争規約
72	ペットフード公正取引協議会	ペットフード業における景品類の提供の制限に関する公正競争規約	ペットフードの表示に関する公正競争規約
73	全国釣竿公正取引協議会	—	釣竿の表示に関する公正競争規約
74	鍵盤楽器公正取引協議会	—	・ピアノの表示に関する公正競争規約 ・電子鍵盤楽器の表示に関する公正競争規約
75	衛生検査所業公正取引協議会	衛生検査所業における景品類の提供の制限に関する公正競争規約	—
76	スポーツ用品公正取引協議会	—	スポーツ用品の表示に関する公正競争規約
77	医療機器業公正取引協議会	医療機器業における景品類の提供の制限に関する公正競争規約	—
78	仏壇公正取引協議会	—	仏壇の表示に関する公正競争規約
79	特定保健用食品公正取引協議会	—	特定保健用食品の表示に関する公正競争規約

7 独占禁止懇話会

(1) 開催趣旨等

　経済社会の変化に即応して競争政策を有効かつ適切に推進するため，公正取引委員会が広く各界の有識者と意見を交換し，併せて競争政策の一層の理解を求めることを目的として，昭和43年11月以来開催しているもので，令和3年6月現在，次の学界，言論界，消費者団体，産業界，中小企業団体等の有識者24名をもって開催されている。

会長	伊 藤 元 重	学習院大学国際社会科学部教授
会員	有 田 芳 子	主婦連合会常任幹事
	依 田 高 典	京都大学大学院経済学研究科教授
	及 川 　 勝	全国中小企業団体中央会常務理事
	大 野 顕 司	住友化学㈱常務執行役員
	角 元 敬 治	㈱三井住友銀行取締役（代表取締役）兼副頭取執行役員
	鹿 野 菜穂子	慶應義塾大学大学院法務研究科教授
	川 濵 　 昇	京都大学大学院法学研究科教授
	鬼 頭 誠 司	日本生命保険相互会社副社長執行役員
	黒 川 茂 樹	㈱読売新聞東京本社論説委員
	河 野 康 子	（一財）日本消費者協会理事
	笹 川 博 子	日本生活協同組合連合会常務理事
	白 石 忠 志	東京大学大学院法学政治学研究科教授
	泉 水 文 雄	神戸大学大学院法学研究科教授
	竹 川 正 記	㈱毎日新聞社論説副委員長
	田 中 道 昭	立教大学大学院ビジネスデザイン研究科教授
	土 田 和 博	早稲田大学法学学術院教授
	野 原 佐和子	㈱イプシ・マーケティング研究所代表取締役社長
	細 田 　 眞	㈱榮太樓總本舗代表取締役社長
	山 下 裕 子	一橋大学大学院経営管理研究科経営管理専攻教授
	山 田 秀 顕	全国農業協同組合中央会常務理事
	由 布 節 子	弁護士
	吉 田 明 子	東洋大学経済学部教授
	チャールズ D. レイクⅡ	アフラック生命保険㈱代表取締役会長

　　　　　　　　　　　　　　　　　　　　　　（役職は令和3年6月30日時点）

(2) 開催状況

回	開催年月日	議　　題
215	2.6.30	○　飲食店ポータルサイトに関する取引実態調査について ○　フィンテックを活用した金融サービスの向上に向けた競争政策上の課題について ○　デジタル・プラットフォーム事業者の取引慣行等に関する実態調査（デジタル広告分野）について（中間報告）
216	2.10.5	○　令和元年度における独占禁止法違反事件の処理状況 ○　令和元年度における下請法の運用状況及び企業間取引の公正化への取組 ○　令和元年度における企業結合関係届出の状況及び主要な企業結合事例
217	3.2.3	○　スタートアップの取引慣行に関する実態調査等について ○　コンビニエンスストア本部と加盟店との取引等に関する実態調査等について ○　フリーランスとして安心して働ける環境を整備するためのガイドライン案について
218	3.6.24	○　デジタル・プラットフォーム事業者の取引慣行等に関する実態調査（デジタル広告分野）について ○　デジタル市場における競争政策に関する研究会　報告書「アルゴリズム／ＡＩと競争政策」について ○　携帯電話市場における競争政策上の課題について（令和３年度調査） ○　公正取引委員会における経済分析の活用について

(注) 令和２年６月から令和３年６月までの開催状況

8 公正取引委員会機構図

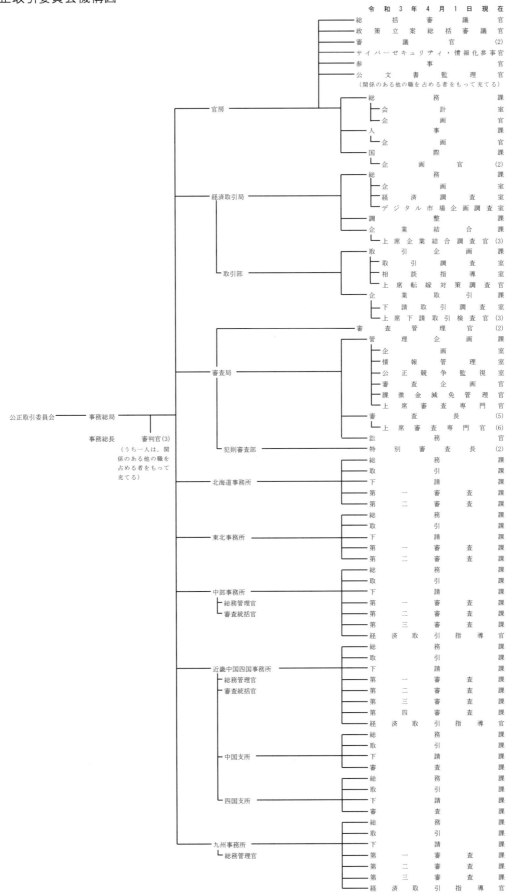

令和 3 年 4 月 1 日 現在

公正取引委員会 ─ 事務総局
　　　　　　　 事務総長　審判官(3)
　　　　　　　　　　　　（うち一人は,関係のある他の職を占める者をもって充てる）

- 官房
  - 総 括 審 議 官
  - 政 策 立 案 総 括 審 議 官
  - 審 議 官 (2)
  - サイバーセキュリティ・情報化参事官
  - 参 事 官
  - 公 文 書 監 理 官
  - （関係のある他の職を占める者をもって充てる）
  - 総 務 課
    - 会 計 室
    - 企 画 官
  - 人 事 課
    - 企 画 官
  - 国 際 課
    - 企 画 官 (2)
- 経済取引局
  - 総 務 課
    - 企 画 室
    - 経 済 調 査 室
    - デ ジ タ ル 市 場 企 画 調 査 室
  - 調 整 課
  - 企 業 結 合 課
    - 上 席 企 業 結 合 調 査 官 (3)
  - 取引部
    - 取 引 企 画 課
      - 取 引 調 査 室
      - 相 談 指 導 室
      - 上 席 転 嫁 対 策 調 査 官
    - 企 業 取 引 課
      - 下 請 取 引 調 査 室
      - 上 席 下 請 取 引 検 査 官 (3)
- 審査局
  - 審 査 管 理 官 (2)
  - 管 理 企 画 課
    - 情 報 管 理 室
    - 公 正 競 争 監 視 室
    - 審 査 企 画 官
    - 課 徴 金 減 免 管 理 官
    - 上 席 審 査 専 門 官
  - 審 査 長 (5)
    - 上 席 審 査 専 門 官 (6)
  - 訟 務 官
  - 犯則審査部
    - 特 別 審 査 長 (2)
- 北海道事務所
  - 総 務 課
  - 取 引 課
  - 下 請 課
  - 第 一 審 査 課
  - 第 二 審 査 課
- 東北事務所
  - 総 務 課
  - 取 引 課
  - 下 請 課
  - 第 一 審 査 課
  - 第 二 審 査 課
- 中部事務所
  - 総務管理官
  - 審査統括官
  - 総 務 課
  - 取 引 課
  - 下 請 課
  - 第 一 審 査 課
  - 第 二 審 査 課
  - 第 三 審 査 課
  - 経 済 取 引 指 導 官
- 近畿中国四国事務所
  - 総務管理官
  - 審査統括官
  - 総 務 課
  - 取 引 課
  - 下 請 課
  - 第 一 審 査 課
  - 第 二 審 査 課
  - 第 三 審 査 課
  - 第 四 審 査 課
  - 経 済 取 引 指 導 官
  - 中国支所
    - 総 務 課
    - 取 引 課
    - 下 請 課
    - 審 査 課
  - 四国支所
    - 総 務 課
    - 取 引 課
    - 下 請 課
    - 審 査 課
- 九州事務所
  - 総務管理官
  - 総 務 課
  - 取 引 課
  - 下 請 課
  - 第 一 審 査 課
  - 第 二 審 査 課
  - 第 三 審 査 課
  - 経 済 取 引 指 導 官

公正取引委員会年次報告（独占禁止白書）（令和3年版）

令和4年1月発行　　　　　　　　　¥3,300（本体 ¥3,000＋税10%）

編　集	公 正 取 引 委 員 会 〒 100-8987 東京都千代田区霞が関 1－1－1
発　行	公益財団法人　公正取引協会 〒 107-0052 東京都港区赤坂 1－4－1 （赤坂KSビル 2階） T E L　03（3585）1241 F A X　03（3585）1265 http://www.koutori-kyokai.or.jp

落丁、乱丁本はおとりかえします。